机械制图

许致华　洪振宇　主编

U0912595

科学出版社

北　京

内 容 简 介

本书依据高等职业教育的培养目标、中国民用航空局颁发的CCAR-147部民用航空器维修基础培训大纲及航空机电维修专业要求编写而成。本书以专业课学习所需基础知识够用为度为原则，从知识结构的编排上，将多门课程的知识点集为一体，进而可达到学有所用的目的，有利于提高学生分析问题和解决问题的能力。在内容编写上使用了最新国家标准，增加了美国标准、飞机图纸等知识。全书共17章，内容包括画法几何、公差与配合、螺纹及螺纹紧固件、机械常用件及标准件的画法、零件图、装配图、AutoCAD简介、美国标准简介、飞机图纸的类型等。

本书可作为高等院校航空机电维修、飞行器动力工程、飞行器制造工程等专业教材，也可供相关技术人员参考。

图书在版编目（CIP）数据

机械制图／许致华，洪振宇主编. —北京：科学出版社，2015.9（2020.1重印）
ISBN 978-7-03-045630-4

Ⅰ.机… Ⅱ.①许…②洪… Ⅲ.机械制图-高等职业教育-教材
Ⅳ.①TH126

中国版本图书馆CIP数据核字（2015）第212707号

责任编辑：杨 凯／责任制作：魏 谨
责任印制：张 伟／封面设计：杨安安
北京东方科龙图文有限公司 制作
http://www.okbook.com.cn

科 学 出 版 社 出版
北京东黄城根北街16号
邮政编码：100717
http://www.sciencep.com

北京虎彩文化传播有限公司 印刷
科学出版社发行 各地新华书店经销
*
2015年9月第 一 版 开本：720×1000 1/16
2020年1月第三次印刷 印张：22 1/4
字数：364 000

定价：62.00元
（如有印装质量问题，我社负责调换）

前　言

1. 机械制图课程的目的和研究对象

图样和文字、数字一样，也是人类借以表达、构思、分析和交流思想的基本工具之一。工程图样是机械制造、土木建筑等工程在设计、制造、使用和维修时的重要技术文件，有“工程界的共同语言”之称。因此，工程技术人员应掌握绘制工程图样的基本理论和手工绘图及计算机绘图，具有较强的绘图及读图能力，以适应现在及将来生产发展的需要。本课程主要研究绘制和阅读机械图样的基本理论和方法，学习国家标准的相关内容。

2. 课程的性质和任务

本课程是一门既有系统理论、又有很强实践性的重要技术基础课。课程的主要任务是：

(1) 学习投影法（主要是正投影法）的基础理论及应用。

(2) 培养手工绘图、计算机绘图的综合绘图能力及阅读简单机械图样的能力。

(3) 培养对物体三维形状的空间逻辑思维能力和形象思维能力。

3. 课程内容

制图基本知识，投影法及点、线、面的投影，基本体的投影，图样表达方法，极限与配合，几何公差，表面结构，常用机件及结构要素的特殊表示法，零件图、装配图，AutoCAD 基础，美国标准简介，飞机图纸的类型等。

4. 学习方法

本课程是一门既有理论又重实践的技术基础课，因此，学习过程中不仅满足对基本理论的理解，还要通过实训才能掌握作图的理论与技能。应注意空间想象能力与空间思维能力的培养。对作图步骤及作图结果等要有一个比较清晰的空间形象。

本书1~3章由唐杰编写，4~7章由许致华编写，8~12章由洪振宇编写，14、16、17章由李寅编写，第13、15章由张志旭编写。

本书由天津大学杨玉琥教授主审，提出了宝贵意见，在此表示感谢。

本书在编写过程中得到了南方航空公司北京分公司和中国民航大学工程技术训练中心的大力支持，在此表示衷心的感谢。

本教材在编写过程中在保证知识体系完整性的基础上，力求突出行业特色。由于作者水平有限难免出现错误，敬请广大师生和读者给予指正。

编者

2015年3月

目　　录

第一篇　画法几何篇

第二篇 公差与配合篇

第三篇 机械零件篇

第四篇 其他篇

第一篇　画法几何篇

第 1 章　制图的基本知识

工程图样是现代工业生产中必不可少的技术资料，具有严格的规范性。本章将重点介绍技术制图和机械制图国家标准中关于“图纸幅面和格式”、“比例”、“字体”和“图线”等有关规定，为今后的学习打下必要的基础。

1.1　国家标准《技术制图》的一般规定

图样是工程技术界的共同语言，为了便于指导生产和对外进行技术交流，国家标准对图样上的有关内容进行了统一的规定，每个从事技术工作的人员都必须掌握并遵守。国家标准（简称“国标”）的代号为“GB”。

本节仅就图幅、比例、图线、字体等一般规定予以介绍，其余的内容将在以后的章节中逐一叙述。

1.1.1　图纸幅面及格式（GB/T 14689—2008）

1. 图纸幅面尺寸

绘制技术图样时，应优先采用表 1.1 中所规定的图纸基本幅面。

表 1.1　幅面及边框尺寸　（mm）

幅面代号	A0	A1	A2	A3	A4
$B \times L$	841×1189	594×841	420×594	297×420	210×297
a	25				
c	10			5	
e	20		10		

必要时，也允许选用规定的加长幅面。这些幅面的尺寸是由基本幅面的短边成数倍增加后得出的，如图 1.1 所示。图 1.1 中粗实线所示为基本幅面（第一选择）；细实线（第二选择）和虚线（第三选择）为规定的加长幅面。

2. 图框格式

在图纸上必须用细实线画出表示图幅大小的纸边界线；用粗实线画出图框，其格式分为不留装订边和留有装订边两种，但同一产品的图样只能采用一种格式。

不留装订边的图纸，其图框格式如图 1.2 所示，周边尺寸 e 按表 1.1 中的规定选取。留有装订边的图纸，其图框格式如图 1.3 所示，周边尺寸 a 和 c 也按表 1.1 中的规定选取。

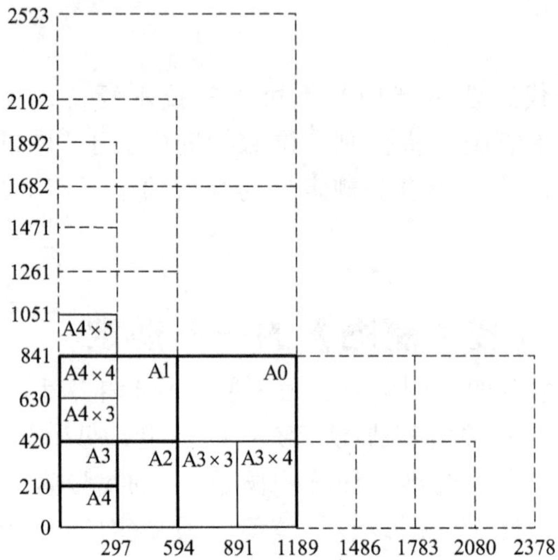

图 1.1 图纸幅面

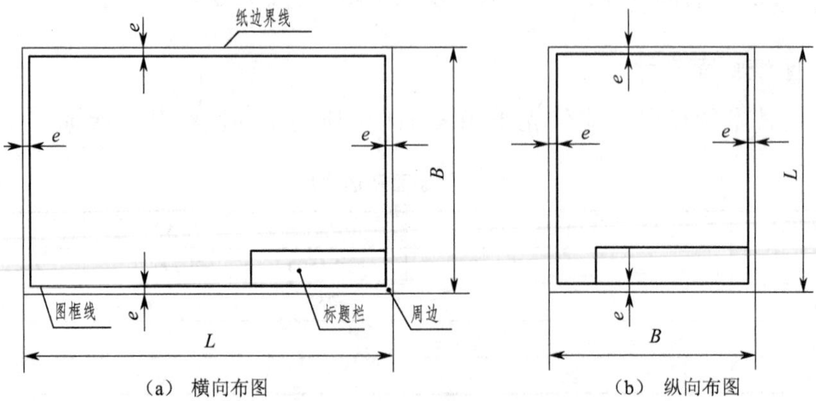

图 1.2 不留装订边的图框格式

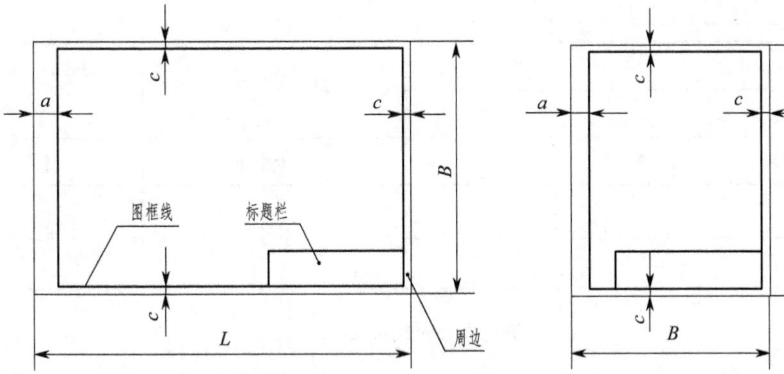

（a） 横向布图　　（b） 纵向布图

图 1.3　留有装订边的图框格式

加长幅面的周边尺寸，按所选用的基本幅面大一号的周边尺寸确定。如 A2 × 3 的周边尺寸，按 A1 的周边尺寸确定，即 a 为 25、c 为 10、e 为 20。

3. 标题栏与明细表

绘图时，必须在每张图纸的右下角画出标题栏。

当标题栏的长边置于水平方向并与图纸的长边平行时，则构成 X 型图纸，如图 1.2（a）和图 1.3（a）所示。当标题栏的长边与图纸的长边垂直时，则构成 Y 型图纸，如图 1.2（b）和图 1.3（b）所示。此时，看图的方向与看标题栏的方向一致。

对于标题栏的格式，国家标准 GB/T 1609.1—2009 已做了统一的规定，如图 1.4 所示。为了提高学生在学习中手工绘图的效率，本书推荐简化标题栏，如图 1.5 所示。

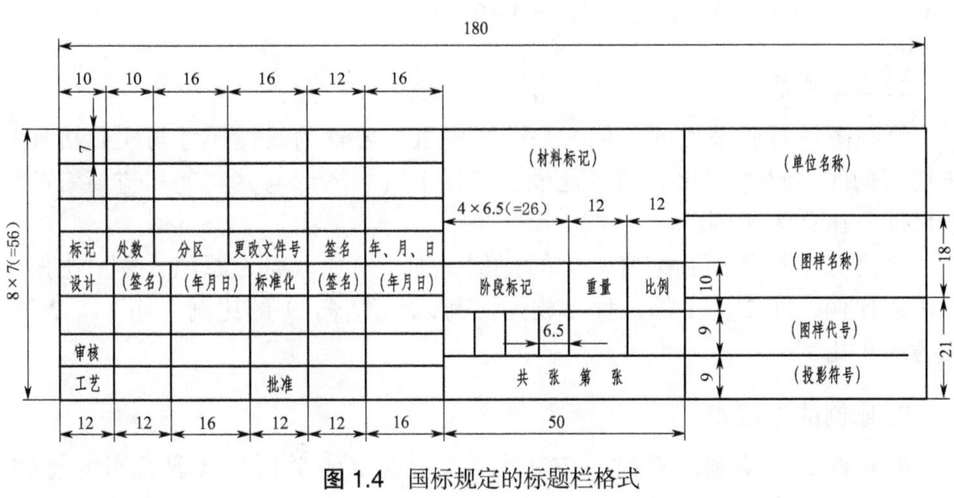

图 1.4　国标规定的标题栏格式

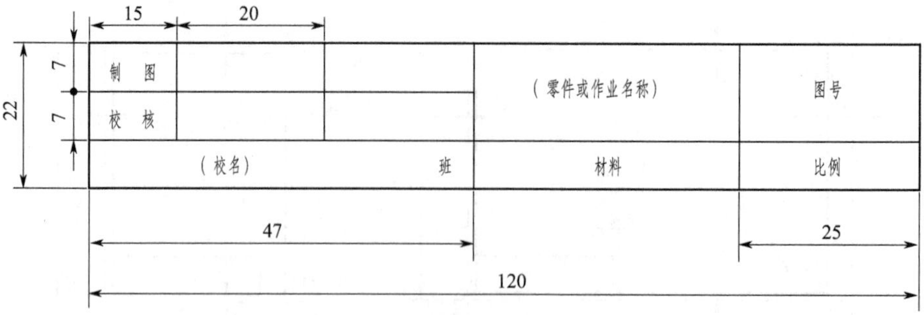

图 1.5 简化标题栏

此外，标题栏的线型、字体（签字除外）和年、月、日的填写格式均应符合国家标准的相应规定。

在装配图中，除了标题栏外，通常还有明细栏（或附明细表）。明细表描述了组成装配体的各种零部件的数量、材料等信息。国家标准 GB/T10609.2—2009 规定了明细栏的格式和尺寸，明细栏配置在标题栏的上方，按照由下至上的顺序书写。

4. 复制图纸的折叠方法（GB/T10609.3—2009）

GB/T10609.3—2009 规定了复制图纸的折叠方法，折叠后的图纸幅面应是基本图幅的一种，一般是 A4 或 A3 大小，以便放入文件袋或装订成册保存。折叠时图纸正面应折向外方，并以手风琴式的方法折叠，折叠后的图纸，应使标题栏在右下外面，以便查阅。图纸折叠方法按要求可分为需要装订和不需要装订两种形式，表 1.2 列出不要装订成册的复制图折叠成 A4 幅面的方法，图中折线旁边的数字表示折叠的顺序。

1.1.2 比例（GB/T 14690—1993）

1. 基本概念

绘制图样时所采用的比例，是图样中机件要素的线性尺寸与实际机件相应要素的线性尺寸之比。简单地说，图样上所画图形与其实物相应要素的线性尺寸之比称为比例。

比例有三种类型：比值为 1 的比例，即 1 ∶ 1，称为原值比例；比值大于 1 的比例，如 2 ∶ 1 等，称为放大比例；比值小于 1 的比例，如 1 ∶ 2 等，称为缩小比例。

2. 比例的选取

需要按比例绘制图样时，应从表 1.3 所规定的系列中选取适当的比例。必要时，也允许从表 1.4 中选取比例。优先选用表 1.3 中的比例。

表 1.2　折叠成 A4 幅面的方法　（mm）

图幅	标题栏方位	
	在复制图的长边上	在复制图的短边上
A0	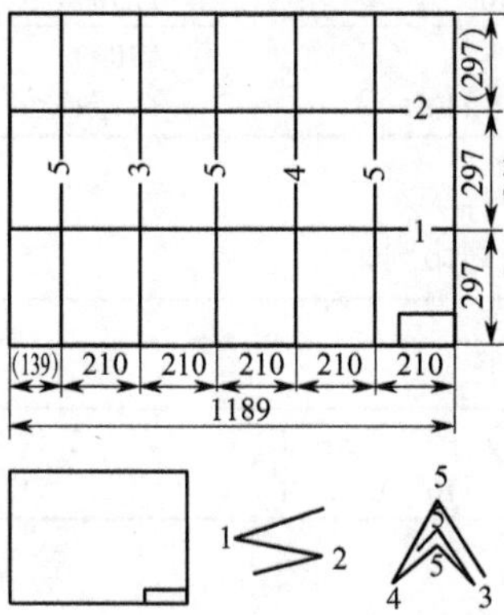	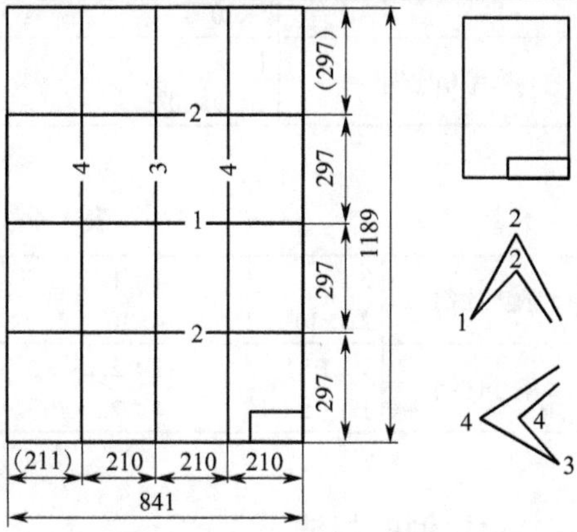
A1	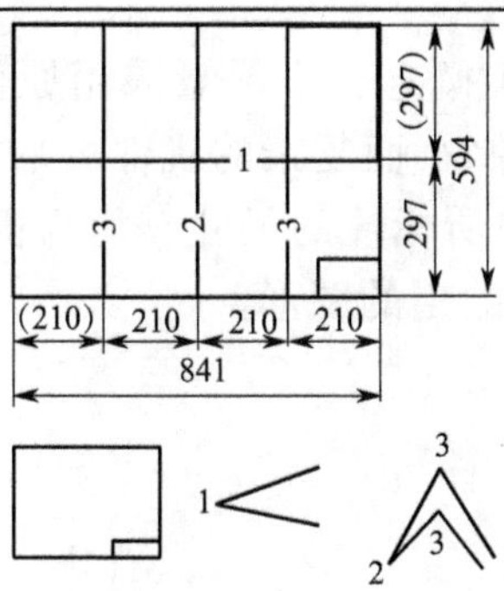	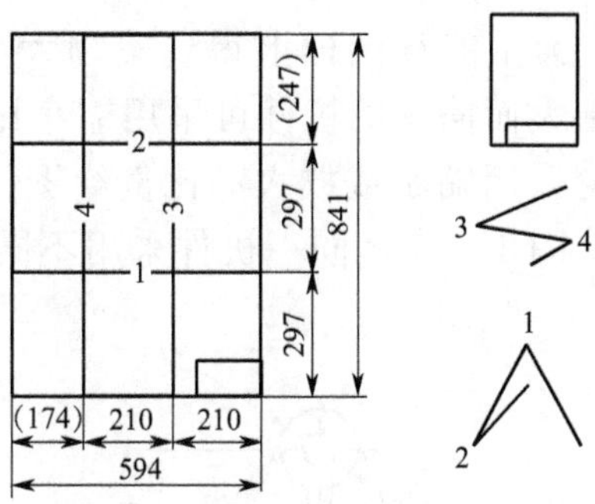
A2	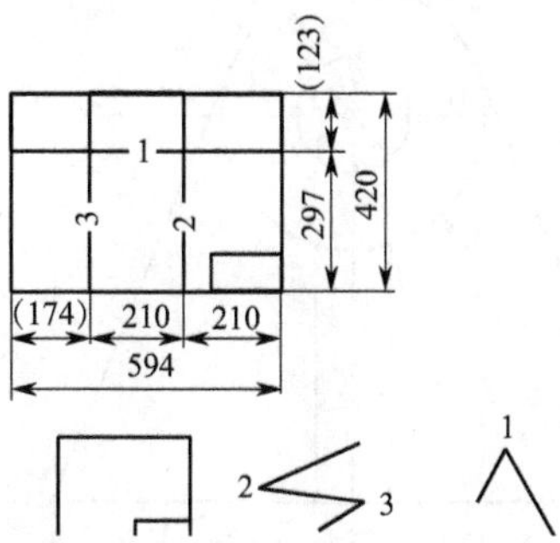	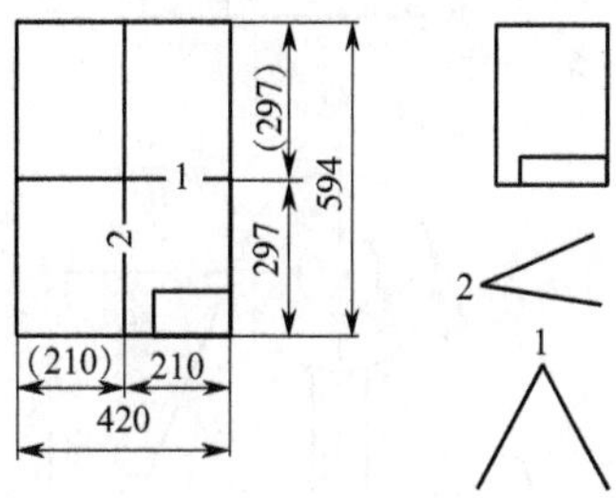
A3	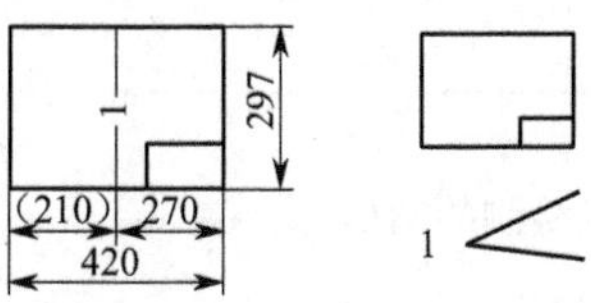	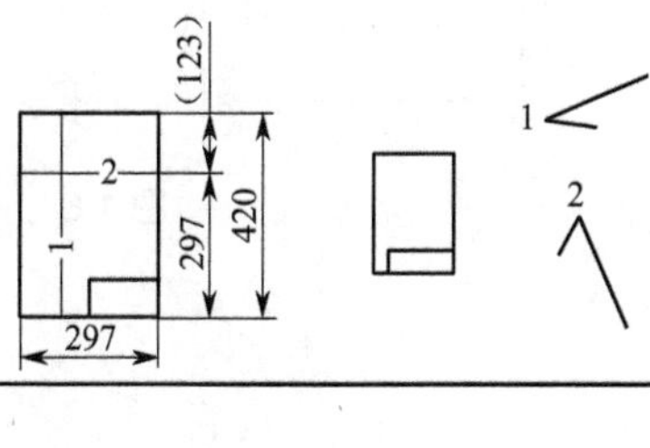

表 1.3　第一系列比例

原值比例	1 : 1		
放大比例	5 : 1 5×10^n : 1	2 : 1 2×10^n : 1	 1×10^n : 1
缩小比例	1 : 2 1 : 2×10^n	1 : 5 1 : 5×10^n	1:10 1 : 1×10^n

表 1.4　第二系列比例

放大比例	2.5 : 1 2.5×10^n : 1	4 : 1 4×10^n : 1			
缩小比例	1 : 1.5 1 : 1.5×10^n	1 : 2.5 1 : 2.5×10^n	1 : 3 1 : 3×10^n	1 : 4 1 : 4×10^n	1 : 6 1 : 6×10^n

3. 比例的标注

为了能从图样上得到实物大小的真实概念，应尽量采用原值比例绘图。绘制大而简单的机件可采用缩小比例；绘制小而复杂的机件可采用放大比例。不论采用缩小或放大的比例绘图，图样中所标注的尺寸，均为机件的实际尺寸。图 1.6 表示同一机件采用不同比例所画出的图形。

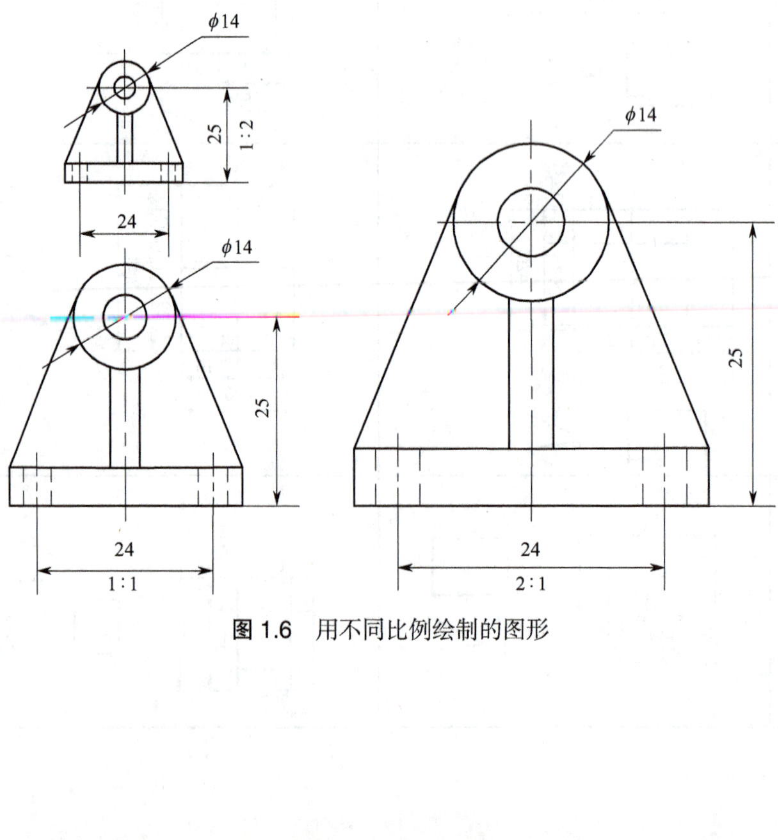

图 1.6　用不同比例绘制的图形

对于同一张图样上的各个图形，原则上应采用相同的比例绘制，并在标题栏内的“比例”一栏中进行填写。比例符号以“：”表示，如 1 ：1 或 1 ：2 等。当某个图形需采用不同比例绘制时，可在视图名称的下方以分数形式标注出该图形所采用的比例，如 $\frac{\mathrm{I}}{2:1}$、$\frac{\mathrm{A}}{2:1}$、$\frac{\mathrm{B–B}}{2.5:1}$ 等。

1.1.3 图线（GB/T 4457—2002）

国标所规定的基本线型有 15 种，所有线型的图线宽度应按图样的类型和尺寸在 0.13mm，0.18mm，0.25mm，0.35mm，0.5mm，0.7mm，1mm，1.4mm，2mm 九种数系中选择。图线的宽度分粗线、中粗线、细线，三种线的宽度比率为 4 ：2 ：1。在机械图中采用粗细两种线宽，它们之间的比例为 2 ：1。在同一图样中，同类图线的宽度应一致。机械图样中粗线线宽优先采用 0.5mm 和 0.7mm。绘制机械工程图样时的常用线型、线宽和主要用途如表 1.5 所示。

表 1.5 机械图中常用图线形式、宽度和主要用途

图线名称	图线形式	图线宽度	线宽	主要用途
粗实线		粗线	d	可见轮廓线
细实线		细线	$d/2$	尺寸线、尺寸界线、剖面线、辅助线、重合断面的轮廓线、引出线、螺纹的牙底线及齿轮的齿根线
波浪线		细线	$d/2$	断裂处的边界线、视图和剖视的分界线
双折线		细线	$d/2$	断裂处的边界线
虚　线		细线	$d/2$	不可见的轮廓线、不可见的过渡线
细点画线		细线	$d/2$	轴线、对称中心线、轨迹线、齿轮的分度圆及分度线
粗点画线		粗线	d	有特殊要求的线或表面的表示线
细双点画线		细线	$d/2$	相邻辅助零件的轮廓线、中断线、极限位置的轮廓线、假想投影轮廓线

在绘制图样时，应注意以下几种情况：

（1）各种图线相交时，应在画线处相交，不应在间隔处相交。

（2）当虚线位于粗实线的延长线上时，虚线和粗实线间应留有间隙。图 1.7 为线型应用示例。

（3）点画线和双点画线的首末两端应是线段而不是短画。

（4）绘制圆的对称中心线（细点画线）时，圆心应为线段的交点。同时其两端应超出图形轮廓线的 2 ~ 5mm。在较小的图形上绘制点画线或双点画线有困难时，可用细实线代替。图 1.8 所示为图线画法示例。

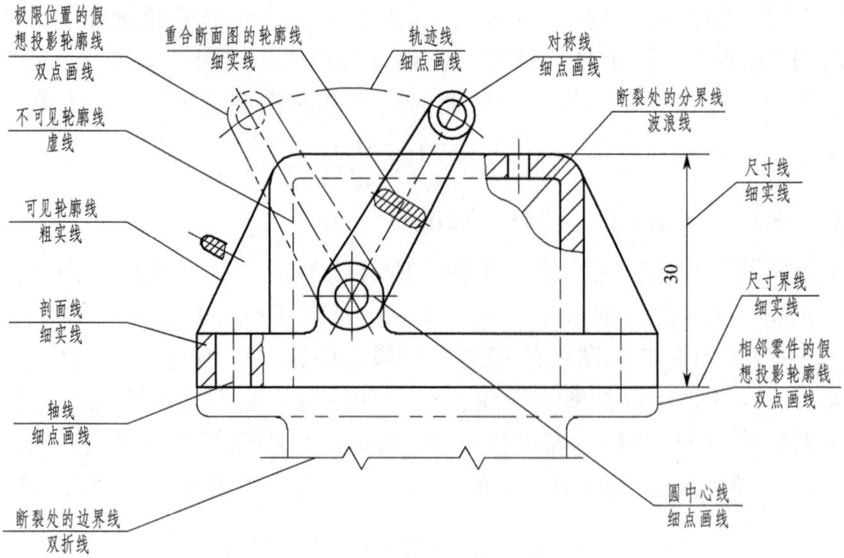

图 1.7　线型的应用示例

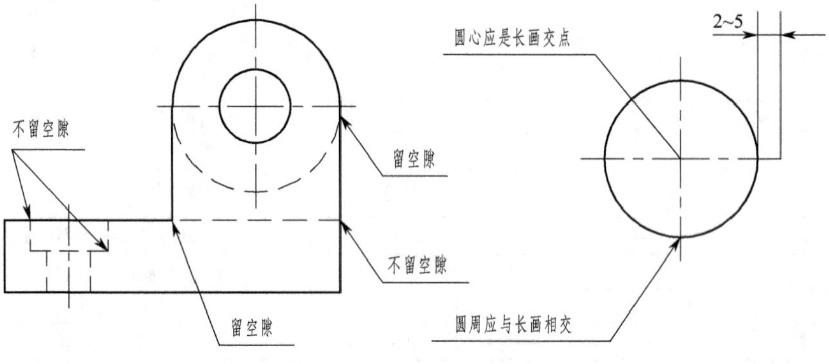

图 1.8　图线画法示例

1.1.4　字体（GB/T 14691—1993）

图样中除图形外，还需用汉字、字母、数字等来标注尺寸和说明机件在设计、制造、装配时的各项要求。在图样中书写汉字、字母、数字时必须做到：字体工整、笔画清楚、间隔均匀、排列整齐。字体高度（用 h 表示）的公称尺寸系列为 1.8mm、2.5mm、3.5mm、5mm、7mm、10mm、14mm、20mm 等八种，如需要书写更大的字，其字体高度应按$\sqrt{2}$的比率递增。字体高度代表字体的号数，如 7 号字的高度为 7mm。为了保证图样中的字体大小一致、排列整齐，初学时应打格书写。

1. 汉字

图样上的汉字应写成长仿宋体（直体），并采用国家正式公布推行的简化字。汉字的高度 h 不应小于 3.5mm，其字宽一般为 $h/\sqrt{2}$。长仿宋字的特点是：字体细长，字形挺拔，起、落笔处均有笔锋，显得棱角分明。书写长仿宋体字的要领是：横平竖直，结构匀称，注意起落，填满方格。

要写好长仿宋体字，应从基本笔画和结构布局两方面下工夫：

（1）字的基本笔画。汉字的基本笔画有点、横、竖、撇、捺、挑、折、勾等。书写基本笔画时，要注意运笔方法和顺序，每一笔画要一笔写成，不宜勾描；在起笔、落笔和转折处稍加用力，并停顿一下，以形成三角形的笔锋。

（2）汉字的结构布局。汉字通常由几部分组成，书写时，要分配好每个字各组成部分的恰当比例。有时，即使偏旁部首相同，在不同的字中其所占的比例也不尽相同。长仿宋体字示例如图 1.9 所示。

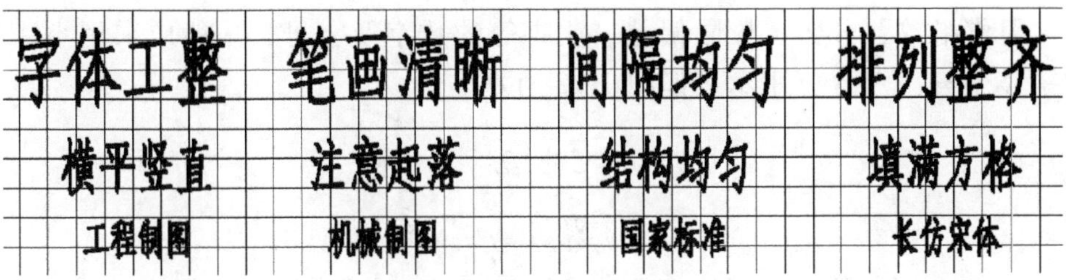

图 1.9 长仿宋体字示例

2. 字母和数字

字母和数字按笔画宽度情况分 A 型 B 型两种。A 型字体的笔画宽度 d 为字高 h 的 1/14；B 型字体的笔画宽度 d 为字高 h 的 1/10。但在同一图样上，只允许选用一种形式的字体。

字母和数字可写成斜体或直体。斜体字的字头向右倾斜，与水平基准成 75° 。图样上一般采用斜体字。如图 1.10 ~ 图 1.12 所示。

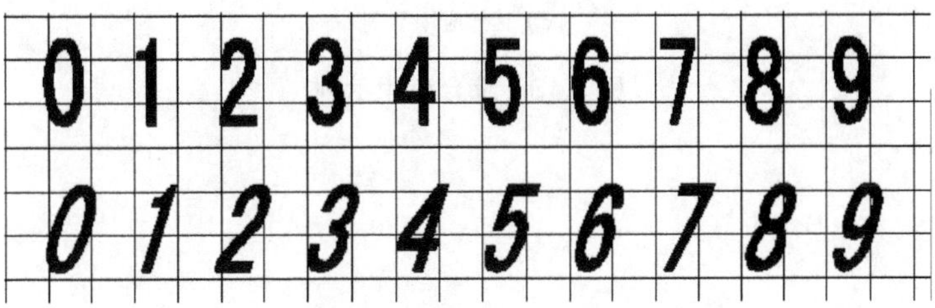

图 1.10 阿拉伯数字直体和斜体

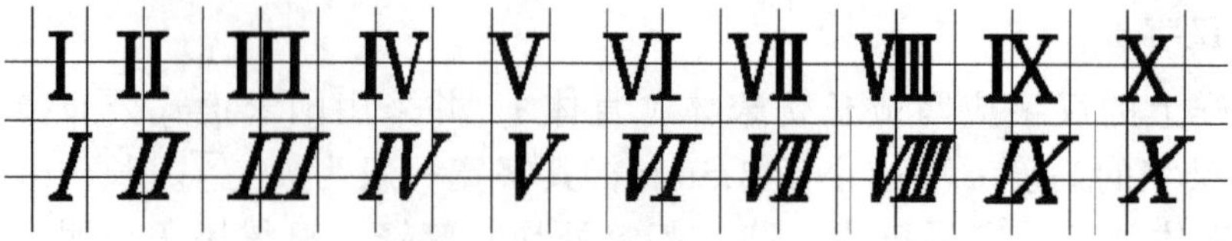

图 1.11 罗马数字直体和斜体

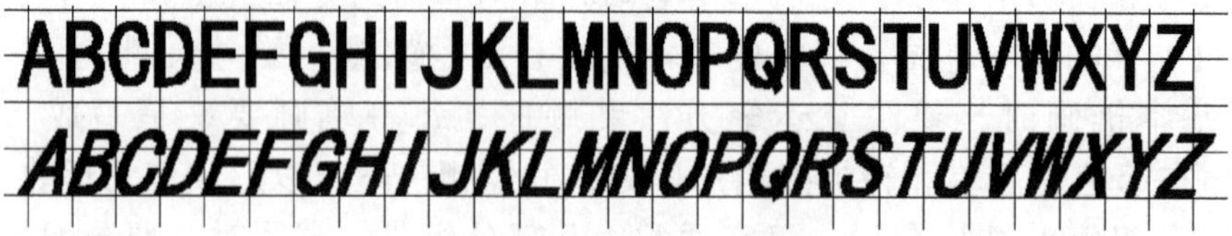

图 1.12 26 个字母直体和斜体

3. 综合应用规定

用作指数、分数、极限偏差、注脚等的数字及字母，一般应采用小一号的字体书写。综合应用示例如图 1.13 所示。

$$10^{3}\quad S^{-1}\quad D_{1}\quad T_{d}$$

$$\phi 20^{+0.010}_{-0.023}\quad 7^{\circ +1^{\circ}}_{-2^{\circ}}\quad \frac{3}{5}$$

（a）用作指数、分数、极限偏差等的数字及字母，一般应采用小一号的字体

$$l/\mathrm{mm}\quad m/\mathrm{kg}\quad 460\mathrm{r/min}$$

$$220\mathrm{V}\quad 5\mathrm{M\Omega}\quad 380\mathrm{kPa}$$

（b）图样中的数字符号、物理量符号、计量单位符号以及其他符号、代号应分别符合国家的标准规定

$$10JS5(\pm 0.003)\quad M24\text{-}6h$$

$$\phi 25\frac{H6}{m5}\quad \frac{II}{2:1}\quad \frac{B\text{-}B}{5:1}$$

$$R8\quad 5\%$$

（c）其他应用示例

图 1.13 综合应用示例

第2章 点、直线、平面的投影

在生产实际中，设计和制造部门普遍使用图形来表达物体，而工程图样是使用投影方法获得的。本章主要介绍点、线和平面的投影规律及作图方法。

2.1 投影法及其分类

2.1.1 投影法

如图 2.1 所示，投影线通过物体，向选定的平面进行投射，并在该面上得到图形的方法叫做投影法，所得到的图形叫做投影，选定的平面叫做投影面。

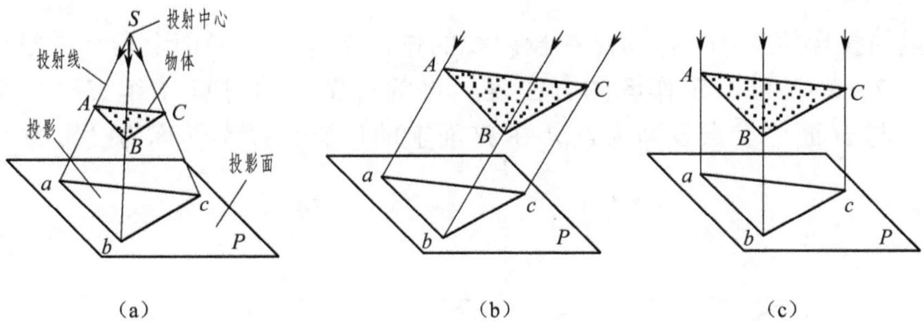

图 2.1 投影法

2.1.2 投影法的分类

根据投影射线的类型（平行或交汇），投影法可分为中心投影法和平行投影法两类。

1. 中心投影法

投影线汇交于一点的投影法叫做中心投影法（图 2.1（a））。其中，投射线的交点 S 称为投射中心，用中心投影法得到的图形叫做中心投影图。

中心投影图一般不反映物体各部分的真实形状和大小，且投影的大小随投射中心、物体和投影面之间的相对位置的改变而改变，度量性较差，但由于中心投影图立体感较好，因此多用于绘制建筑物的直观图（透视图）。

2. 平行投影法

投射线互相平行的投影法叫做平行投影法（图 2.1（b），（c））。其中，投射线与投影面倾斜的叫做斜投影法（图 2.1（b））；投射线与投影面垂直的叫做正投影法（2.1（c））。用正投影法得到的图形称为正投影图。

在机械制图中，国家标准 GB/T 14692—2008《技术制图投影法》明确规定，机件的图样采用正投影法绘制。

在本书的后续章节中如无特殊说明，所谈到的投影都是指正投影。

2.2 点的投影

点是构成空间立体最基本的几何元素。两点即可以连接成直线；一条直线与该线外的点可以组成一平面；若干个平面又可以组合成完整的平面立体。所以要学好机械制图，首先要从点的投影开始，掌握最基本的投影元素：即点的投影规则和投影特性。

2.2.1 点的单面投影

点的投影定义为：空间点在投射线的作用下，在投影面上留下的投影点。如图 2.2（a），可以用作图的方法表示点的投影，即过点 A 作 H 面的垂线，该垂线与 H 面的交点 a 即为点 A 在 H 面上的投影，投影即称为投影图。

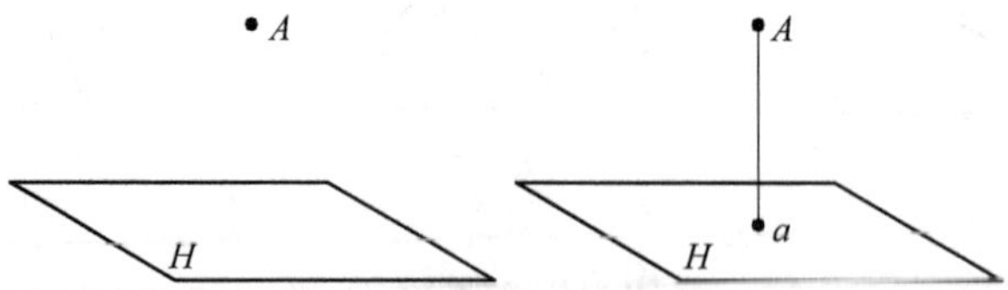

(a) 点在一个投影面上的投影

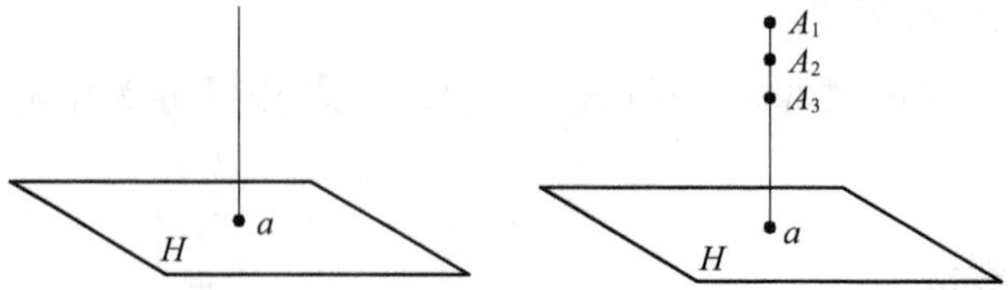

(b) 点的一个投影不能确定其空间坐标

图 2.2 点的单面投影

在投影图中约定：投影点用小写字母表示，空间真实的点用大写字母表示。由正投影法的投影特性可知，空间点 A 的位置确定后，其投影点 a 的位置也就确定了。这是因为 A 和 a 的连线一定垂直于其投影面 H。

反之，根据投影面上的一个投影点 a，是否可以确定其空间点 A 的位置？如图 2.2（b）所示，过投影点 a 作 H 面的垂线，空间点 A 必在此垂线上。但是 A 点距离 H 面的距离却是不确定的，因为 A 点在垂线位置上下移动时，其投影不变。因此，一个投影 a 不能确定其空间 A 点的三维坐标。

2.2.2 点的两面投影

如图 2.3（a）所示，空间点 A 位于由 V 面和 H 面组成的两面投影体系中。过点 A 分别作 V 面和 H 面的垂直线（投射线），与 V 面的垂足称为点 A 的正面投影，用小写字母 a' 表示，与 H 面的垂足称为点 A 的水平投影，用小写字母 a 表示。为了表示两个不同投影面的投影，分别用带撇的 a' 和不带撇的 a 加以区别。

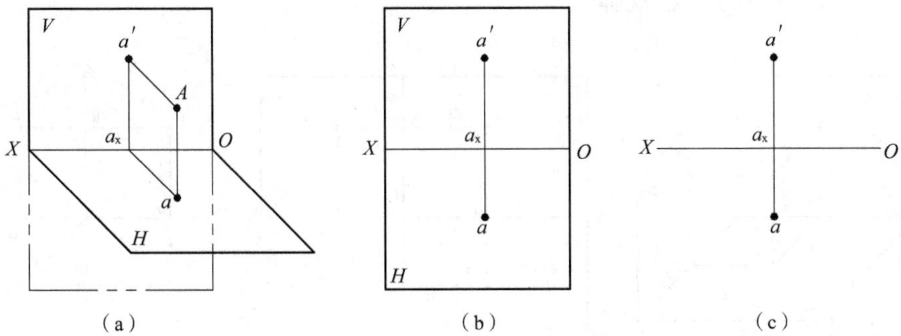

图 2.3 点在两面投影体系中的投影

图 2.3（a）所示的两面投影图中，V 面投影 $a'a_x$ 之间的间距真实地反映出空间 A 点的高度（与 H 面的距离），而 H 面投影 aa_x 不反映实际距离，这是由于读者的观察视线仅与 V 面垂直而与 H 面倾斜。因此，必须将 H 面展开成 V、H 共面的形式，如图 2.3（b）所示，展开的投影图中，两面的投影距离 $a'a_x$ 和 aa_x 均反映实际距离。

从 V、H 两投影面的展开方式得知：OX 轴线上方的是正面投影面，OX 轴线下方的是水平投影面。因此，图中表示投影面范围的线框及投影面的提示符号 V、H 均显多余，将其省略更显简洁。于是图 2.3（b）简化成图 2.3（c）。

将正面投影 a' 与水平投影 a 相连接，由正投影法的投影特性得知：$a'a$ 的连线一定垂直于 OX 轴线，其交点为 a_x。

分析视图，可以得出：

V 面投影：$a'a_x$ 为点 A 到 H 面的距离，反映点 A 到 H 面的高度位置。

H 面投影：aa_x 为点 A 到 V 面的距离，反映点 A 到 V 面的宽度位置。

A 点的两个投影，仅表达出点 A 的二维空间，若要表达其三维空间，必须再增设一个投影面。

2.2.3 点在三投影面体系中的投影及其规律

空间点 A 位于 V 面、H 面和 W 面构成的三投影面体系中。如图 2.4（a）所示，由点 A 分别向 V、H、W 面作垂线，依次得点 A 的正面投影 a'，水平投影 a，侧面投影 a''。为使三个投影面展开到同一平面上，V 面保持不动，H 面绕 OX 轴向下旋转 90°，W 面绕 OZ 轴向右后方向旋转 90°，如图 2.4（b）所示。投影图上若省略投影面的边框与投影面的标记 H、V 和 W，展开后的投影图如图 2.4（c）所示。

规定大写拉丁字母表示空间点，如 A、B、C……，小写字母表示其在 H 面投影，如 a、b、c……，小写字母加一撇表示其在 V 面的投影，如 a'、b'、c'……，小写字母加两撇表示其在 W 面的投影，如 a''、b''、c''……，由此概括出点在三投影面体系的投影规律。

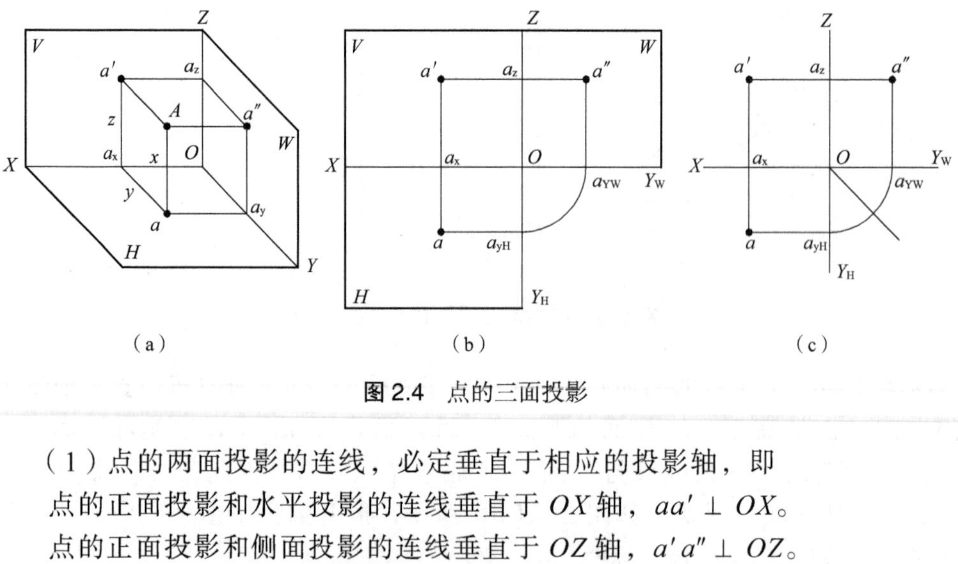

（a）　　（b）　　（c）

图 2.4 点的三面投影

（1）点的两面投影的连线，必定垂直于相应的投影轴，即

点的正面投影和水平投影的连线垂直于 OX 轴，$aa' \perp OX$。

点的正面投影和侧面投影的连线垂直于 OZ 轴，$a'a'' \perp OZ$。

由于水平投影和侧面投影不能直接连线，需借助 45° 斜线或圆弧实现联系，因此 a、a'' 满足：$aa_{yH} \perp OY_H$、$a''a_{yW} \perp OY_W$。

（2）点的投影到投影轴的距离，等于空间点到相应的投影面的距离，即

$a'a_x = a''a_y = A$ 点到 H 面的距离

$aa_x = a''a_z = A$ 点到 V 面的距离

$aa_y = a'a_z = A$ 点到 W 面的距离

2.2.4 点的投影与直角坐标的关系

将三个投影面体系看作一个空间直角坐标系，空间点 A 的位置可以用三个坐标值 x、y、z 表示，如图 2.5 所示。因为每个投影面都可看作坐标面，而每个坐标面都是由两个坐标轴决定的，所以空间点在任一个投影面上的投影，只能反映其两个坐标，即 V 面投影反映点的 X、Z 坐标；H 面投影反映点的 X、Y 坐标；W 面投影反映点的 Y、Z 坐标，则点的投影与坐标之间的关系为：

（1）点 $A \to W$ 面的距离等于点 A 的 x 坐标：$a_za'=a_ya=a''A=X$。

（2）点 $A \to V$ 面的距离等于点 A 的 y 坐标：$a_xa=a_za''=a'A=Y$。

（3）点 $A \to H$ 面的距离等于点 A 的 z 坐标：$a_xa'=a_ya''=aA=Z$。

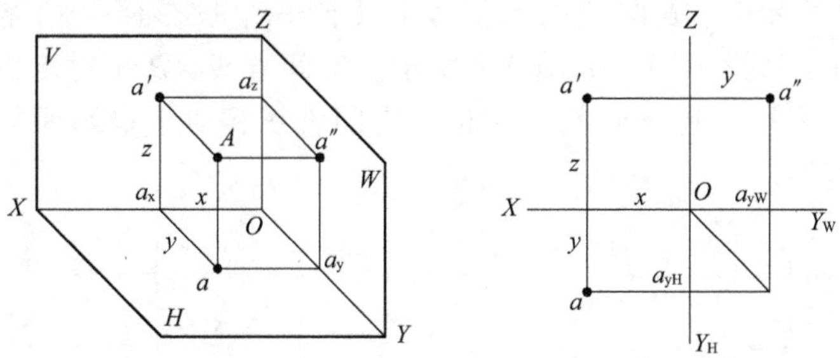

图 2.5 点的投影与直角坐标的关系

由此可见，点的坐标与其投影之间有一一对应的关系，也就是说，已知一点的坐标，可以作出点的三面投影图；反之，已知点的三面投影也可以求出其相应的坐标，从而确定点在空间的位置。

【例 2.1】已知点 A（15，10，20），求作其三面投影。

解：可按照点的投影与坐标的关系来作图。

（1）画投影轴 OX、OY_H、OY_W、OZ，建立三投影面体系。

（2）沿 OX 轴正方向量取 15，得到 a_x，如图 2.6（a）所示。

（3）过 a_x 作 OX 轴的垂线，并使 $a_xa=10$，$a_xa'=20$，分别得到 a 和 a'，如图 2.6（b）所示。

（4）过 a' 点作 OZ 轴的垂线，并使 $a_za''=10$，得到 a''，如图 2.6（c）所示。还可利用 45° 斜线，求得 a''，如图 2.6（d）所示。a、a'、a'' 即为点 A 的三面投影。

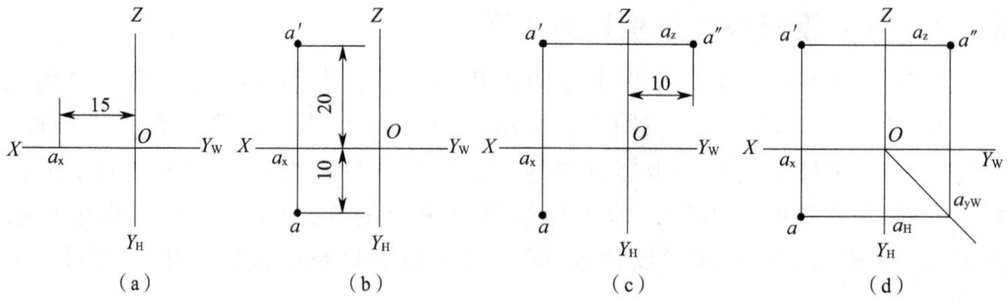

图 2.6 已知点的坐标求作点的三面投影

2.3 直线的投影

将图 2.7 所示 *A*、*B* 两点的同面投影（同一个投影面）相连接，就得到了直线 *AB* 的三面投影图，如图 2.8 所示。空间直线 *AB* 相对于投影面的位置如何？垂直、平行、还是倾斜？讨论了空间直线相对于投影面的位置，才能决定其投影特性。

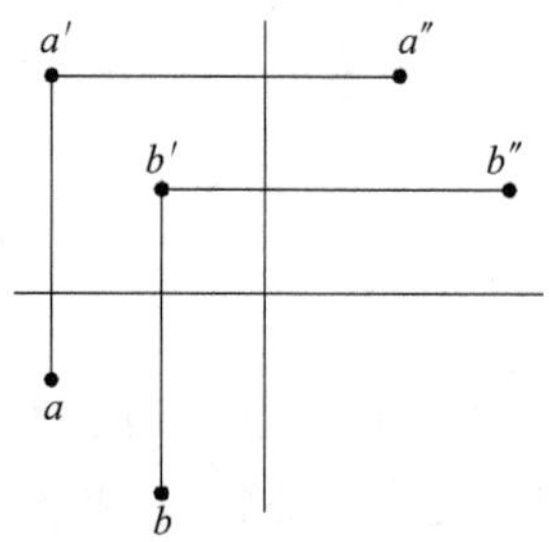

图 2.7 *A*、*B* 两点的投影图

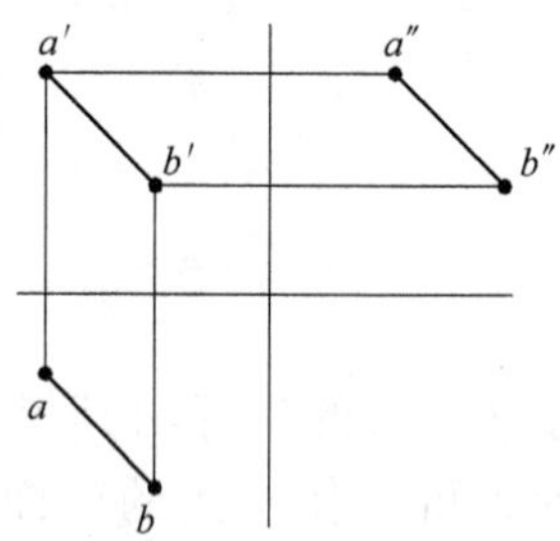

图 2.8 直线 *AB* 的投影图

2.3.1 直线的投影特性

1. 直线相对于一个投影面的投影特性

直线相对于一个投影面的位置如图 2.9 所示。

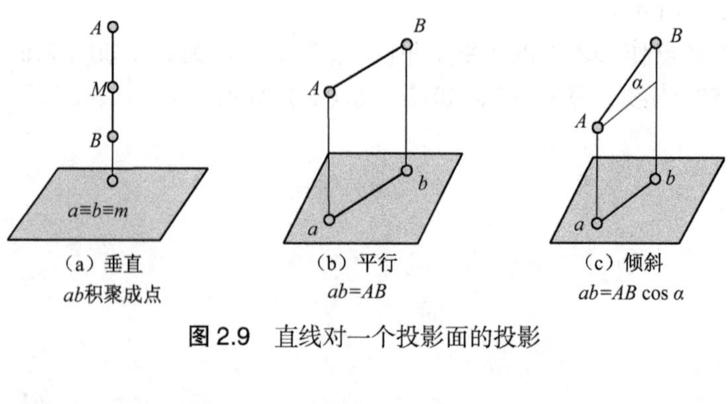

图 2.9 直线对一个投影面的投影

分析直线相对于投影面的位置，直线的投影特性具有以下三种：

（1）直线 AB 与投影面垂直，投影 ab 的投影特性为：投影积聚成点，如图 2.9（a）所示。

（2）直线 AB 与投影面平行，投影 ab 的投影特性为：投影反映空间直线 AB 的实长，如图 2.9（b）所示。

（3）直线 AB 与投影面倾斜，投影 ab 的投影特性为：投影比空间直线短，如图 2.9（c）所示。

2. 直线在三投影面体系中的投影

直线的投影一般仍为直线。求作直线的三面投影时，可分别作出直线两端点的三面投影，然后将同一投影面上的投影用直线连接起来，即得直线的三面投影。如图 2.10（a）所示，首先作出直线上两端点 A、B 的三面投影，然后连接直线上两端点的同面投影（即同一投影面上的投影），ab、$a'b'$、$a''b''$ 即为直线的三面投影，如图 2.10（b）所示，直线 AB 在空间的位置如图 2.10（c）所示。

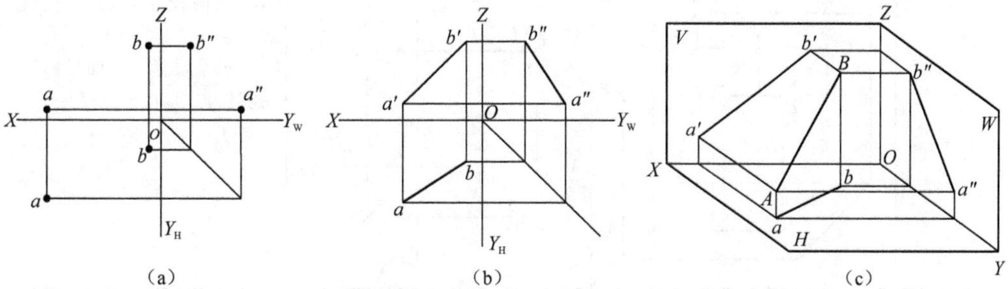

图 2.10 直线的三面投影

直线与其投影面之间的夹角称为直线对该投影面的倾角。直线对投影面 H、V 和 W 的倾角分别为 α、β、γ。

3. 各种位置直线的投影及特性

直线相对投影面的位置有三种情况：投影面垂直线、投影面平行线和一般位置直线。前两种直线又称为特殊位置直线。

1）投影面垂直线

垂直于一个投影面而同时平行于其他两个投影面的直线，称为投影面垂直线。直线垂直于 V 面，称为正垂线；直线垂直于 H 面，称为铅垂线；直线垂直于 W 面，称为侧垂线。各种投影面垂直线的三面投影图例及投影特征如表 2.1 所示。

表 2.1 投影面垂直线的投影图例及投影特性

名称	直观图	投影图	投影特性
正垂线	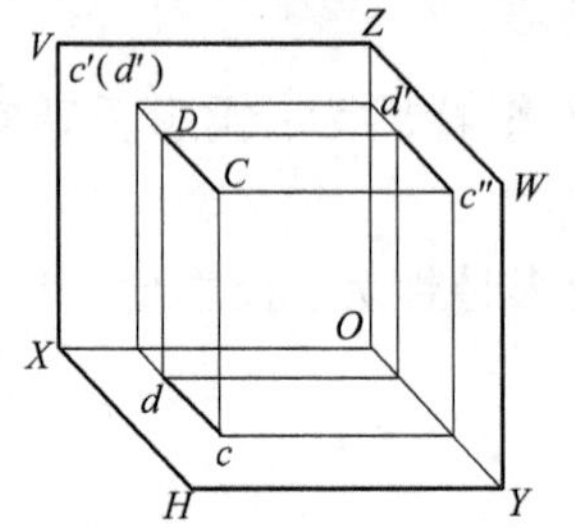	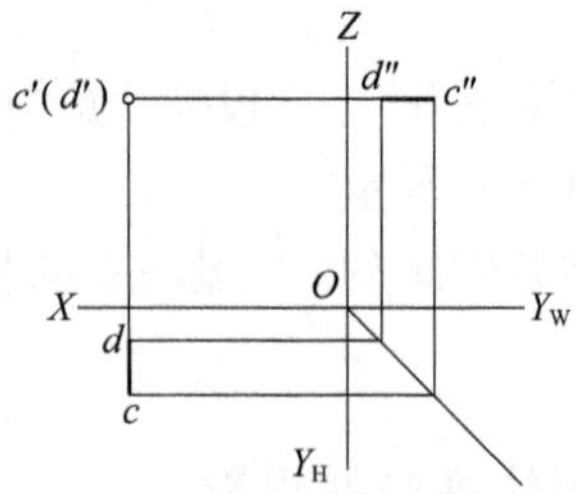	(1) 正面投影 $c'(d')$ 积聚成一点 (2) 水平投影和侧面投影反映实长，即 $cd=c''d''=CD$ (3) $cd \parallel OY_H$，$c''d'' \parallel OY_W$
铅垂线	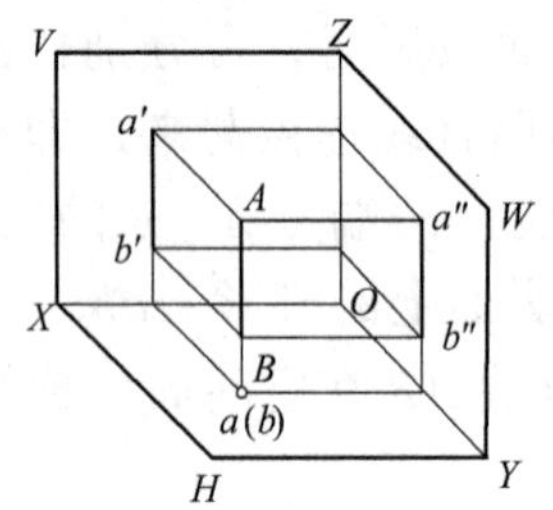	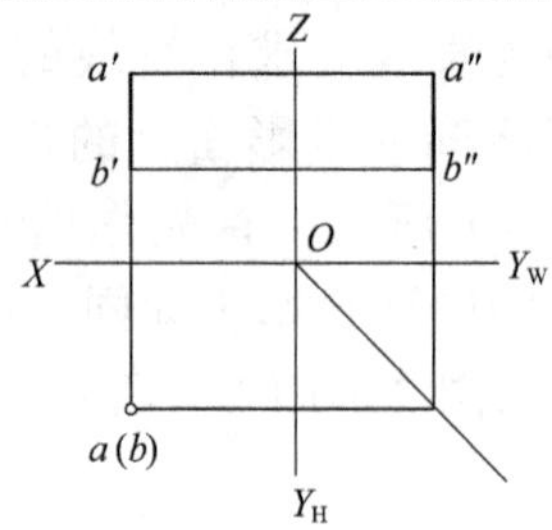	(1) 水平投影 $a(b)$ 积聚成一点 (2) 正面投影和侧面投影反映实长，即 $a'b'=a''b''=AB$ (3) $a'b'$、$a''b'' \parallel OZ$
侧垂线	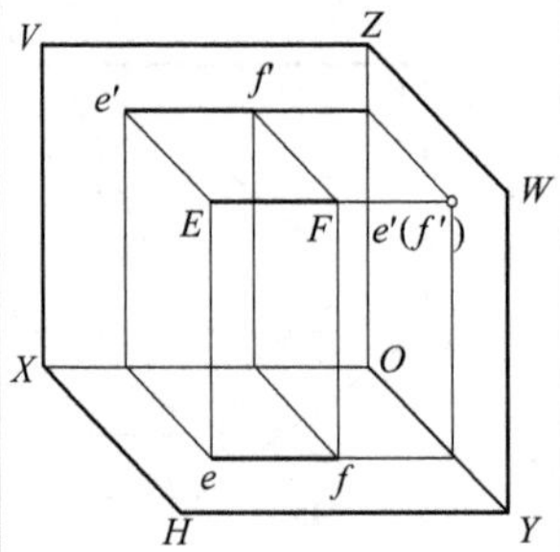	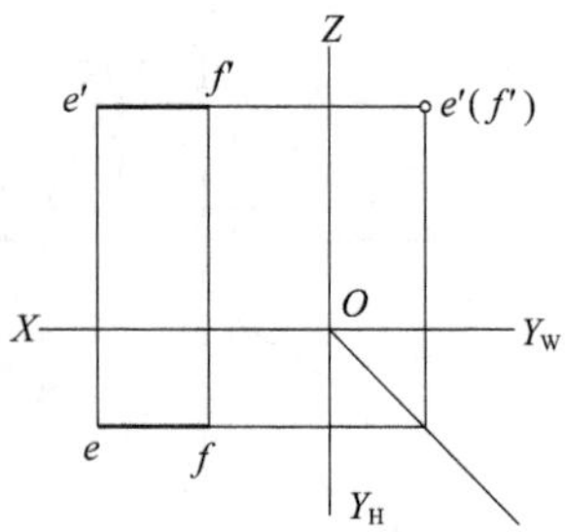	(1) 侧面投影 $e''(f'')$ 积聚成一点 (2) 水平投影和正面投影反映实长，即 $ef=e'f'=EF$ (3) ef、$e'f' \parallel OX$

由表 2.1 可将投影面垂直线的投影特性归纳为：

(1) 在其垂直的投影面上的投影积聚为一点。

(2) 另外两个投影面上的投影反映空间线段的实长，且分别垂直于不同的投影轴。

2) 投影面平行线

平行于一个投影面而倾斜于其他两个投影面的直线，称为投影面平行线。直线只平行于 V 面，称为正平线；直线只平行于 H 面，称为水平线；直线只平行于 W 面，称为侧平线。各种投影面平行线的三面投影图例及投影特征如表 2.2 所示。

表 2.2 投影面平行线的投影图例及投影特性

名称	直观图	投影图	投影特性
正平线	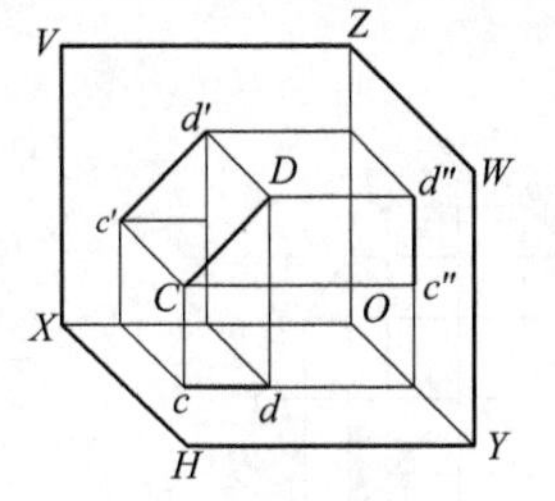	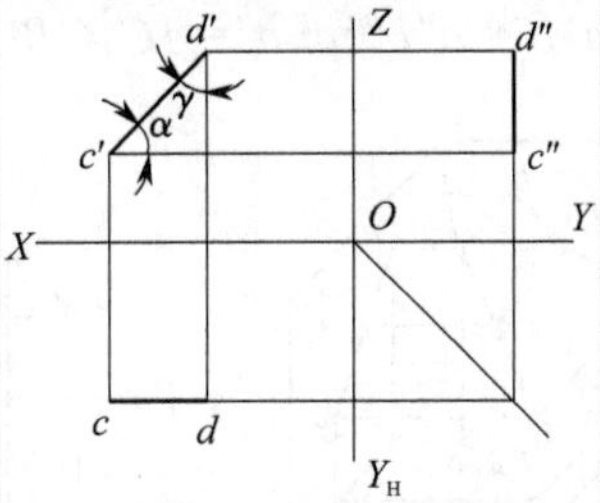	(1)正面投影反映实长，即 $c'd'=CD$ (2)α、γ 反映直线对 H 面、W 面的倾角 (3)$cd \parallel OX$，$c''d'' \parallel OZ$，cd、$c''d''<CD$
水平线	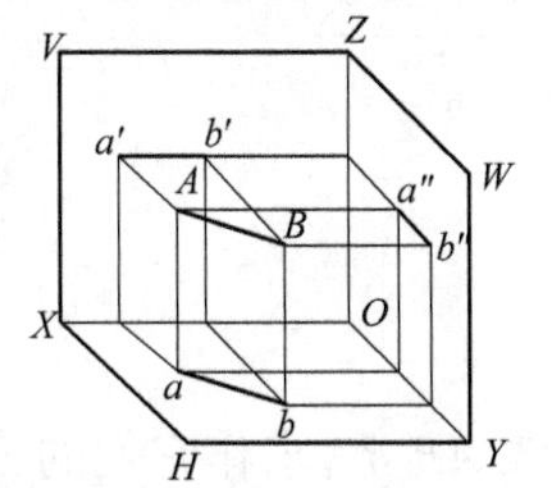	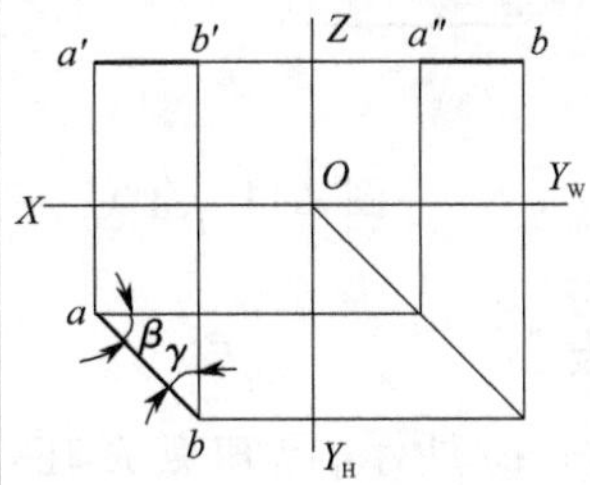	(1)水平投影反映实长，即 $ab=AB$ (2)β、γ 反映直线对 V 面、W 面的倾角 (3)$a'b' \parallel OX$，$a''b'' \parallel OY_W$ $a'b'$、$a''b''<AB$
侧平线	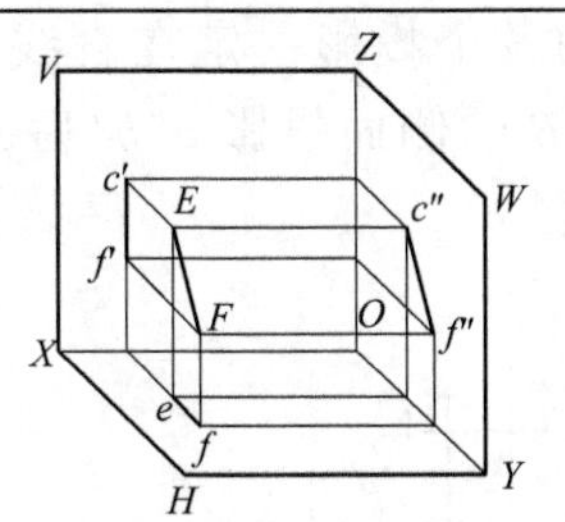	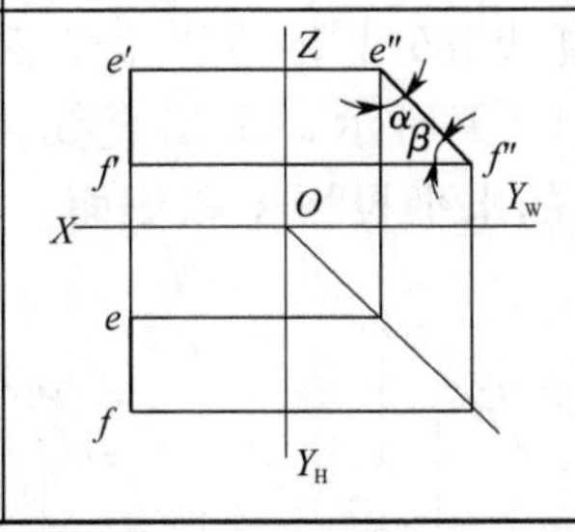	(1)侧面投影反映实长，即 $e''f''=EF$ (2)α、β 反映直线对 H 面、V 面的倾角 (3)$ef \parallel OY_H$，$e'f' \parallel OZ$，ef、$e'f'<EF$

由表 2.2 可将投影面平行线的投影特性归纳为：

(1)在其平行的投影面上的投影反映实长；投影与投影轴的夹角分别反映直线与另外两个投影面的倾角的实际大小。

(2)另外两个投影面上的投影分别平行于不同的投影轴，且长度比空间尺寸短。

3)一般位置直线

对三个投影面都处于倾斜位置的直线，称为一般位置直线(如图 2.8 中的直线 AB 所示)。一般位置直线的投影特性如下：

(1)三面投影都与投影轴倾斜。

(2)三面投影的长度均小于实长。

2.3.2 直线上的点

如图 2.11 所示，直线与其上的点有如下关系：

(1)若点在直线上，则点的投影一定在直线的同名投影上，反之亦然。

（2）若点在直线上，则点的投影将线段的同名投影分割成与空间线段相同的比例，反之亦然。即：

$$ac:cb=a'c':c'b'=a''c'':c''b''=AC:CB$$

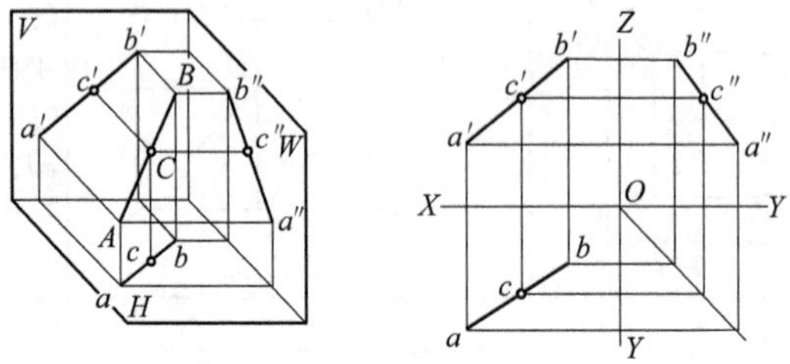

（a）　　（b）

图 2.11　直线上的点

1. 求直线上点的投影

【例 2.2】如图 2.12（a）所示，已知点 K 在直线 AB 上，求作它们的三面投影。

解： 由于点 K 在直线 AB 上，所以点 K 的各个投影一定在直线 AB 的同名投影上。如图 2.12（b）所示，求出直线 AB 的侧面投影 $a''b''$ 后，即可在 ab 和 $a''b''$ 上确定点 K 的水平投影 k 和侧面投影 k''。

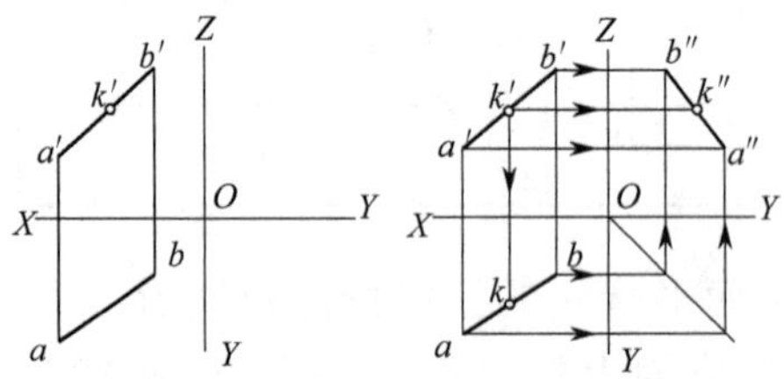

（a）　　（b）

图 2.12　求直线上点的投影

【例 2.3】如图 2.13（a）所示，已知点 K 在直线 CD 上，求点 K 的正面投影。

解： 点 K 的正面投影 k' 一定在 $c'd'$ 上，但如何确定 k' 在 $c'd'$ 上的位置呢？这里可采用两种方法：一是求出它们的侧面投影（作图略）；另一方法如图 2.13（b）所示，用分割线段成定比的方法作图。

2. 判断点是否在直线上

判断点是否在直线上，一般只需判断两个投影面上的投影即可。如图 2.14 所示，点 C 在直线 AB 上，而点 D 不在直线 AB 上（因 d 不在 ab 上）。但是当直线为投影面平行线，且给出的两个投影又都平行于投影轴时，则还需求出第三个投影进行判断，或用点分线段成定比的方法判断。

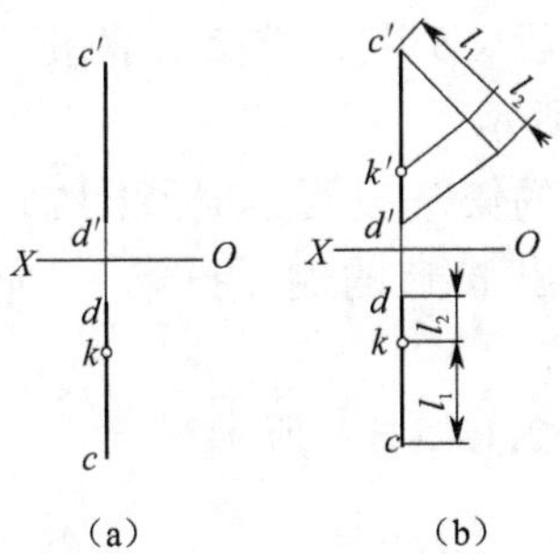

图 2.13 求直线上点的投影

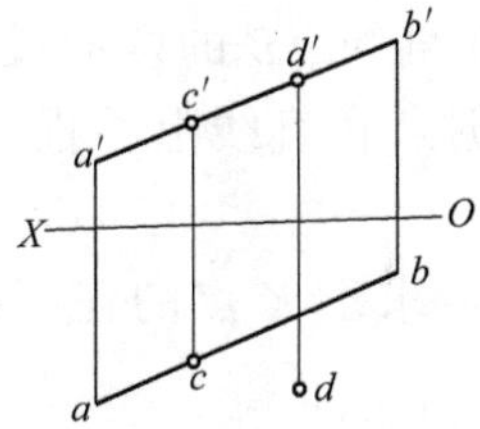

图 2.14 判断点是否在直线上

【**例 2.4**】如图 2.15 所示，判断点 C 是否在直线 AB 上。

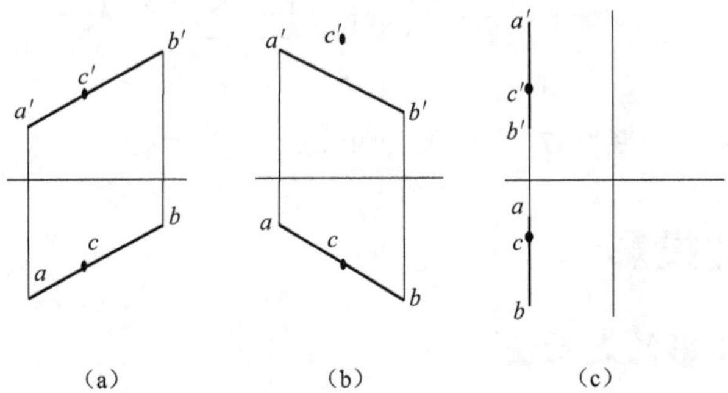

图 2.15 判断点 C 是否在直线 AB 上

解：图 2.15（a）、（b）中的 AB 直线为一般位置直线，将 C 点的两面投影连接，依据点在直线上的投影特性得出结论如图 2.16（a）、（b）所示。图 2.15（c）中的 AB 直线为特殊位置直线（侧平线），仅凭 V、H 两面投影不能作为判断依据，需要作出 W 面的投影，才能得出结论，如图 2.16（c）所示。

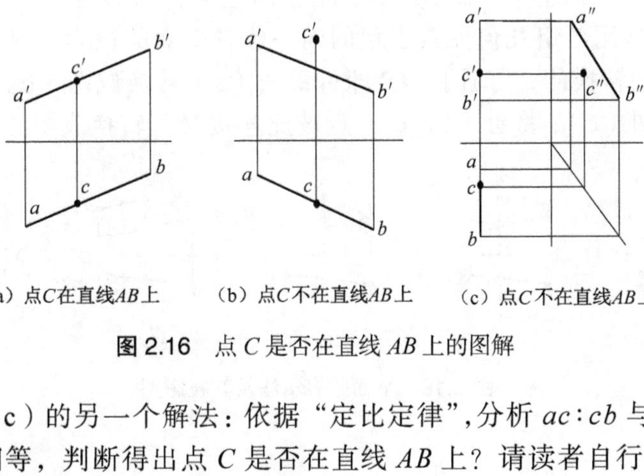

（a）点C在直线AB上　（b）点C不在直线AB上　（c）点C不在直线AB上

图 2.16 点 C 是否在直线 AB 上的图解

图 2.15（c）的另一个解法：依据“定比定律”，分析 $ac:cb$ 与 $a'c':c'b'$ 的比值是否相等，判断得出点 C 是否在直线 AB 上？请读者自行分析。

【**例 2.5**】如图 2.17（a），已知点 *K* 在线段 *AB* 上，求点 *K* 的正面投影。

解：应用第三投影，作图过程如图 2.17 所示。

（1）已知直线 *AB* 的两面投影作出该直线的第三投影，如图 2.17（b）所示。

（2）根据点在直线上的投影特性，首先作出 *K* 点的侧面投影 k''，如图 2.17（c）所示。

（3）最后求出 *K* 点的正面投影 k'，如图 2.17（d）所示。

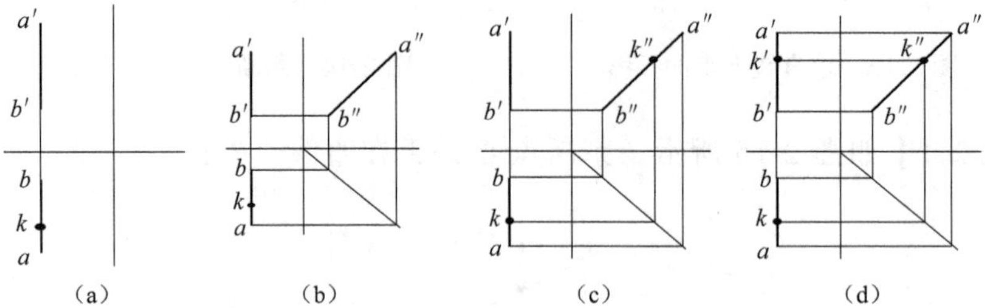

图 2.17 应用第三投影求点 *K* 的正面投影

2.4 平面的投影

2.4.1 平面投影的表示法

平面是物体表面的重要组成部分，也是主要的空间几何元素之一。空间平面的表示方法有下列五种最常见的形式：

（1）不在同一直线上的三个点。

（2）直线和直线外的一点。

（3）相交两直线。

（4）平行两直线。

（5）任意平面图形，如三角形、平行四边形、圆形等。

图 2.18 是用各组几何元素表示的同一位置平面的投影。显然各组几何元素是可以互相转换的，如连接 *AB* 即可由图（a）转换成图（b）；再连接 *AC*，又可转换成图（c）；将 *A*，*B*，*C* 三点彼此连接又可转换成图（e）等。

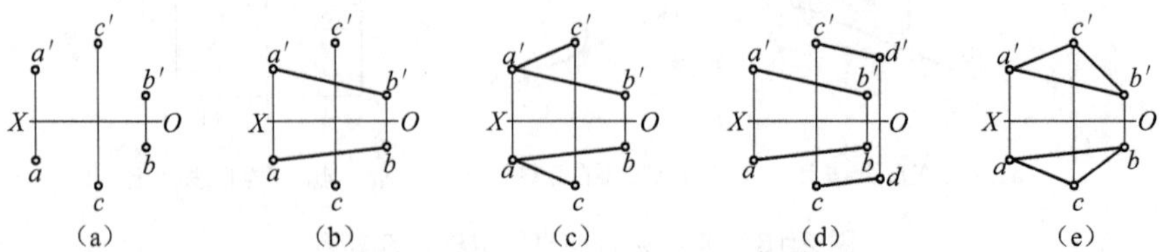

图 2.18 平面的表示法及其投影图

2.4.2 平面的投影特性

1. 平面对单一投影面的投影特性

平面对单一投影面的投影特性取决于平面与投影面的相对位置。

（1）平面垂直于投影面。如图 2.19（a）所示，△*ABC* 垂直于投影面 *P*，它在 *P* 面上的投影积聚成一条直线，平面内的所有几何元素在 *P* 面上的投影都重合在这条直线上，这种投影特性称为积聚性。

（2）平面平行于投影面。如图 2.19（b）所示，△*ABC* 平行于投影面 *P*，它在 *P* 面上的投影反映△*ABC* 的实形，这种投影特性称为实形性。

（3）平面倾斜于投影面。如图 2.19（c）所示，△*ABC* 倾斜于投影面 *P*，它在 *P* 面上的投影并不反映△*ABC* 的实形，但形状与△*ABC* 是类似的，这种投影特性称为类似性。

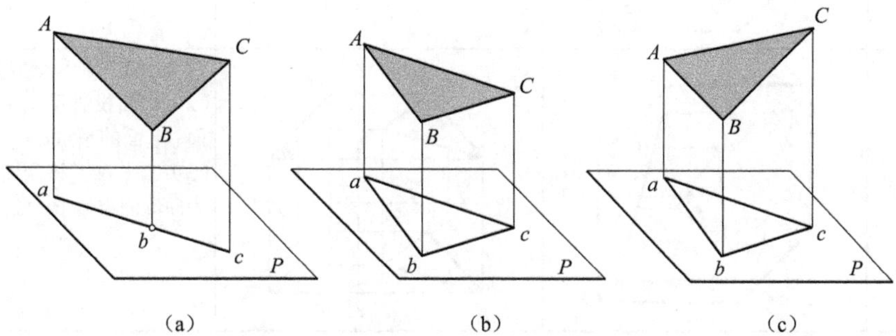

图 2.19 平面对一个投影面的投影特性

2. 各种位置平面的投影及特性

平面在三投影面体系中的位置有三种情况：投影面垂直面、投影面平行面和一般位置平面，前两种平面又称为特殊位置平面。

1）投影面垂直面

垂直于一个投影面而倾斜于其他两个投影面的平面，称为投影面垂直面。平面垂直于 *V* 面，称为正垂面；平面垂直于 *H* 面，称为铅垂面；平面垂直于 *W* 面，称为侧垂面。表 2.3 列举了三种投影面垂直面的投影及其投影特性。

表 2.3　投影面垂直面的投影图例及投影特性

名称	直观图	投影图	投影特性
正垂面	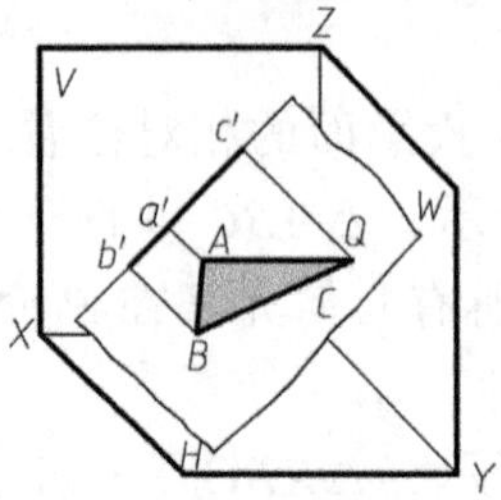	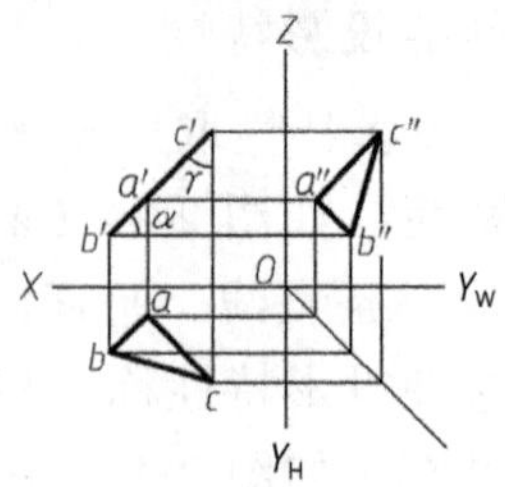	(1) 正面投影积聚成直线 (2) 正面投影反映直线对 H 面、W 面的倾角 α、γ (3) 水平投影和侧面投影均为原形的类似形
铅垂面	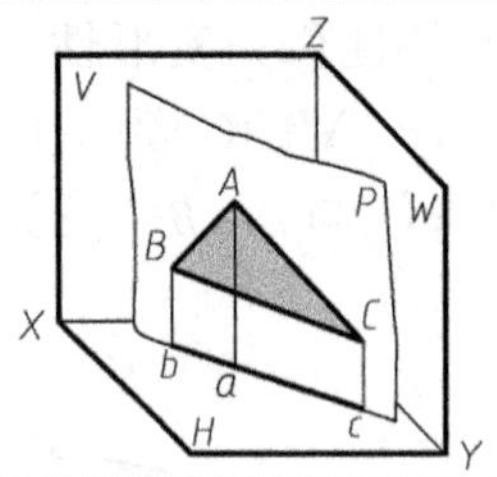	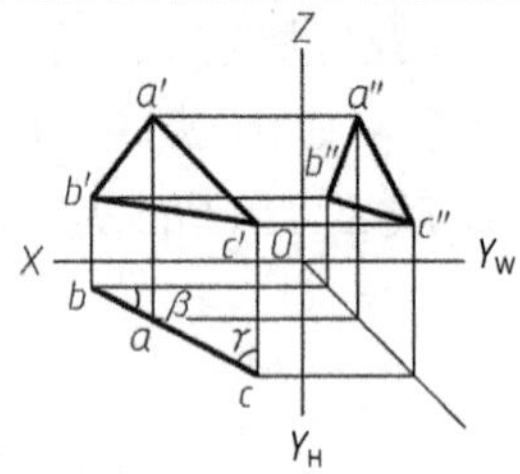	(1) 水平投影积聚成直线 (2) 水平投影反映直线对 V 面、W 面的倾角 β、γ (3) 正面投影和侧面投影均为原形的类似形
侧垂面	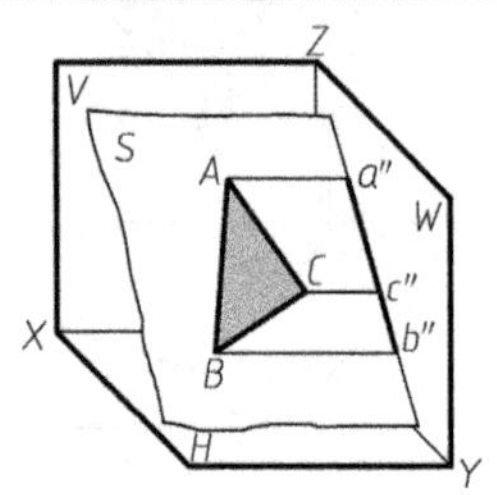	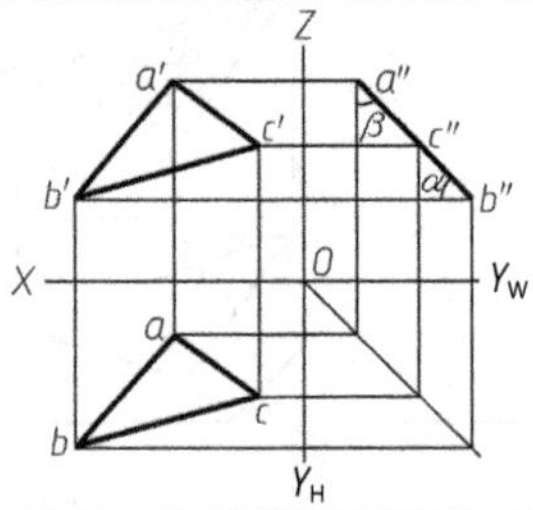	(1) 侧面投影积聚成直线 (2) 侧面投影反映平面对 H 面、V 面的倾角 α、β (3) 水平投影和侧面投影均为原形的类似形

由表 2.3 可将投影面垂直面的投影特性归纳为：

（1）在其平行的投影面上的投影积聚成与该投影面内的两根投影轴都倾斜的直线，该直线与投影轴的夹角反映空间平面与另两个投影面的夹角的实际大小。

（2）在另外两个投影面上的投影相类似。

2）投影面平行面

平行于一个投影面而同时垂直于其余两个投影面的平面，称为投影面平行面。平面平行于 V 面，称为正平面；平面平行于 H 面，称为水平面；平面平行于 W 面，称为侧平面。各种投影面平行面的三面投影图例及投影特性如表 2.4 所示。

表 2.4 投影面平行面的投影图例及投影特性

名称	直观图	投影图	投影特性
正平面	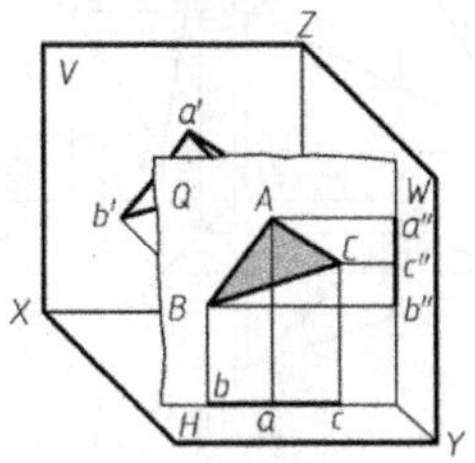	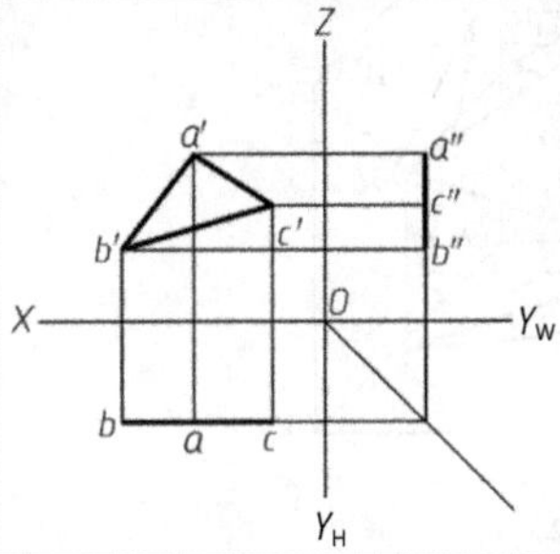	(1) 正面投影反映实形 (2) 水平投影积聚成直线，且平行于 *OX* 轴 (3) 侧面投影积聚成直线，且平行于 *OZ* 轴
水平面	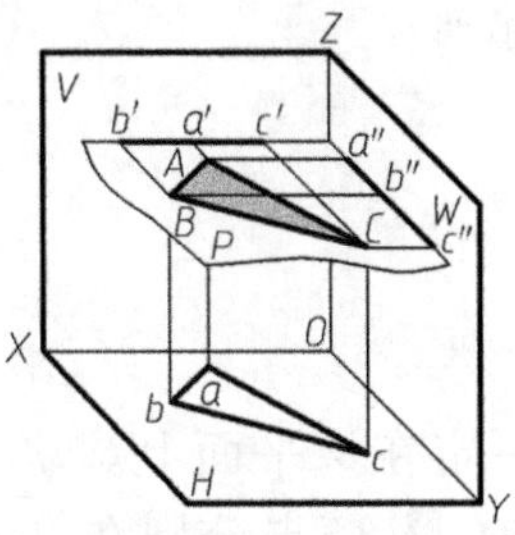	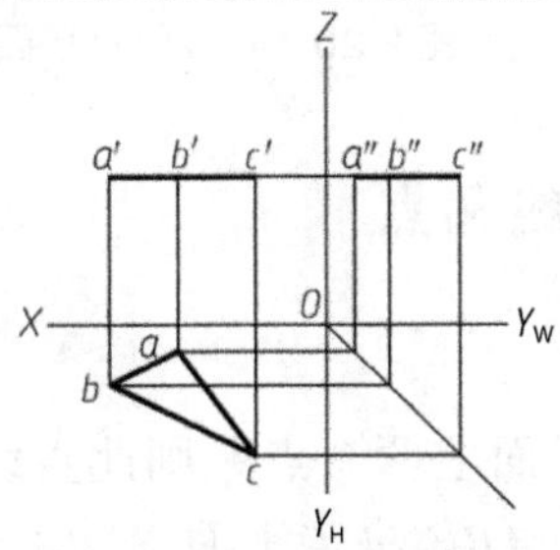	(1) 水平投影反映实形 (2) 正面投影积聚成直线，且平行于 *OX* 轴 (3) 侧面投影积聚成线，且平行于 *OY* 轴
侧平面	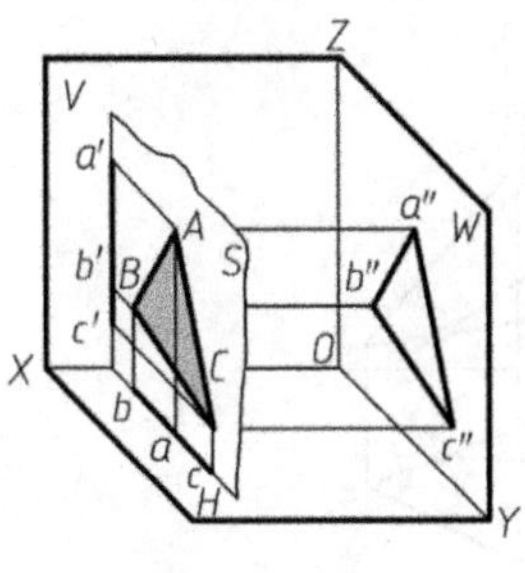	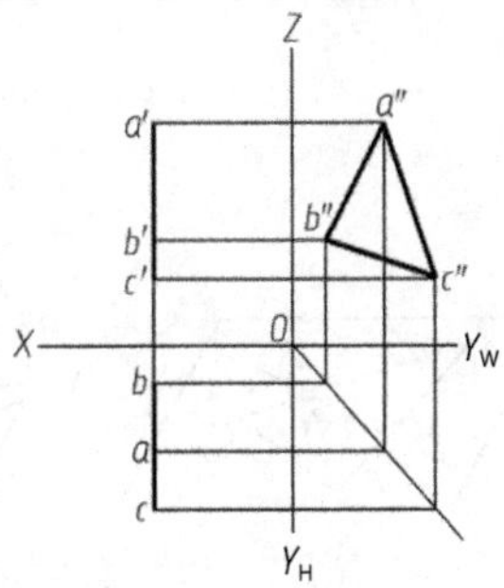	(1) 侧面投影反映实形 (2) 水平投影积聚成直线，且平行于 *OY* 轴 (3) 侧面投影积聚成直线，且平行于 *OZ* 轴

由表 2.4 可将投影面平行面的投影特性归纳为：

（1）在其平行的投影面上的投影反映平面的实形。

（2）另外两个投影面上的投影均积聚成直线，且平行于不同的投影轴。

3）一般位置平面

对三个投影面都处于倾斜位置的平面，称为一般位置平面。如图 2.20 所示，斜面 *ABC* 为一般位置平面。所以它的三面投影 △*abc*、△*a′b′c′*、△*a″b″c″* 均为原形的类似形，不反映实形，也不反映该平面与投影面的倾角。

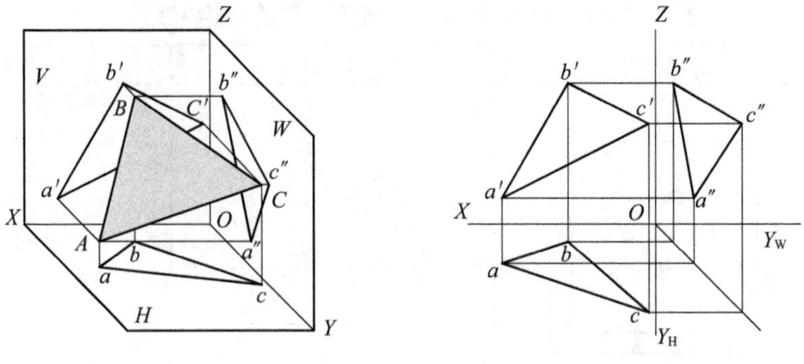

(a) (b)

图 2.20 一般位置平面的投影

2.4.3 平面上的直线和点

1. 平面上取直线

（1）一直线经过平面上两个点，则此直线一定在该平面上。

如图 2.21 所示，△*ABC* 决定平面 *P*，由于 *M*，*N* 两点分别在 *AB*，*AC* 上，故直线 *MN* 在平面 *P* 上。

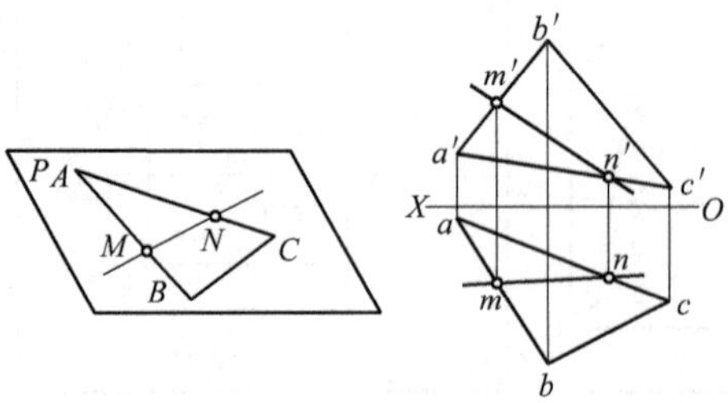

图 2.21 平面上取直线

（2）一直线经过平面上一点且平行于平面上的另一直线，则此直线一定在该平面上。

如图 2.22 所示，相交两直线 *EF*，*ED* 决定平面 *Q*，*M* 是 *ED* 上的一个点。如过 *M* 作 *MN*//*EF*，则 *MN* 一定在平面 *Q* 上。

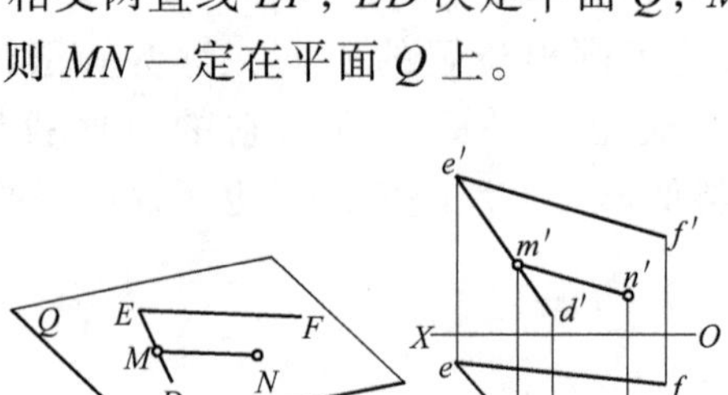

图 2.22 平面上取直线和点

2. 平面上取点

如点在平面内的任一直线上，则此点一定在该平面上。

如图 2.22 所示，由于点 N 在平面 Q 的直线 MN 上，因此点 N 在平面 Q 上。

【例 2.6】已知一平面 $ABCD$，（1）判别点 K 是否在平面上；（2）已知平面上一点 E 的正面投影 e'，作出其水平投影 e（图 2.23（a））。

解：判别一点是否在平面上以及在平面上取点，必须先在平面上取直线。

（1）连接 $c'k'$，并延长与 $a'b'$ 交于 f'，由 $c'f'$ 求出其水平投影 cf，则 CF 是平面 $ABCD$ 上的一条直线，如点 K 在 CF 上，则 k，k' 应分别在 cf，$c'f'$ 上。从作图中得知 k 不在 cf 上，所以点 K 不在平面上。

（2）连接 $a'e'$ 与 $c'd'$ 交于 g'，由 $a'g'$ 求出水平投影 ag，则 AG 是平面 $ABCD$ 上的一条直线，如点 E 在平面上，则 E 应在 AG 上，所以 e 应在 ag 上，因此过 e' 作投影连线与 ag 延长线的交点 e 即为所求点 E 的水平投影。

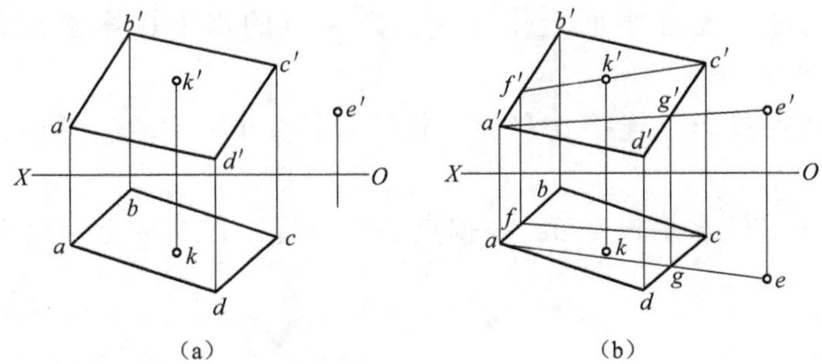

图 2.23 平面上的点

由此可见，即使点的两个投影都在平面图形的投影轮廓线范围内，该点也不一定在平面上。即使一点的两个投影都在平面图形的轮廓范围以外，该点也不一定不在平面上。

【例 2.7】根据需要，欲在四边形薄板（不计厚度）$ABCD$ 上开两个圆孔，圆孔圆心的正面投影 e'，f' 如图 2.24（a）所示，试确定圆孔圆心的水平投影。

解：圆孔圆心的水平投影，可根据其正面投影用平面上取点、线的方法作出。

（1）过 e' 作线 $1'2'//a'b'$，并交 $a'd'$ 于 $1'$，交 $b'c'$ 于 $2'$。

（2）求出直线 ad 上点 1 的水平投影 1，并过 1 作线 $12//ab$。

（3）根据 e' 求出其水平投影 e，就是圆孔圆心的水平投影。同理可求出 f。

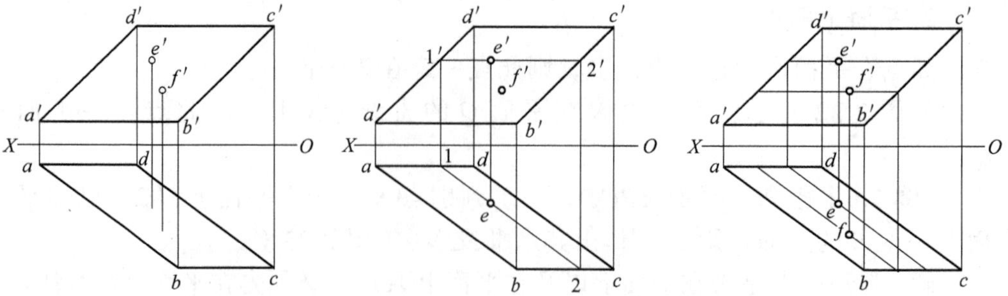

（a）　（b）　（c）

图 2.24　在平面上求圆心的水平投影

由于一般位置平面的投影都不是直线，所以在求平面上点的投影时，需要在平面上作一条辅助线。

【例 2.8】如图 2.25（a）所示，已知平面△ABC 上的一点 K 的正面投影 k'，求其水平投影 k。

解：首先过点 K 在平面上作直线，则 K 点的水平投影必在此直线的投影上。

（1）在正面投影上连接 $a'k'$，并将其延长交 $b'c'$ 于 e'，得到直线 AE 的正面投影 $a'e'$。

（2）作 $a'e'$ 的水平投影 ae，根据点的投影规律，在 ae 上作出 k，如图 2.25（b）所示。

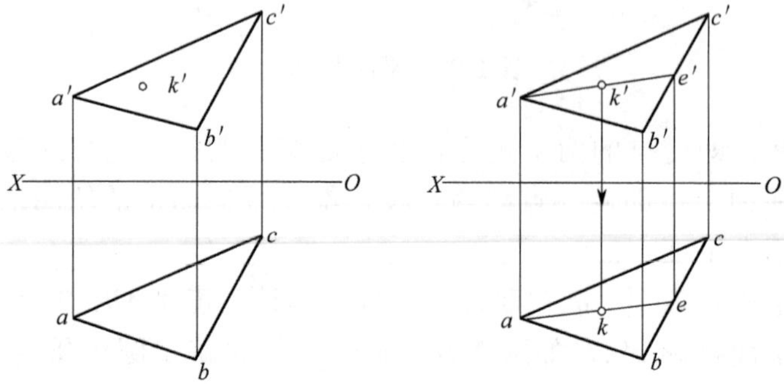

（a）　（b）

图 2.25　平面上点的投影

2.5 第三角投影法简介

世界各国都采用正投影法来绘制工程图样。ISO 国际标准规定，在表达物体结构时，第一角画法和第三角画法等效使用，GB / T14692—2008 中规定“应按第一角画法布置六个基本视图，必要时（如按合同规定等），才允许使用第三角画法。”为适应国际科学技术交流的需要，对第三角画法的特点简介如下。

三个相互垂直的平面将空间划分为八个分角，如图 2.26 所示，分别称为第一角、第二角、第三角……

第一角画法是将物体置于第一角内，使其处于观察者与投影面之间（即保持“人、物、面”的位置关系）而得到正投影的方法，如图 2.27 所示。

第三角画法是将物体置于第三角内，使投影面处于观察者与物体之间（假设投影面是透明的并保持“人、面、物、”的位置关系）而得到正投影的方法，如图 2.28 所示。

第一角画法和第三角画法都是采用正投影，各视图之间仍保持“长对正，高平齐，宽相等”的投影关系。

第一角画法和第三角画法的主要区别有两点。

（1）各视图的配置不同。第三角画法规定，投影面展开摊平时前立面不动，顶面向上旋转 90°，侧面向前旋转 90° 与前立面在一个平面上，各视图的配置如图 2.28 所示。

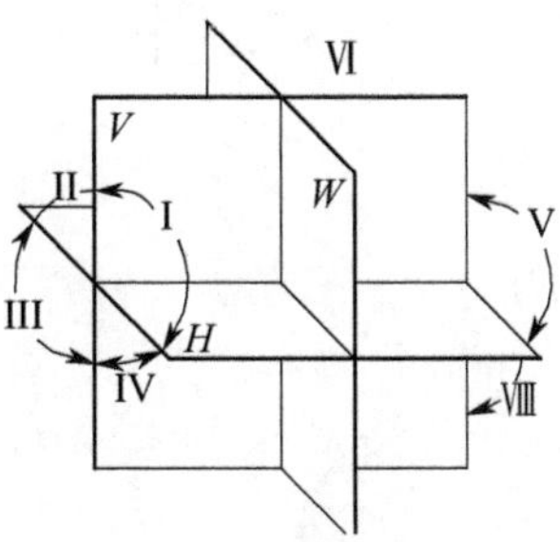

图 2.26 空间划分为八个分角

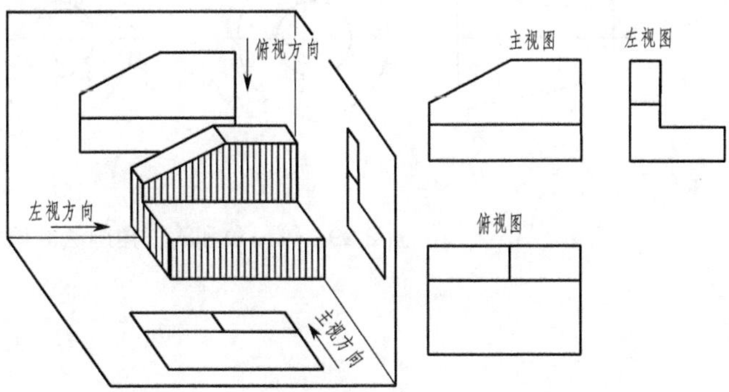

图 2.27 第一角画法

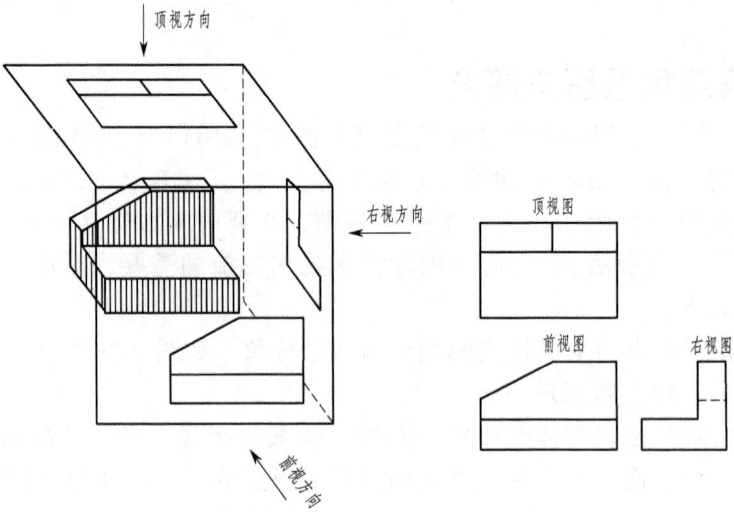

图 2.28　第三角画法

（2）里前外后。由于各视图的配置不同，第三角画法的顶视图、底视图、右视图、左视图靠近前视图的一边（里边）表示物体的前面，远离前视图的一边（外边）表示物体的后面。这与第一角画法“里后外前”正好相反。

在 ISO 国际标准中，第一角画法用图 2.29（a）的符号表示，第三角画法用图 2.29（b）的符号表示。

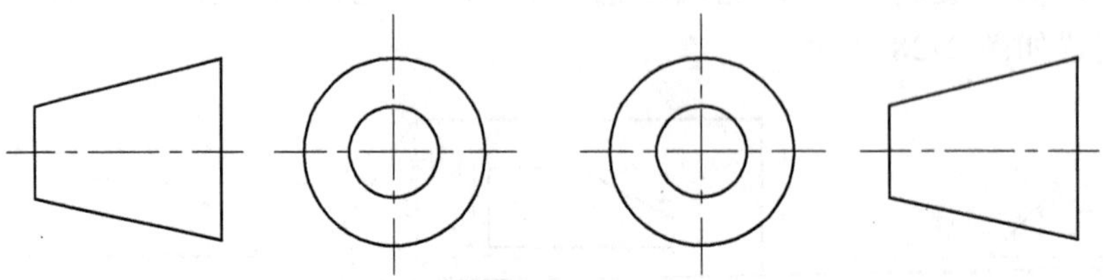

(a)　　(b)

图 2.29　第一角和第三角画法的识别符

第3章 基本立体投影

按照立体表面的几何形状的不同，立体的形状可分为两类：表面全部为平面的立体叫做平面体；表面为曲面或既有曲面又有平面的立体叫做曲面体，当曲面为回转面时又叫做回转体。单一的几何体称为基本体。常用的基本体包括棱柱、棱锥、圆柱、圆锥、圆球、圆环等。本章主要介绍基本体的投影及表面上取点的方法。

3.1 体的三面投影——三视图

根据有关标准和规定，用正投影法所绘制出的物体图形称为视图。一般来说，一个视图不能唯一完整地确定物体的空间形状（图 3.1），所以在机械制图中，常采用多面正投影的表达法。

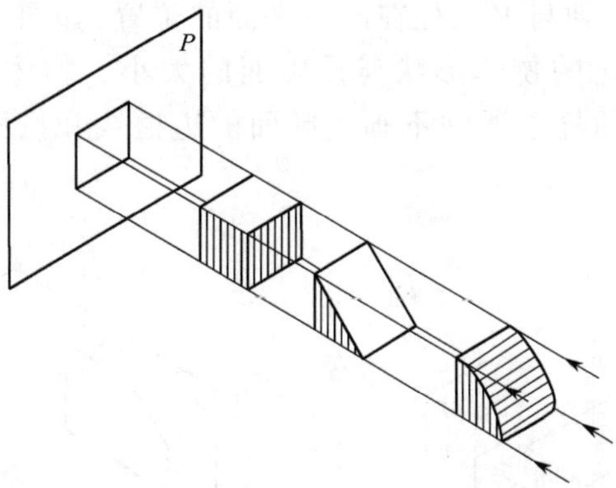

图 3.1 一个视图不能确定物体的空间形状

3.1.1 三视图的形成

1. 三投影面体系的建立

在多面正投影中，相互垂直的三个投影面分别为正立投影面，用 V 表示；水平投影面，用 H 表示；侧立投影面，用 W 表示。三个投影面之间的交线称为投影轴，分别用 OX、OY、OZ 表示，简称为 X 轴、Y 轴、Z 轴。X 轴代表左右长度方向，Y 轴代表前后宽度方向，Z 轴代表上下高度方向，如图 3.2 所示。

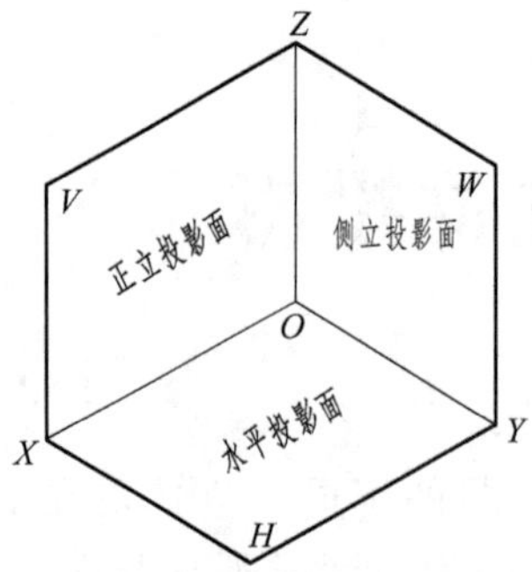

图 3.2 三投影面体系

2. 三面投影的形成

将物体置于三投影面体系中，按正投影法分别向三个投影面投射，由前向后投射在 *V* 面上得到的视图叫主视图，由上向下投射在 *H* 面上得到的视图叫俯视图，由左向右投影在 *W* 面上得到的视图叫左视图，如图 3.3（a）所示。

3. 三投影面的展开

为了在同一张图纸上画出三视图，需将三个投影面展开到同一图面上，其展开方法规定：*V* 面不动，*H* 面绕 *OX* 轴向下旋转 90°，*W* 面绕 *OZ* 轴向右后旋转 90°，都转到与 *V* 面处在同一平面的位置，如图 3.3（b），（c）所示。

由于视图所表达的物体形状与投影面的大小、物体与投影面之间的距离无关，所以工程图样上通常不画投影面的边框线和投影轴，如图 3.3（d）所示。

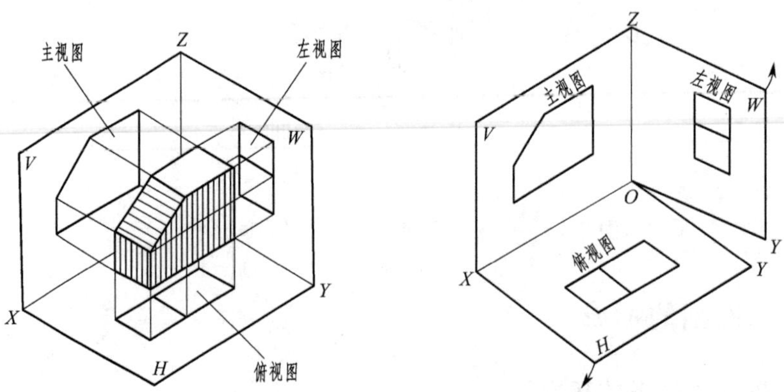

（a） （b）

图 3.3 三视图的形成

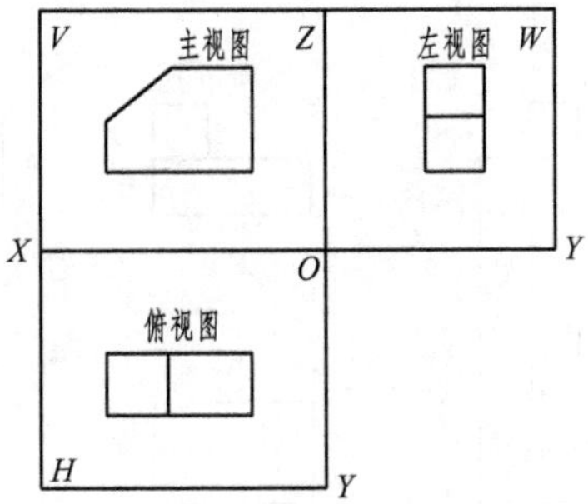

(c)

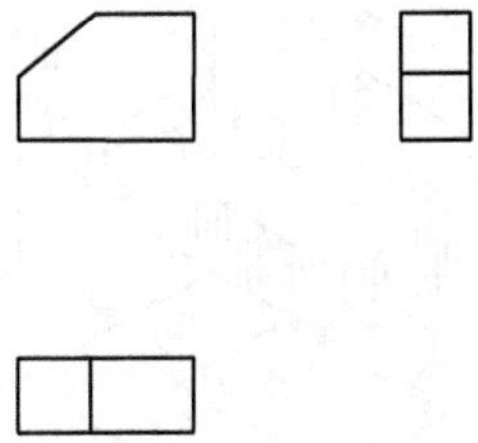

(d)

续图 3.3

3.1.2 三视图之间的对应关系

将投影面旋转展开到同一图面上后，物体的各视图有规则地配置，并相互之间形成对应关系。

1. 位置关系

以主视图为准，俯视图配置在它的正下方，左视图配置在它的正右方，如图 3.4 所示。

2. 尺寸关系

物体有长、宽、高三方向的尺寸，每个视图都反映物体的两个方向尺寸：主视图反映长度和高度，俯视图反映长度和宽度，左视图反映宽度和高度。这样相邻两个视图同一方向的尺寸相等，即：

（1）主、俯视图相应投影长度相等，且对正。

（2）主、左视图相应投影高度相等，且平齐。

（3）俯、左视图相应投影宽度相等。

三视图之间“长对正、高平齐、宽相等”的“三等”关系，就是三视图的投影规律，对于物体的整体或局部都是如此，在画图、读图时要严格遵循，如图 3.4（b）所示。

3. 方位关系

物体有上下、左右、前后六个方位。主视图反映物体的上下和左右，俯视图反映物体的左右和前后，左视图反映物体的前后和上下。这样，俯、左视图中，靠近主视图的一边，表示物体的后面，远离主视图的一边，表示物体的前面，如图 3.4（c）所示。

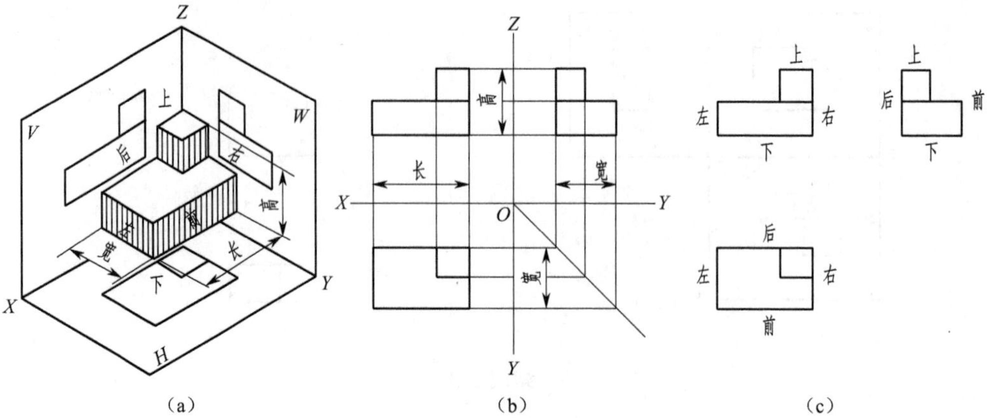

图 3.4　三视图之间的对应关系

3.2　基本体的三视图

3.2.1　平面立体的投影

表面由若干个平面所围成的几何形体，称为平面立体。平面立体主要分为棱柱体和棱锥体两种。要作出平面基本体的投影，只要作出其各个表面的平面投影，就可以描绘出该平面立体的基本视图。

1. 棱柱

1）形体特征

棱柱由两个底面和若干侧棱面组成，侧棱面与侧棱面的交线称为侧棱线，侧棱线互相平行。本书只讨论侧棱线与底面垂直的直棱柱的投影。

2）棱柱的三视图

以六棱柱为例。当六棱柱与投影面处于图 3.5（a）的位置时，六棱柱的两底面与 H 面平行，在俯视图上反映实形，前后两侧棱面为正平面，在主视图上反映实形，其余四个侧棱面为铅垂面，六个侧棱面在俯视图上都积聚成与六边形的边重合的直线。

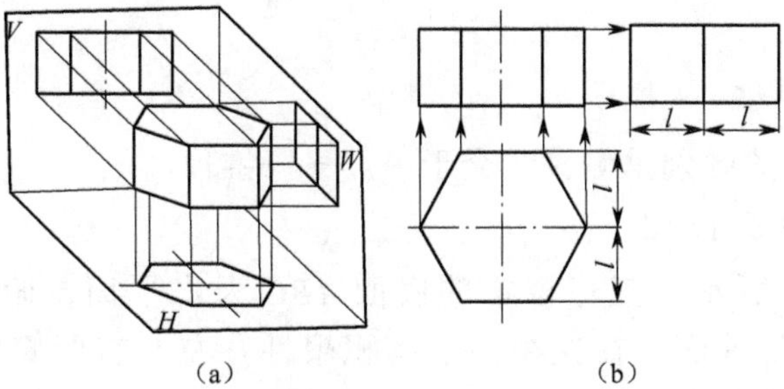

图 3.5 六棱柱的三视图

作图过程（图 3.5（b））：

（1）画出反映两底面实形（正六边形）的水平投影。

（2）由侧棱线的高度按三视图间的对应关系画出其余两个视图。

注意：在视图图形对称时，还应画出对称中心线（点画线），而且往往是首先画出对称中心线以确定三视图的位置。

3）棱柱表面上取点

由于棱柱体的表面都是平面，所以在棱柱体表面上取点的方法与在平面上取点的方法相同。

【例 3.1】如图 3.6（a）所示，已知棱柱体表面上 *A*、*B* 两点的正面投影，求其余两面投影并判别可见性。

解：由图 3.6（a）可知，点 *A* 位于左前棱面上，该棱面在俯视图上积聚成一条直线，点 *A* 的水平投影 *a* 也应位于该直线上，求出 *a* 后，可根据“三等”关系求得 *a*″。

如图 3.6（b）所示，由 *a*′ 向 *H* 面作投影连线与左前棱面的水平投影相交求得 *a*′，由 *a*，*a*′ 按“三等”关系求得 *a*″。

判别可见性：若点所在的面的投影可见（或有积聚性），则点的投影亦可见。

由于点 *A* 位于左前棱面上，故 *a*′，*a*″ 均可见。

同理，根据点 *B* 的位置可求出 *b*，*b*″ 并确定它们的可见性。

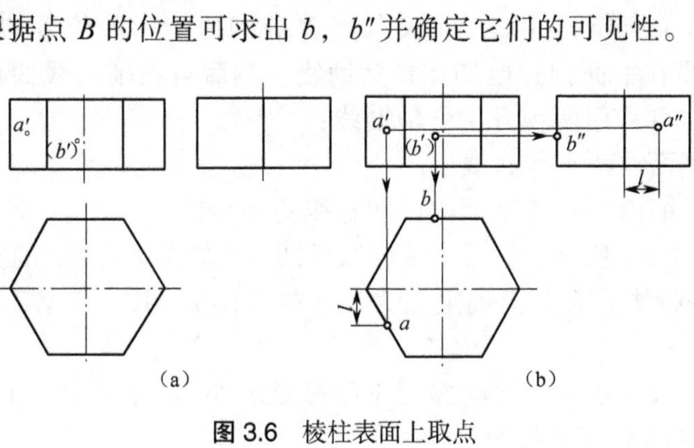

图 3.6 棱柱表面上取点

2. 棱锥体

1）形体特征

棱锥与棱柱的区别是侧棱线交于一点——锥顶。

2）棱锥的三视图

图 3.7（a）所示，正三棱锥的底面 *ABC* 为水平面，俯视图反映实形。后侧面 *SAC* 是侧垂面，在左视图上有积聚性。左、右两侧面 *SAB*，*SBC* 为一般位置平面。

作图过程（图 3.7（b））：

（1）画出反映底面 *ABC* 实形的水平投影及有积聚性的正面、侧面投影。

（2）确定顶点 *S* 的三面投影。

（3）分别连接顶点 *S* 与底面各顶点的同名投影从而画出各侧棱线的投影。

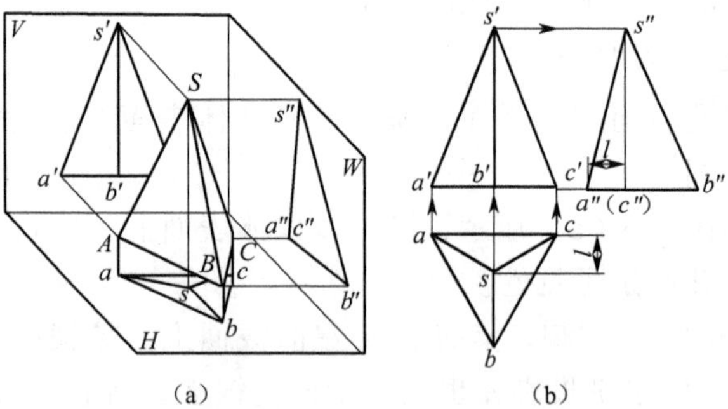

图 3.7 棱锥的三视图

3）棱锥表面上取点

【例 3.2】 如图 3.8（a）所示，已知棱锥表面上 *K*、*N* 点的正面投影，求其余两面投影。

解： 由图 3.8（a）可知，点 *K* 与点 *N* 分别位于一般位置的侧棱面 *SAB*，*SBC* 上，需要在平面内过已知点作辅助线，然后再在辅助线的投影上确定点的未知投影。可采用两种方法作辅助线：

（1）过平面内两点作直线。

（2）过平面内一点作平面内已知直线的平行线。

如图 3.8（b）所示，过点 *K* 的正面投影 *k'* 作辅助线 *SD* 的正面投影，求出 *SD* 的水平投影并在其上确定点 *K* 的水平投影 *k*，按"三等"关系由 *k'*，*k* 求得 *k''*。

如图 3.8（c）所示，过点 *N* 的正面投影作 *BC* 的平行线ⅠⅡ的正面投影，从而求出点 *N* 的另两个投影。

判别可见性：由于侧棱面 SAB 的水平投影和侧面投影均是可见的，故 k，k'' 均可见。而侧棱面 SBC 的水平投影可见，侧面投影不可见，故 n 可见，n'' 不可见。

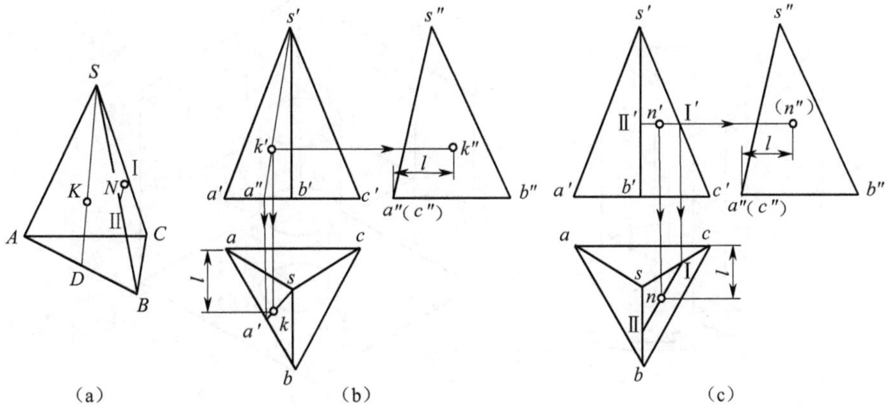

图 3.8 棱锥表面上取点

3.2.2 回转体的投影

由一条母线（直线或曲线）围绕轴线回转而形成的表面，称为回转面；由回转面或回转面与平面所围成的立体，称为回转体。最常见的回转体有圆柱、圆锥、圆球、圆环等。

1. 圆柱体

1）圆柱体的形成

圆柱体由圆柱面和顶、底平面组成。圆柱面可看成由一条直母线围绕与它平行的轴线回转而成，如图 3.9（a）所示。母线的任一位置称为圆柱面的素线。

2）圆柱的三视图

如图 3.9（b）所示，圆柱的俯视图是一个圆形线框，它是圆柱面在水平面上的积聚投影，也反映了顶、底平面的实形。圆柱在主、左视图上的投影为相同的矩形线框，上、下两边是顶、底面的积聚投影，长为圆柱的直径；主视图矩形的左、右两边分别是圆柱面最左、最右素线的投影，它们是圆柱面由前向后的转向轮廓线，也是主视图上圆柱面投影可见与不可见的分界线，其俯视图分别积聚在前后对称中心线与圆形线框的交点上，左视图与轴线重合；左视图矩形的两边分别是圆柱面最前、最后素线的投影，它们是圆柱面由左向右的转向轮廓线，也是左视图上圆柱面投影可见与不可见的分界线，其俯视图分别积聚在左右对称中心线与圆形线框的交点上，主视图与轴线重合。

作图过程：

（1）画轴线和圆对称线。

（2）先画投影为圆的视图，再画其余两个视图。

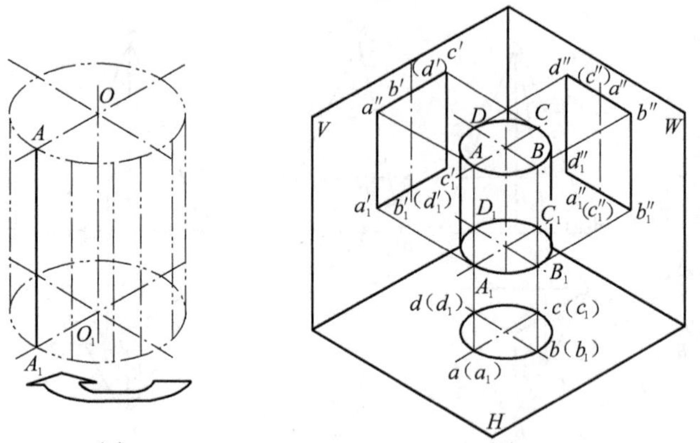

（a）　（b）

图 3.9　圆柱的形成及其三视图

3）圆柱表面取点

圆柱面上点的投影，均可利用圆柱面投影的积聚性来作图。

【**例 3.3**】如图 3.10（a）所示，已知圆柱面上 M 点的侧面投影 m'' 和 N 点的正面投影 n'，求 M、N 点的其余两面投影。

解：由于 M 点的侧面投影 m'' 不可见，且在中心线上，故 M 点必在圆柱面的最右素线上，因此 m'、m 必在最右素线的相应投影上，可直接求出。而 N 点的正面投影 n' 可见，故 N 点必在前半个圆柱面上，因此 n 必在俯视图的前半个圆上。先求出 n，根据 n''、n 求出 n'，n' 可见，如图 3.10（b）所示。

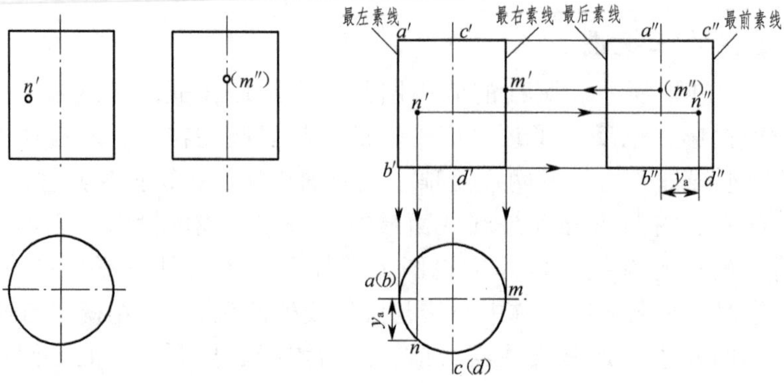

（a）　（b）

图 3.10　圆柱表面上取点

2. 圆锥体

1）圆锥体的形成

圆锥体由圆锥面和底平面组成。圆锥面可看成由一条直母线围绕与它相交的轴线回转而成的，如图 3.11 所示。母线的任一位置称为圆锥面的素线。

2）圆锥的三视图

如图 3.11 所示，圆锥的轴线垂直于水平面，圆锥的俯视图是一个圆形线框，它既是圆锥面的水平投影，又是底平面实形的投影。

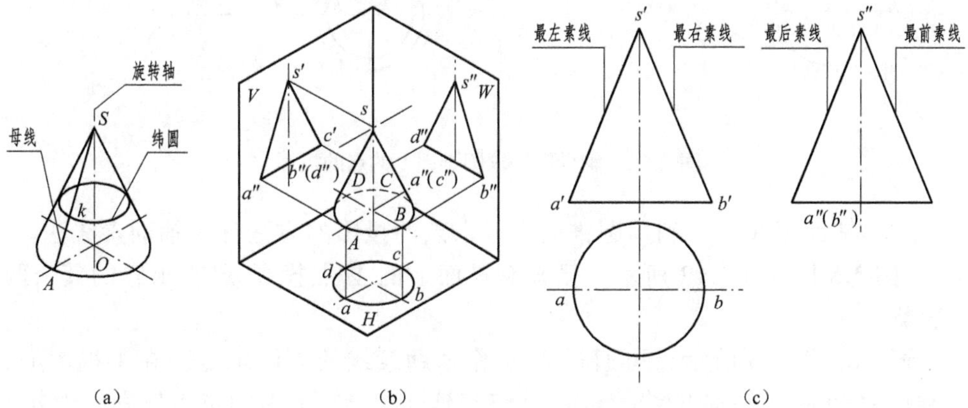

图 3.11 圆锥的形成及其三视图

主、左视图是两个相等的等腰三角形，它表示了圆锥面的投影，其底边是底圆的积聚性投影。主、左视图三角形的两腰分别是圆锥最左、最右素线和最前、最后素线的投影。

作图过程：

（1）画轴线和圆的对称中心线。

（2）先画投影为圆的视图，再画其余两个视图。

3）圆锥表面取点

当点位于圆锥表面的 4 条特殊素线上时，可直接利用这些素线的特殊性质作出点的投影；如果点处于圆锥表面的一般位置，可采用下述两种方法求解。

（1）辅助圆法。如图 3.12 所示，在圆锥面上可以作出无数个垂直于轴线的圆，利用这些圆来求点的投影的方法称为辅助圆法。

【例 3.4】 如图 3.12（a）所示，已知圆锥面上的 P 点投影 p'，求其余两面投影。

解： 如图 3.12（b）所示，可通过 P 点作辅助圆的方法求点。过 p' 垂直于轴线作一直线 $a'b'$，$a'b'$ 的长就是该辅助圆的直径，作出辅助圆的水平投影，就可求出 p，再根据 p'、p 求出 p''。

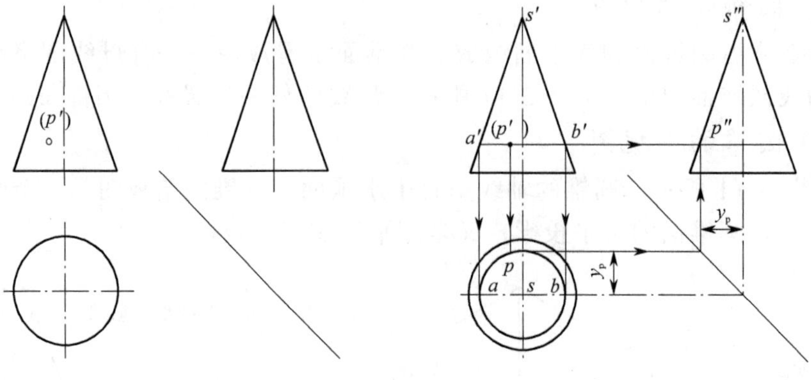

图 3.12　辅助圆法求圆锥面上的点的投影

（2）辅助素线法。利用圆锥面素线求点的投影的方法称为辅助素线法。

【例 3.5】 如图 3.13 所示，已知圆锥面上的 M 点投影 m'，求它的其余两面投影。

解： 如图 3.13 所示，可通过 M 点作辅助素线的方法求点。在主视图上，过锥顶 s' 和 m' 作一辅助线 $s'm'$，并将其延长，与底平面的正面投影交于 a'，作出其 H 面投影 sa，再由 m' 根据点的投影关系求出 m、m''。由于 M 点在左半个圆锥面上，故 m、m'' 均可见。

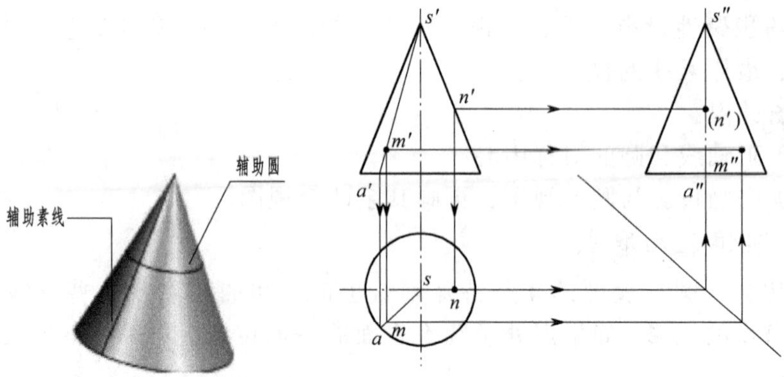

图 3.13　辅助线法求圆锥面上的点的投影

3. 圆球

1）圆球的形成

圆球的表面可以看成由一个圆周母线绕其任一直径回转而形成的，如图

3.14（a）所示。

2）圆球的三视图

图 3.14（b）所示为圆球的三视图。其投影特征是三个投影均为圆，其半径与球的半径相等。正面投影上的圆是球面上平行于 V 面的最大圆投影，该圆为前半球面和后半球面的分界线投影；水平投影是球面上平行于 H 面的最大圆的投影，该圆为上半球面和下半球面的分界线投影；侧面投影是球面上平行于 W 面的最大圆的投影，该圆为左半球面和右半球面的分界线投影。

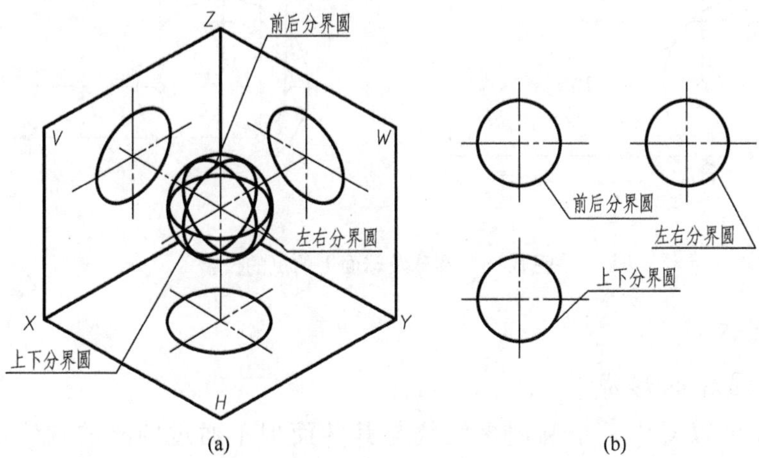

图 3.14　圆球的形成及其三视图

作图过程：

（1）可先确定球心的 3 个投影。

（2）再画出 3 个与球等直径的圆，如图 3.14（b）所示。

3）圆球面上取点

圆球面转向轮廓线上的点的投影均处于特殊位置，可利用点的投影规律直接求出，如图 3.15(a)所示。其余位置点的投影一般要通过作辅助圆来求解。

【例 3.6】如图 3.15（b）所示，已知圆球面上 M 点的 V 面投影为 m'，求 M 点的其余两面投影。

解：由于 m' 为可见，所以 M 点在球体的前半个球面上。选择在球面上过 M 点作平行于水平面的辅助圆的方法求点。过 m' 作辅助圆的 V 面投影 $a'b'$，作出圆的 H 面投影，其直径等于 $a'b'$ 的长度，按点的投影规律作出 m 和 m''。由 m' 的位置可知，M 点在球面的左、上、前部。故 m、m''都可见。

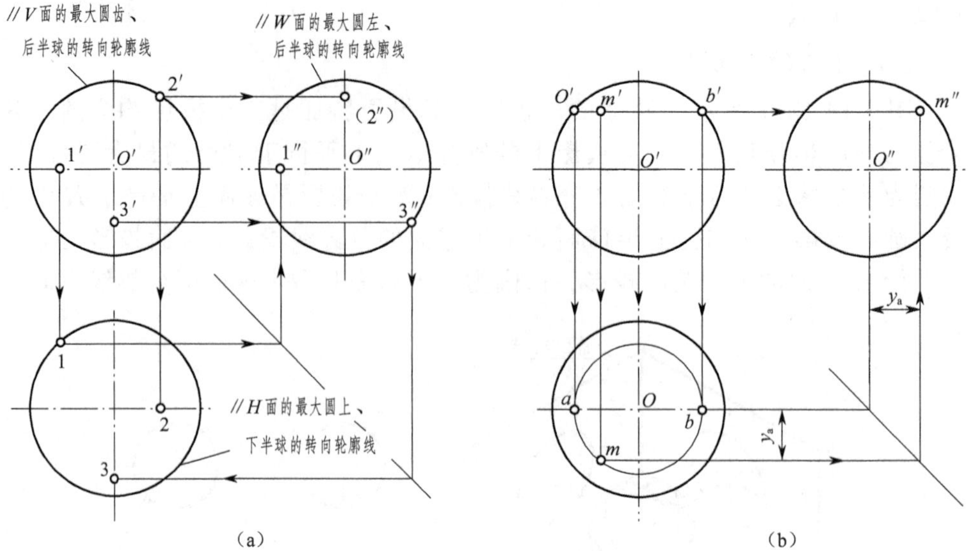

图 3.15　圆球及球面上的点的投影

4. 圆环

1）圆环的形成

圆环可以看作一个圆周母线绕与其共面但不通过圆心的轴线回转而形成，如图 3.16（a）所示。

2）圆环的三视图

图 3.16（b）为圆环轴线垂直于 *H* 面时，圆环的投影。其中，外半圆 *BAD* 回转形成外圆环面，内半圆 *BCD* 回转形成内环面。圆环的正面投影和侧面投影形状完全一样；水平投影是三个同心圆（其中有一细点画线圆）。

（1）水平投影的三个同心圆：细点画线圆是母线圆心轨迹的水平投影，也是内外环面上的上、下两个分界圆的水平投影重合；内外粗实线圆是圆环面上最小、最大纬线圆的水平投影，也是内、外圆环面俯视转向轮廓线（内外圆环的可见部分与不可见部分的分界线）的水平投影。

（2）正面投影上的两个小圆（一半粗实线，一半虚线）是外、内圆环面正视转向轮廓线上最左、最右两条素线的正面投影：粗实线半圆是外环面上正视转向轮廓线的正面投影，也是外环面上前半环面与后半环面、可见和不可见的分界线的正面投影；虚线半圆是内环面上正视转向轮廓线的正面投影，也是内环面上前半环面与后半环面的分界线的正面投影，前、后内环面的正面投影均不可见，故画成虚线。正面投影上、下两条与小圆相切的横向直线是圆环面上最高、最低两个纬线圆的正面投影的积聚；也是内、外环面上、下两个半环面分界的正面投影的积聚。

（3）侧面投影上的两个小圆（一半粗实线、一半虚线）是外、内圆环面侧视转向轮廓线上最前、最后两条素线的侧面投影：粗实线半圆是外环面上侧视转向轮廓线的侧面投影，也是外环面上左半环面与右半环面、可见和不可见的分界线的侧面投影；虚线半圆是内环面上侧视转向轮廓线的侧面投影，也是内环面上左半环面与右半环面的分界线的侧面投影，左右内环面的侧面投影均不可见，故画成虚线。侧面投影上、下两条与小圆相切的横向的直线是圆环上最高、最低两个纬线圆的侧面投影，也是内外环同上、下两个分界的侧面投影的积聚。

画圆环三面投影图时，应画出圆环面的回转轴线、对称中心线（均用细点画线表示）及内、外环面的转向轮廓线。

（1）画出圆环轴线及对称中心线。

（2）画圆环在轴线所垂直的投影面上的投影（三个同心圆）。

（3）画另两个形状相同的投影。

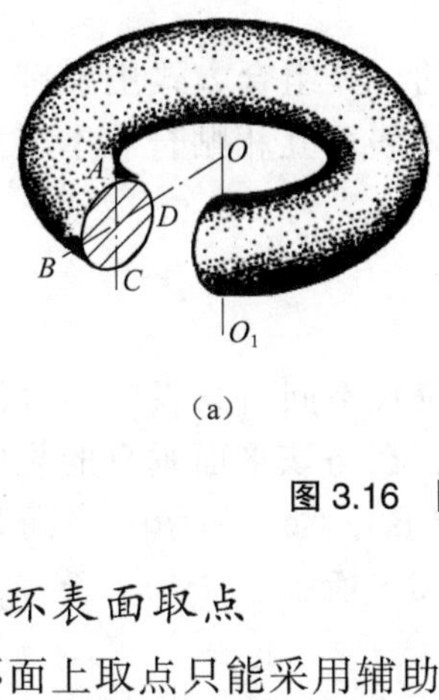

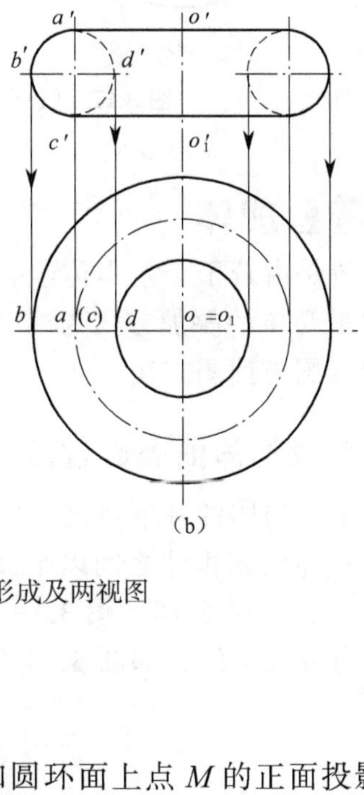

图 3.16 圆环的形成及两视图

3）圆环表面取点

在圆环面上取点只能采用辅助圆法。

【例 3.7】如图 3.17（a）所示。已知圆环面上点 M 的正面投影和点 N 的水平投影，求 M 点、N 点的其余两面投影。

解：过点在圆环面上作一水平圆，该圆的水平投影为圆，正面投影积聚成直线，求出圆的两个投影后。即可确定点的未知投影。如图 3.17（b）所示，过点 m' 在外环面上作辅助圆的正面投影 $1'1'$，画出该圆的水平投影，然后在该圆上确定点 M 的水平投影。同理，过点 n 在内环面上作辅助圆的水平投影，画出该圆的正面投影 2′2′，然后在其上确定点 N 的正面投影 n' 。

由已知投影 m' 的位置及可见性可判断出点 M 位于上半个外环面上，故 m 可见；由已知投影 n 的位置及可见性可判断出点 N 位于下半个内环面上，故 n 不可见。

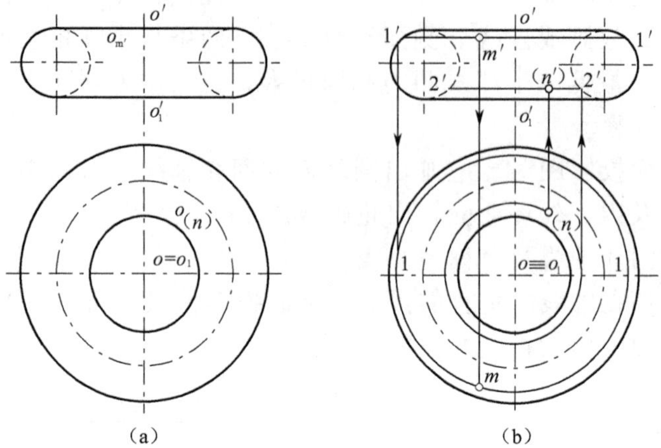

图 3.17　圆环及环面上的点的投影

3.3　简单叠加体

物体一般是由若干个基本体组合而成的，其组合方式主要有叠加和切割两种。其中最简单的叠加方式为两个基本体表面互相贴合。本节主要介绍简单叠加体的画图与读图方法。

3.3.1　简单叠加体的表面过渡关系

组成简单叠加体的基本体之间的相对位置不同，其表面的过渡关系也不同。简单叠加体的基本体之间以平面分界，在与该平面垂直的投影面上的投影积聚成直线，如图 3.18，图 3.19（a），（b），（c）所示，当两基本体的表面共面时，分界处无线，如图 3.19（c），（d）所示。

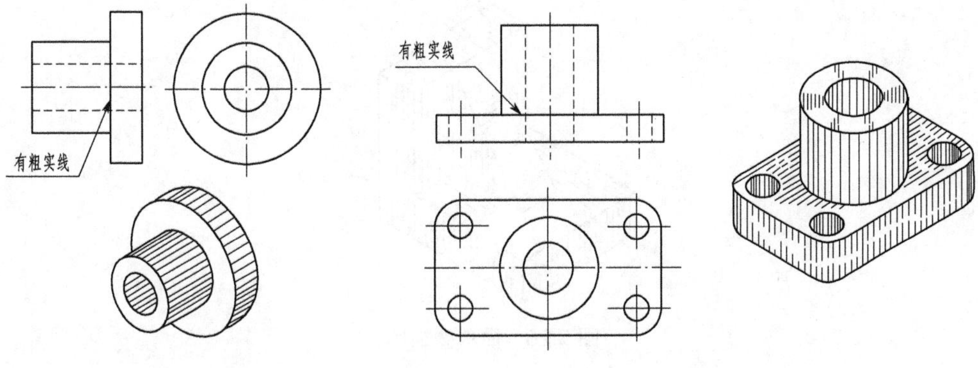

（a）两回转体叠加　　（b）回转体与平面体叠加

图 3.18　两体叠加

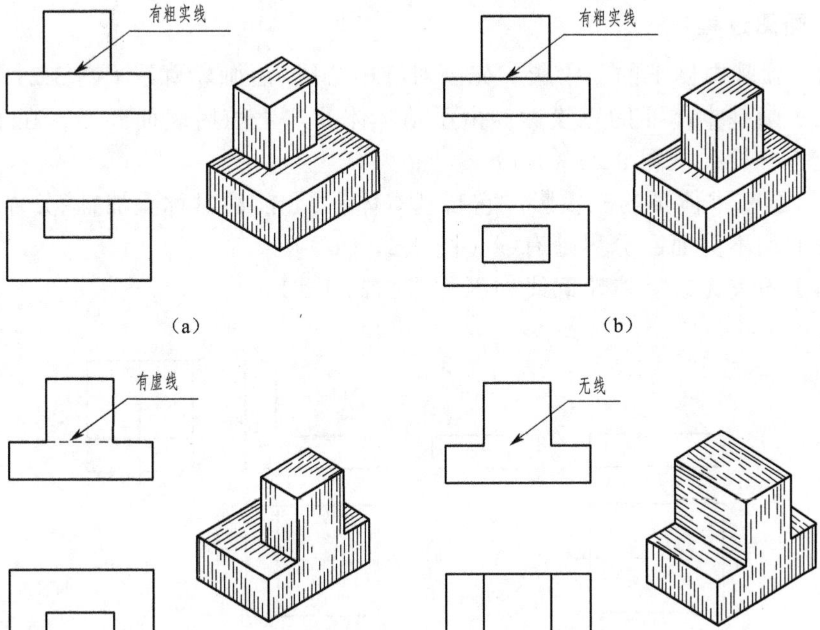

图 3.19　两平面体叠加

3.3.2　简单叠加体的画图方法

画图时，假想将简单叠加体分解成若干基本体，弄清它们的相互位置关系，然后逐个画出每个基本体的三视图，同时分析表面过渡关系及投影特性，最后得到简单叠加体的三视图。现以图 3.20 为例说明其三视图的画法。

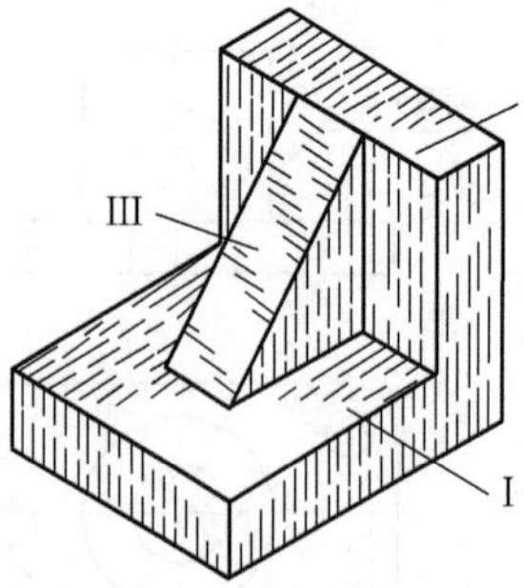

图 3.20 简单叠加体

1. 分解形体

此物体可以分解为 I，II，Ⅲ三个基本体。

2. 画图过程

（1）画基本体 I 的三投影。先画对称中心线，后画轮廓线（图 3.21（a））。

（2）画基本体Ⅱ的三投影。由于基本体Ⅱ与 I 前后表面共面，在主视图上不应有分界线（图 3.21（b））。

（3）画基本体Ⅲ的三投影。它与基本体 I，Ⅱ前后对称叠加，除分界面外，其余表面均不共面，分界处有线（图 3.21（c））。

（4）检查无误后将轮廓线加深（图 3.21（d））。

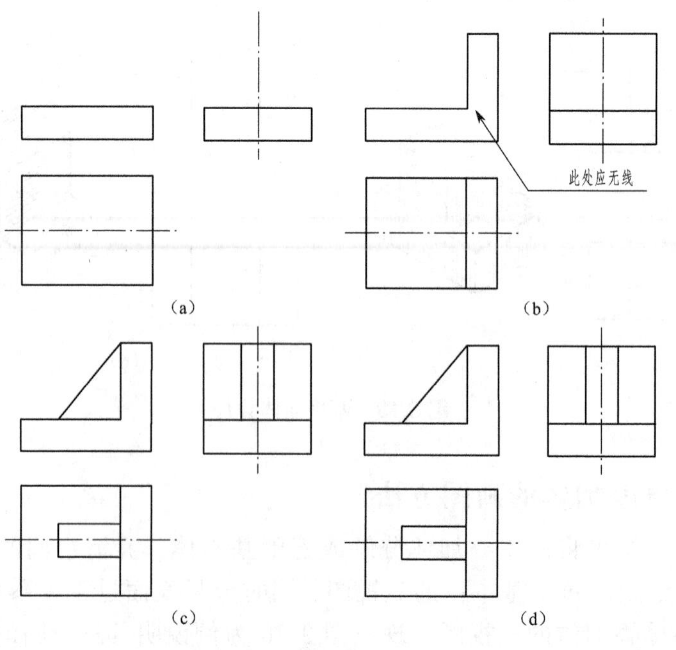

图 3.21 叠加体的绘图过程

3.3.3 简单叠加体的读图方法

1. 弄清视图中图线的意义

如图 3.22 所示，视图是由图线组成的，视图中的点画线一般是对称中心线或回转体的轴线，而图中的实线与虚线有三种意义：

（1）体的表面为投影面平行面或投影面垂直面时的积聚性投影。

（2）体上两面的交线的投影。

（3）回转面（圆柱面、圆锥面等）轮廓线的投影。

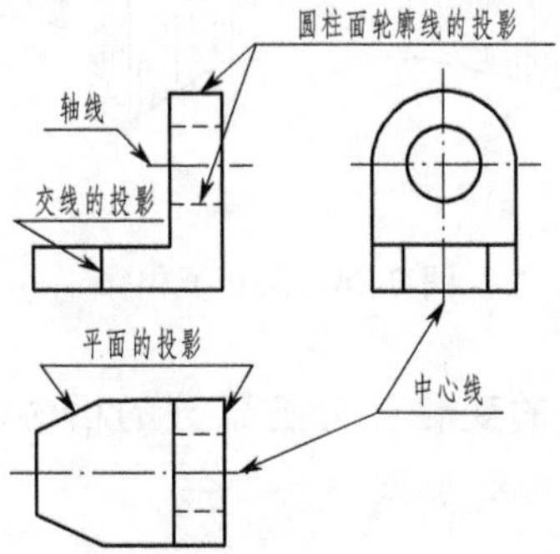

图 3.22 图线的意义

2. 利用线框分析题表面的相对位置关系

视图中的一个封闭线框一般情况下表示一个面的投影。线框里面再出现线框，通常表示两个面凹凸不平或具有打通的孔（图 3.23）。若两线框相邻，通常表示两个相邻的面高低不一或相交（图 3.24）。

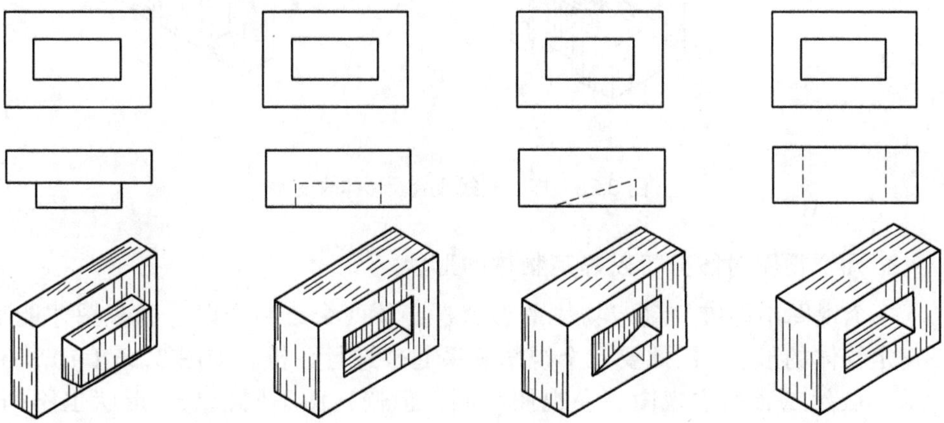

(a) (b) (c) (d)

图 3.23 线框套线框

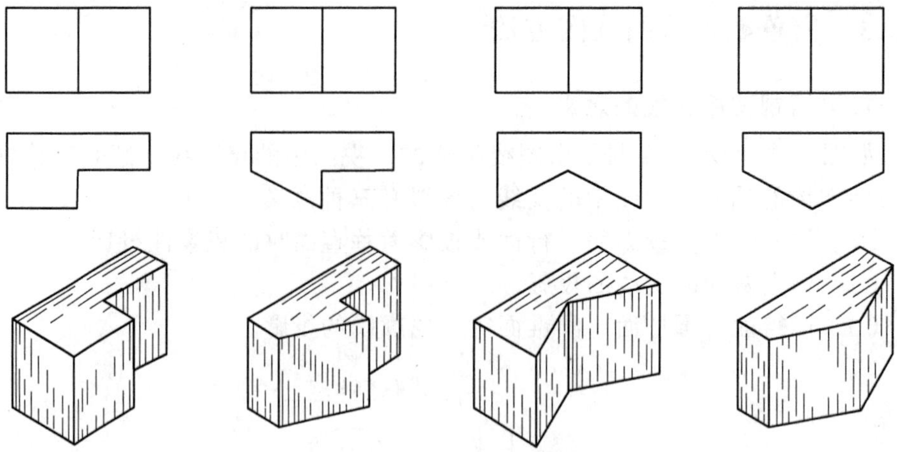

（a） （b） （c） （d）

图 3.24 两线框相邻

3. 利用图中虚、实线的变化区分各部分的相对位置关系

虚、实线改变及形体改变如图 3.25 所示。

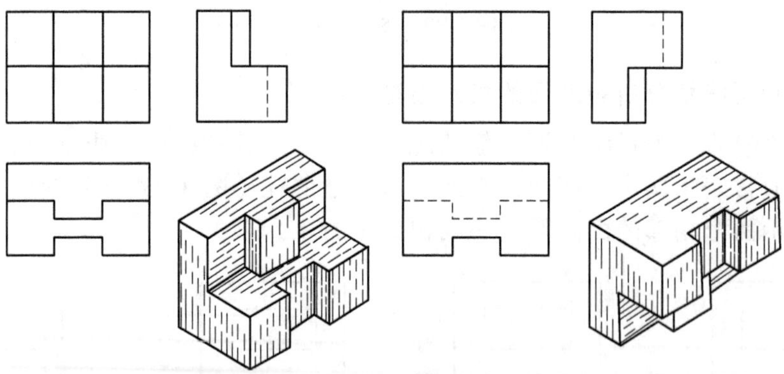

（a） （b）

图 3.25 虚、实线改变及形体改变

4. 几个视图对照分析以确定物体的形状

一个视图不能唯一确定物体的形状，必须两个或两个以上的视图才能唯一确定物体的形状，因此要几个视图联系起来进行分析。如图 3.26（a），（b）所示，虽然二者的主视图、左视图相同，但俯视图不同，二者形状也不同。而图 3.26（c），（d）的俯视图和左视图相同，但主视图不同，二者形状也不同。

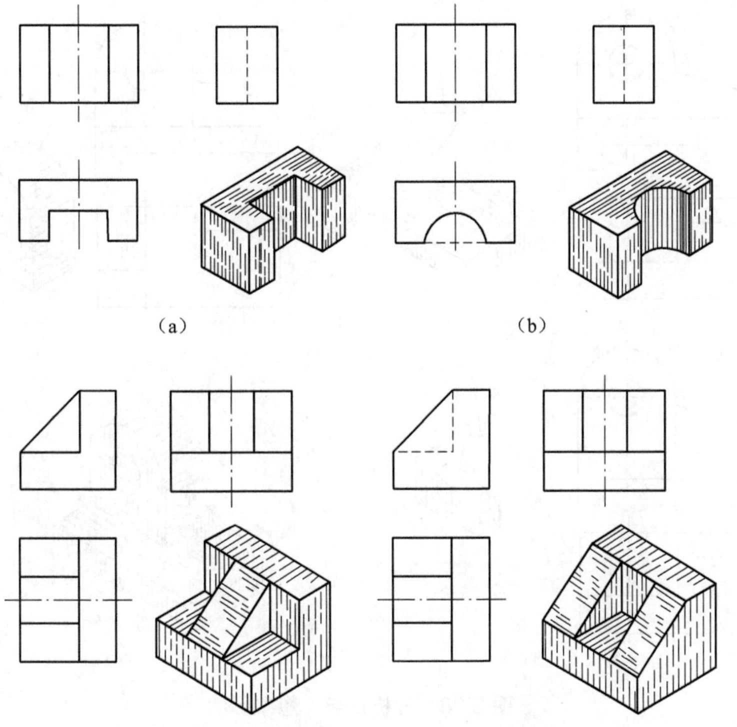

图 3.26 三个视图对照分析确定物体的形状

【例 3.8】如图 3.27 所示，已知物体的主视图和俯视图，想象出物体的形状并画出左视图。

解：

（1）分析投影，想象出物体的形状：由已知视图可以看出，该物体由Ⅰ，Ⅱ，Ⅲ三部分组成。用“分线框、对投影”的方法，按“三等”对应关系，分析各部分在两个视图上对应的投影，想象出各部分的形状及相互位置关系，从而想象出整体形状，如图 3.28 所示。

（2）逐个画出Ⅰ，Ⅱ，Ⅲ三部分的左视图：在画图过程中，要注意分析形体间的表面过渡关系，如图 3.29 所示。

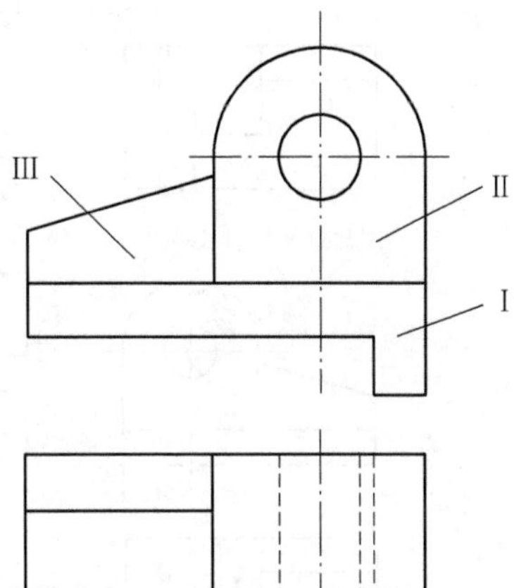

图 3.27 已知两视图，求第三视图

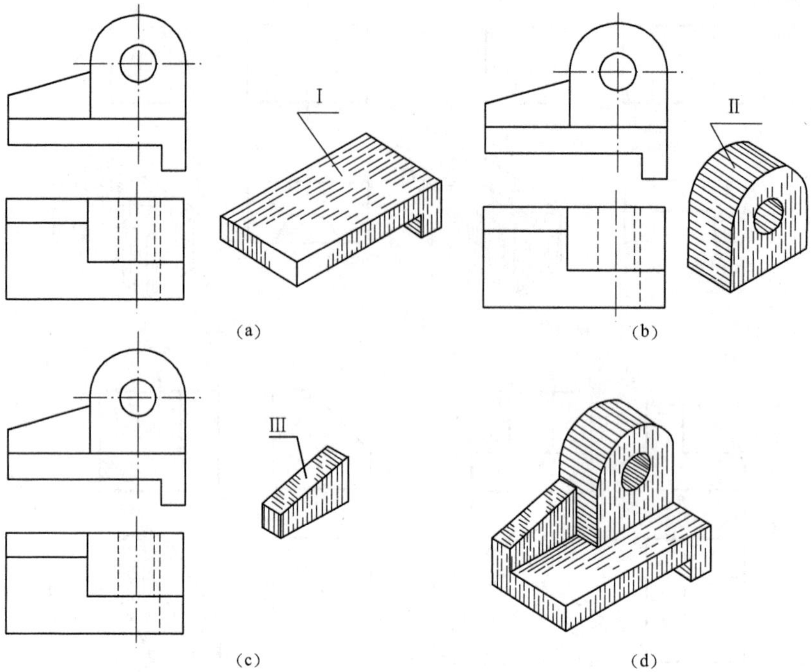

图 3.28　分析投影、想象形状

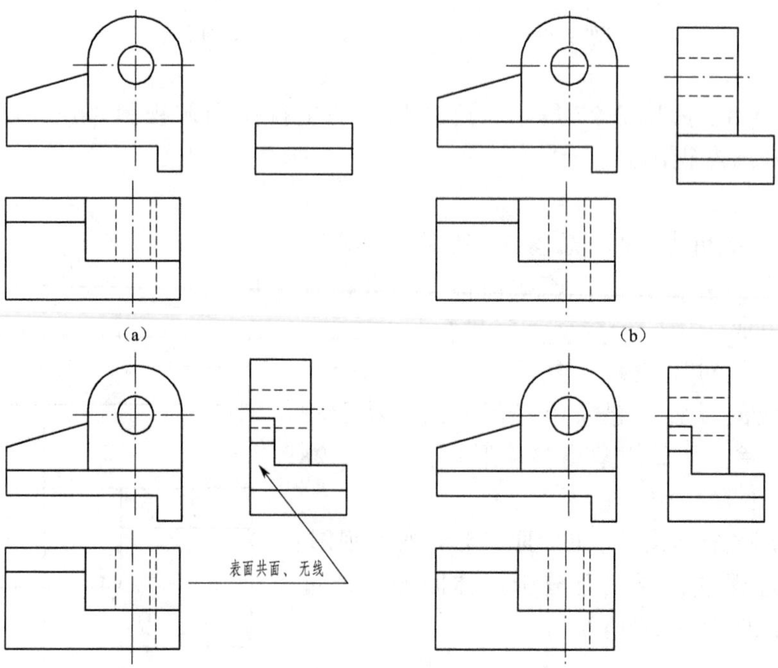

图 3.29　逐个形体画出左视图

第4章 平面与立体相交

在工程上常常会遇到平面与立体相交的情形，如图 4.1 所示。在画图时，为了清楚地表达它们的形状，必须画出交线的投影。用平面去截切立体，与立体表面的交线称为截交线，这种平面称为截平面，本章将讨论截交线的性质及其作图方法。

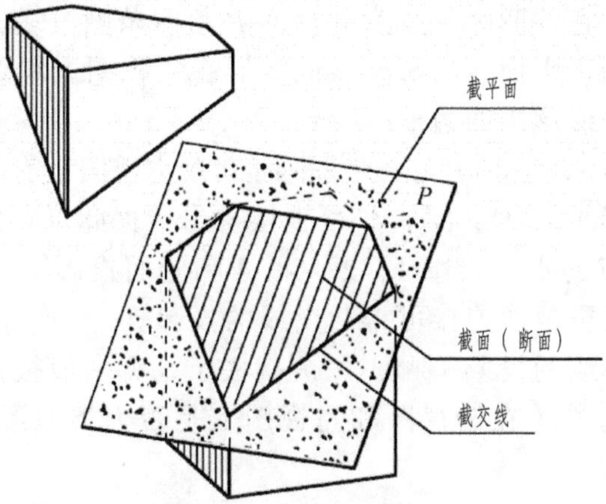

图 4.1 截交线的形成

1. 截交线的性质

（1）共有性：截交线为平面与立体表面共有线，交线上的点为平面与立体表面的共有点。

（2）封闭性：立体的表面是封闭的，所以与平面的交线是封闭的平面形。

截交线的形状，主要取决于立体的形状和平面与立体的相对位置，平面与平面立体的交线一般为折线围成的多边形，与曲面立体的交线为直线和曲线，或曲线围成的平面形。

2. 作图方法

因为截交线具有共有性，可利用平面上取点、取线的方法，或借助于辅助平面法求交线的投影。

4.1　平面立体的截交线

平面与平面体相交，其截交线是由直线围成的平面多边形，多边形的边是截平面与平面体表面的交线，多边形的顶点是截平面与平面体棱线的交点。因此，求平面体的截交线可归结为求截平面与立体表面的交线或求截平面与立体上棱线的交点。

4.1.1　棱锥的截交线

【例 4.1】如图 4.2（a），（b）所示，求正四棱锥被平面 P 截切后的三视图。

解：

（1）空间及投影分析：截平面 P 与四棱锥的四个侧棱面相交，故截交线的形状为四边形，它的四个顶点为截平面 P 与四条侧棱线的交点。

因截平面 P 是正垂面，故截交线的投影在主视图上积聚在 p' 上，在俯视图和左视图上为类似形（四边形）。

（2）作图（图 4.2（c））：由于截平面 P 在主视图上有积聚性，故截交线的顶点的正面投影 1′，2′，3′，4′可直接得出，据此可在四条侧棱线上分别求得截交线各顶点的水平投影 1，2，3，4 和侧面投影 1″，2″，3″，4″，将四个顶点的同名投影依次连接可得截交线的投影。

分析四条侧棱线的投影（哪一段被截去了，哪一段被保留下来了）并检查截交线的投影特性（在俯视图和左视图上是否为类似形），最后完成三视图（图 4.2（d））。

【例 4.2】如图 4.3（a），（b）所示，求四棱锥被两个平面截切后的三视图。

解：当一个立体被多个平面截切时，一般应逐个截平面进行分析和作图。其分析方法与前面介绍的立体被一个平面截切时的分析方法相同。

（1）空间及投影分析：截平面 P 为水平面，与四棱锥的底面平行，故它与四棱锥四个侧棱的交线和四棱锥底面的对应边平行。截平面 Q 为正垂面，与四棱锥四个侧棱面的交线与例 4.1 基本相同。另外，截平面 P 与 Q 亦相交，故 P 与 Q 截出的截交线均为五边形。

（2）作图：如图 4.3（c）所示，首先求截平面 P 与四棱锥的截交线（当立体局部被截切时，可假想立体整体被截切，求出截交线后再取局部）。截平面 Q 与四棱锥的截交线可按例 4.1 的方法求出顶点Ⅵ，Ⅶ，Ⅷ。求出 P 与 Q 的交线Ⅲ，Ⅳ。

分析侧棱线的投影以及各部分的可见性，完成俯视图和左视图（图 4.3（d））。

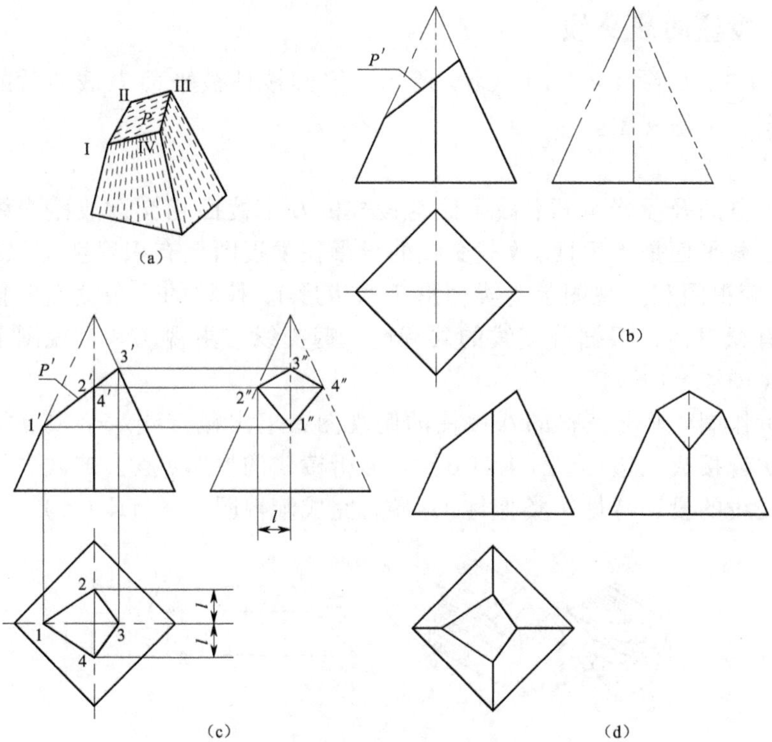

图 4.2 正四棱锥被一个平面截切

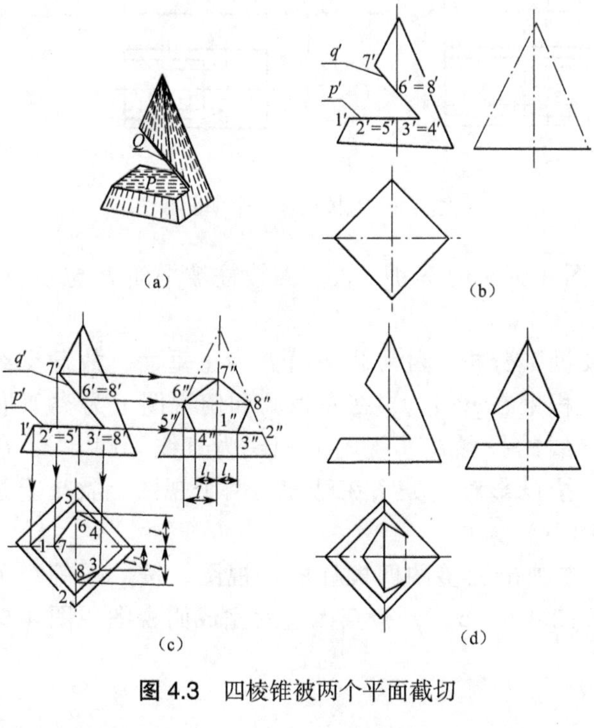

图 4.3 四棱锥被两个平面截切

4.1.2　棱柱的截交线

【**例 4.3**】如图 4.4（a），（b）所示，已知棱柱被平面 P 截切后的主视图和左视图，求俯视图。

解：

（1）空间及投影分析：截平面与棱柱的八个棱面相交，故截交线为八边形。由于截平面是正垂面，故截交线的投影在主视图上有积聚性（积聚在 p' 上），在俯视图和左视图上为类似形（八边形）。棱柱的八个棱面的投影在左视图上有积聚性，根据截交线的共有性，截交线在主视图和左视图上的投影为已知（图 4.4（b））。

（2）作图：画出完整的八棱柱的俯视图，求出截交线八个顶点的水平投影并依次连接成八边形（图 4.4（c））。分析棱线的投影（擦去被截去的部分），检查截交线的投影特性（类似性），最后完成俯视图（图 4.4（d））。

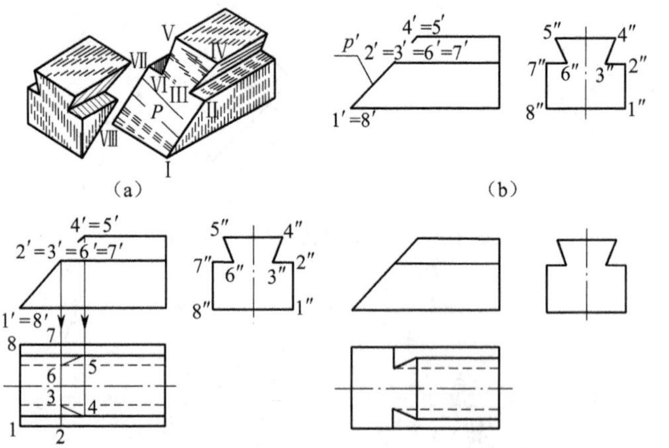

图 4.4　八棱柱被一个平面截切

【**例 4.4**】如图 4.5（a），（b）所示，求四棱柱被平面 P 与 Q 截切后的俯视图。

解：

（1）空间及投影分析：因为截平面 P 为正垂面，故截交线的投影在主视图上有积聚性（积聚在 p' 上），在左视图和俯视图上为类似形。截平面 Q 为侧垂面，故截交线的投影在左视图上积聚为直线（即 q''），在主视图和俯视图上为类似形。按投影对应关系在已知的两个视图上找出上述两截交线的已知投影（图 4.5（b））。

（2）作图：先画出完整的四棱柱的俯视图，按“三等”关系求出截交线各顶点的投影（图 4.5（c）），检查无误后完成俯视图（图 4.5（d））。

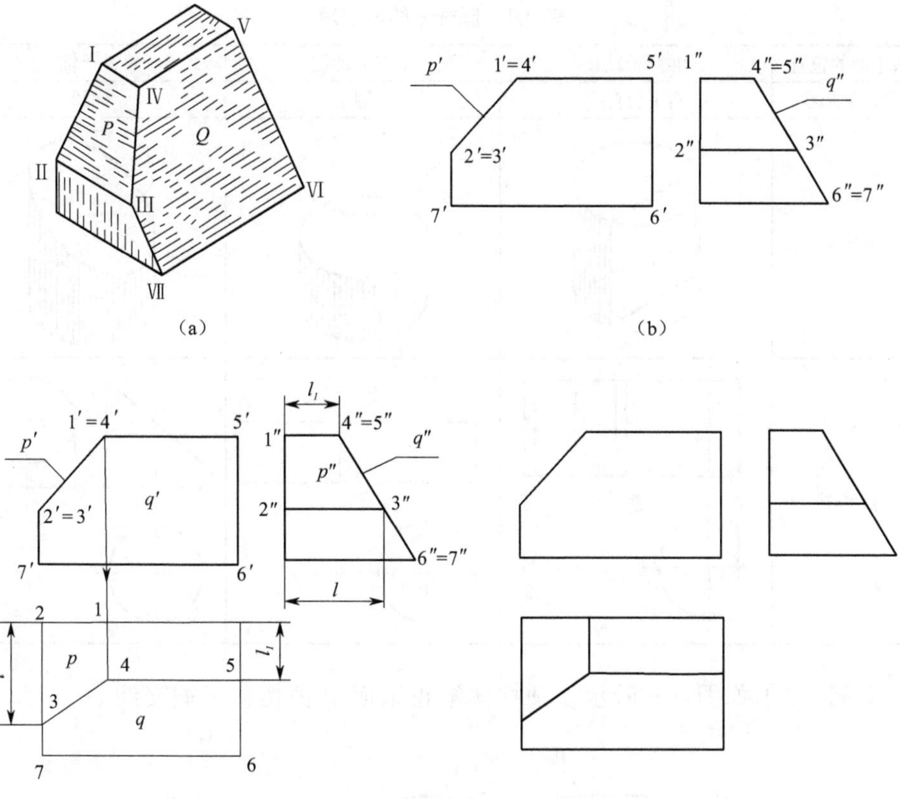

图 4.5 四棱柱被两个平面截切

4.2 曲面立体的截交线

用一个平面截切一个曲面立体，它和曲面立体表面的交线是曲面立体的截交线。由于截平面和曲面立体的相对位置不同，截交线是平面曲线（圆或非圆或直线）。当截交线是非圆曲线时，一般先求出能确定交线形状和范围的特殊点，即最高点、最低点、最前点、最后点、最左点、最右点和可见与不可见部分的分界点，然后再补充一些一般点，最后光滑地连接成曲线。

4.2.1 圆柱体的截交线

由于截平面和圆柱轴线的相对位置不同，会产生三种类型的截交线，如表 4.1 所示。

表 4.1　圆柱体的截交线

截平面的位置	平行于轴线	垂直于轴线	倾斜于轴线
交线的形状	两平行直线	圆	椭圆
立体图	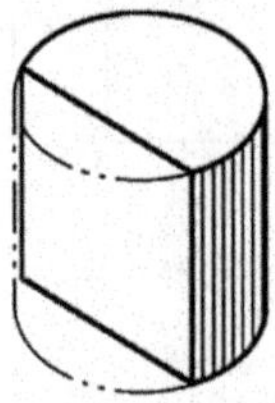	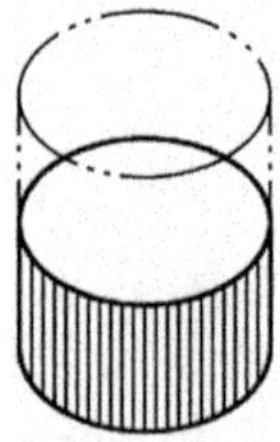	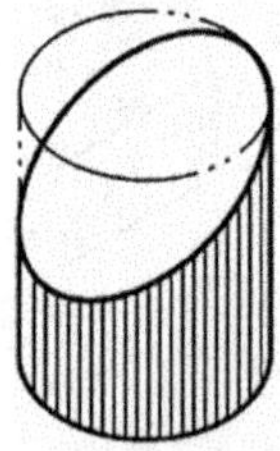
投影图	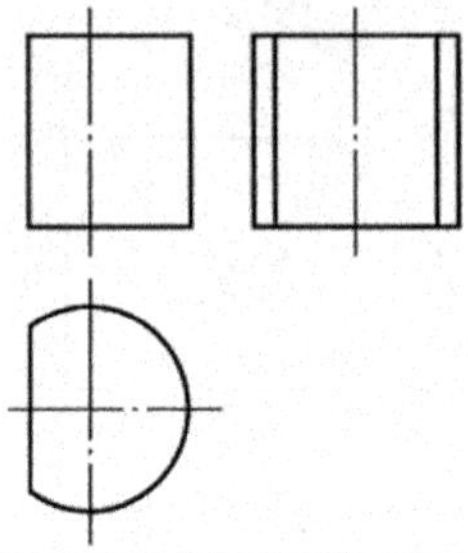	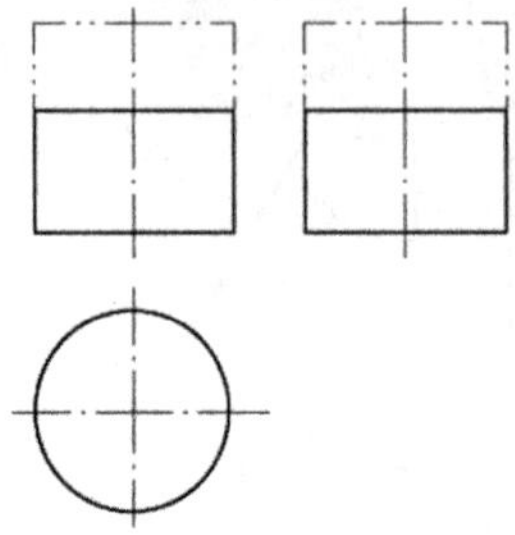	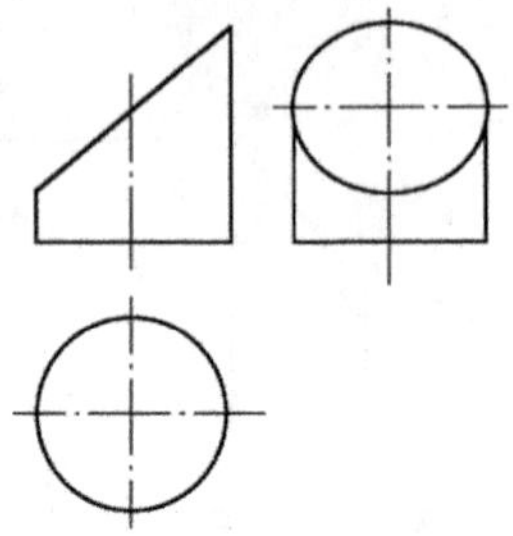

【**例 4.5**】如图 4.6 所示，圆柱体被正垂面 *P* 截切，求截交线。

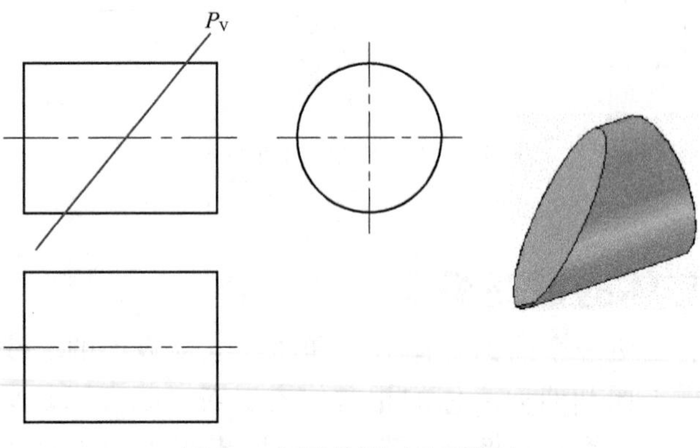

图 4.6　圆柱体被正垂面截切

解：

（1）空间分析：正垂面 *P* 面倾斜于圆柱体的轴线，截交线是椭圆。由于截平面 *P* 面的正面投影有积聚性，所以截交线的正面投影积聚在 *P* 面的正面投影上，不需要求解。圆柱面的侧面投影积聚为一个圆，截交线的侧面投影也积聚在这个圆上，不需要求解。而截平面和圆柱面的水平投影都没有积聚性，截交线的水平投影为椭圆，不反映实形（特殊情况，当截平面和圆柱轴线的夹角为 45° 时，交线的空间形状仍为椭圆，但由于长、短轴的水平投影长度相等，故其投影变为与圆柱直径相等的圆）。

（2）求特殊点：如图 4.7 所示。从正面投影上看，截交线的长轴的两个端点 A、B 为最高、最低点，也是最右、最左点，两点的正面投影在正面投影轮廓线上，侧面投影在圆上，也在中心线上，水平投影在中心线上；短轴的两个端点 C、D 重合为一点 c'（d'），在中心线上，它们的侧面投影位也于中心线上，其水平投影位于水平投影轮廓线上，由图可知 C、D 为截交线的最前、最后点。空间椭圆短轴垂直平分长轴，是正垂线。至此，各投影面上的轮廓线和中心线上的特殊点都标出了。

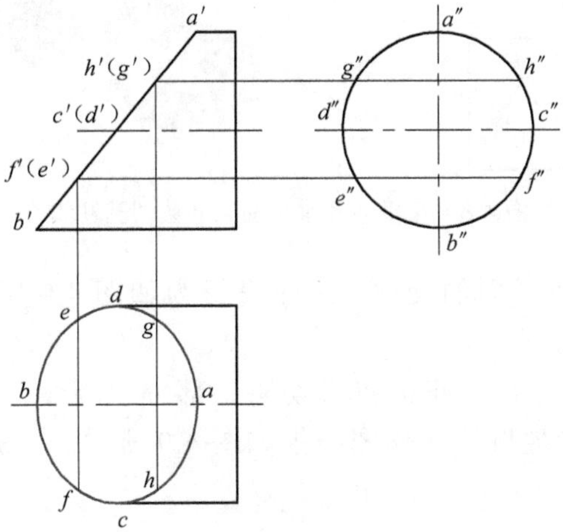

图 4.7 求圆柱体的截交线

（3）补充一般点：在正面投影面或侧面投影面上补充一般点，e'、f'、g'、h' 和 e''、f''、g''、h''，求出它们的水平投影。

（4）连接：顺次光滑连接各点，形成截交线椭圆的水平投影。由于切掉的是左上角，所以截交线的水平投影均可见。

（5）分析轮廓线。分析水平投影轮廓线，要看正面投影的中心线，由于正面投影中心线被切除了 c'、d' 以左的部分，所以水平投影轮廓线为实线。

【例 4.6】如图 4.8 所示，由正垂面 P 和水平面 Q 共同截切圆柱体，求水平投影和侧面投影。

解：

（1）求正垂面 P 面的截交线：正垂面 P 面与圆柱体的轴线相倾斜，但只截切了圆柱体的一部分，所得的截交线是部分椭圆弧，正面投影与 P 面的正面投影重合，侧面投影可由投影关系求得，为 $1''2''$ 上方的圆弧，水平投影由投影关系得 1、2 右边的部分椭圆（椭圆的求法与例 4.5 类似）。

（2）求水平面 Q 的截交线：Q 面是水平面，它和圆柱的左端面的交线是正垂线，其正面投影积聚为一点 $3'$（$4'$），侧面投影与直线 $1''2''$ 重合，水平投影与左端面的水平投影重合。Q 面和圆柱面的交线是前后两条直线，其正面投影与 Q 面的投影重合，侧面投影分别与 1″、2″两点重合，水平投影可由投影关系求得，为 13、24 两条线。

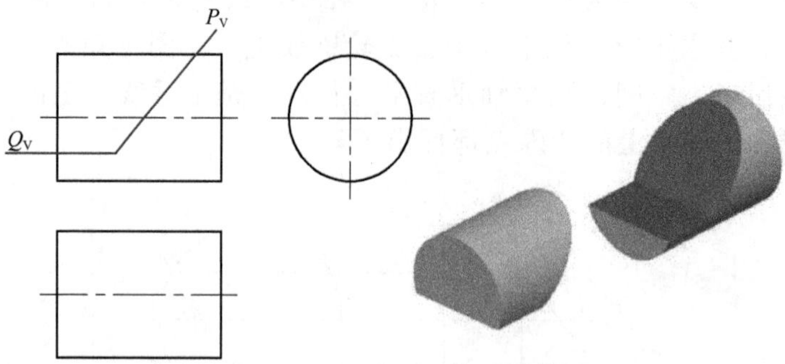

图 4.8 正垂面和水平面共同截切圆柱体

（3）求两个截切平面的交线：三面投影为如图 4.9 所示的 1′（2′）点、12 直线、1″2″直线。

（4）分析轮廓线：由于正面投影切除了部分中心线，所以水平投影也应擦除相应的水平投影轮廓线。作图结果如图 4.9 所示。

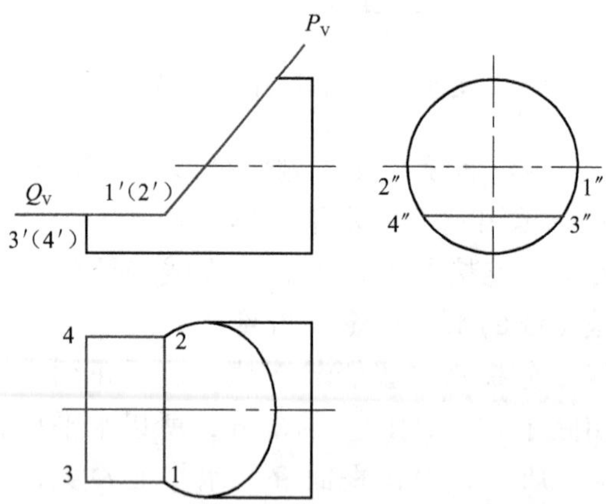

图 4.9 正垂面和水平面共同截切圆柱体的截交线

【**例 4.7**】如图 4.10 所示，求圆柱体被两个水平面和一个侧平面截切后立体的投影。

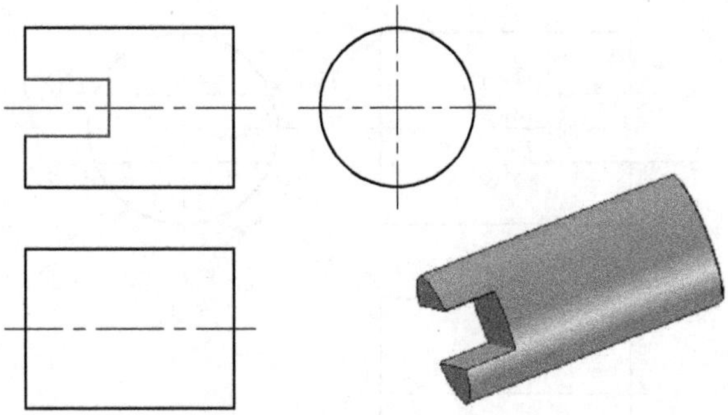

图 4.10 圆柱体被两个水平面和一个侧平面截切

解：

（1）空间分析：用平行于轴线的两个对称平面（这里是水平面）和一个垂直于轴线的平面（这里是侧平面）共同截切圆柱，切除了位于圆柱中心的立体块。

（2）先求两个水平面截切圆柱体的截交线：由于两个水平面对称，只需讨论 P 面即可。P 面与圆柱面的交线是前后两条平行于轴线的直线 12、34，它们的正面投影与 P 面的正面投影重合，侧面投影积聚在圆上，由投影关系可得交线的水平投影，如图 4.11 所示。P 面截切圆柱体的左端面所得的截交线是正垂线 13，正面投影积聚为一点 $1'$（$3'$），水平投影积聚在左端面的水平投影上，侧面投影如图 4.11 所示的线 $1''3''$。Q 面截切圆柱体所得到的截交线与 P 面截切圆柱体所得的截交线对称，求解方法完全相同。

（3）侧平面 R 面截切圆柱体产生的交线是前后两段圆弧 25、46，它们的正面投影积聚在 R 面的正面投影上，由投影关系得侧面投影是两段圆弧，水平投影是两段短水平线。

（4）截平面之间的交线：P、Q 和 R 面的交线为两条正垂线，它们的正面投影积聚为两点，侧面投影为两条可见的直线，水平投影均不可见，为虚线。

（5）分析轮廓线：正面投影被截切了中心线位置的左面部分，水平投影的轮廓线也由被截切相应的部分来形成。作图结果如图 4.11 所示。

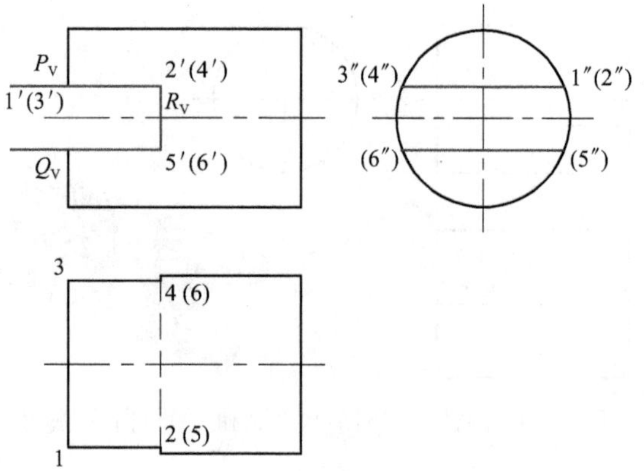

图 4.11 截切结果

【**例 4.8**】将例 4.7 中的圆柱体改为圆柱筒，如图 4.12 所示，截切方法同例 4.7，求截切后立体的投影。

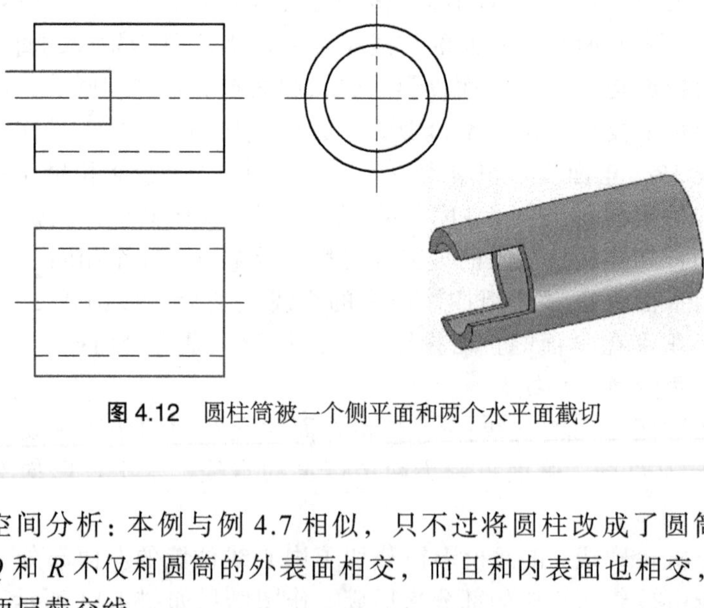

图 4.12 圆柱筒被一个侧平面和两个水平面截切

解：

（1）空间分析：本例与例 4.7 相似，只不过将圆柱改成了圆筒，此时截平面 P、Q 和 R 不仅和圆筒的外表面相交，而且和内表面也相交，因此产生了内、外两层截交线。

（2）求截交线：圆柱外表面的截交线，与例 4.7 完全相同，内表面的截交线与例 4.7 相似，只是水平投影不可见，是虚线。P、Q 和左端面的交线不再是两条完整的正垂线，而是四段短的正垂线。

（3）截平面之间的交线：P、Q 和 R 面交线为四条正垂线，正面投影积聚为两点，侧面投影为四条可见的直线，水平投影重合为两段虚线。

（4）分析轮廓线：正面投影的中心线被截切了左部分，水平投影的外轮廓线和内轮廓线也应被截切相应的部分。作图结果如图 4.13 所示。

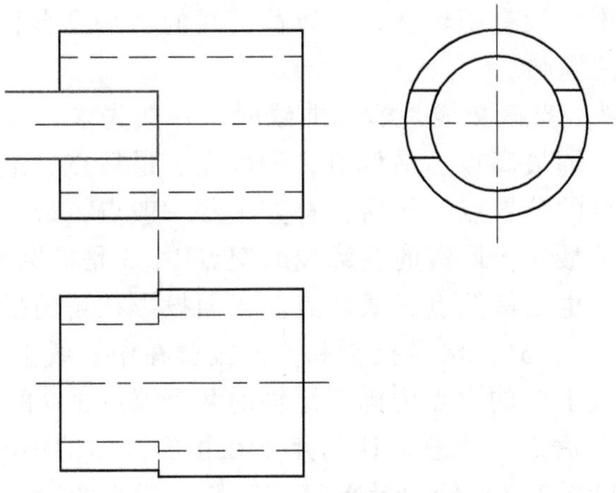

图 4.13 截切结果

4.2.2 圆锥体的截交线

根据截平面和圆锥体轴线的相对位置不同，会产生五种不同的截交线，如表 4.2 所示。

表 4.2 圆锥体的截交线

截平面的位置	过锥顶	与轴线垂直 $\theta = 90°$	与轴线倾 $\alpha < \theta < 90°$	与一条素线平行 $\theta = \alpha$	与轴线平行或倾斜 $0° \leqslant \theta < \alpha$
交线的形状	两直线	圆	椭圆	抛物线	双曲线
立体图	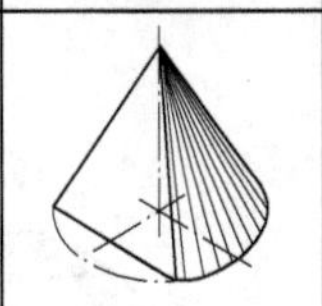	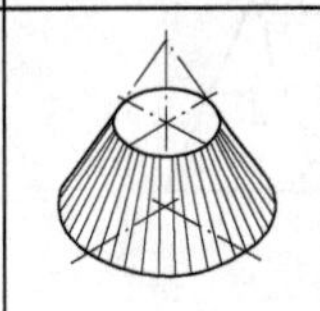	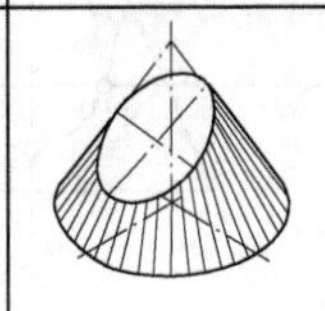	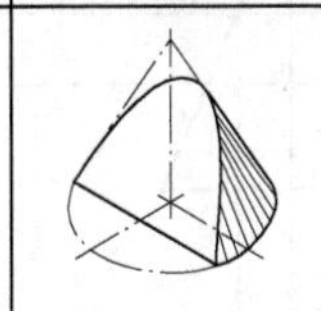	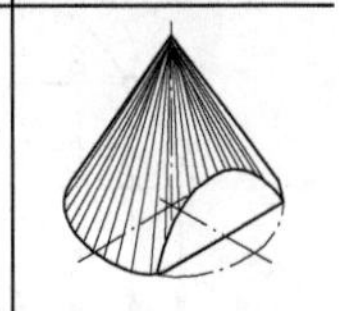
投影图	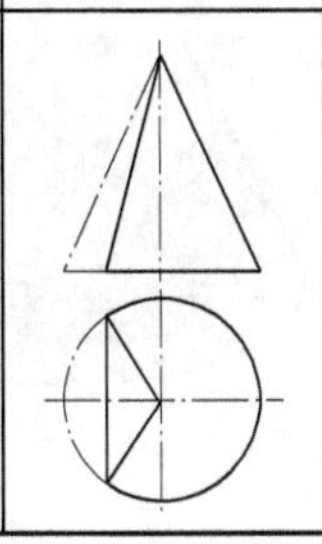	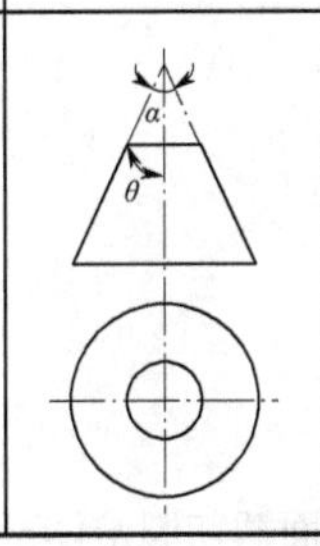	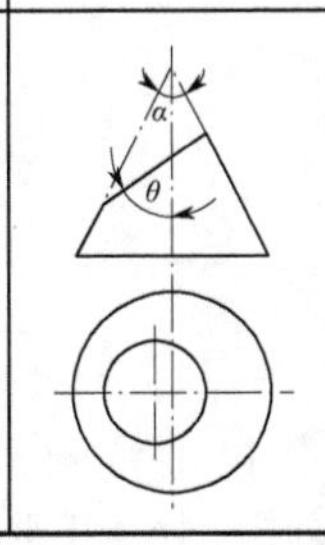	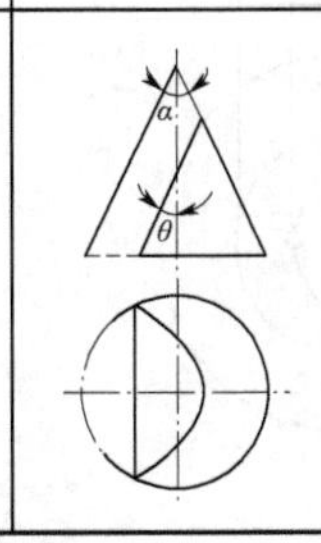	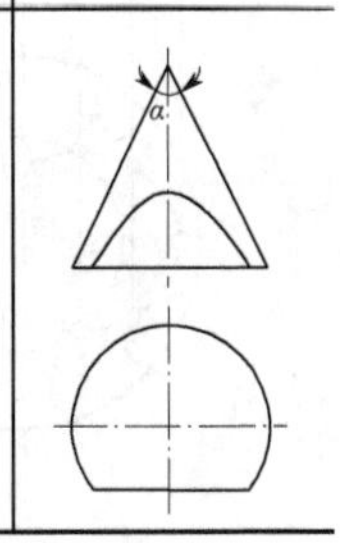

【**例 4.9**】如图 4.14 所示，用正垂面 P 面截切圆锥体（切平面与圆锥体轴线的夹角大于 1/2 锥顶角），求截切后立体的投影。

解：

（1）空间分析：由于切平面与圆锥体轴线的夹角大于 1/2 锥顶角，所以截交线是椭圆，正面投影积聚在 P 面的正面投影上。由于 P 面和圆锥面的水平投影和侧面投影均没有积聚性，所以截交线的水平投影和侧面投影也没有积聚性，为类似的椭圆。

（2）求截交线：当截交线是非圆曲线时，一般先求出能确定截交线形状和范围的特殊点，即最高点、最低点、最前点、最后点、最左点、最右点和可见与不可见部分的分界点，然后再补充一些一般点，最后光滑地连接成曲线。截平面与圆锥最左、最右的轮廓线的交点 1、5 是椭圆长轴的两个端点，是最左、最右点，也是最低点、最高点。正面投影在正面投影轮廓线上，如图 4.14 中所示的 1′、5′，水平投影和侧面投影在中心线上，如图 4.14 中所示的 1、5 和 1″、5″。1′5′ 的中点为椭圆短轴的两个端点 3、7 的正面投影 3′、7′，是椭圆的最前、最后点（注意，这两点不在正面投影的中心线上），用辅助圆法可求出水平投影 3、7 和侧面投影 3″、7″。正面投影的中心线上的点 4′、6′一定要求出，它们的侧面投影在轮廓线上，由投影关系可求出它们的水平投影。至此特殊点均已作出。再补充一般点。用辅助圆法求出图 4.14 中所示的 2、8。光滑连接各点，得到截交线的水平投影和侧面投影。

（3）分析轮廓线：由于正面投影切除了 4′、6′以上中心线部分，所以侧面投影也应相应切除 4″、6″以上的侧面投影轮廓线。

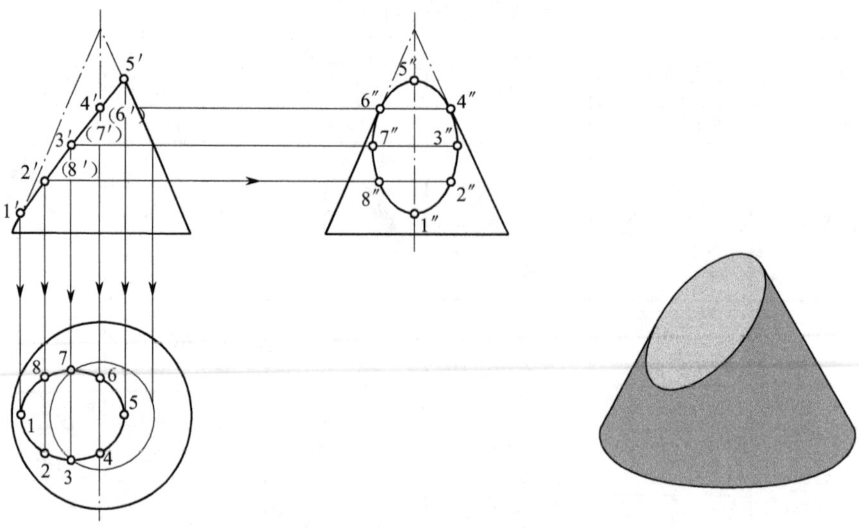

图 4.14　正垂面截切圆锥体

【**例 4.10**】如图 4.15 所示，用正平面 *P* 面截切圆锥体，已知水平投影和侧面投影，求正面投影。

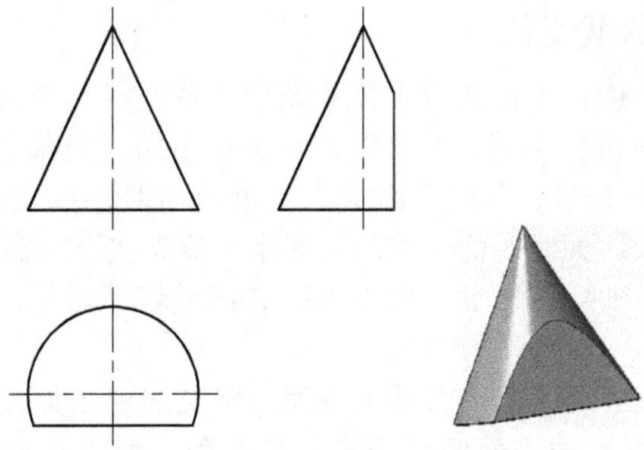

图 4.15 正平面截切圆锥体

解：

（1）空间分析：由于截切平面与圆锥体轴线的夹角小于 1/2 锥顶角，所以截交线是双曲线，其水平投影和侧面投影积聚在截平面的水平投影和侧面投影上。由于截平面和圆锥面的正面投影均没有积聚性，所以截交线的正面投影也没有积聚性，为双曲线。

（2）求截交线：侧面投影轮廓线上的 1″是截交线的最高点，其正面投影是积聚在中心线上的 1′。圆锥体底圆上的点是最低点，如水平投影上的 2、3，通过投影关系求出它们的正面投影 2′、3′，它们也是最左点和最右点。再补充一般点，用辅助圆法求出图 4.16 所示的 4 点和 5 点。依次连接 2′、4′、1′、5′、3′，得截交线的正面投影。

（3）分析轮廓线：由于侧面投影没有切着中心线，所以正面投影轮廓线为双曲线。作图结果如图 4.16 所示。

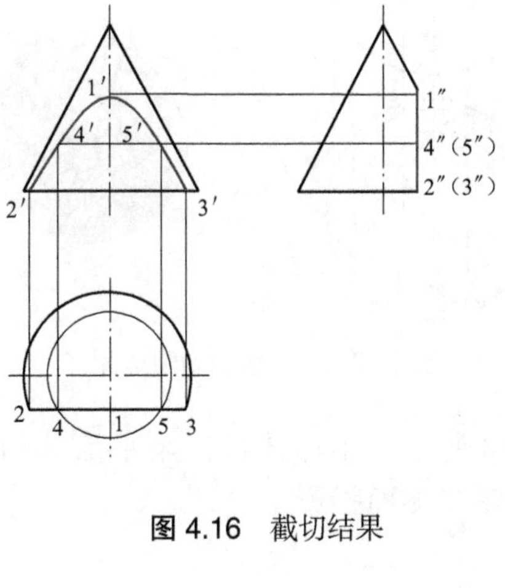

图 4.16 截切结果

4.2.3　圆球体的截交线

平面截切圆球体，不论在哪个位置截切，截交线均为圆。但是由于截平面与投影面的相对位置不同，截交线的投影也不同。当截平面平行于投影面时，截交线的投影是圆；当截平面垂直于投影面时，截交线的投影是直线；当截平面倾斜于投影面时，截交线的投影是不反映实形的椭圆。

【**例 4.11**】如图 4.17 所示，用正垂面 P 面截切圆球体，求截切后立体的投影。

（1）空间分析：由于截平面是正垂面，截交线的正面投影积聚在截平面的正面投影上。由于截平面倾斜于水平投影面，所以截交线的水平投影为椭圆。

（2）求水平投影的截交线：由于水平投影是椭圆，需要椭圆找到长轴、短轴各自的两个端点的投影，正面投影轮廓线上的点 1′、2′是短轴的两个端点，通过投影关系求出它们在水平投影面上的投影 1、2。1′2′的中点是长轴的两个端点 3、4 的投影 3′、4′，用辅助圆法求出它们的水平投影。1、2 点分别是最左、最右点，也是最低、最高点；3、4 点分别是最前、最后点。另外要求出正面投影两条中心线上的点，它们分别是水平投影和侧面投影轮廓线上的点。再补充几个一般点。将各点依次光滑连接。

（3）分析轮廓线：由于正面投影切除了 5′、6′以左的中心线，所以水平投影也应相应切除 5、6 以左的轮廓线。

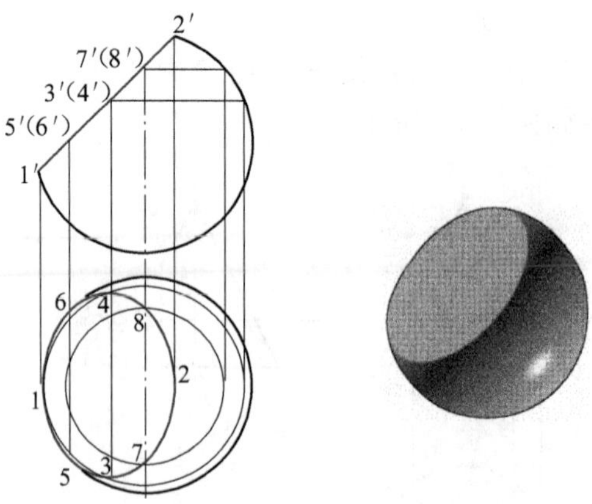

图 4.17　正垂面截切圆球体

【**例 4.12**】如图 4.18 所示，半球体被三个平面截切出一个切口，已知其正面投影，完成水平投影和侧面投影。

解：

（1）空间分析：由正面投影看，半球是被两个侧平面和一个水平面共同截切除去一个块而形成的。

（2）求截交线：两个侧平面截切半球形成的截交线都为侧平圆弧，正面投影积聚在两个侧平面的正面投影上，侧面投影为反映实形的圆弧 1″6″和 3″4″，水平投影为两条直线 16 和 34。水平面截切半球形成的截交线是前后两段水平圆弧，水平投影为圆弧 13 和 46，由投影关系得侧面投影为两小段直线。

（3）截平面之间的交线：两侧平面与水平面的交线是两条正垂线，正面投影分别积聚为点，水平投影为两条直线，侧面投影为重合的水平线，是虚线。

（4）分析轮廓线：由于正面投影切除了 2′5′以上的中心线部分，所以侧面投影也应相应切除 2″5″以上的轮廓线。

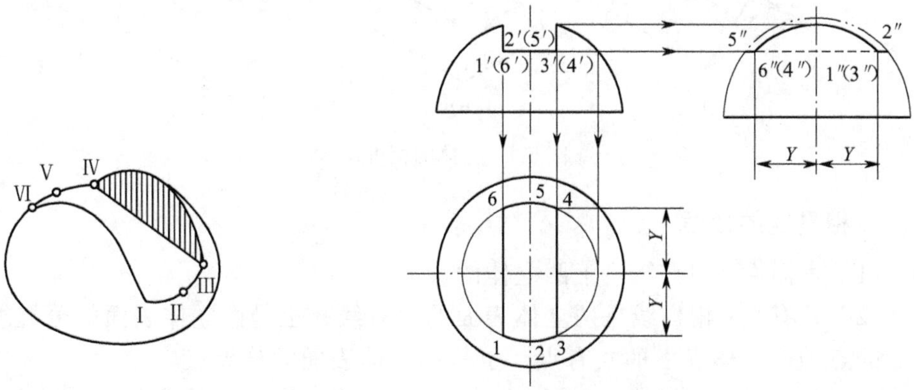

图 4.18 半球体被三个平面截切

第5章 立体与立体相交

两曲面立体相交,它们表面的交线称为曲面立体的相贯线,如图 5.1 所示。在画图时要求能够正确画出这些立体表面交线的投影，本章将系统讨论相贯线的性质与求法。

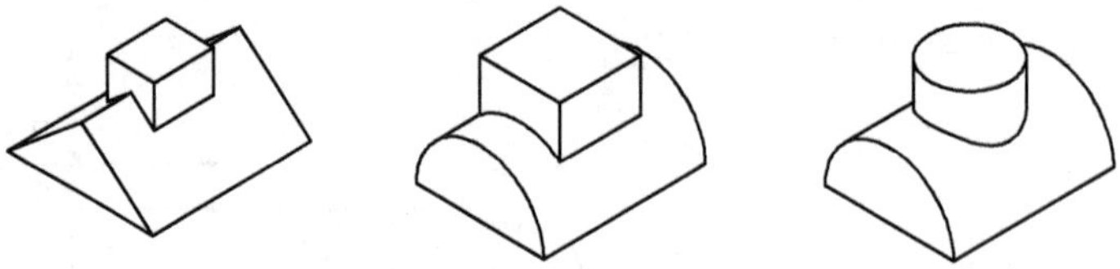

(a)　　(b)　　(c)

图 5.1　立体的相贯线

1. 相贯线的性质

(1) 表面性：相贯线位于两立体的表面上。

(2) 共有性：相贯线是两立体表面的共有线，也是两立体表面的分界线，其上的点为两立体表面的共有点，也是两立体表面的分界点。

(3) 封闭性：相贯线一般为封闭的空间曲线；当两立体公切于一个球面时，为封闭的平面曲线；当两立体有公共表面时，相贯线在公共表面处断开，不封闭。相贯线的形状，取决于相交两立体的形状、相对位置、尺寸大小

2. 相贯线的求法

两立体相交，可分为两平面立体相交、平面立体与曲面立体相交和两曲面立体相交三种情况。求交线的方法有棱线法、棱面法、辅助平面法、辅助球面法等，下面分别介绍其交线的求法。

5.1　两平面立体相贯

两平面立体相交其相贯线是封闭的空间折线或平面多边形。求相贯线可归结为求两立体相应棱面的交线，或求一立体的棱线与另一立体表面的交点。

【**例 5.1**】如图 5.2 所示，求三棱锥与三棱柱的相贯线。

解：三棱柱各棱面都是铅垂面。三棱锥 *S-ABC* 从三棱柱 *DEF* 的 *EF* 棱面

穿进，由 DE 棱面穿出，相贯线是两个三角形。其中一个三角形可看作是 EF 平面与三棱锥的截交线，另一个三角形可看作是 DE 平面与三棱锥的截交线。它们的水平投影分别积聚在 EF、DE 面的水平投影上，因此只需求出相贯线的正面投影。

（1）求 DE 平面与三棱锥的截交线△I II III。水平投影 sa、sb、sc 与 eD 交于 1、2、3 三点，由它们求出相应的正面投影 1′、2′、3′，连成△1′ 2′ 3′即为所求。s' b' c'不可见，所以 2′3′不可见，画成虚线。

（2）求 EF 平面和三棱锥的截交线△IV V VI。水平投影 sa、sb、sc 与 ef 交于三点 4、5、6，由它们求出相应的正面投影 4′、5′、6′，连成△4′ 5′ 6′即为所求。正面投影 s' b' c'不可见，所以 5′ 6′不可见，画成虚线。

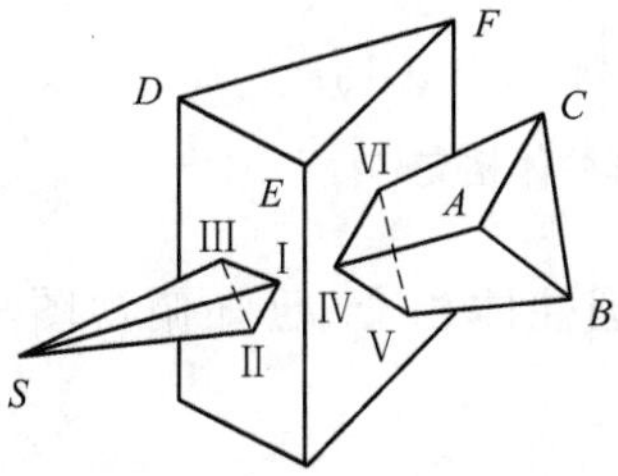

（a）

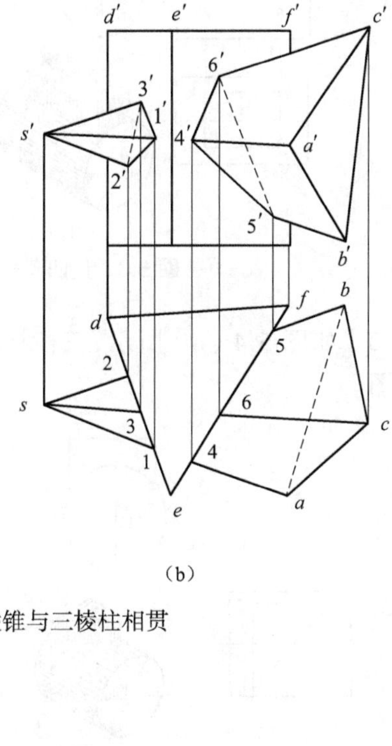

（b）

图 5.2 三棱锥与三棱柱相贯

5.2 平面立体与曲面立体相贯

平面立体与曲面立体相交，相贯线为封闭的空间折线，折线的每一段为平面体的侧棱面与回转体表面的交线。所以，求相贯线的实质是求平面体的棱面与回转体表面的交线。

【例 5.2】如图 5.3（a）所示，正四棱柱与圆柱体相交，已知俯视图和左视图，求作主视图。

解：

（1）空间及投影分析：相贯线由正四棱柱的四个侧棱面与圆柱面的交线组成，其中，前、后两个棱面与圆柱的轴线平行，交线为两段与圆柱轴线平行的直线；左、右两个棱面与圆柱的轴线垂直，交线为两段圆弧。相贯线在左视图上积聚在圆弧 4″6″1″ 和 3″5″2″ 上，在俯视图上积聚在四边形 1234 上。

（2）作图：利用点的投影规律分别求出各点的正面投影，依次连接成相贯线的投影，结果如图 5.3（b）所示。

注意：在主视图上，两体相交的区域不应有圆柱轮廓线的投影。

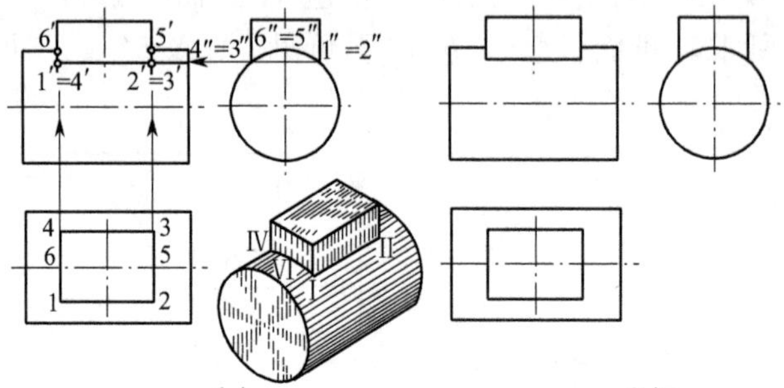

图 5.3　正四棱柱与圆柱体相交

【**例 5.3**】如图 5.4（a）所示，三棱柱与圆柱体相交，已知俯视图和左视图，求作主视图。

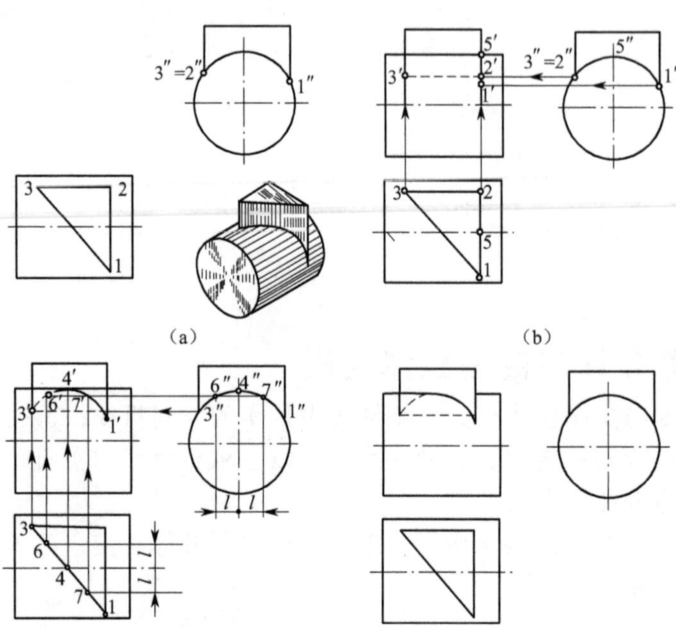

图 5.4　三棱柱与圆柱体相交

解:

（1）空间及投影分析：相贯线由三棱柱的三个侧棱面与圆柱面的交线组成，其中，后侧棱面与圆柱面的交线为直线，左侧棱面与圆柱面的交线为部分椭圆，右侧棱面与圆柱面的交线为一段圆弧。相贯线的投影在左视图上积聚在一段圆弧上，在俯视图上积聚在三角形123上。

（2）作图：如图5.4（b）所示，首先求出棱柱的后侧棱面和右侧棱面与圆柱面的交线。图5.4（c）是求左侧棱面与圆柱面的交线的作图过程。其中点IV为椭圆弧的最高点，也是主视图上椭圆弧的可见与不可见部分的分界点，同时在主视图上圆柱面左边的一段轮廓线也应画到此处。结果如图5.4(d)所示。

注意：作此类题时，必须检查棱线和曲面轮廓线的投影，即棱线的投影必须和其与曲面的交点的投影（1′、2′、3′）连上，曲面的视图轮廓线必须和其上的特殊点（如4′）连上。

5.3 两曲面立体相贯

两曲面立体相交，其相贯线一般来说是封闭的空间曲线。相贯线的求解方法有两种：积聚性法和辅助平面法。

如图5.5所示，柱面与锥面的相贯线为MN，辅助平面R与柱面交于SK，与锥面交于TK，两交线的交点K即为两曲面相贯线MN上的一点。可以作若干个辅助面，求得一系列这样的点，然后顺次光滑连接，即得所求相贯线。一般取平面作为辅助面，有些情况下也可用球面、柱面等作为辅助面。为了作图方便，辅助面的选择以其截两曲面立体都能获得简单易画的截交线为原则，即尽可能使截交线至少有一个投影为直线或圆。

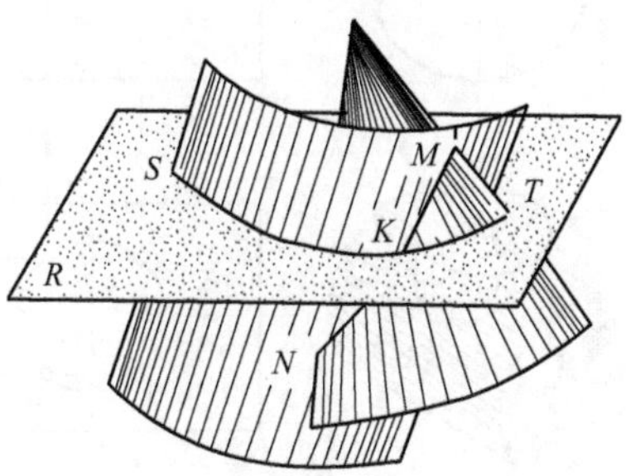

图5.5 三面共点法求相贯线

为了准确地画出相贯线，应尽可能求出其上的特殊点（极限点、转向点、特征点和结合点），因为这些点能确定相贯线的投影范围、特征和判别可见性。

5.3.1 表面取点（积聚性）法求相贯线

积聚性法求相贯线是指利用投影有积聚性的特点，确定两立体表面的若干共有点的已知投影，然后利用在曲面立体表面取点的方法，求出它们的未知投影，从而求出相贯线的投影。

【**例 5.4**】如图 5.6 所示，求轴线正交的两圆柱体表面的相贯线。

解：

（1）空间分析：两圆柱体正交，直径不相等，相贯线是封闭的空间曲线，且前后、左右对称。小圆柱面的轴线垂直于水平投影面，其水平投影积聚为一个圆，相贯线的水平投影必积聚为这个圆。大圆柱面的轴线垂直于侧面投影面，其侧面投影积聚为一个圆，相贯线的侧面投影也必积聚在这个圆上，为两圆柱面共有的一段圆弧。

（2）求相贯线：由水平投影看，1、2 两点为最左、最右点，这两点在大圆柱面的最高的素线上，求出它们的侧面投影，可看出这两点也是最高点，再由投影关系求出 1、2 两点的正面投影。由侧面投影看，3、4 两点是最前、最后点，也是最低点，在小圆柱面的最前、最后素线上，求出它们的水平投影，再由投影关系求出它们的正面投影。另外，没有其他的中心线和轮廓线上的点需要求了。补充一般点，如图中的 5、6、7、8，由于相贯线前后对称，只需顺次连接前半部分相贯线上的点即可完成相贯线的正面投影。

（3）分析轮廓线：正面投影上大圆柱的轮廓线在 1、2 之间的部分不存在，应擦除。

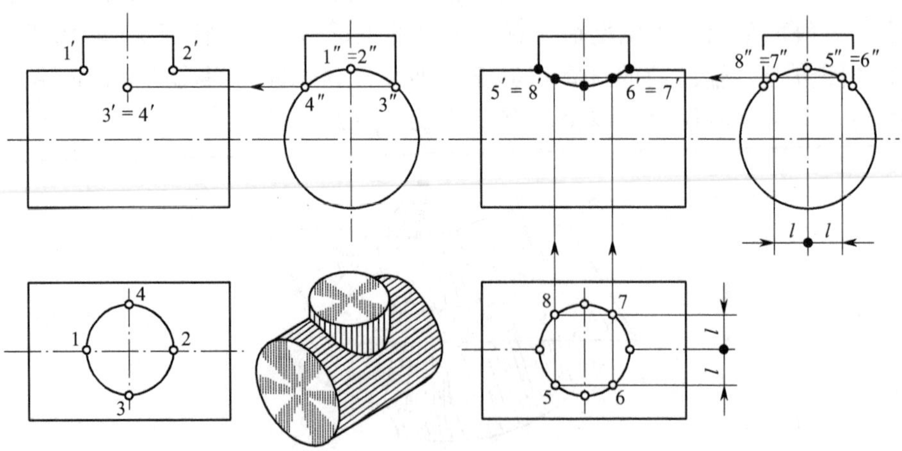

图 5.6 轴线正交的两圆柱体表面的相贯线

1. 相贯线产生形式

两轴线垂直正交的圆柱面是很常见的结构，它的相贯线通常会有 3 种形式产生：外表面和外表面相交，如图 5.7（a）所示；外表面和内表面相交，如图 5.7（b）所示；内表面和内表面相交，如图 5.7（c）所示。3 种形式产生的相贯线具有相同的形状，相贯线求解方法也是完全相同的。

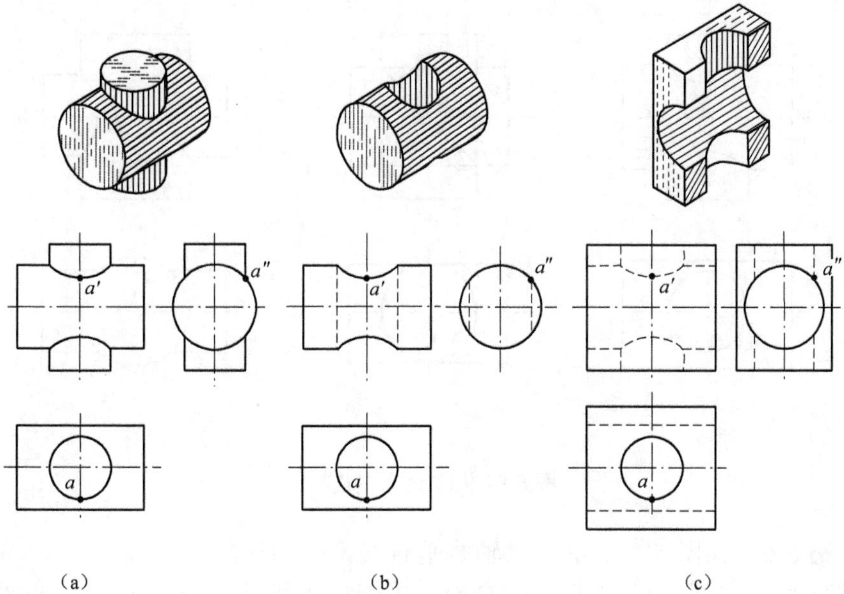

图 5.7 相贯线产生形式

2. 相贯线的变化趋势

图 5.8 所示为两轴线垂直正交的圆柱面，随着两圆柱的直径的相对变化，相贯线形状的变化趋势。从图 5.8 中看出，相贯线总是弯向直径较大的圆柱的轴线，当两个圆柱直径相等时相贯线的正面投影为两交叉的直线。

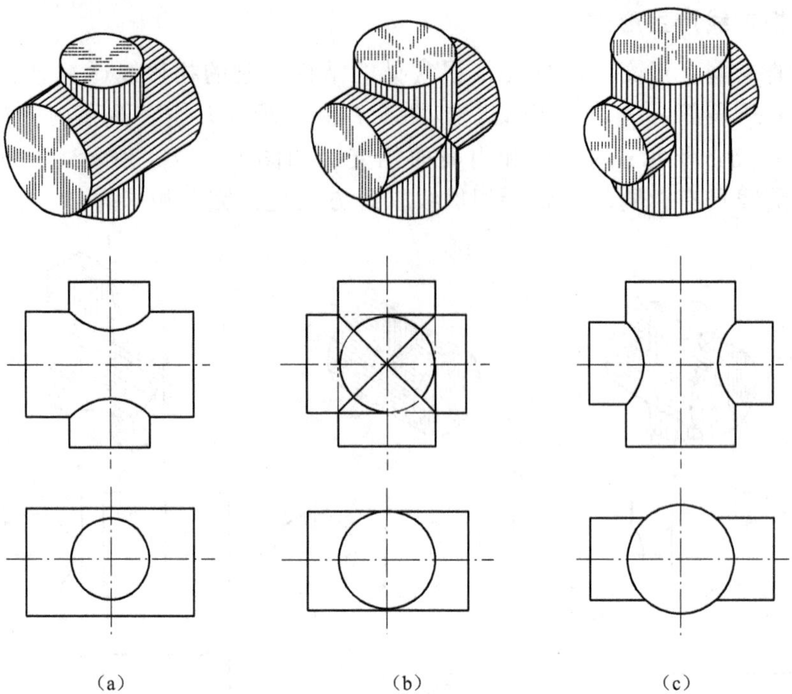

图5.8 相贯线的变化趋势

【**例 5.5**】如图 5.9 所示，求轴线垂直交叉两圆柱的相贯线。

解：由于小圆柱轴线垂直于 *H* 面，大圆柱轴线垂直于 *W* 面，故相贯线的水平投影积聚在 *H* 面的小圆上和侧面投影积聚在 *W* 面的一段大圆弧上。所以只需求出相贯线的正面投影。由于两圆柱偏心相贯，其相贯线没有前后对称性，故相贯线的正面投影前后不重合。

（1）作出相贯线上的转向点。先确定小圆柱正视转向线上点Ⅰ、Ⅲ的水平投影 1、3 及侧面投影 1″、3″，再按投影关系求出正面投影 1′、3′。同样，确定小圆柱侧视转向线上点Ⅱ（2，2″）、Ⅴ（5，5″），从而求出正面投影 2′、（5′）。然后确定大圆柱上面一条正视转向线上点Ⅵ（6，6″）、Ⅳ（4，4″），从而求出正面投影（6′）、（4′）。

（2）求出相贯线上的一般点。作正平面 *P* 为辅助平面得相贯线上两点Ⅶ（7，7″）、Ⅷ（8，8″），从而求出正面投影 7′、8′。根据具体情况可求出相贯线上足够数量的一般点。

（3）顺次光滑连接各点的正面投影，并判别可见性。相贯线上Ⅰ-Ⅱ-Ⅲ段在小圆柱的前半圆柱面上，故其正面投影 1′-2′-3′可见；而Ⅰ-Ⅴ-Ⅲ段在后半圆柱面上，故其正面投影 1′-5′-3′不可见，画成虚线。1′、3′为相贯线正面投影可见与不可见部分的分界点。

（4）将两圆柱看作一个整体，去掉或补上部分转向线。两圆柱正视转向线的正面投影的正确画法，用其右上角的局部放大图来表示：小圆柱转向线的正面投影画到 3′，并与曲线相切，全部可见，画成实线。大圆柱转向线的正面投影画到 4′，也与曲线（虚线）相切，但被小圆柱挡住的一小段应画成虚线。由于Ⅵ、Ⅳ两点间不存在大圆柱的正视转向线，故 6′、4′之间不能画线。

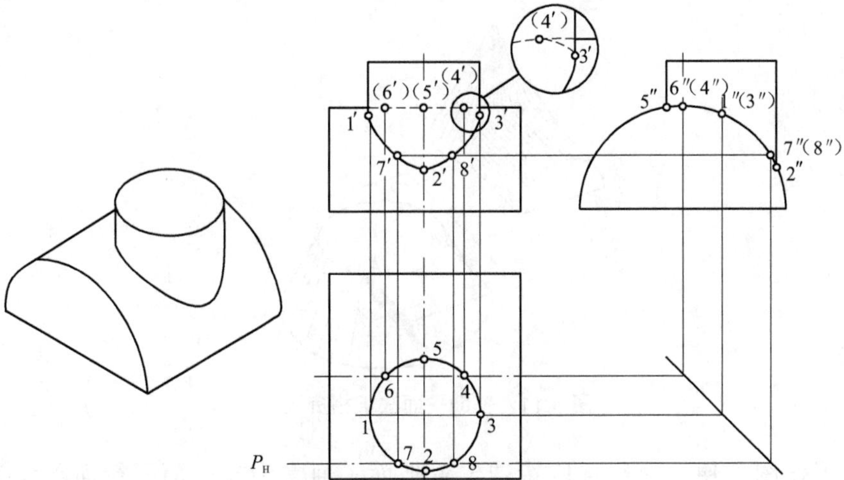

图 5.9　求两圆柱偏交相贯线

3. 相贯线的近似画法

相贯线的作图步骤较多，若对相贯线的准确性无特殊要求，当两圆柱垂直正交且直径不同时，可采用圆弧代替相贯线的近似画法。如图 5.10 所示，垂直正交两圆柱的相贯线可用大圆柱半径作圆弧来代替。

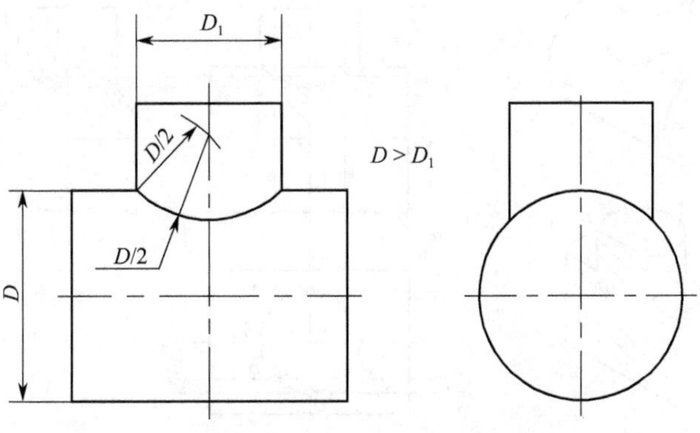

图 5.10　相贯线的近似画法

5.3.2　以平面为辅助面求相贯线

辅助平面法求相贯线是用一个辅助平面切割两曲面立体相交的区域，辅助平面和两个曲面立体分别产生的交线的交点，是辅助平面和两曲面立体表面的三面共有点，它一定是相贯线上的点。用这种方法求相贯线上的点，称为辅助平面法求相贯线，如图 5.11 所示。

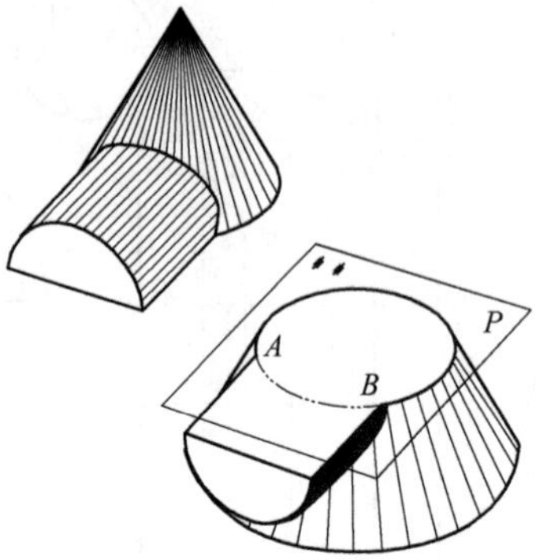

图 5.11　辅助平面法求相贯线

为了作图方便，一般选取特殊位置平面（通常为投影面平行面）作为辅助平面，并且辅助平面与相贯的立体表面的交线的投影应为简单的线，即圆、圆弧或直线。

【例 5.6】如图 5.12 所示，求两轴线正交圆柱的相贯线。

解：两圆柱轴线正交，且都平行于 V 面，可选用正平面为辅助面，它与两圆柱分别交于两素线，从而可求得相贯线上的点，如图 5.12（b）。

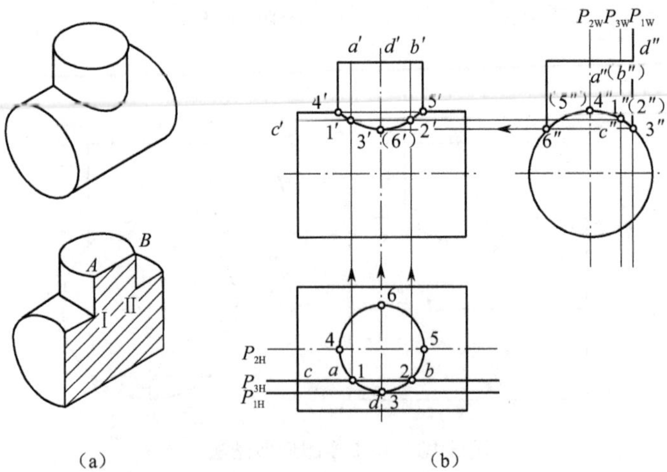

图 5.12　求两圆柱正交相贯线

（1）作出相贯线上的特殊点：

①作辅助平面 P_1 与小圆柱相切，得过 D 点的侧视转向线，与大圆柱交于上下两条素线，切线与上边一条素线的交点 III（3，3′，3″）为相贯线上的最前点、最低点和侧视转向点。

②作辅助平面 P_2 通过两圆柱轴线，求得点 IV（4，4′，4″）和点 V（5，5′，5″），为相贯线上的最高点。点 IV 又为最高点和正视转向点，点 V 为最右点和正视转向点。

（2）作出相贯线上的一般点：

①作正平面 P_3，截小圆柱得两条素线为铅垂线，它们的正面投影为过 a'，b' 的两条垂直线。

② P_3 截大圆柱得两素线为侧垂线，其中只有上面一条参与相贯，其位置由 P_{1w} 与大圆柱侧面投影的交点 c'' 确定。由 c'' 向左引投影连线与过 a'、b' 的两条垂直线分别交于 1′、2′，即为相贯线上的点 I、II 的正面投影；其水平投影 1、2 和侧面投影 1″、2″分别积聚在水平投影圆上和侧面投影圆上。

还可作若干辅助平面，从而求得相贯线上一系列点的投影。

（3）顺次光滑地连接各点，判别可见性。由于相贯体前后对称，相贯线正面投影前一半曲线 4′-3′-5′ 与后一半曲线 5′-（6′）-4′ 重合，用实线画出；交点 4′、5′ 为该曲线可见与不可见的分界点。

（4）将两圆柱看作一个整体，补上或去掉有关部分的转向线。两圆柱的正视转向线的正面投影均画到 4′、5′ 为止。

【例 5.7】如图 5.13 所示，求轴线正交的圆柱与圆锥的相贯线。

解：圆柱面轴线为侧垂线，相贯线的侧面投影积聚在圆上，采用一系列的水平面或过锥顶的侧垂面作为辅助平面可求出相贯线的正面投影和水平投影。

（1）作出相贯线上的特殊点（转向点）：过锥顶作正平面 P，与圆锥交于两条正视转向线 SA、SB，与圆柱也交于两条正视转向线，两者交于 Ⅰ、Ⅱ 两点，即为相贯线上的最高点、最低点，如图 5.13（a）所示。再作水平面 R，与圆柱交于两条俯视转向线，与圆锥交于一水平圆，两者交于 Ⅲ、Ⅳ 两点，即为相贯线的俯视转向点，如图 5.13（a），（b）所示。

（2）作出相贯线上的一般点：在点 Ⅰ 与点 Ⅲ、Ⅳ 之间作一水平面 S，与圆锥交于一水平圆，与圆柱交于两条素线，两者相交于 Ⅴ、Ⅵ 两点，即为相贯线上两个一般点，如图 5.13（c）所示。根据需要，可求出相贯线上足够数量的一般点。

（3）顺次光滑连接各点，并判别可见性：相贯线前后对称，所以正面投影重合为一条曲线，用实线画出。在上半圆柱面上的相贯线其水平投影可见，即 3-1-4 段可见，而 3-2-4 段不可见，画成虚线。圆锥面有部分底圆被圆柱面挡住，其水平投影也应画成虚线。

（4）将圆柱与圆锥看成一个相贯的整体，去掉或补上部分外视转向线。如图 5.13（d）所示，正面投影图中，1′、2′两点间不能画线；水平投影图中，圆柱面俯视转向线的水平投影应画到 3、4 两点。

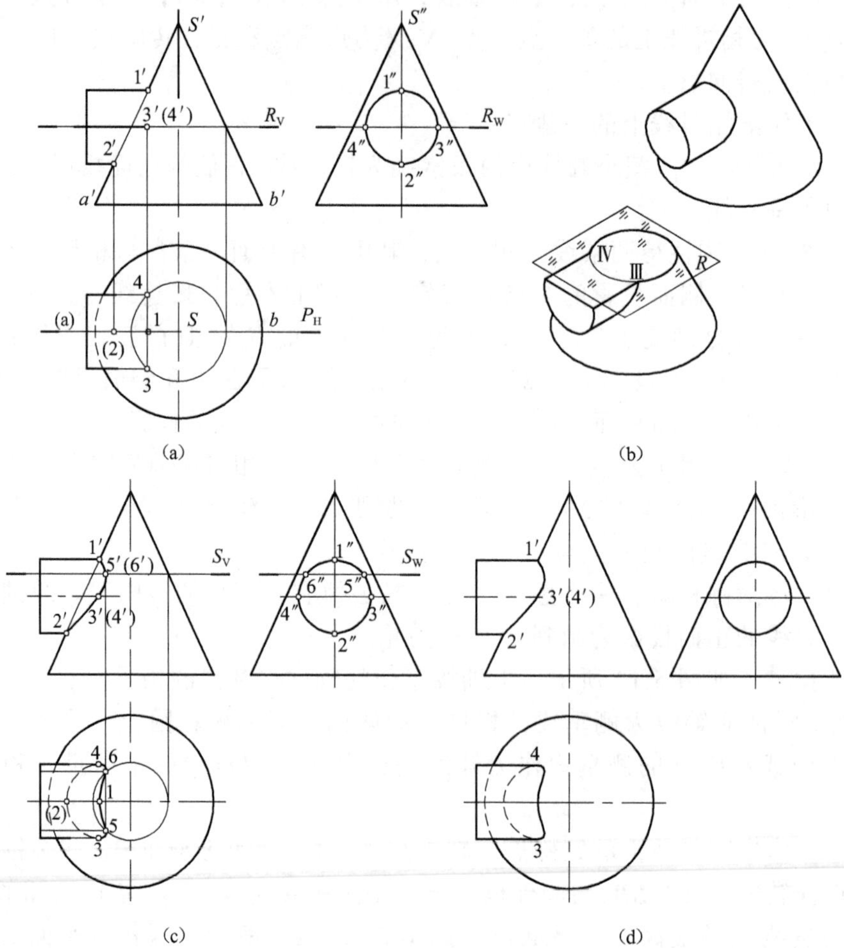

图 5.13　求圆柱与圆锥的相贯线

第6章 组合体

任何复杂的机器零件，从几何形体的角度看，都是由一些简单的平面体和曲面体组成的，我们将其称为组合体。本章主要介绍如何应用前面介绍的投影理论来解决组合体的画图和看图中的问题，以及组合体的尺寸标注等内容。

6.1 组合体的组合方式及表面过渡关系

组合体的组合方式主要分为叠加和切割两种，如图 6.1（a）中的轴承座（叠加）和图 6.1（b）中的导向块（切割）。

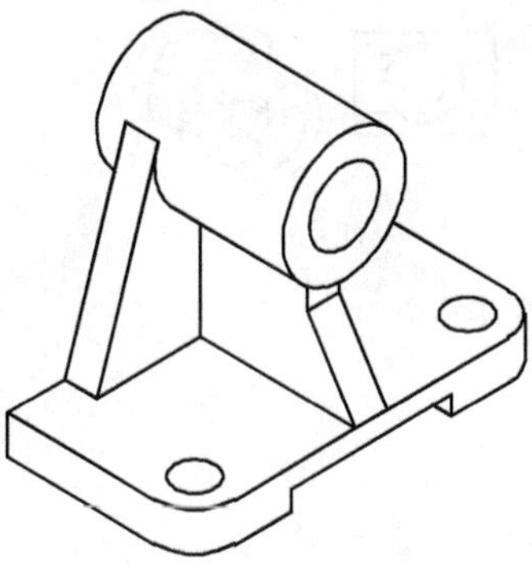

（a）

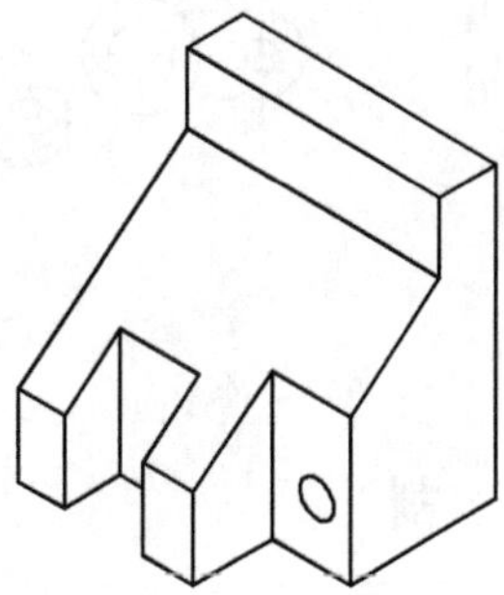

（b）

图 6.1 组合体

6.1.1 叠 加

1. 贴合

两个基本体的表面互相贴合在一起时的叠加方式。其形体间的表面过渡关系已在第 3 章做过详细介绍，这里不再重复。

2. 相切

两个基本体的表面（平面与曲面或曲面与曲面）相切时的叠加方式。如

图 6.2 所示，相切叠加时，两体表面在相切处光滑过渡，不存在轮廓线，故不画分界线。

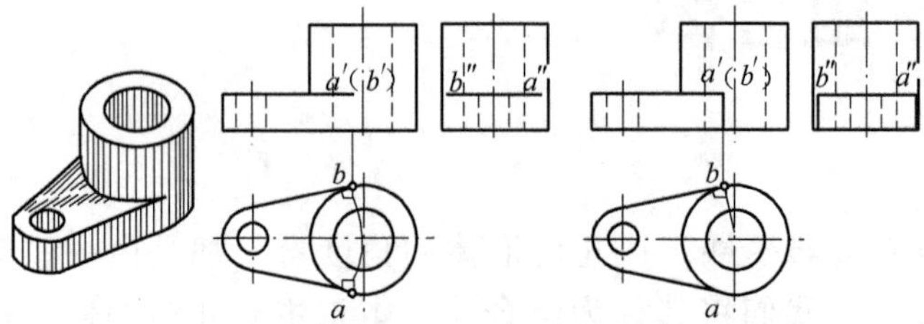

（a）立体图　　（b）正确　　（c）错误

图 6.2　两体表面光滑过渡

3. 相交

如图 6.3 所示，当两体相交时，其表面产生相贯线。

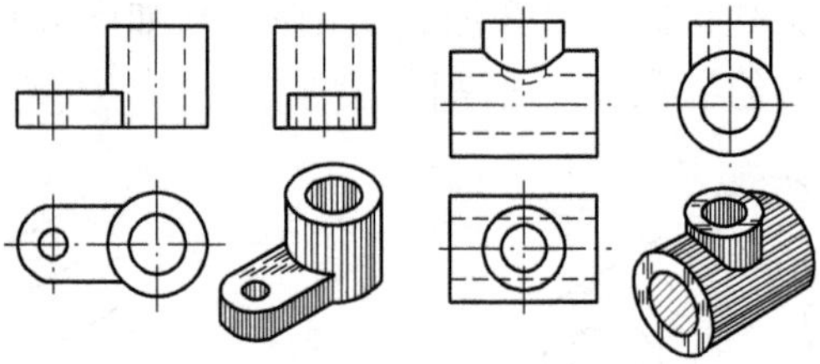

（a）　　（b）

图 6.3　两体相交

6.1.2　切　割

如图 6.4 所示，用一个或几个平面截去基本体的一部分，这时在体的表面产生截交线。

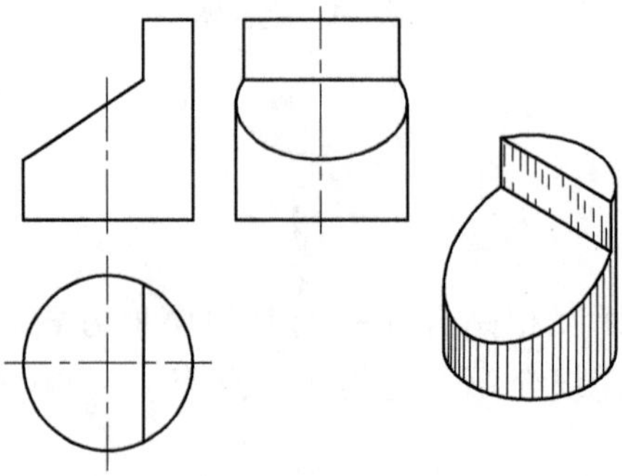

图 6.4　切割

6.2 组合体的画图方法

画、读叠加式组合体的视图经常采用形体分析法。所谓形体分析法就是假想将组合体分解成若干简单形体，分清它们的形状、组合方式和相对位置；分析它们的表面过渡关系及投影特性，进行画图和读图的方法。

6.2.1 叠加式组合体画图方法

现以图 6.5 所示的轴承座为例说明其绘图过程。

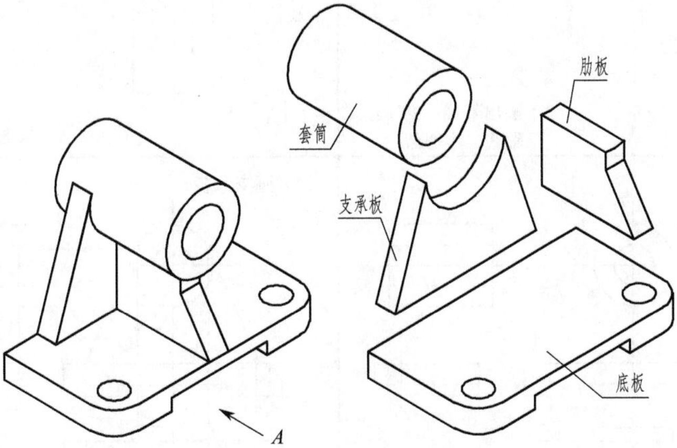

图 6.5 轴承座分解图

1. 形体分析

应用形体分析法可将轴承座分解为四部分：套筒、底板、支承板和肋板。其中，底板、支承板和肋板三部分左、右对称叠加在一起；支承板与底板后面共面；支承板与套筒表面光滑过渡；肋板与套筒相贯，表面应有相贯线。

2. 选择主视图

主视图主要由组合体的安放状态和投射方向两个因素确定。由画图方便和放置稳定确定组合体的安放状态；以使主视图能够较多地表达出组合体的形状特征及各部分间的相对位置关系，并使视图中不可见形体为最少来确定投射方向。本例选用图中所示的安放状态，并选用箭头 A 的方向作为主视图的投射方向。主视图确定后，其他视图也就确定了。

3. 布置视图

根据各视图的最大轮廓尺寸，在图纸上均匀地布置这些视图，为此，应首先画出各视图的基线、对称线以及主要形体的轴线和中心线，如图 6.6(a)所示。

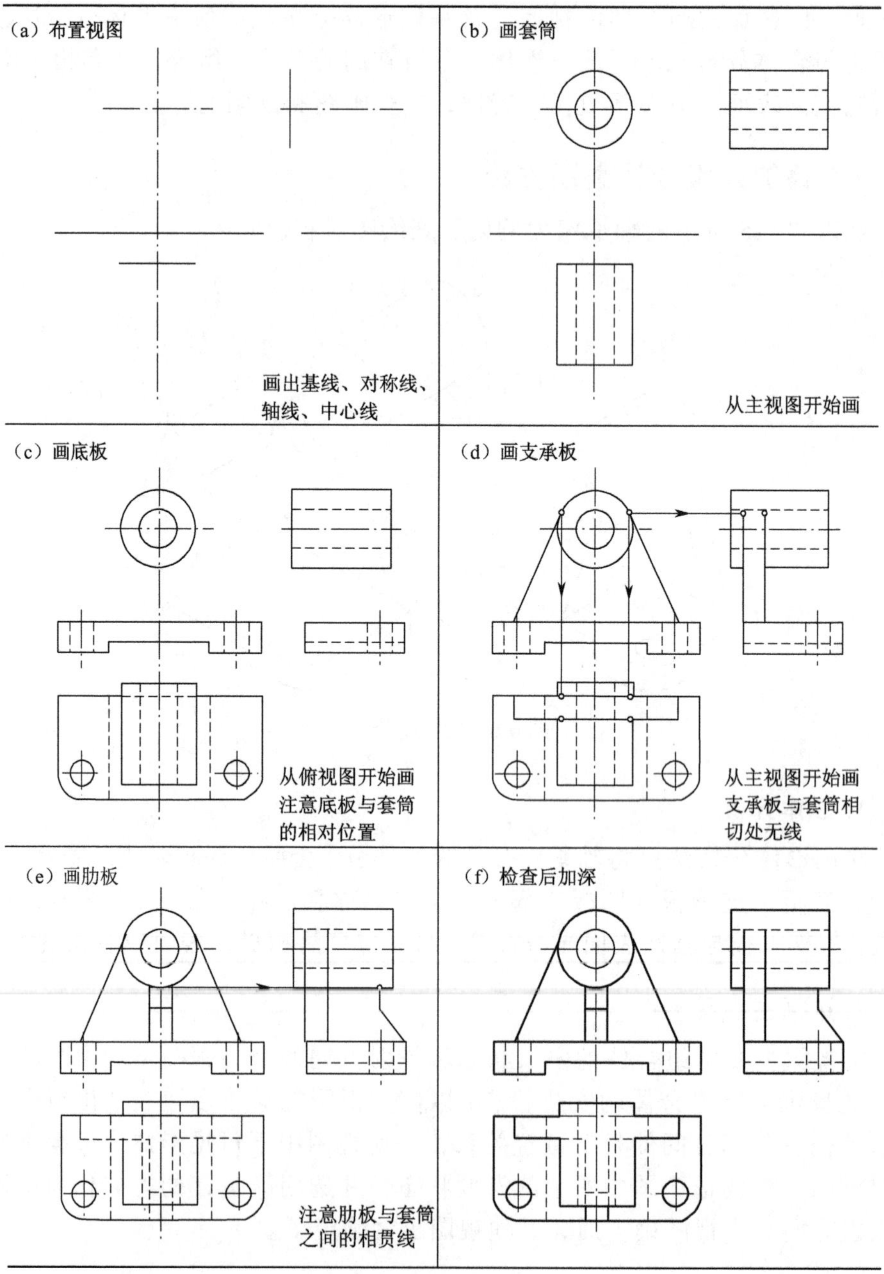

图 6.6 轴承座的画图步骤

4. 画底稿

从反映每一形体形状特征的视图开始，用细线逐个画出各形体的三视图，如图 6.6（b）～（e）所示。

画图的一般步骤为：先画主要部分，后画次要部分；先定位置，后定形状；先画整体形状，后画细节形状。

5. 检查、加深

底稿画完后，要仔细检查有无错误，确认正确无误后，擦去多余的线，用规定的线型进行加深。

画图时应注意的几个问题：

（1）要三个视图配合起来画。画图时，不要画完一个视图再画另一个视图，而要三个视图配合起来画，以便利用投影间的对应关系，使作图既快又准确。

（2）各形体之间的相对位置要正确。例如，画底稿时，要注意底板与套筒后端面的前后位置关系（图 6.6（c））

（3）各形体间的表面过渡关系要正确。例如，支撑板的左右侧面与套筒表面相切，相切处应无线（图 6.6（d））。肋板与套筒是相交的，应正确地画出相贯线（图 6.6（e））。由于套筒、支承板、肋板组合成一个整体，原来的轮廓线也发生了变化，如图 6.6（d）中俯视图上套筒的轮廓线，图 6.6（e）中左视图上套筒的轮廓线和俯视图上肋板与支承板间的分界线的变化。

6.2.2 切割式组合体视图的画法

图 6.1（b）所示的导向块可以看成由长方体Ⅰ依次切去Ⅱ、Ⅲ、Ⅳ三个形体，然后钻了一个孔而形成的，如图 6.7 所示，可以按切割顺序依次画出切去每一部分后的三视图。画图步骤如图 6.8 所示。

画图时应注意的问题：

（1）对于被切的形体，应先画出反映其形状特征的视图。例如，切去形体Ⅱ，应先画主视图。

（2）切割式组合体的特点是斜面比较多，画图时，除了对物体进行形体分析外，还应对一些主要的斜面进行面形分析。

根据第 2 章介绍的平面的投影特性，一个平面在各个投影面上的投影，除了有积聚性的投影外，其他投影都表现为一个封闭线框，特别是当平面为投影面垂直面时，除了有积聚性的投影外，另外两个投影均为与该面的形状相类似的封闭线框，例如图 6.8（d）中的 Q 面。作图时，利用这个规律，对面的投影进行分析、检查。可以快速、正确地画出图形，这种方法叫做画形分析法。

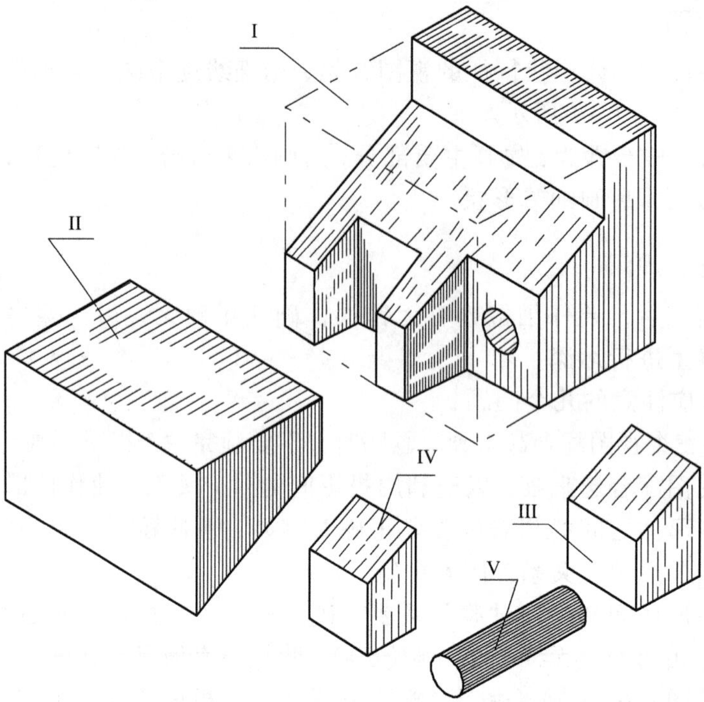

图 6.7 导向块的形体分析

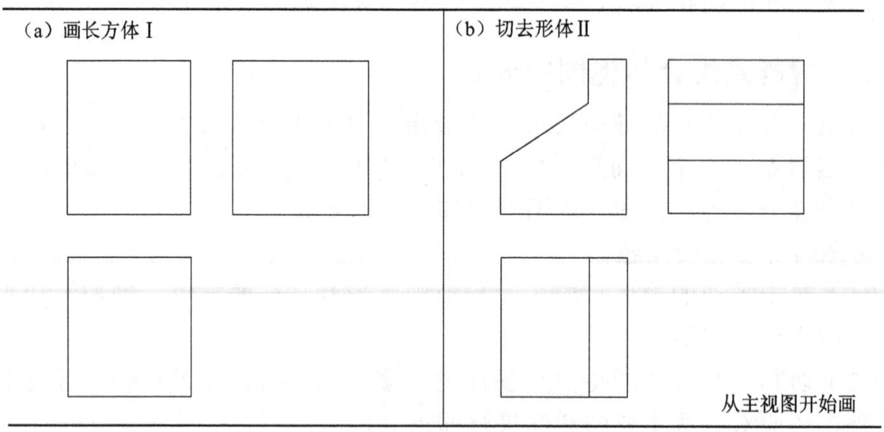

图 6.8 导向块的画图步骤

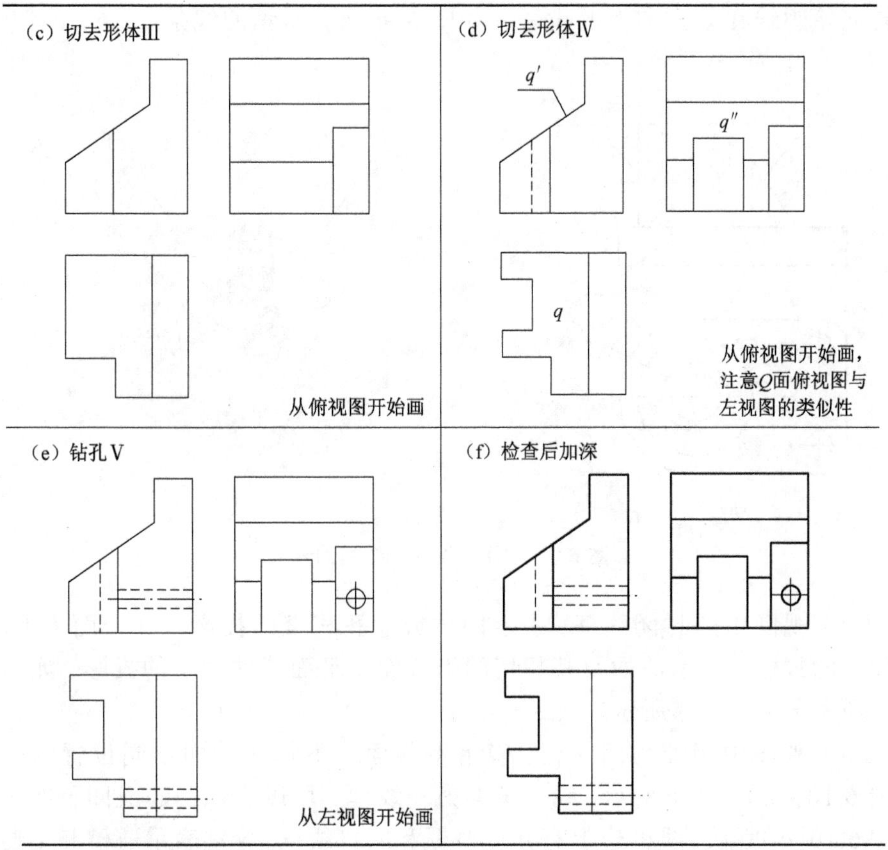

续图 6.8

6.3　组合体的读图方法

画图和读图是学习本课程的两个重要环节。画图是把空间物体用正投影的方法表达在平面图纸上；而读图则是应用正投影的原理及方法，根据平面图形（视图）想象出空间物体的结构形状的过程。可以说，读图是画图的逆过程。所以，读图同样也要运用形体分析法。但对于复杂的形体，还要对局部的结构进行线面分析，想象出局部结构的形状，从而想象出组合体的空间形状。本节举例说明读组合体视图的基本要领和方法。

6.3.1　读图要点

1. 弄清视图中线条与线框的含义

（1）视图中的每一条线：表示具有积聚性的面（平面或柱面）的投影，表示表面与表面（两平面、两曲面或一平面和一曲面）交线的投影，表示曲面转向轮廓线在某方向上的投影，如图 6.9（a）所示的线条 a、b、c。

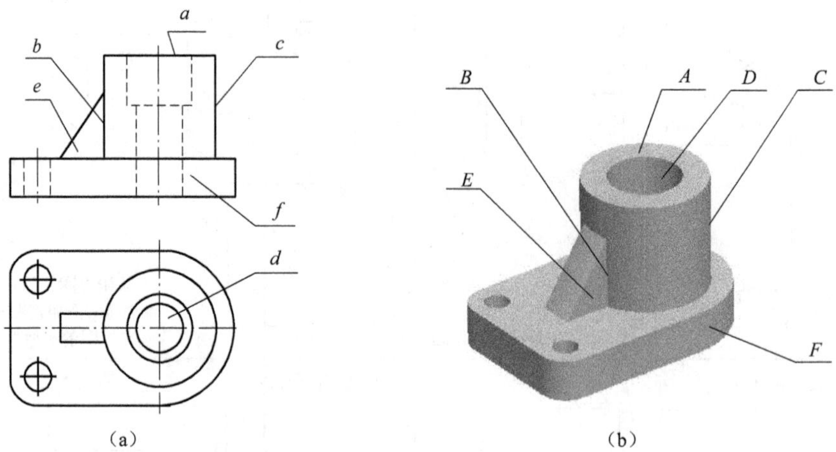

图 6.9 视图中图线和线框的含义

（2）视图中的封闭线框：表示凹坑或通孔积聚的投影，一个面（平面或曲面）的投影，表示曲面及其相切的组合面（平面或曲面）的投影，如图 6.9（a）所示的 d、e、f 所示。

（3）视图中相邻封闭线框：表示不共面、不相切的两不同位置的表面，如图 6.10（a），（b）所示；线框里有另一线框，可以表示凸起或凹下的表面，如图 6.10（c）所示。线框边上有开口线框和闭口线框，分别表示通槽和不通槽，如图 6.10（d），（e）所示。

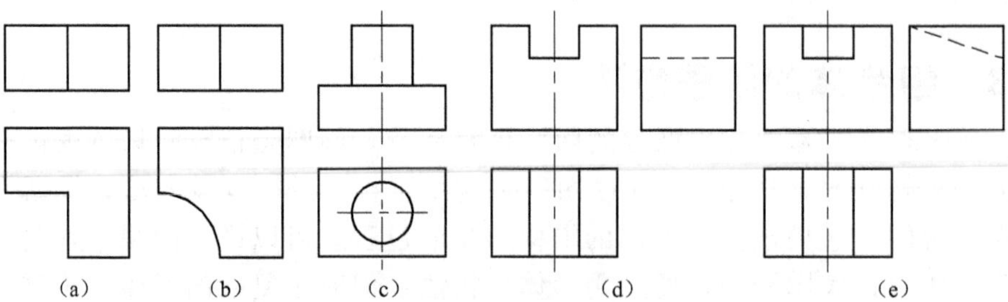

图 6.10 相邻封闭线框的含义

2. 要把几个视图联系起来进行分析

在一般情况下，一个视图是不能完全确定组合体的形状，如图 6.11（a），（b）所示的两组视图中，主视图相同，但两组视图表达组合体却完全不相同；有时，两个视图也不能完全确定组合体的形状，如图 6.11（c），（d）所示的两组三视图中，俯、左视图相同，两组三视图表达的组合体形状也不相同。

由此可见，表达组合体必须要有反映形状特征的视图，读图时，要把几个视图联系起来进行分析，才能想象出组合体的形状。

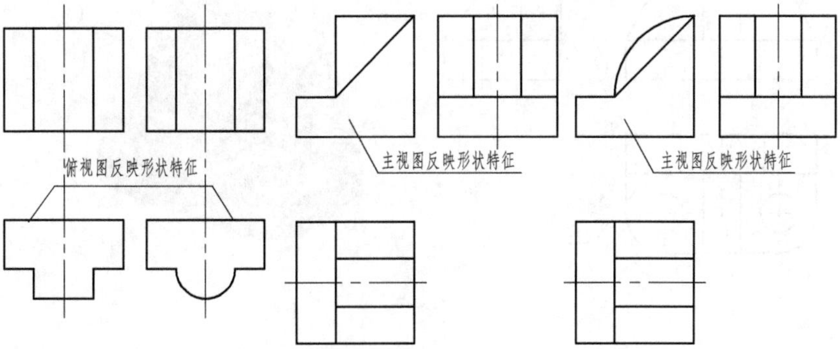

(a)　(b)　(c)　(d)

图 6.11　几个视图联系起来进行分析

3. 从最能反映组合体形状和位置特征的视图看起

图 6.12（a），（b）所示的两组三视图中，主、俯视图完全相同，与左视图结合起来才能反映形体。

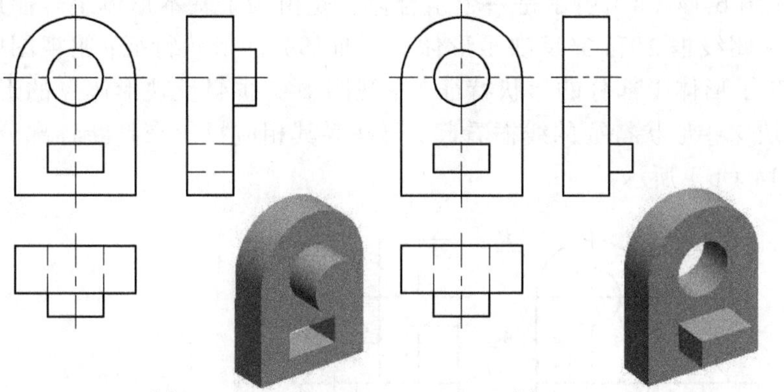

(a)　(b)

图 6.12　从反映形状和位置特征的视图看起

主视图是反映组合体整体的主要形状和位置特征的视图。但组合体的各组成部分的形状和位置特征不一定全部集中在主视图上。

图 6.13 所示的支架，由三个基本体叠加而成，主视图反映了该组合体的形状特征，同时，也反映了形体Ⅰ的形状特征；左视图主要反映形体Ⅱ的形状特征；俯视图主要反映形体Ⅲ的形状特征。读图时，应当抓住有形状和位置特征的视图，如分析形体Ⅰ时，应从主视图看起；分析形体Ⅱ时，应从左视图看起；分析形体Ⅲ时，应从俯视图看起。

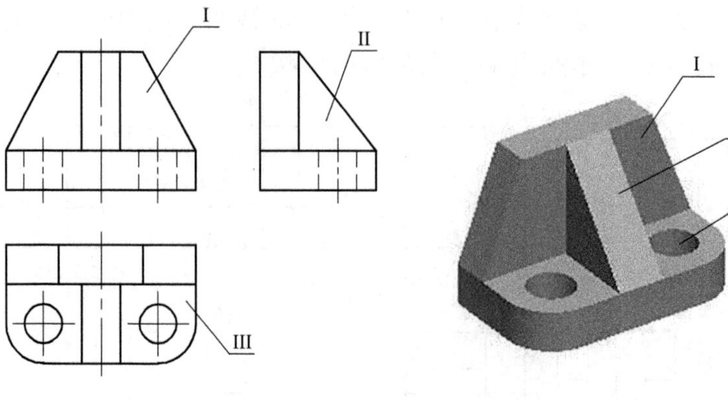

（a）　（b）

图 6.13　从反映形状特征的视图看起

读图时要善于抓住反映组合体各组成部分形状与位置特征较多的视图，并从它入手，就能较快地将其分解成若干个基本体，再根据投影关系，找到各基本体所对应的其他视图，并经分析、判断后，想象出组合体各基本体的形状，最后达到看懂组合体视图的目的。

【例 6.1】 如图 6.14 所示，利用基本形体的形状特征视图读组合体视图。

解： 图 6.14（a）所示是一个组合体，是由四个基本形体组合而成的。主视图中封闭线框 2′ 和 3′ 反映了形体 Ⅱ 和 Ⅲ 部分的形状特征；俯视图中封闭线框 1 反映了形体 Ⅰ 部分的形状特征；左视图中线框 4′ 反映形体 Ⅳ 的形状特征。读图时从这些形状特征的线框看起，再联系其相应投影来判断各部分的形状，如图 6.14（b）所示。

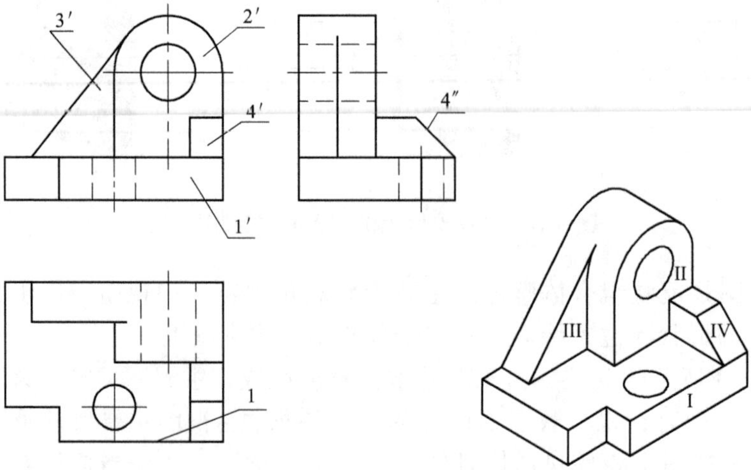

（a）　（b）

图 6.14　利用基本形体的形状特征读组合体视图

【**例 6.2**】如图 6.15 所示，综合利用基本体形状与位置特征视图读组合体视图。

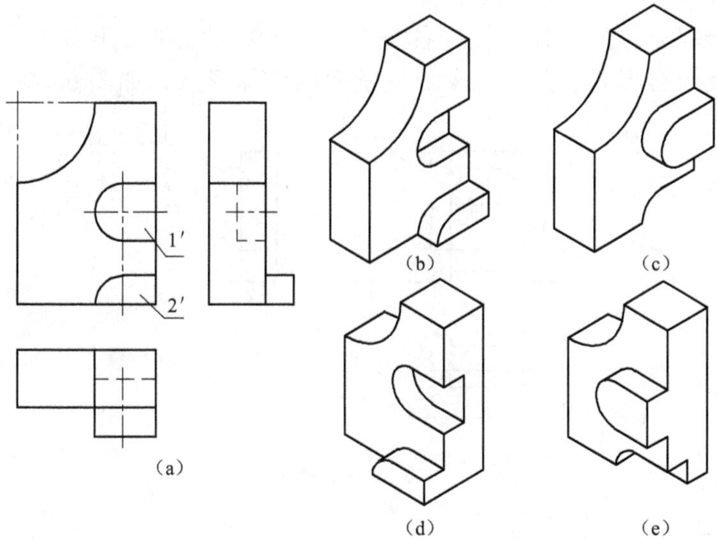

图 6.15 综合利用基本体形状与位置特征读组合体视图

解：从图 6.15（a）所示的主视图的三个封闭线框中可以看出，它表示了组成组合体的三个基本形体的形状特征。但其中 1′、2′两个封闭线框所表示的形体是凸起还是凹进无法判断。如果不联系左视图的位置特征的投影是很难确定的。因为只从俯视图中看，至少能够表示出图 6.15（b），（c），（d），（e）所示 4 种结构形状。但将主、左视图配合起来识读，就能迅速确定这部分的形状和位置，正确的组合体应为图 6.15（b）。

6.3.2 读图的基本方法和步骤

1. 形体分析法

读叠加型组合体的视图时，根据投影规律，分析基本形体的三视图，从图上逐个识别出基本形体的形状和相互位置，再确定它们的组合形式及其表面连接关系，综合想象出组合体的形状。

应用形体分析法看图的特点是：从体出发，在视图上分线框。

下面以图 6.16 所示的支承架为例，介绍应用形体分析法看图的方法和步骤：

（1）划线框，分形体。从主视图看起，并将主视图按线框划分为 1′、2′、3′，并在俯视图和左视图上找出其对应的线框 1、2、3 和 1″、2″、3″，将该组合体分为立板Ⅰ、凸台Ⅱ和底板Ⅲ三部分，如图 6.16（a）所示。

（2）对投影，想形状。按照长对正、高平齐、宽相等的投影关系，从每一基本形体的特征视图开始，找出另外两个投影，想象出每一基本形体的形状，如图 6.16（b），（c），（d）所示。

（3）合起来，想整体。根据各基本形体所在的方位，确定各部分之间的相互位置及组合形式，从而想象出支承架的整体形状，如图 6.16（e）所示。

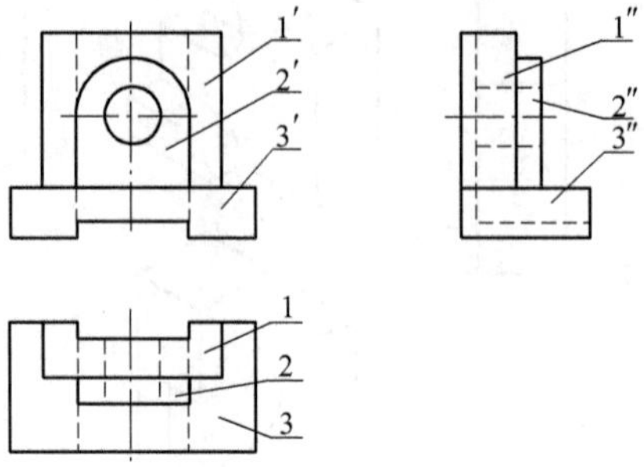

（a）划线框，分形体

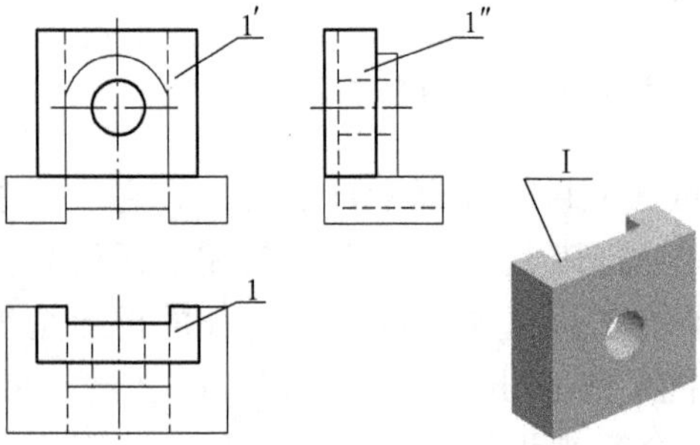

（b）想立板 I 形状

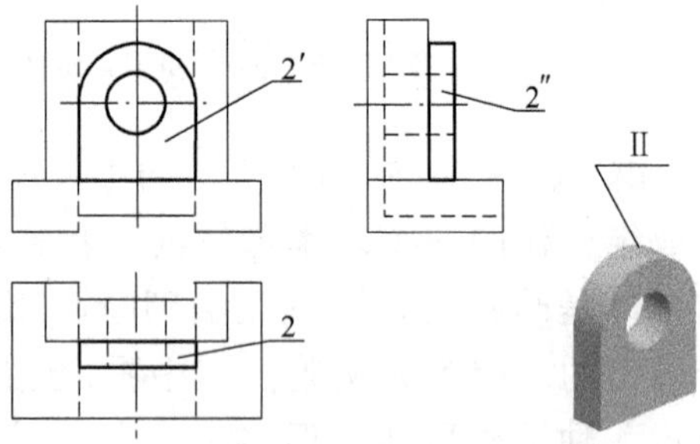

（c）想凸台 II 形状

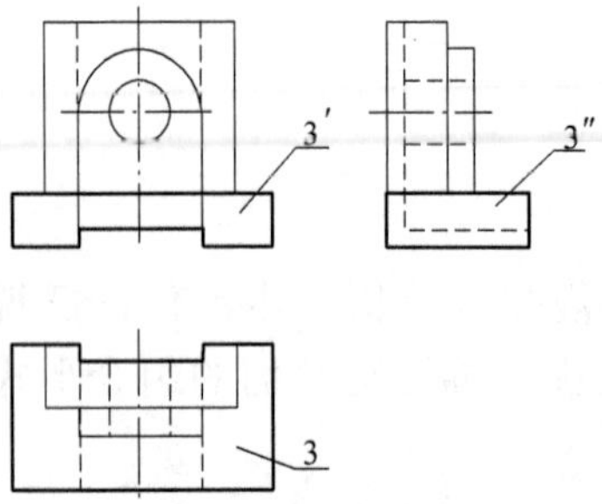

（d）想底板 III 形状

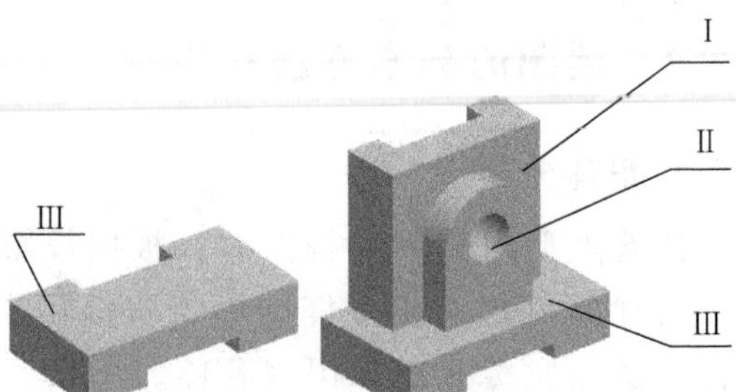

（e）综合想象支架的整体形状

图 6.16　用形体分析法看支承架视图的方法和步骤

2. 线面分析法

读图时，在应用形体分析法的基础上，对一些较难看懂的部分，特别是对切割型组合体的被切割部位，还要根据线面的投影特性，分析视图中线和线框的含义，弄清组合体表面的形状和相对位置，综合起来想象出组合体的形状。这种读图方法为线面分析法。

线面分析法的读图的特点是：从面出发，在视图上分线框。现以图 6.17 所示的压块为例，介绍用线面分析法看图的方法和步骤。

先分析整体形状，压块三个视图的轮廓基本上都是矩形，所以它的原始形体是个长方体。再分析细节部分，压块的右上方有一阶梯孔，其左上方和前后面分别被切掉一角。

从某一视图上划分线框，并根据投影关系，在另外两个视图上找出与其对应的线框或图线，确定线框所表示的面的空间形状和对投影面的相对位置。

（1）压块左上方的缺角：如图 6.17（a）所示，在俯、左视图上相对应的等腰梯形线框 p 和 p''，在主视图上与其对应的投影是一倾斜的直线 p'。由正垂面的投影特性可知，P 平面是梯形的正垂面。

（2）压块左方前、后对称的缺角：如图 6.17（b）所示，在主、左视图上方对应的投影七边形线框 q' 和 q''，在俯视图上与其对应的投影为一倾斜直线 q。由铅垂面的投影特性可知，Q 平面是七边形铅垂面。同理，处于后方与之对称的位置也是七边形铅垂面。

（3）压块下方前、后对称的缺块：如图 6.17（c），（d）所示，它们是由两个平面切割而成，其中一个平面 R 在主视图上为一可见的矩形线框 r'，在俯视图上的对应投影为水平线 r（虚线），在左视图上的对应投影为垂直线 r''。另一个平面 S 在俯视图上是有一边为虚线的直角梯形 s，在主、左视图上的对应投影分别为水平线 s' 和 s''。由投影面平行面的投影特性可知，R 平面和 T 平面是长方形的正平面，S 平面是直角梯形的水平面。压块下方后面的缺块与前面的缺块对称，不再赘述。

在图 6.17（e）中，$a'b'$ 不是平面的投影，而是 R 面和 Q 面的交线，同理，$b'c'$ 是长方体前方面 T 和 Q 面的交线，其余线框及其投影读者自行分析。这样，既从形体上，又从线面的投影上，弄清了压块的三视图，综合起来，便可想象出压块的整体形状，如图 6.17（f）所示。

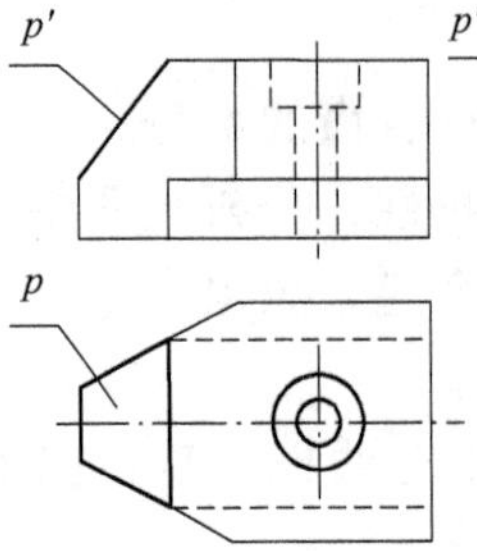

(a) 分析正垂面P

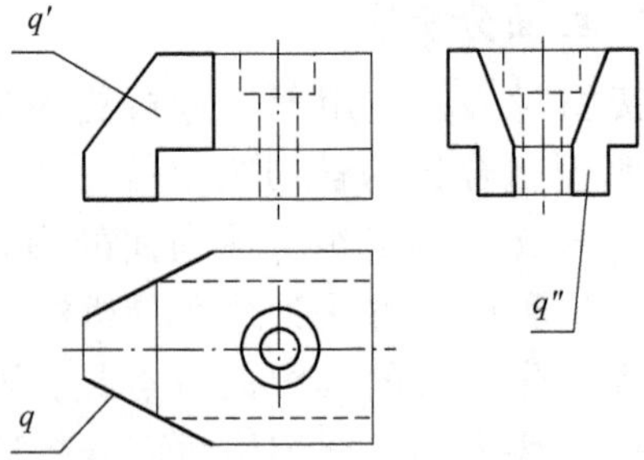

(b) 分析铅垂面Q

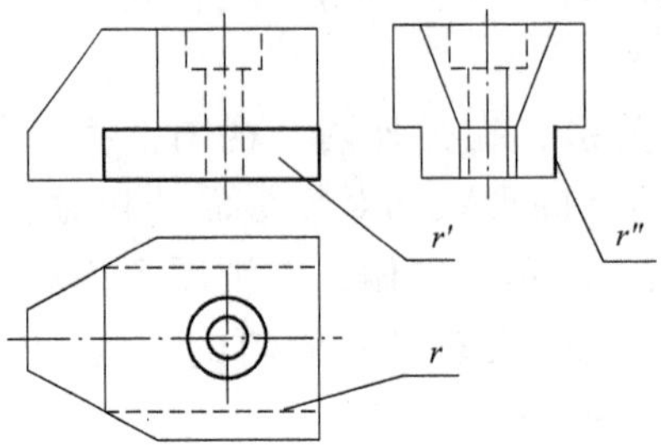

(c) 分析正平面R

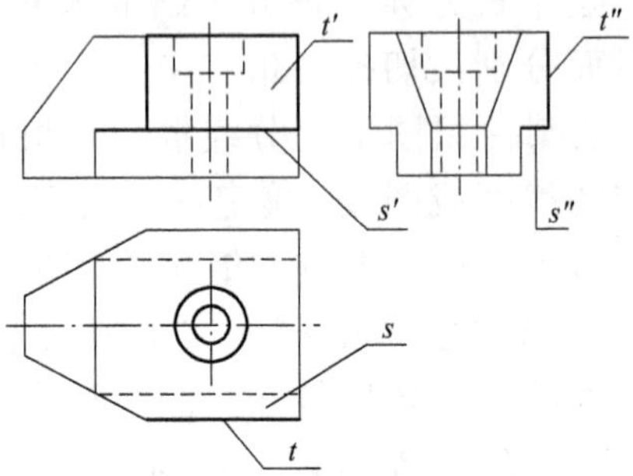

(d) 分析水平面S和正平面T

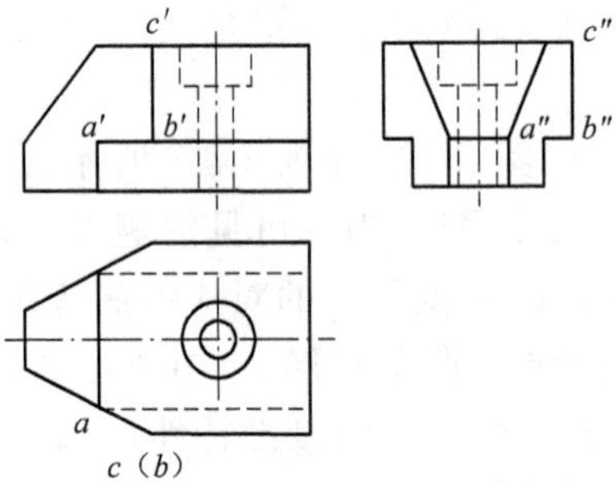

(e) 分析交线

(f) 直观图

图 6.17 用线面分析法看压块视图的方法和步骤

6.3.3 已知组合体两视图补画第三视图

已知组合体两视图补画第三视图，看图和画图的综合训练，一般的方法和步骤为：根据已知视图，用形体分析法和必要的线面分析法分析和想象组合体的形状，在弄清组合体形状的基础上，按投影关系补画出所缺的视图。

补画视图时，应根据各组成部分逐步进行。对叠加型组合体，先画局部后画整体。对切割型组合体，先画整体后切割。并按先实后虚，先外后内的顺序进行。

【例 6.3】 如图 6.18 所示，已知机座的主、俯视图，想象该组合体的形状并补画左视图。

解：

（1）按主视图上的封闭线框，将机座分为圆柱体 1、底板 2、右端与圆柱面相交的厚肋板 3 三个部分，再分别找出三部分在俯视图上对应的投影，想象出它们各自的形状，如图 6.18（a），（b）所示。再进一步分析细节，如主视图右边的虚线表示阶梯圆柱孔，主、俯视图左边的虚线表示长方形凹槽和矩形通槽。综合起来想象出机座的整体形状，如图 6.18（c）所示。

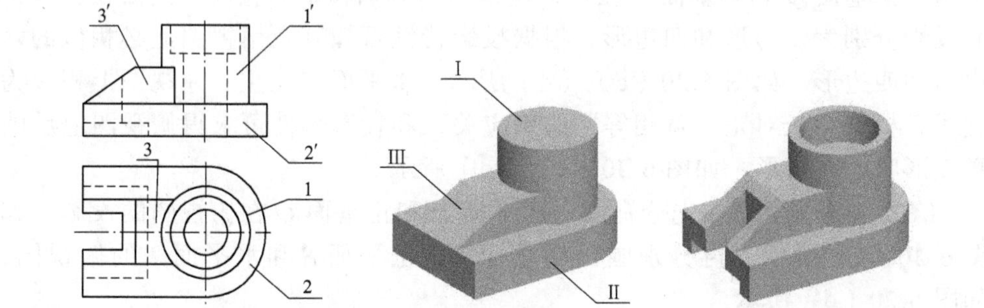

（a）将机座分解成三部分，找出对应的投影　（b）想象三部分形体的形状　（c）想象出机座左端的长方形凹槽、矩形通槽和阶梯圆柱孔位置和形状

图 6.18　想象机座的形状

（2）补画左视图，其过程如图 6.19 所示。

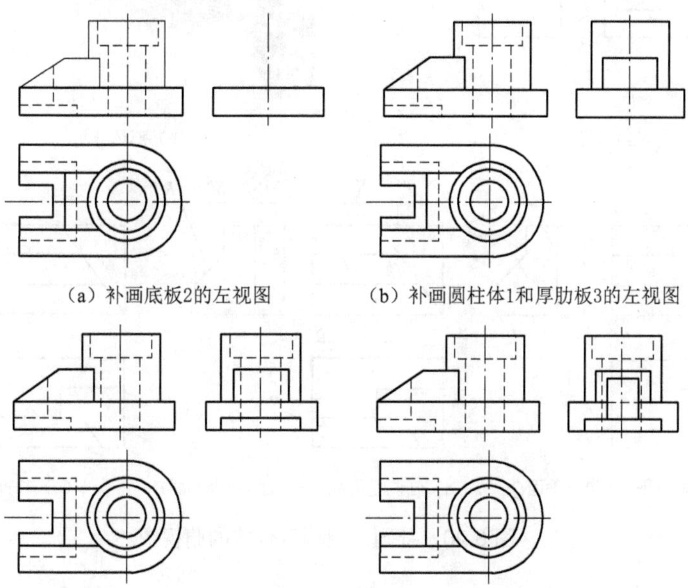

（a）补画底板2的左视图　（b）补画圆柱体1和厚肋板3的左视图

（c）补画长方形凹槽和阶梯圆柱孔的左视图　（d）最后补画矩形通槽的左视图

图 6.19　补画机座视图的步骤

【**例 6.4**】如图 6.20（a）所示，已知切割型组合体的主、左视图，想象该组合体的形状并补画俯视图。

解：

（1）形体分析：由主、左视图可以看出，该组合体的原始形状是一个四棱柱。用正平面 *P* 和正垂面 *Q* 在左前方切去一块后，再用正平面 *S* 和侧垂面 *R* 在右前方切去一角，如图 6.20（b）所示。

（2）线面分析：正平面 *P* 和 *S*，在主视图中的封闭线框分别是三角形和四边形，根据投影特性可知其在俯视图上必积聚为直线，如图 6.26（c），（d）所示。正垂面 *Q* 和侧垂面 *R* 在主、左视图上分别积聚为直线，侧面投影和正面投影分别为六边形和四边形，根据投影特性可知其在俯视图上必相似的六边形和四边形，如图 6.20（c），（d）所示。水平面 *T* 在主、左视图上积聚为直线，根据“长对正、宽相等”的对应关系和投影特性可求得俯视图上反映真实形状的六边形，如图 6.20（c），（d）所示。

（3）补画俯视图：先分别画出正平面 *P* 和正垂面 *Q* 在俯视图的投影，如图 6.20（c）所示。再分别画出侧垂面 *R*、正平面 *S* 和水平面 *T* 的俯视图，如图 6.20（d）所示。

（4）检查后按线型加粗图线，如图 6.20（e）所示。

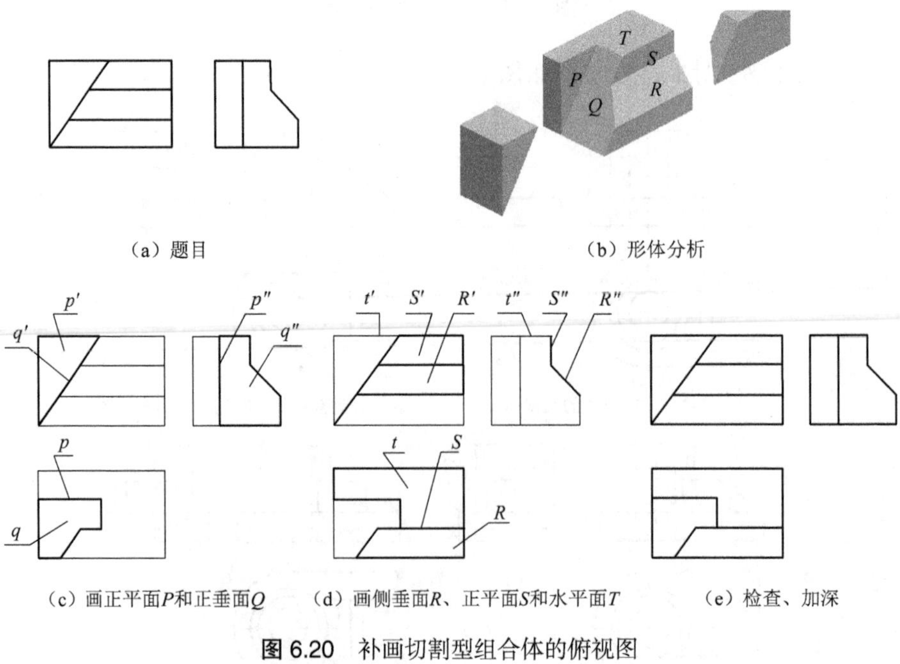

（a）题目　（b）形体分析

（c）画正平面*P*和正垂面*Q*　（d）画侧垂面*R*、正平面*S*和水平面*T*　（e）检查、加深

图 6.20　补画切割型组合体的俯视图

6.4　组合体的尺寸标注

视图只能表达物体的形状，物体的大小则靠标注尺寸来确定。尺寸标注的基本要求是：

（1）正确：所注尺寸应符合国家标准中有关尺寸注法的基本规定。

（2）完全：将确定组合体各部分形状大小及相对位置的尺寸标注完全，既不能遗漏，也不要重复。

（3）清晰：尺寸标注要布置匀称、清楚、整齐，便于阅读。

（4）合理：标注的尺寸要符合设计要求及工艺要求。

6.4.1　尺寸标注的基本规定

图形表示机件的形状，机件的大小是由图样上所标注的尺寸来决定的，所以标注尺寸时，必须严格按照制图标准的有关规定进行。

（1）机件的真实大小应以图样上所注的尺寸数值为依据，与图形的大小及绘图的准确度无关。

（2）图样中（包括技术要求和其他说明）的尺寸以 mm 为单位时，不需标注计量单位的代号或名称；如采用其他单位时，则必须注明相应计量单位的代号或名称，如 45°，20cm 等。

（3）机件的每一尺寸，一般只注一次，并注在表示该结构最清晰的图形上。

（4）图样中所标注的尺寸，为该图样所示机件的最后完工尺寸，否则应另加说明。

（5）尽量避免在不可见轮廓线（虚线）上标注尺寸。

（6）标注尺寸时，应尽量可能地使用符号和缩写词。常用的符号和缩写词如表 6.1 所示。

表 6.1　标注尺寸的符号及缩写词

名　称	符号或缩写词	名　称	符号或缩写词
直径	ϕ	正方形	□
半径	R	深度	↧
球直径	$S\phi$	沉孔或锪平	⌴
球半径	SR	埋头孔	⌵
厚度	t	弧长	⌒
均布	EQS	斜度	⌳
45° 倒角	C	锥镀	⌲

6.4.2 尺寸的组成与标注

尺寸一般由尺寸界线、尺寸线和尺寸数字组成，如图 6.21 所示。

（1）尺寸界线用细实线绘制，并应由图形的轮廓线、轴线或对称中心线引出，也可利用轮廓线、轴线或对称中心线作尺寸界限，并超出尺寸线的终端 3mm 左右。

（2）尺寸线也用细实线绘制。一端或两端带有终端符号（一般是箭头）。尺寸线不能用其他图线代替，也不得与其他图线重合或画在其延长线上。标注线性尺寸时，尺寸线必须与所标注的线段平行。

（3）尺寸数字一般注写在尺寸线的上方，也允许注写在尺寸线的中断处。尺寸数字高度一般为 3.5mm，其字头方向一般应按照图 6.22（a）所示的方向注写；并应避免在图中 30° 范围内注写尺寸。当无法避免时，可按图 6.22（b）的形式引出标注。

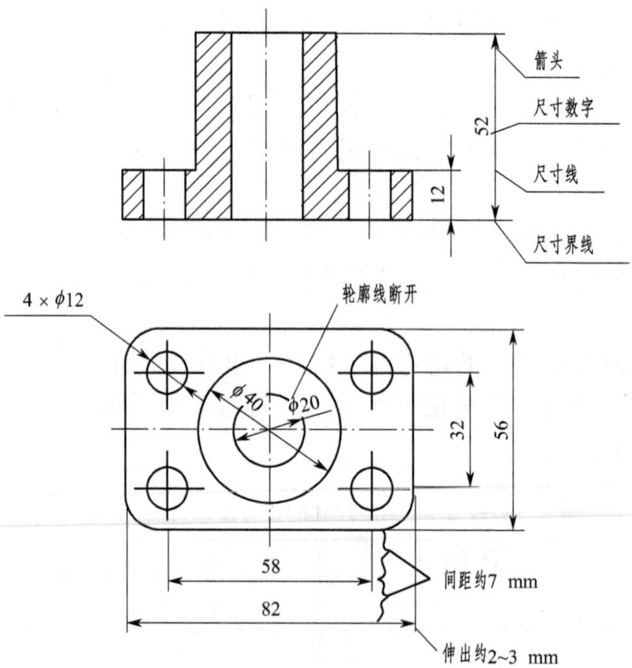

图 6.21 尺寸的组成

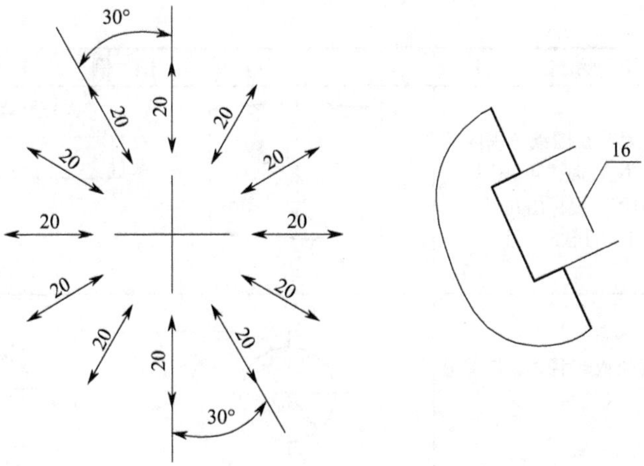

(a)　　　　　　　　(b)

图 6.22　线性尺寸数字的注写方法

（4）直径尺寸与半径尺寸、角度尺寸、狭小部位、正方形、板状零件、对称图形等的尺寸标注如表 6.2 所示。

表 6.2　尺寸标注示例

	说　明	图　例
直径尺寸或半径尺寸	标注直径尺寸时，尺寸数字前应加注符号 ϕ 直径尺寸可标注在投影为圆或非圆的视图上	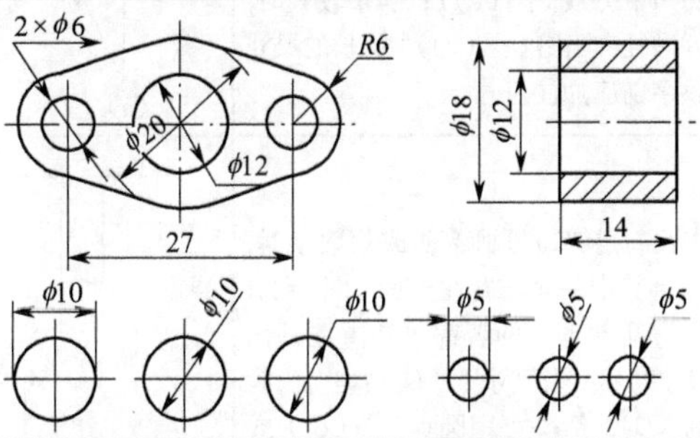
	标注半径尺寸时，尺寸数字前应加注符号 半径尺寸必须标注在投影为圆弧处，且尺寸线应通过圆心	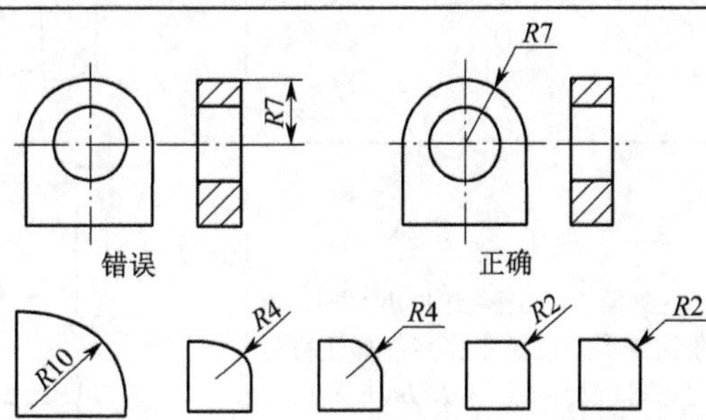

续表 6.2

	说 明	图 例
直径尺寸或半径尺寸	当圆弧半径过大或在图纸范围内无法标出其圆心位置时，可按图(a)的形式标注；若不需要标出其圆心位置时，可按图(b)的形式标注	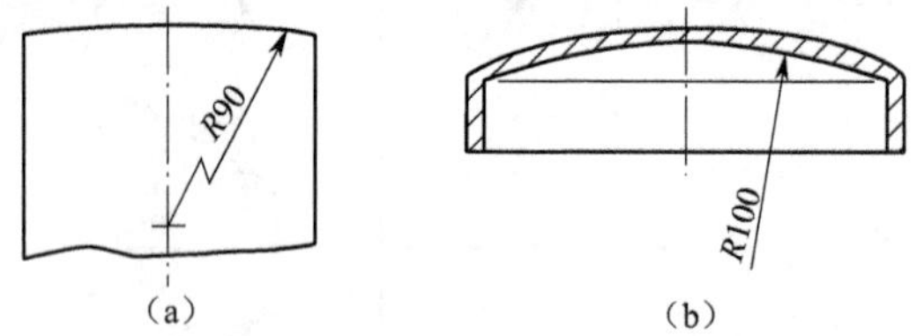
	标注球面的直径或半径时，应在ϕ或R前加注符号S	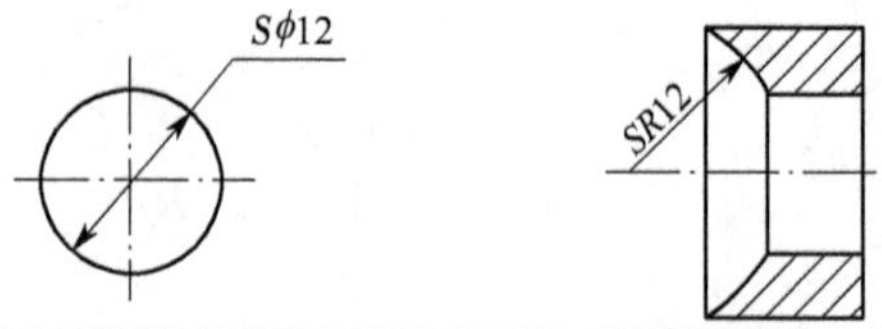
角度尺寸	角度的尺寸数字一律水平书写，且应写在尺寸线的中断处，必要时允许写在外面或引出标注。尺寸界线必须沿径向引出。尺寸线为以角的顶点为圆心的圆弧	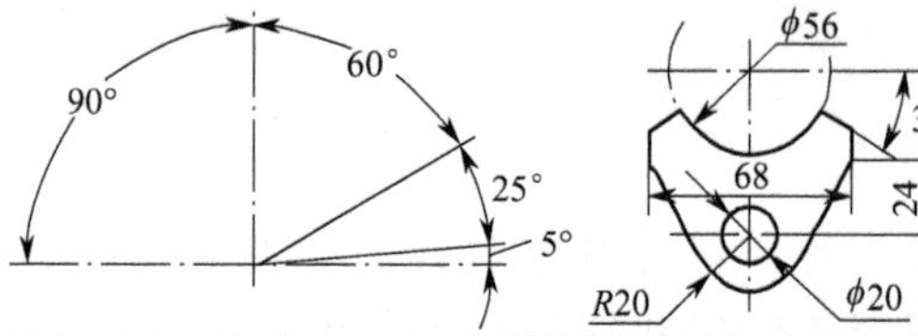
弦长与弧长	标注弦长时，尺寸界线应平行于该弦的垂直平分线(图(a))；标注弧长时，尺寸界线应平行于该弧所对圆心角的角平分线(图(b))；弧长较大时，可沿径向引出(图(c))。弧长的尺寸数字前应加注符号⌒	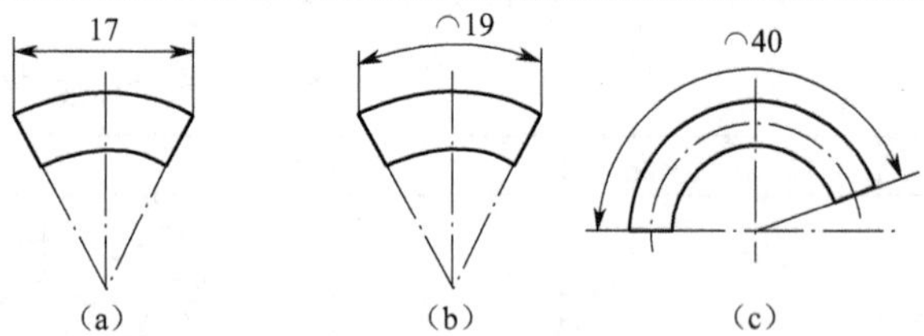
狭小部位的尺寸	当没有足够位置画箭头或写数字时，可将其中一个布置在外面(图(a))，位置更小时，两者都可布置在外面(图(b))。当尺寸界线两侧均无法画箭头时，箭头可用圆点(图(c))或斜线代替(图(d))	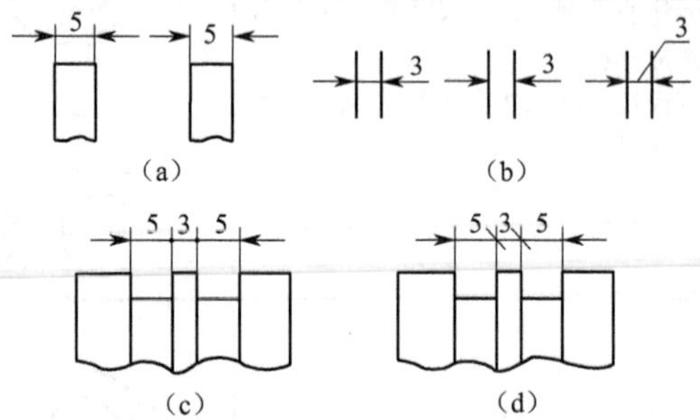
正方形结构	标注断面为正方形结构的尺寸时，可在正方形边长尺寸数字前加注符号□(图(a))，或用$B\times B$(B为正方形边长)注出(图(b))	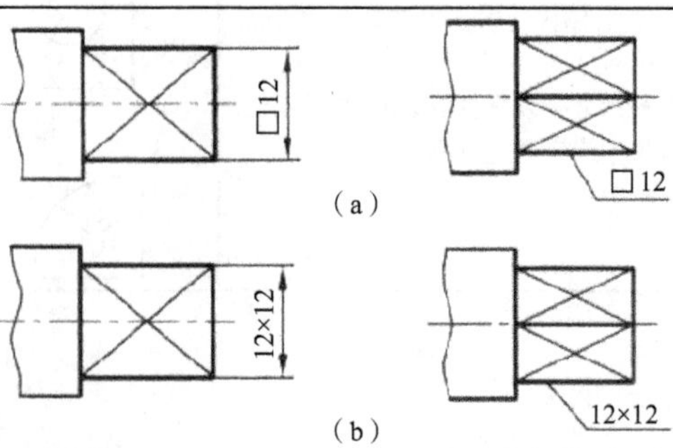

续表 6.2

	说 明	图 例
对称图形	对称图形画出一半时，尺寸线应超过中心线（图（a）），画出多一半时，尺寸线应略超过断裂线（图（b）），且都只在有尺寸界线的一端画出箭头	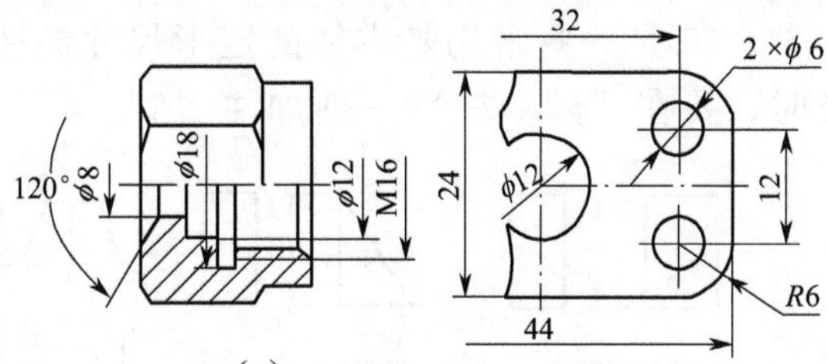（a） （b）
	当图形具有对称中心线时，分布在对称中心线两边的相同结构要素，仅标注其中一组要素的尺寸	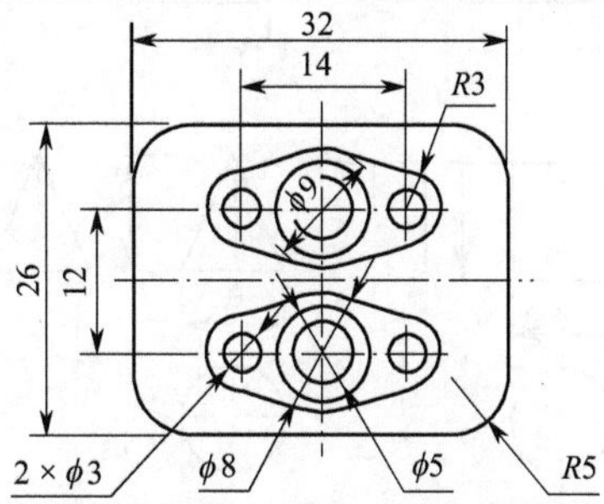
均匀分布的孔	沿圆周均匀分布的孔，应按图（a）的形式标注（*EQS* 意为均匀分布）。当孔的定位和分布情况已明确时，允许省略 *EQS* 字样（图（b））。沿直线均匀分布的孔，可按图（c）的形式标注	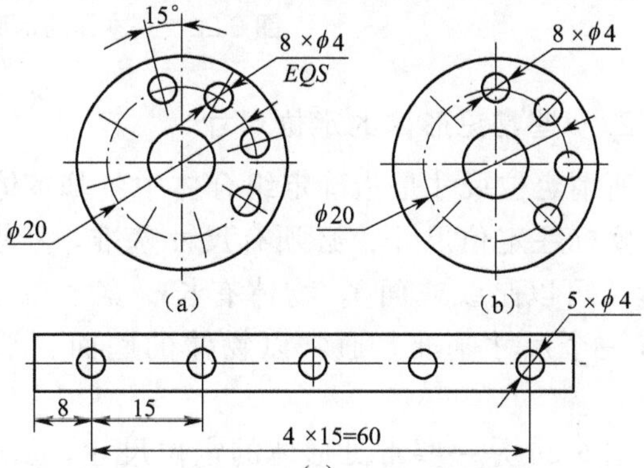（a） （b） （c）
板状零件	标注板状零件时，可在尺寸数字前加注符号 *t* 表示为均匀厚度板，而不必另画视图表示厚度	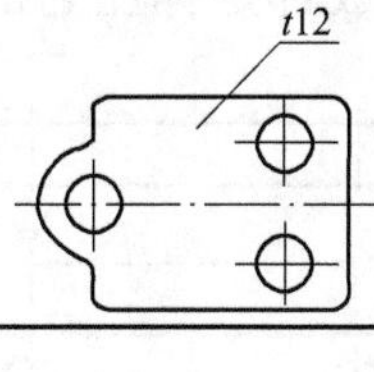

6.4.3 组合体的尺寸标注

组合体的尺寸要标注完全，必须包含基本体的定形尺寸、定位尺寸和组合体的总体尺寸三方面的内容。

1. 基本体的定形尺寸

所谓定形尺寸是指确定各基本体的形状和大小的尺寸。

图 6.23 是一些常用基本体的定形尺寸的注法。注意，当标注球面直径或半径时，要在“ϕ”或“R”前加注“S”。

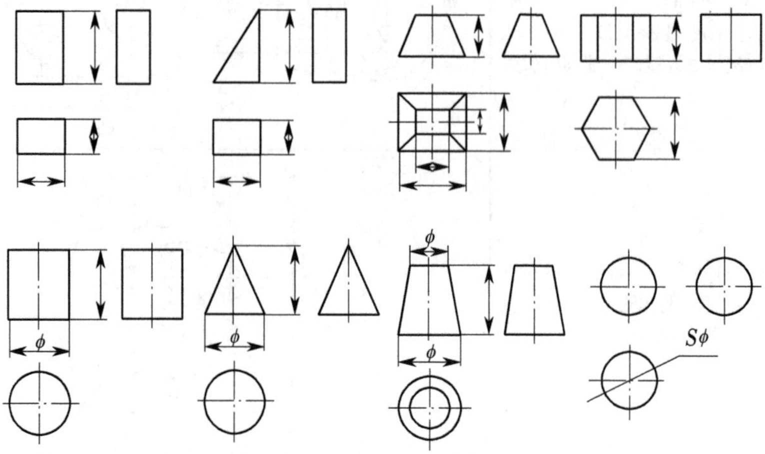

图 6.23　基本体的定型尺寸

2. 一些常见形体的定位尺寸

所谓定位尺寸是指确定组合体中各基本体之间相对位置的尺寸。

要标注定位尺寸，必须有尺寸基准。所谓尺寸基准是指标注尺寸的起始位置（可以是线或面）。物体有长、宽、高三个方向的尺寸，每个方向至少要有一个尺寸基准。通常以物体的底面、端面、对称面和轴线等作为尺寸基准。

图 6.24 是一些常见形体的定位尺寸。从图中可以看出，在标注回转体的定位尺寸时，一般都是标注它的轴线的位置。

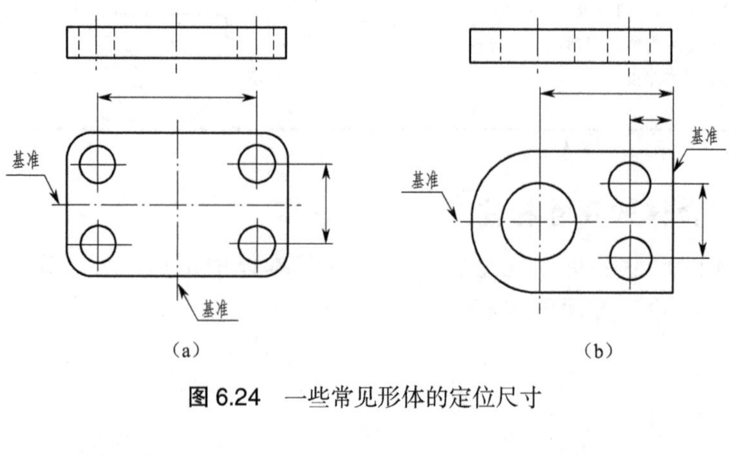

图 6.24　一些常见形体的定位尺寸

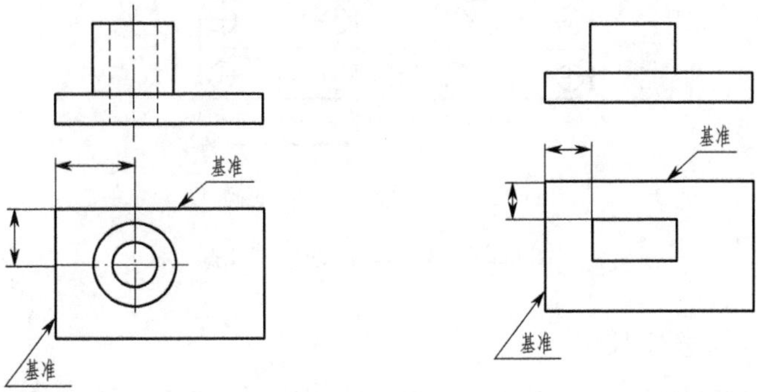

（c） （d）

续图 6.24

3. 标注定形、定位尺寸时应注意的问题

（1）当基本体被平面截切时，除了标注基本体的定形尺寸外，还需标注截平面的定位尺寸，不允许直接在截交线上标注尺寸（图 6.25）。

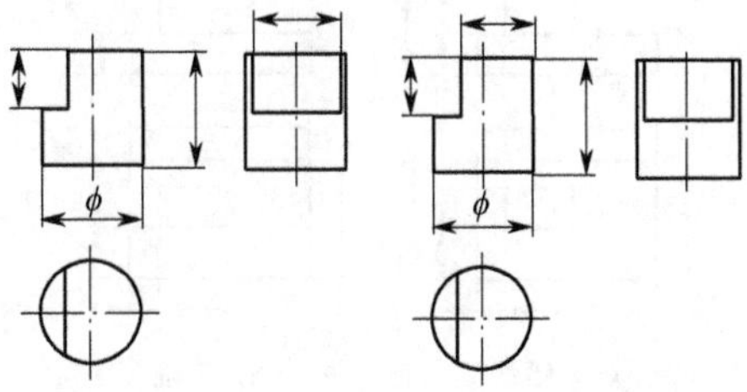

（a）错误 （b）正确

图 6.25 表面具有截交线时的尺寸标注法

（2）如图 6.26 所示，当体的表面具有相贯线时，应标注产生相贯线的两形体的定形、定位尺寸，而不允许直接在相贯线上标注尺寸。

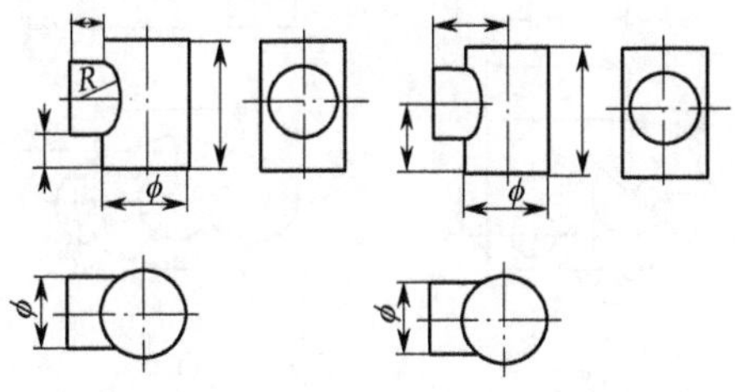

（a）错误 （b）正确

图 6.26 表面具有相贯线时的尺寸注法

（3）对称结构的尺寸，不论是定形尺寸还是定位尺寸，不能只注一半，如图 6.27 所示。

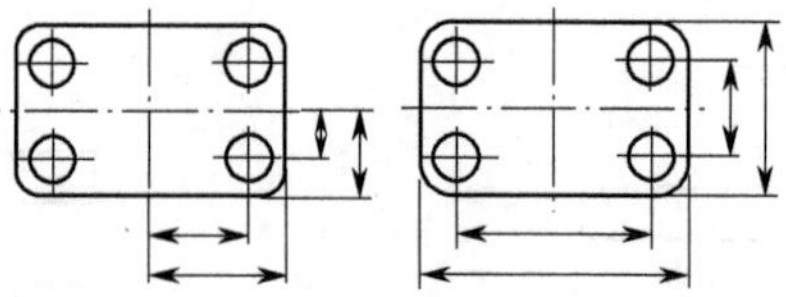

（a）错误 （b）正确

图 6.27 对称结构的尺寸注法

4. 组合体的总体尺寸

组合体的总体尺寸是指组合体在长、宽、高三个方向的最大尺寸。总体尺寸有时就是某形体的定形尺寸或定位尺寸，一般不再标注。当出现多余尺寸时，需作适当调整。

（1）图 6.28（a）中标注了每个形体的定形、定位尺寸后，物体的总长、总宽就是底板的定形尺寸，不再标注。但标注了总高尺寸后，出现了多余尺寸，这时需作调整，去掉一个次要尺寸，图 6.28（b）是一种正确的标注方法。

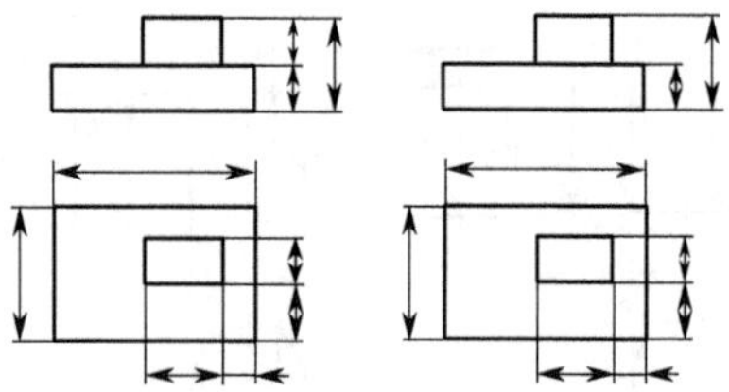

（a）错误 （b）正确

图 6.28 标注总体尺寸

（2）当组合体的某一方向具有回转面结构时，由于注出了其定形、定位尺寸，该方向的总体尺寸一般不再注出（图 6.29）。

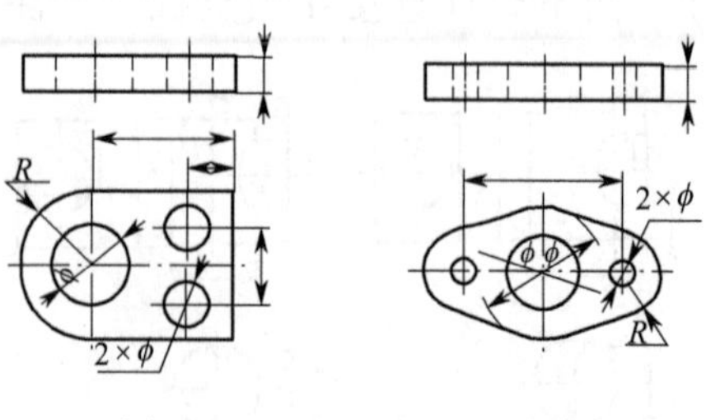

（a） （b）

图 6.29 不注总体尺寸的结构

5. 组合体的尺寸标注方法

形体分析法是标注组合体尺寸的基本方法。

现以图 6.30 所示的轴承座为例来说明组合体的尺寸标注过程。

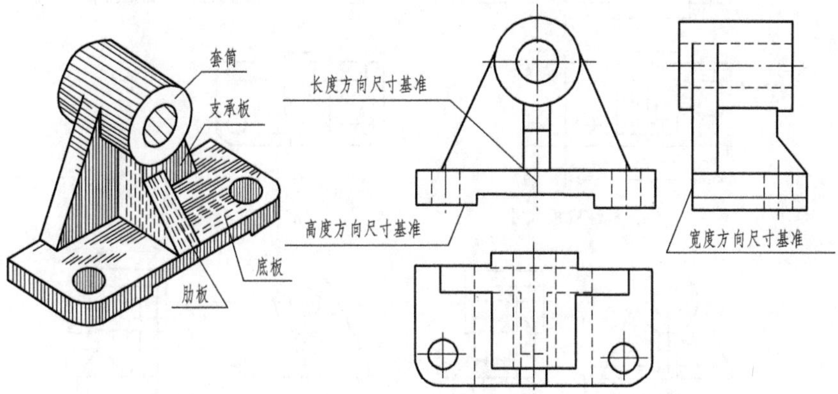

图 6.30 轴承座

1）形体分析

轴承座由底板、套筒、支承板和肋板组成。

2）选尺寸基准

长度方向以左右对称面为基准；宽度方向以底板的后端面为基准；高度方向以底板的底面为基准。

3）逐个标注各个形体的定形、定位尺寸

（1）标注底板的尺寸。其中尺寸线上标有“*a*”的为定位尺寸（下同），如图 6.31（a）所示。

（2）标注套筒的尺寸，如图 6.31（b）所示。

（3）标注支承板和肋板的尺寸，如图 6.31（c）所示。

4）标注总体尺寸

总长为底板的长度方向的定形尺寸；总高由套筒高度方向的定位尺寸和定形尺寸确定，不再标注；总宽由底板宽度方向的定形尺寸和套筒宽度方向的定位尺寸确定，不再标注。结果如图 6.31（d）所示。

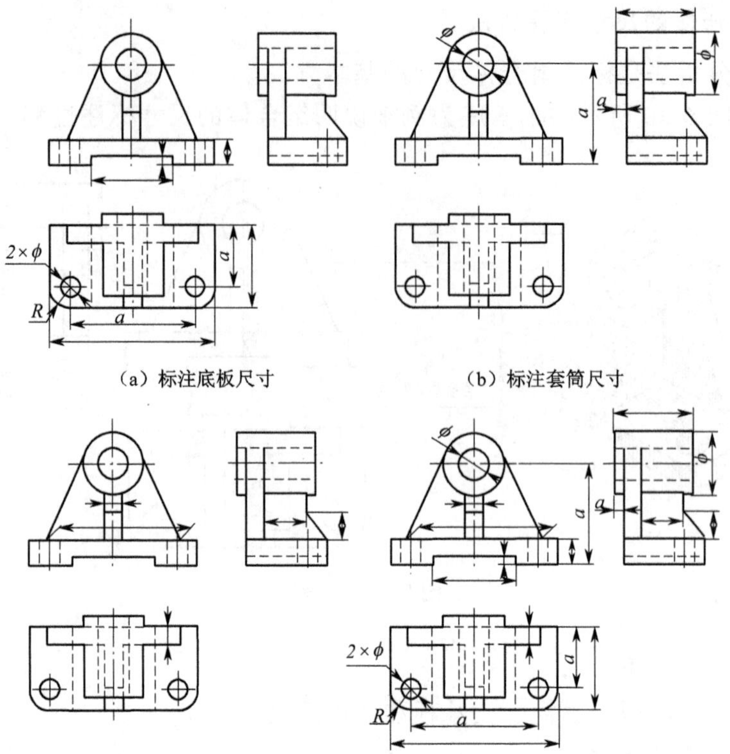

（a）标注底板尺寸　（b）标注套筒尺寸

（c）标注支撑板与肋板的尺寸　（d）最后结果

图 6.31　轴承座的尺寸标注

6. 尺寸的清晰布置

尺寸清晰布置的几点要求：

（1）同一形体的尺寸尽量集中标注在一个视图上，且尽量标注在表达形体特征最明显的视图上，如图 6.32 所示。

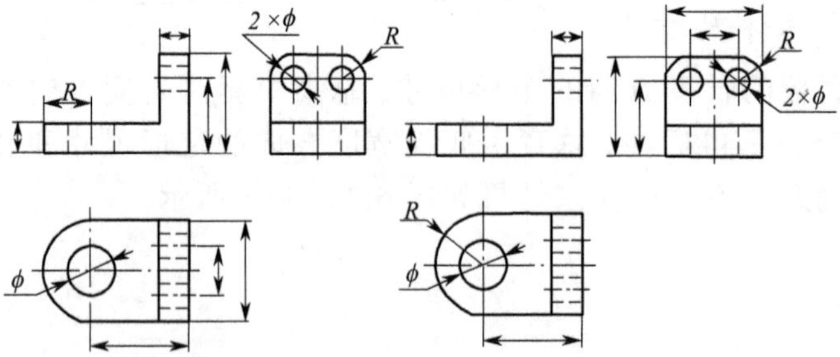

（a）不好　（b）清晰

图 6.32　尺寸清晰布置（一）

（2）尽量将尺寸布置在视图外面，以免尺寸线、尺寸数字与视图的轮廓线相交，给看图带来不便，如图 6.33 所示。当无法避免尺寸数字与图形轮廓线重合时，轮廓线应断开。

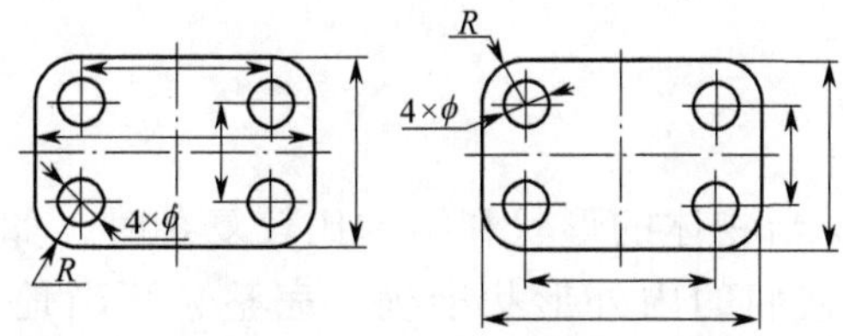

（a）不好　　（b）清晰

图 6.33　尺寸清晰布置（二）

（3）同心圆柱的直径尺寸，不要集中标注在投影为圆的视图上，如图 6.34 所示。

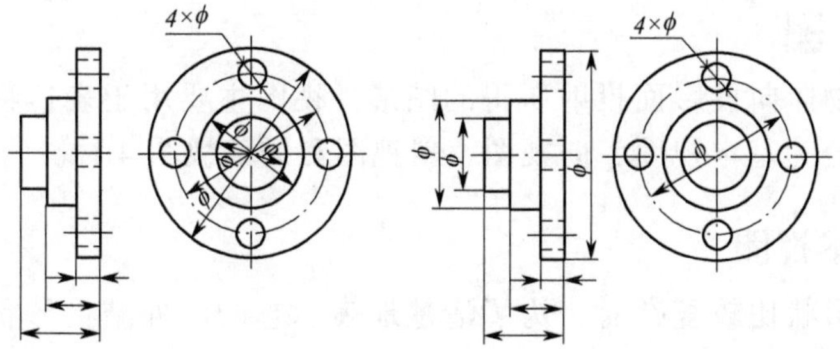

（a）不好　　（b）清晰

图 6.34　尺寸清晰布置（三）

（4）相互平行的尺寸，应按大小顺序排列，小尺寸在内，大尺寸在外，以免一个尺寸的尺寸线与另一尺寸的尺寸界线相交，如图 6.35 所示。

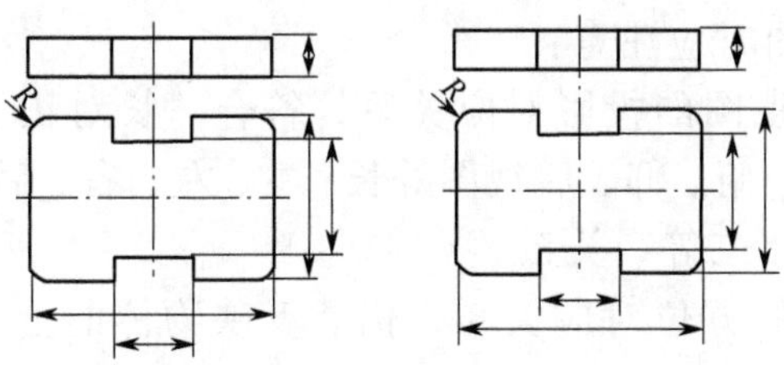

（a）不好　　（b）清晰

图 6.35　尺寸清晰布置（四）

第7章 机件图样的画法

在实际工程中，当物体的形状和结构比较复杂时，如果只用前面所讲的三个视图，很难把它们的内外形状准确、完整、清晰地表达出来。为了满足这些要求，国家标准《技术制图》(GB/T 17451—2012，GB/T 16675—2012）的图样画法中规定了绘制工程图样的基本方法。本章将介绍视图、剖视图、断面图、局部放大图和一些简化画法。在作图时，可根据实际需要灵活地加以选用。

7.1 视 图

视图是物体向投影面投射所得的图形。视图主要用于表达物体外部结构形状，视图分为基本视图、向视图、斜视图和局部视图 4 种。

7.1.1 基本视图

当物体形状比较复杂时，为了清楚地表达它的内外结构形状，可根据国标规定，在原有三个投影面的基础上，再增设三个投影面，这六个投影面称为基本投影面，如图 7.1（a）所示。物体向基本投影面投射所得的视图，称为基本视图。除了前面介绍过的主视图、俯视图和左视图外，还有由右向左投射所得的右视图，由下向上投射所得的仰视图，由后向前投射所得的后视图。按图 7.1（a）的方式将六个基本投影面展开到同一平面后，六个基本视图的配置关系如图 7.1（b）所示。

画六个基本视图时应注意：

（1）六个基本视图的投影对应关系，符合“长对正、高平齐、宽相等”的投影关系。即主、俯、仰、后视图等长；主、左、右、后视图等高；左、右、俯、仰视图等宽的“三等”关系。

（2）六个视图的方位对应关系，仍然反映物体的上、下、左、右、前、后的位置关系。尤其注意左、右、俯、仰视图靠近主视图的一侧代表物体的后面，而远离主视图的那侧代表物体的前面，后视图的左侧对应物体右侧。

（3）在同一张图样内按上述关系配置的基本视图，一律不标注视图名称。

（4）在实际制图时，应根据物体的形状和结构特点，按需要选择视图。

一般优先选用主、俯、左三个基本视图，然后再考虑其他视图。在完整、清晰地表达物体形状的前提下，使视图数量为最少，力求制图简便。

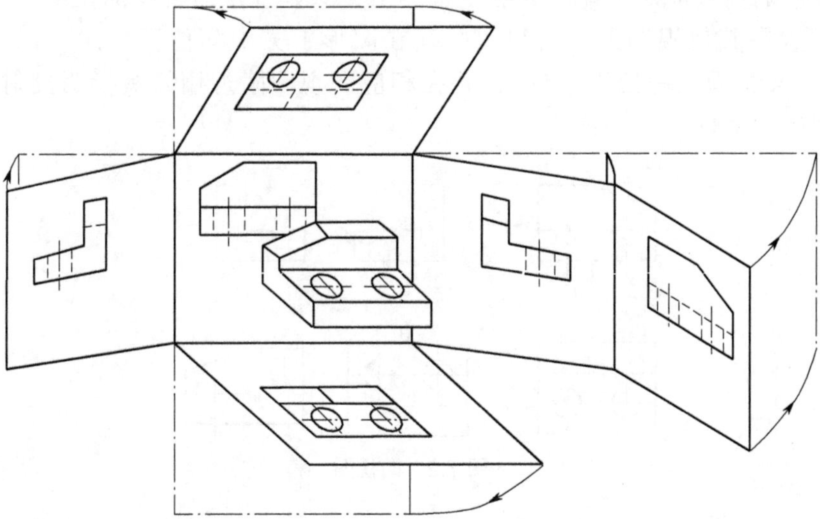

(a)

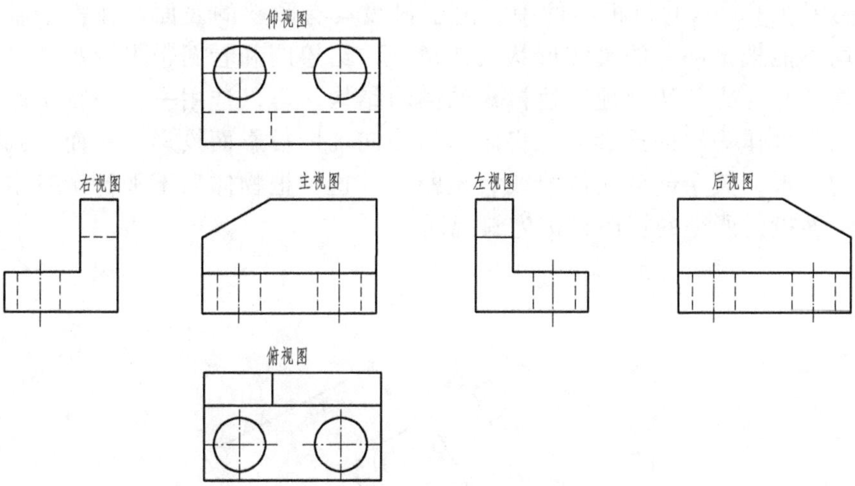

(b)

图 7.1 六个基本视图及配置

7.1.2 向视图

向视图是可以自由配置的视图。

实际绘图过程中,为了合理布置视图,各基本视图可不按图 7.1 所示配置,而自由地配置各基本视图，这种自由配置的视图称为向视图。

如图 7.2 所示，向视图应在视图上方用大写拉丁字母标注视图名称，在相应的视图附近用箭头指明投影方向，并标注相同的大写拉丁字母。且表示投影方向的箭头应尽可能配置在主视图上，只是表示后视图的投影方向的箭头才配置在其他视图上。向视图必须在图形上方中间位置处注出视图名称“×”（“×”为大写拉丁字母），并在相应的视图附近用箭头指明投射方向，注上相同的字母。

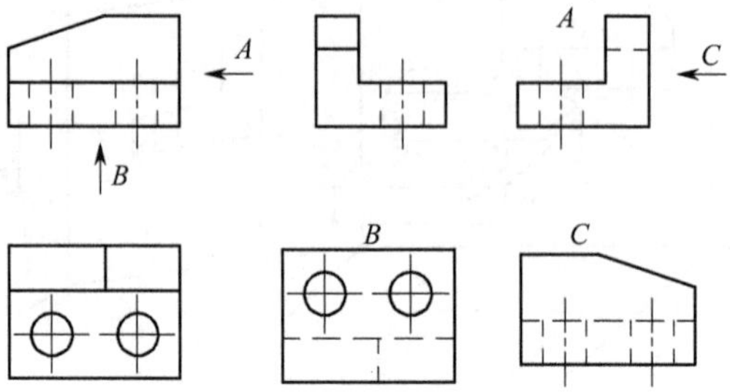

图 7.2　向视图

7.1.3　斜视图

在图 7.3 所示的衬板零件中，由于衬板具有倾斜的表面，在六个基本视图中均不能把该部分的真实形状表达清楚，给绘图和看图带来困难，又不便于标注尺寸。为了清晰地表达衬板的倾斜结构，可以选用一个平行于倾斜结构的正垂面作为辅助投影面，将倾斜结构向辅助投影面投影，从而得到倾斜结构的实形，其余部分用波浪线假想断开。这种把物体向不平行于基本投影面的平面投射所得的视图，称为斜视图。

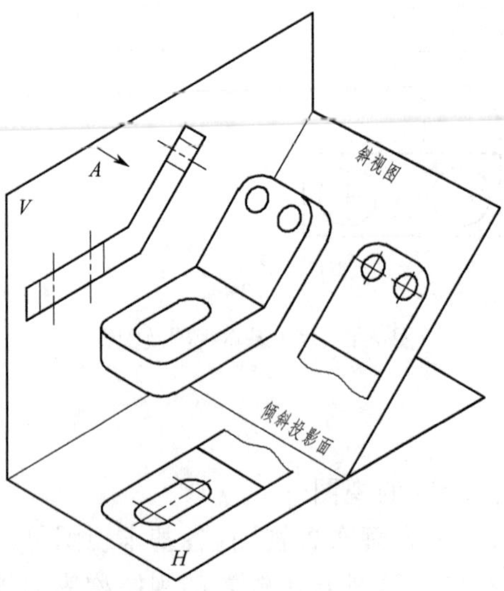

图 7.3　斜视图的直观图

画斜视图时应注意以下几点：

（1）必须在视图的上方标出视图的名称“×”，在相应的视图附近，用箭头指明表达部位和投影方向，并注上同样的字母。画箭头时，一定要垂直于被表达的倾斜部分，而字母要按水平方向书写。

（2）斜视图一般按投影关系配置，必要时也可配置在其他适当位置。在不致引起误解时，允许将图形旋转，标准形式为“× ⌒”，如图 7.4（b）所示。旋转符号“⌒”的箭头方向为旋转方向，字母应靠近旋转符号的箭头端。旋转符号的画法如图 7.5 所示。

（3）斜视图一般只表达倾斜结构的局部形状，其余部分不必全部画出，可用波浪线断开，如图 7.4（a）所示。

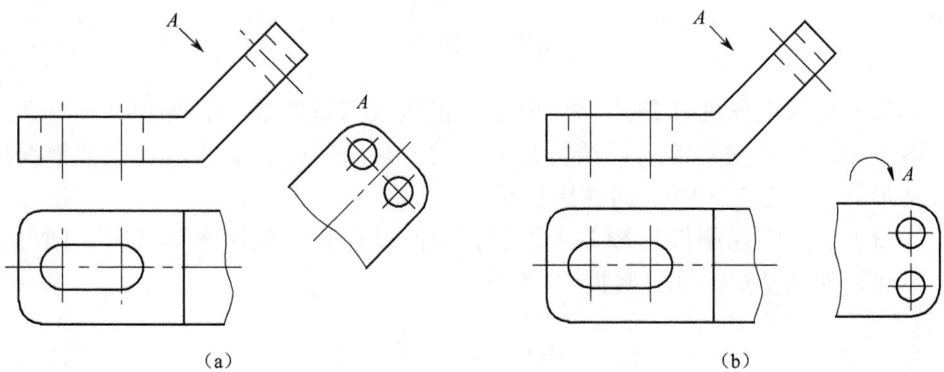

图 7.4 斜视图和局部视图

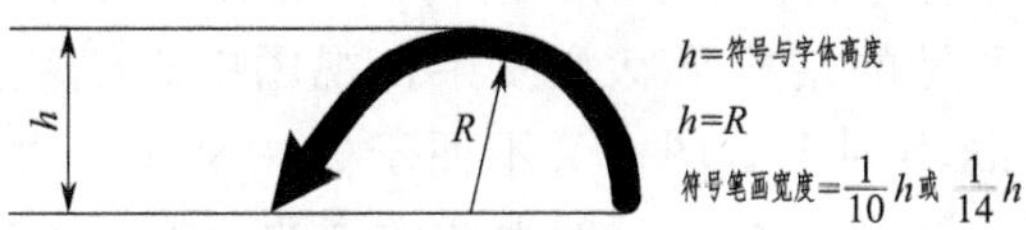

图 7.5 旋转符号的画法

7.1.4 局部视图

当物体只有局部形状尚未表达清楚时，不必再增画完整的基本视图，而采用局部视图。将物体的某一部分向基本投影面投射所得的视图称为局部视图。

画局部视图时应注意以下几点：

（1）一般应在局部视图的上方标出视图的名称“×”，在相应的视图附近，用箭头指明投射的方向，并注上同样的字母，如图 7.4（a）与图 7.6 所示。

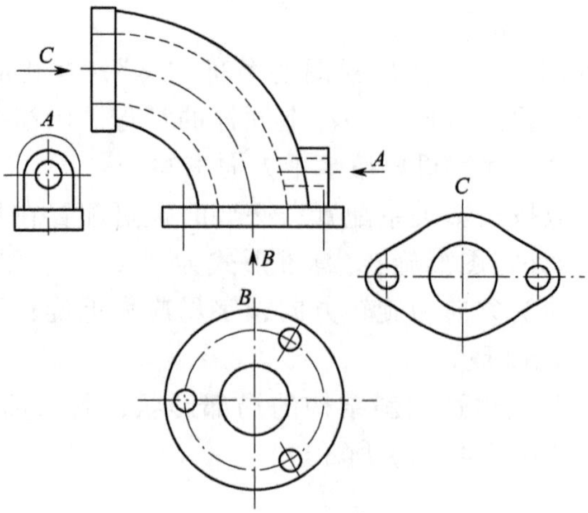

图 7.6 局部视图

（2）局部视图的断裂边界，应以波浪线或双折线表示，如图 7.6 中 *A* 向视图所示。当所表示的局部结构是完整的、封闭的外轮廓线时，则波浪线可省略不画，如图 7.6 中 *C* 向视图所示。

（3）当局部视图按投影关系配置，中间又没有其他图形隔开时，则可省略标注，如图 7.4 所示的俯视图。

7.2 剖视图

用视图表达机件时，机件不可见的结构（内部或背面）形状都用虚线表示，如图 7.7 所示。不可见的结构形状愈复杂，视图中虚线就愈多，这样，就会使图形不够清晰，既不利于看图，又不便于标注尺寸。为了清晰地表达它的内部结构，常采用剖视图的画法。剖视图的画法要遵循 GB/T 17452—1998、

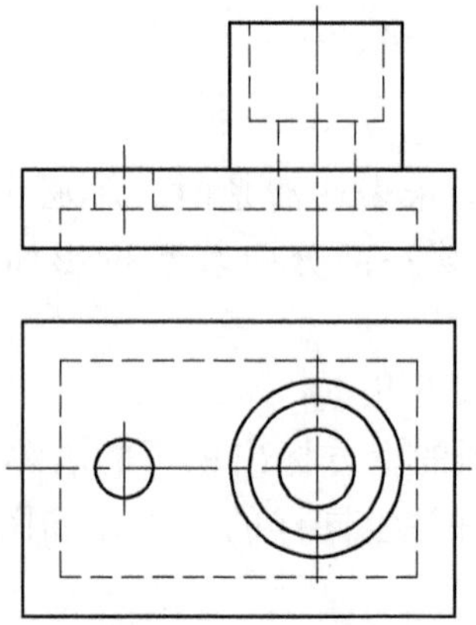

图 7.7 用虚线表示物体的内部结构图

GB/T 4458.6—2002 的规定。

7.2.1 剖视图的概念

1. 剖视图的形成

假想用剖切面剖开机件，将处在观察者与剖切面之间的部分移去，将其余部分向投影面投射所得的图形称为剖视图，简称剖视。剖视图的形成过程如图 7.8（b），（c）所示。图 7.8（d）所示的主视图即为机件的剖视图。

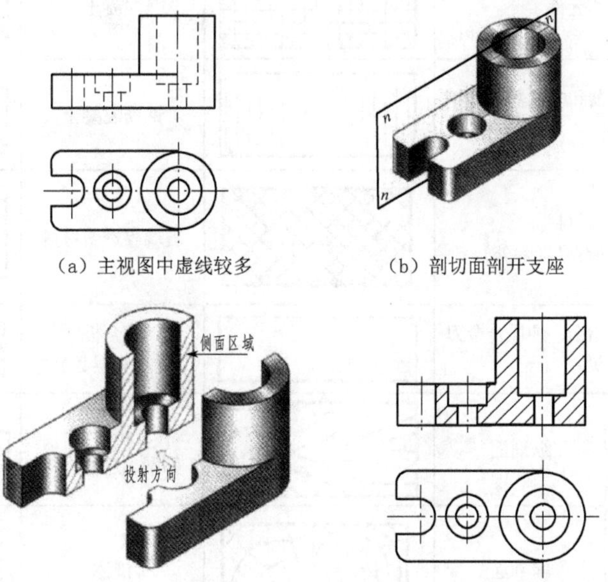

（a）主视图中虚线较多 （b）剖切面剖开支座

（c）将支座后半部分进行投射 （d）主视图为剖视图

图 7.8 剖视图的形成

2. 剖视图的画图步骤

1）确定剖切面的位置

一般用平面作为剖切面（也可以是柱面）。为了清晰地表达机件内部结构的实形，避免产生不完整的结构要素，剖切平面通常与相应的投影面平行，且一般应通过物体内部结构的对称线或回转轴线，如机件上孔和槽的前后对称面。

2）画剖视图

先画出剖切平面与机件实体接触部分的投影，即剖切区域的轮廓曲线；再画出剖切平面之后的机件可见部分的投影。

3）在剖切区域内画上剖面符号

在剖面区域内画剖面线，剖面符号一般与机件的材料有关，如表7.1所示。最后，描深图线，标注符号和视图名称，校核，完成做图。

表7.1　常见材料的剖面符号

<table>
<tr><td colspan="2">金属材料
（已有规定剖面符号者除外）</td><td>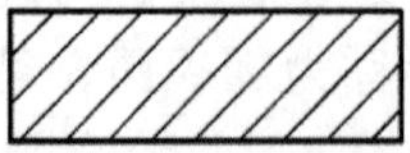</td><td>基础周围的泥土</td><td>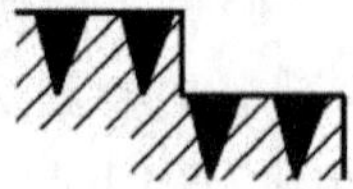</td></tr>
<tr><td colspan="2">线圈绕组元件</td><td>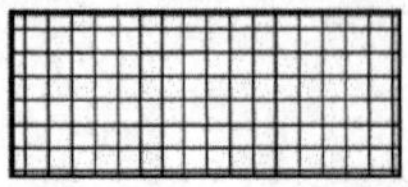</td><td>混凝土</td><td>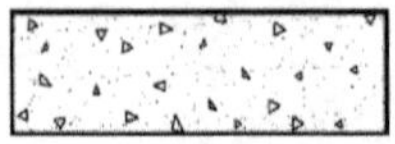</td></tr>
<tr><td colspan="2">转子、电枢、变压器和电抗器等迭钢片</td><td>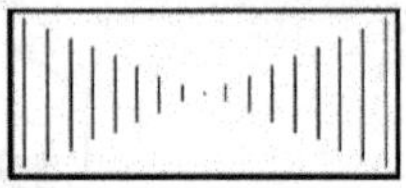</td><td>钢筋混凝土</td><td></td></tr>
<tr><td colspan="2">非金属材料
（已有规定剖面符号者除外）</td><td></td><td>玻璃等透明材料</td><td>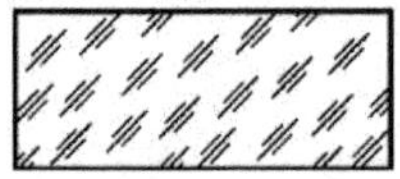</td></tr>
<tr><td colspan="2">型砂、填砂、粉末冶金、硬质合金刀片等</td><td></td><td>胶合板
（不分层数）</td><td>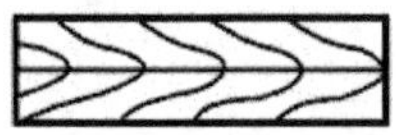</td></tr>
<tr><td rowspan="2">木材</td><td>纵剖面</td><td>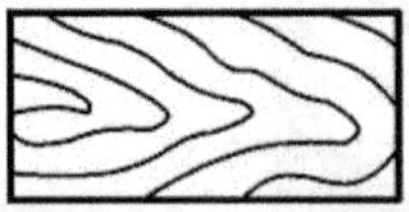</td><td>格网
（筛网、过滤网等）</td><td></td></tr>
<tr><td>横剖面</td><td></td><td>液体</td><td>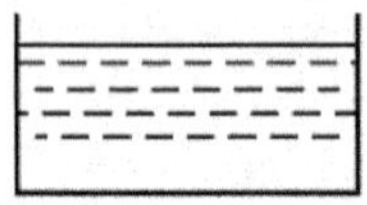</td></tr>
</table>

剖切面与物体的接触部分，称为剖面区域。该区域要用剖面符号表示。按GB/T17453—2005规定，当不需要在剖面区域中表示材料类别时，均可采用通用剖面线表示。该剖面线一般采用与水平线成45°且间隔均匀的细实线绘制。同一物体的各剖视图中，剖面线的间隔和方向应一致。

当剖视图中的主要轮廓线与水平线成45°或接近45°时，则其剖面线应画成与水平线成30°或60°的细实线，而倾斜方向仍应与其他图形上的剖面线一致，如图7.9所示。

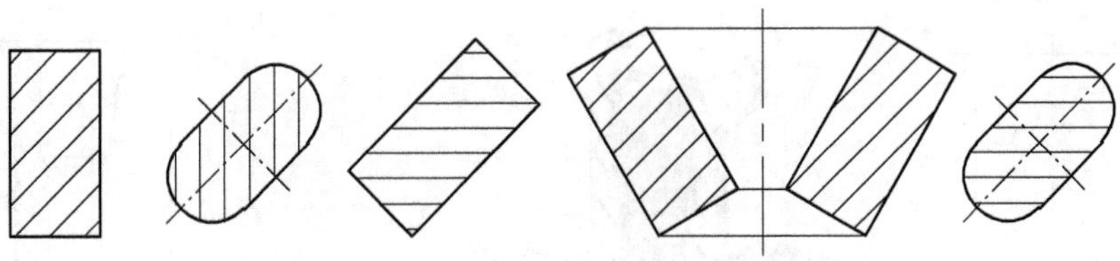

图 7.9 通用剖面线画法

3. 剖视图的标注

为了在读图时便于找出剖视图的投影关系，一般应按下列规定进行标注：

（1）剖切符号由剖切位置线和箭头组成，剖切位置线用短的粗实线绘制，表示投影方向的箭头应垂直于剖切位置线，同时在剖切符号起、止和转折处标注上相同的字母，如图 7.10 所示。剖切符号应尽可能不与图形的轮廓线相交。

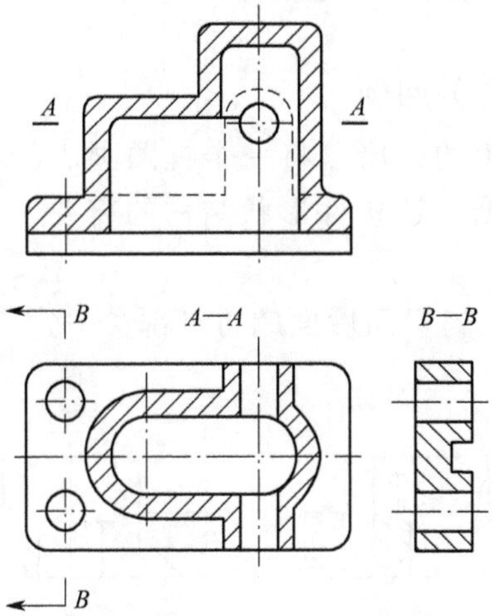

图 7.10 剖视图的标注

（2）剖视图的名称在剖视图的上方，用与标注剖切位置相同的字母标出剖视图的名称“×—×”。

国家标准规定在下列情况下可省略或简化标注：

（1）当单一剖切平面通过物体的对称平面或基本对称平面，且剖视图按投影关系配置，中间又没有其他图形隔开时，则可省略标注，如图 7.8（d）所示的主视图。

（2）当剖视图按投影关系配置，中间又没有其他图形隔开时，则可省略箭头，如图 7.11 所示的 *A*—*A* 剖视图。

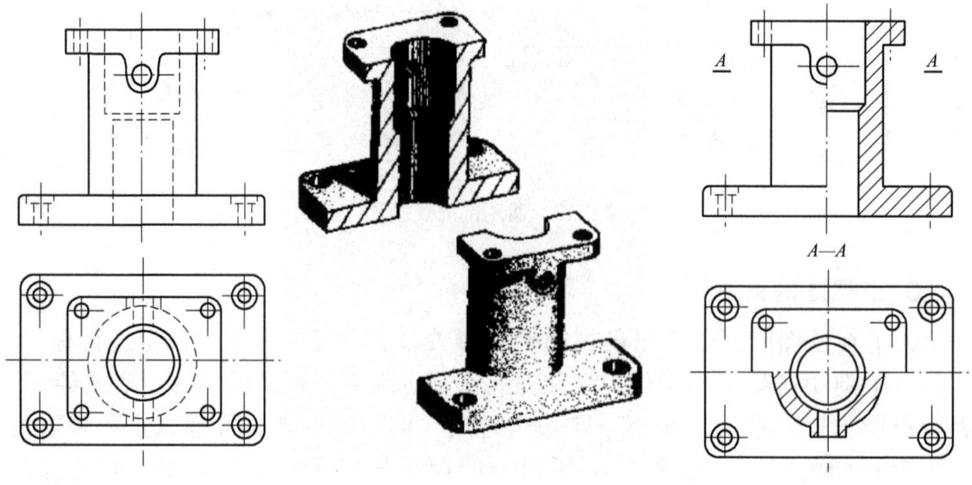

(a) 支架的两视图　　(b) 支架的半剖视图

图 7.11 支架的视图及半剖视图

4. 画剖视图时应注意的问题

(1)由于剖切是假想的，所以将一个视图画成剖视图后，其他视图仍应按完整的机件画出。根据表达机件形状结构的需要，在一组视图中，可同时在几个视图上采用剖视。

(2)画剖视图时，在剖切面后面的可见部分一定要全部画出，不能遗漏，如图 7.12 所示。

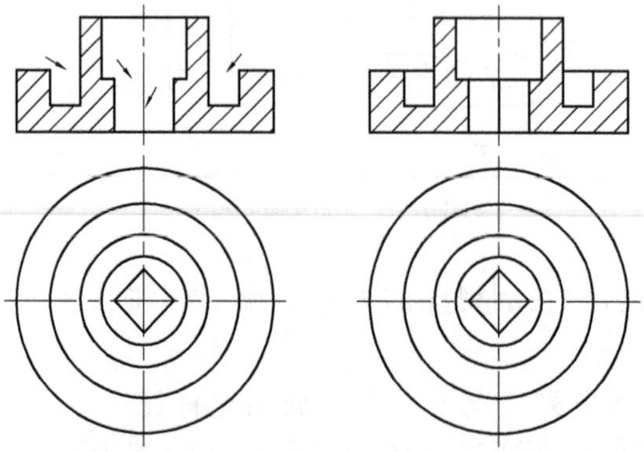

(a) 错误　　(b) 正确

图 7.12 剖切面后面的可见要全部画出

(3)在剖切面后面的不可见轮廓线一般不画，如图 7.13 所示。只有对尚未表达清楚的结构，才用少量虚线表示，如图 7.14 所示。

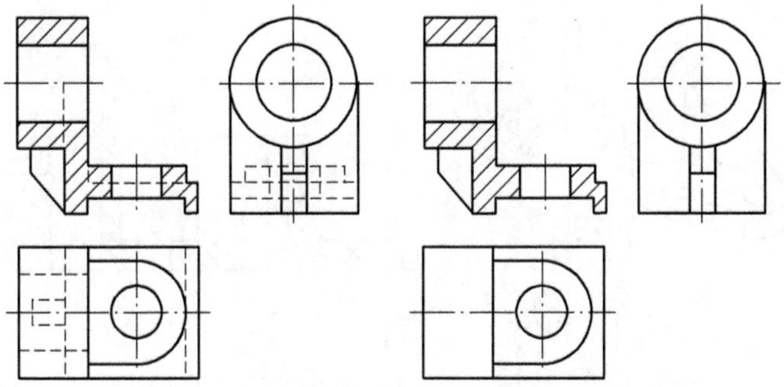

（a）不好　　（b）好

图 7.13 剖视图中的虚线问题（一）

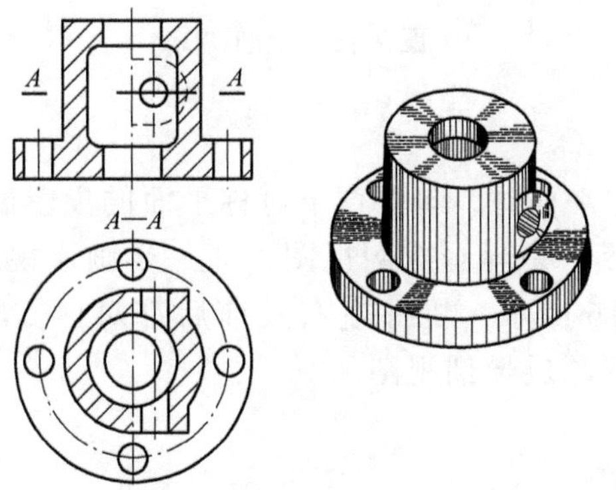

图 7.14 剖视图中的虚线问题（二）

7.2.2 剖视图的种类及其应用

根据剖视图的剖切范围可分为全剖视图、半剖视图和局部剖视图三种。前述剖视图的画法和标注，是对三种剖视图都适用的基本要求和规定。

1. 全剖视图

全剖视图是用剖切面完全地剖开机件所得的剖视图，适用于表达外形比较简单，而内部结构较复杂且不对称的机件，如图 7.12 ~ 图 7.14 所示。

同一机件可以假想进行多次剖切，画出多个剖视图，如图 7.15 所示。必须注意，各剖视图的剖面线方向和间隔应完全一致。

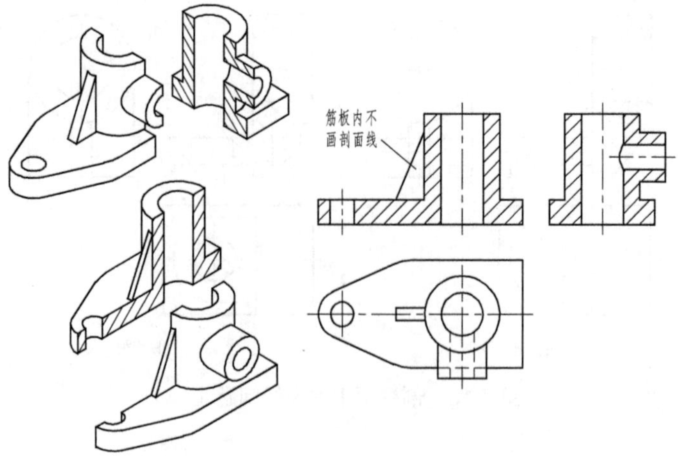

图 7.15　全剖视图

2. 半剖视图

当机件具有对称平面时，向垂直于对称平面的投影面上投影所得的图形，可以对称中心线为界，一半画成剖视图，另一半画成视图，这种剖视图称为半剖视图。如图 7.16 所示，机件左右及前后都对称，所以它的主视图、俯视图和左视图可分别画成半剖视图。

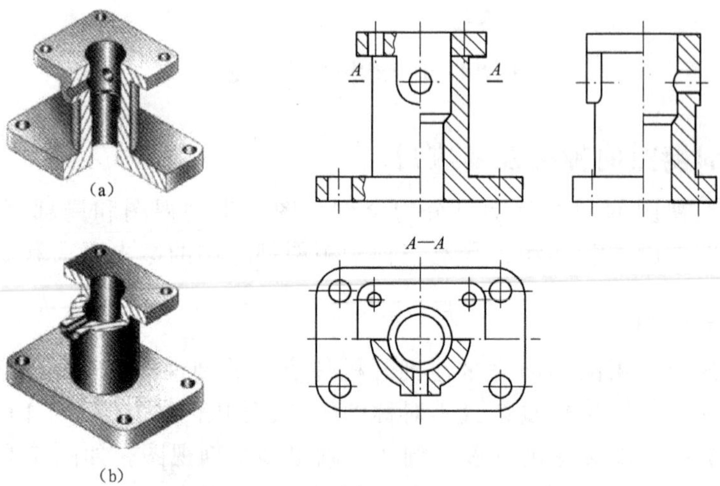

图 7.16　半剖视图（一）

半剖视图既表达了机件的内部形状，又保留了外部形状，所以常用于内、外形状都比较复杂的对称机件。

当机件的形状接近对称，且不对称部分已另有图形表达清楚时，也可画成半剖视图，如图 7.17 所示。

画半剖视图时应注意以下几点：

（1）在半剖视图中，外形视图与剖视图的分界线应是点画线，不能画成粗实线。

（2）由于图形对称，物体内部的形状已在半个剖视图中表达清楚，所以在表达外部形状的半个视图中，虚线应省略不画。

（3）半剖视图的标注与全剖视图相同。

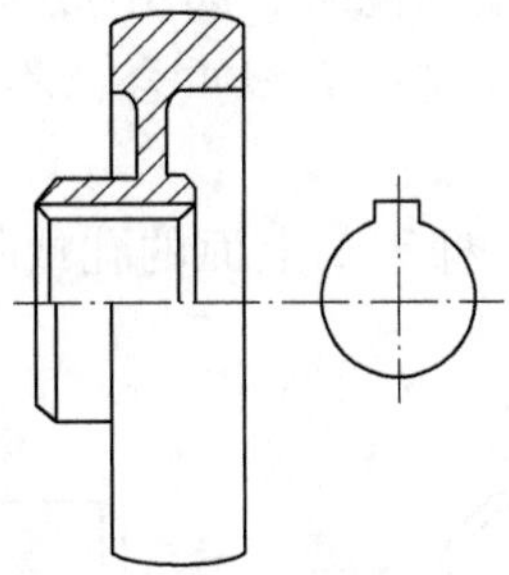

图 7.17 半剖视图（二）

3. 局部剖视图

局部剖视图是用剖切面局部的剖切机件所得的剖视图。

图 7.18 所示的箱体，其顶部有一矩形孔，底板上有四个安装孔，箱体的左右、上下、前后都不对称。为了兼顾内外结构形状的表达，将主视图画成两个不同剖切位置的局部剖视图。在俯视图上，为了保留顶部的外形，采用 *A*—*A* 剖切位置的局部剖视图。

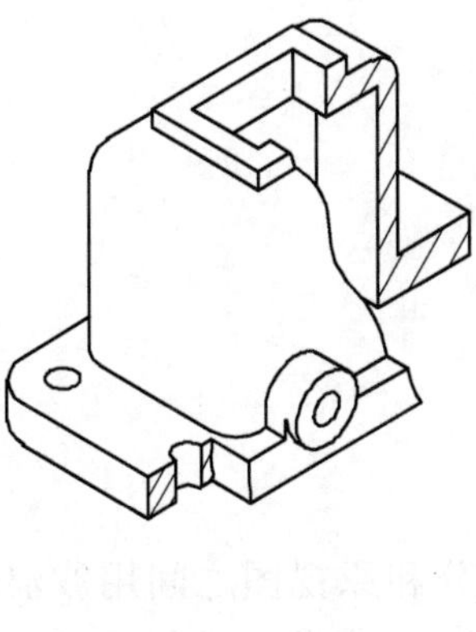

（a）

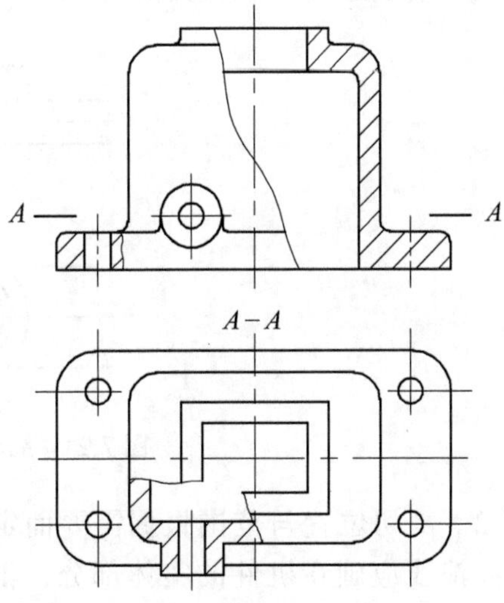

（b）

图 7.18 局部剖视图（一）

局部剖视图的标注与全剖视图相同，当剖切位置明确时，局部剖视图不必标注。

局部剖视图的剖切位置和剖切范围根据需要而定，是一种比较灵活的表达方法，运用得当，可使图形表达的简洁而清晰。局部剖视图通常用于下列情况：

（1）当不对称机件的内、外形状均需要表达，或者只有局部结构的内形需剖切表示，而又不宜采用全剖视时，如图 7.18 所示。

（2）当对称机件的轮廓线与中心线重合，不宜采用半剖视时，如图 7.19 所示。

（3）当实心机件（如轴、杆等）上面的孔或槽等局部结构需剖开表达时，如图 7.20 所示。

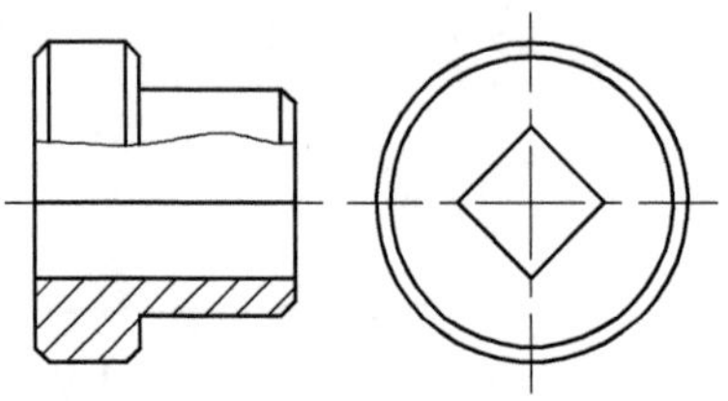

图 7.19 局部剖视图（二）

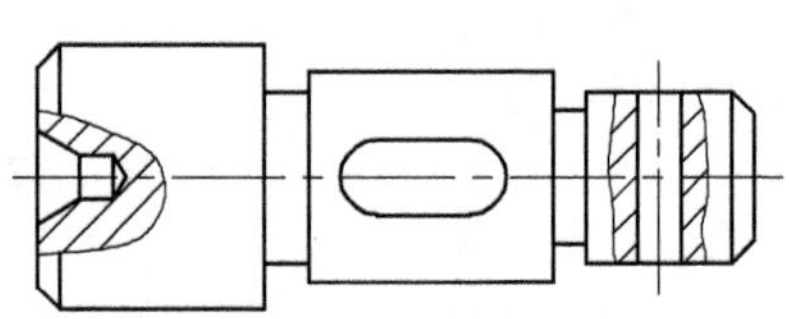

图 7.20 局部剖视图（三）

画局部剖视图时应注意以下几点：

（1）当被剖的局部结构为回转体时，允许将该结构的中心线作为局部剖视图与视图的分界线，如图 7.21 所示。而图 7.19 所示的方孔部分，只能用波浪线（断裂边界线）作为分界线。

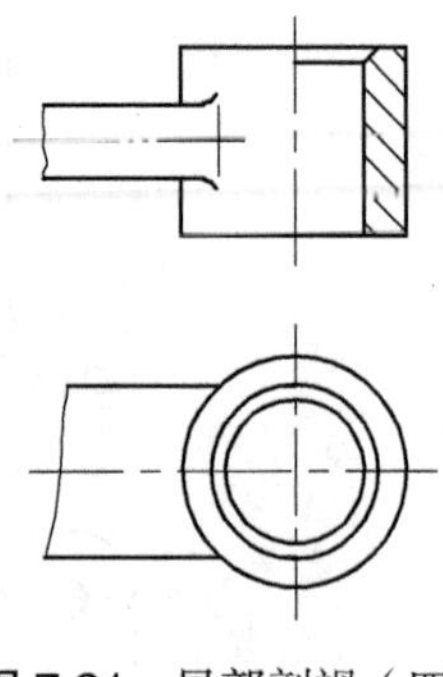

图 7.21 局部剖视（四）

（2）剖切位置与范围根据需要而定，剖开部分和原视图之间用波浪线分界。波浪线应画在机件的实体部分，不能超出视图的轮廓线或与图样上其他图线重合，如图 7.22 所示。

（3）局部剖视图是一种比较灵活的表达方法，哪里需要哪里就剖。但在同一视图中，使用局部剖这种表示法的次数不宜过多，否则会显得零乱而影响图形清晰。

（4）局部剖视图的标注方法与全剖视相同。当单一剖切平面的剖切位置明显时，局部剖视的标注可省略。

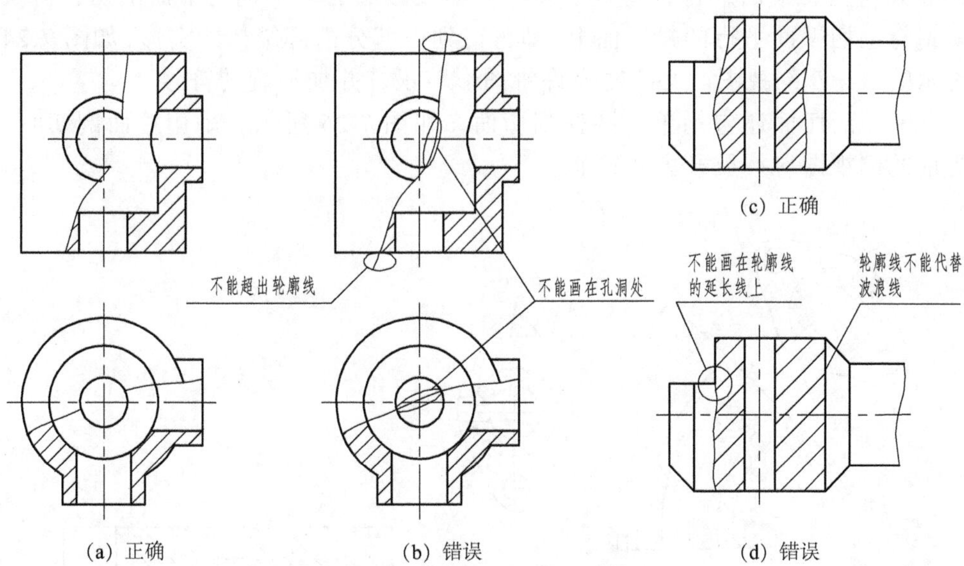

图 7.22 局部剖视图中波浪线画法

（5）局部剖视图的剖切范围也可以用双折线代替波浪线分界，如图 7.23 所示。

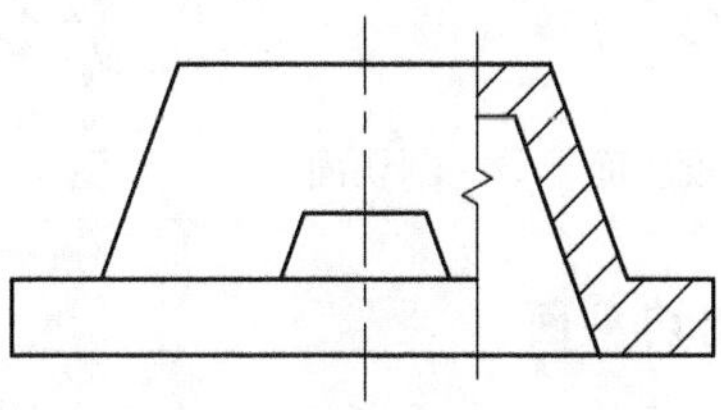

图 7.23 局部剖视图（五）

7.2.3 剖切面的选用

根据机件结构的特点和表达需要，可选用单一剖切面、几个平行的剖切平面和几个相交的剖切面剖开机件。

1. 单一剖切面

当机件的内部结构位于一个剖切面上时，可选用单一剖切面。单一剖切面包括单一的剖切平面或柱面，应用最多的是单一剖切平面。单一剖切平面一般为投影面平行面。前面介绍的全剖视图、半剖视图和局部剖视图的例子都是采用平行于基本投影面的单一剖切平面剖开机件的，可见这种方法应用最普遍。

当机件需要表达具有倾斜结构的内部形状时（图 7.24）可以用一个与倾斜部分的主要平面平行且垂直于某一基本投影面的单一剖切平面剖切，再投影到与剖切平面平行的投影面上，即可得到该部分内部结构的实形，如图 7.24 所示的 *B—B* 剖视图。必要时允许将图形转正，并加注旋转符号。

单一剖切面还包括单一圆柱剖切面，如图 7.25 所示。采用柱面剖切时，机件的剖视图应按展开方式绘制。

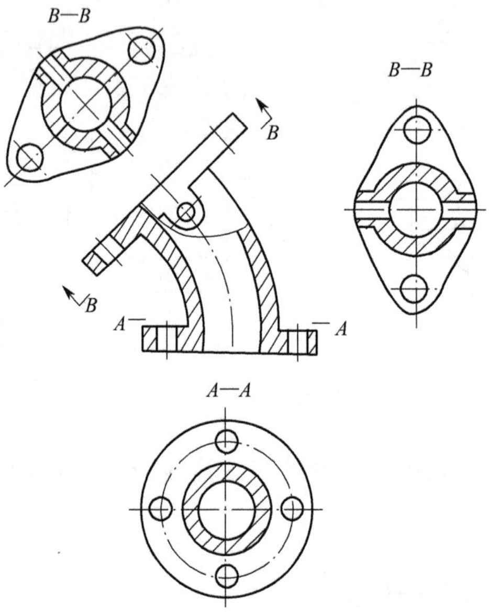

图 7.24　不平行于基本投影面得单一剖切面

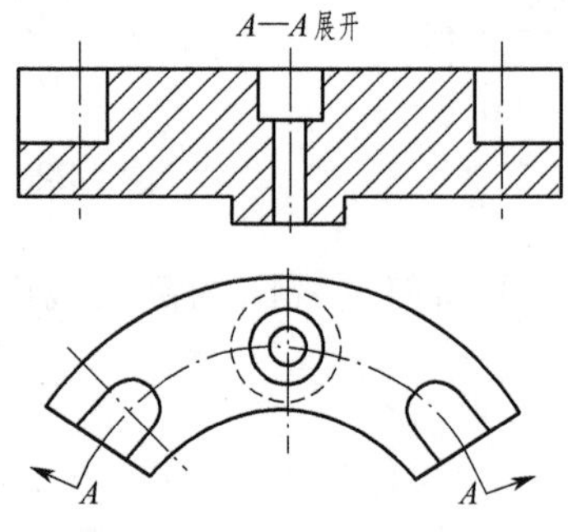

图 7.25　单一圆柱剖切面

2. 一组互相平行的剖切平面

当机件的内部结构位于几个平行平面上时，可采用几个平行的剖切平面来剖切，称为阶梯剖。

如图 7.26 所示，机件上几个孔的轴线不在同一平面内，如果用一个剖切平面剖切，不能将内部形状全部表达出来。为此，采用两个互相平行的剖切平面沿不同位置孔的轴线剖切，这样就可在一个剖视图上把几个孔的形状表达清楚了。这种剖视图的标注方法如图 7.26（b）所示，如果剖切符号的转折处位置有限时，可省略字母。

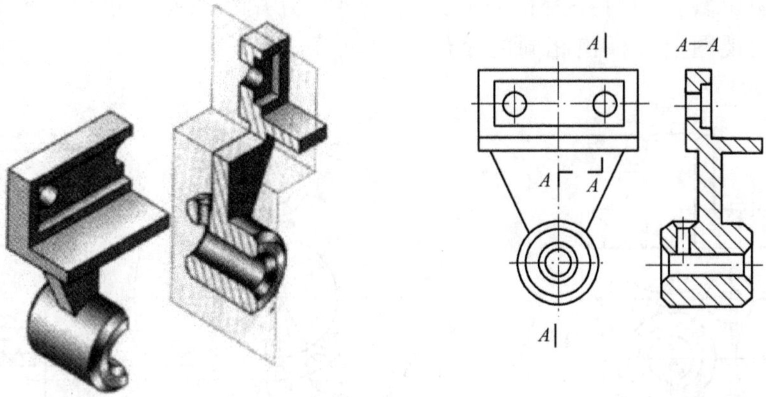

（a）　　（b）

图 7.26　用几个平行的剖切平面剖切（一）

采用这种剖切平面画剖视图时应注意以下几个问题：

（1）因为剖切是假想的，所以在剖视图上不应画出剖切平面转折的界线，如图 7.27（a）所示。

（2）在剖视图中不应出现不完整要素，如图 7.27（b）所示。只有当两个要素在图形上具有公共对称中心线或轴线时，方可各画一半，如图 7.27（c）所示的 A—A。

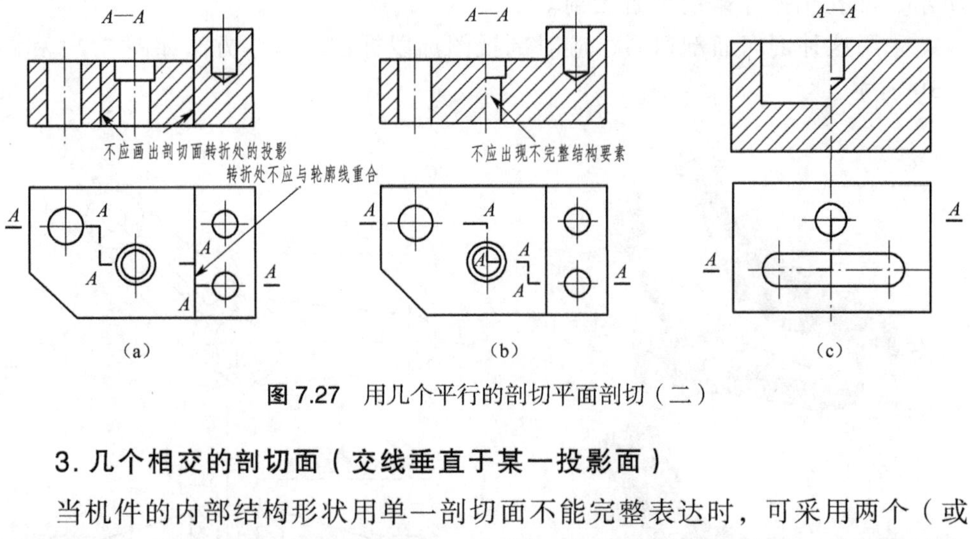

（a）　　（b）　　（c）

图 7.27　用几个平行的剖切平面剖切（二）

3. 几个相交的剖切面（交线垂直于某一投影面）

当机件的内部结构形状用单一剖切面不能完整表达时，可采用两个（或两个以上）相交的剖切面剖开机件，如图 7.28 和图 7.29 所示。采用这种方法画剖视图时，先假想按剖切位置剖开物体，然后将被剖切平面剖开的结构及其有关部分，旋转到与选定的投影面平行，再进行投影。用旋转剖画出的剖视图，必须按规定进行标注，在剖切平面的起、止和转折处画出剖切符号表示剖切位置，同时注上相同的大写字母，并用箭头指明投射方向，还要在相应的剖视图上方标出相同的字母。

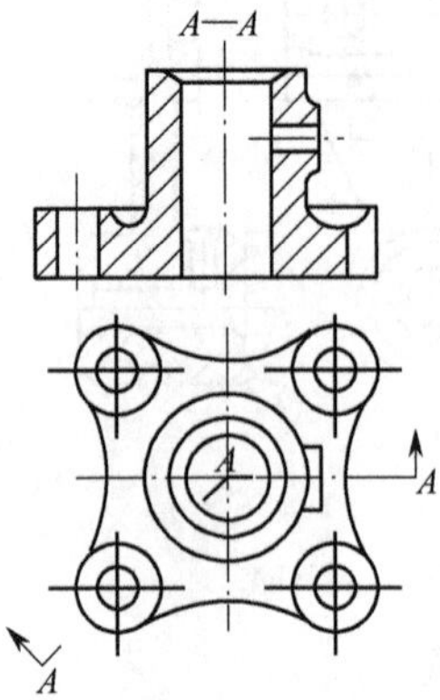

图 7.28　两相交的剖切平面

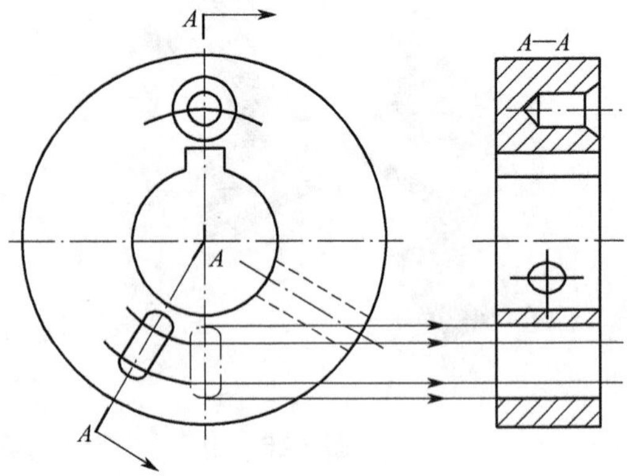

图 7.29　旋转剖

采用这种剖切面画剖视图时应注意：

（1）几个相交的剖切平面的交线（一般为轴线）必须垂直于某一投影面。

（2）应按“先剖切后旋转”的方法绘制剖视图，如图 7.30 所示，使剖开的结构及其有关部分旋转至与某一选定的投影面平行后再投影。此时旋转部分的某些结构与原图形不再保持投影关系。在剖切面后面的结构，如图 7.30 所示，油孔仍按原来的位置投射。

采用这种剖切面剖切后，应对剖视图加以标注，标注方法如图 7.29 和图 7.30 所示。

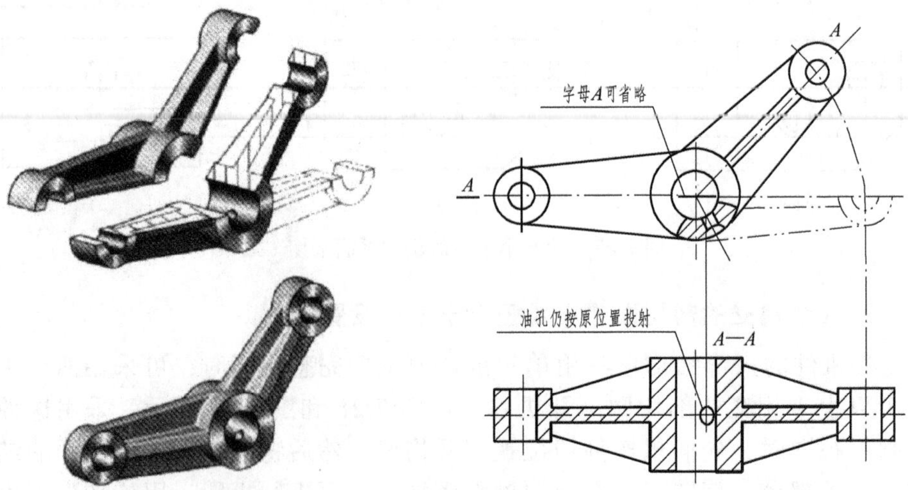

图 7.30　先剖切后旋转示例图

图 7.31 所示是用三个相交的剖切面剖开机件来表达内部结构的实例。

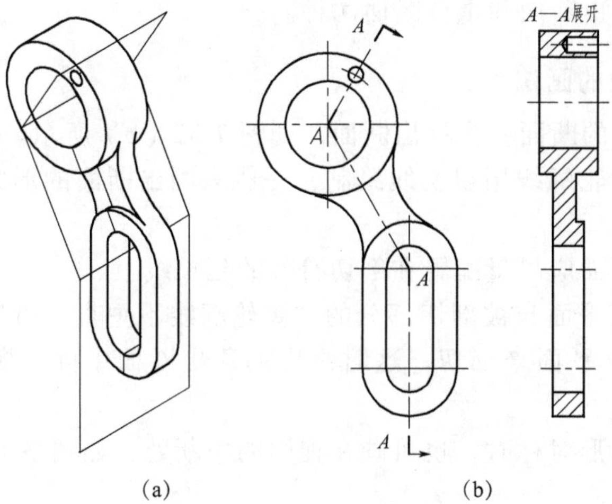

图 7.31 用三个相交的剖切面剖切时的剖视图

7.3 断面图

7.3.1 断面的概念

假想用剖切面将物体的某处切断，仅画出该剖切面与物体接触部分的图形，这样的图形称为断面图，简称断面，如图 7.32 所示。

断面图和剖视图的区别在于断面是剖切面的投影，剖视则是剩余立体的投影。因为剖视除了要画出断面的形状外，还要画出物体在剖切面后面部分的全部投影。

断面图常用来表达物体上某一局部结构的断面形状。如肋、键槽、凹坑、小孔、轮辐和型材的断面等。

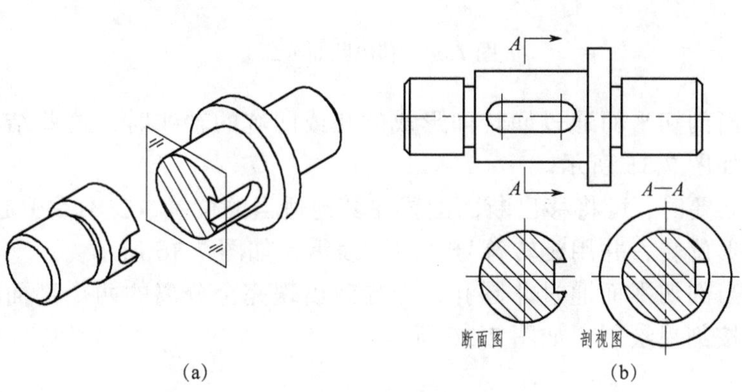

图 7.32 断面图

7.3.2　断面的种类和画法

断面分为移出断面和重合断面两种。

1. 移出断面的画法

画在视图外的断面称为移出断面，如图 7.32（b）所示。

移出断面的轮廓线用粗实线绘制，一般只画出断面的形状。绘制时应注意以下问题：

（1）移出断面应尽量配置在剖切符号的延长线上。

（2）若剖切平面与被剖切部分的主要轮廓线不垂直，可用分别垂直于轮廓线的两个相交平面来剖切，这时画出的移出断面中间应断开，如图 7.33 所示。

（3）断面图形对称时，也可画在视图的中断处，如图 7.34 所示。

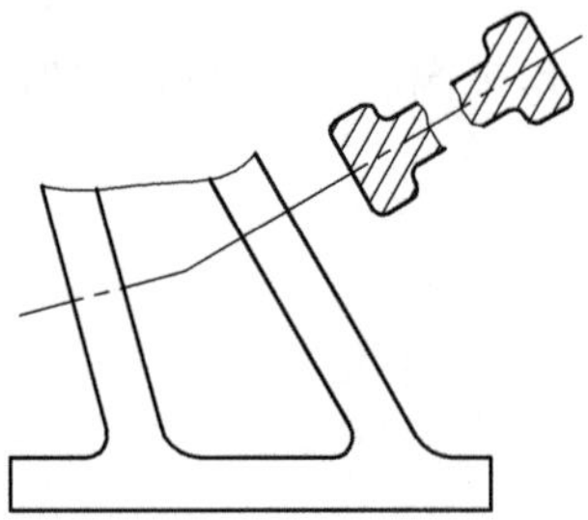

图 7.33　移出断面（一）

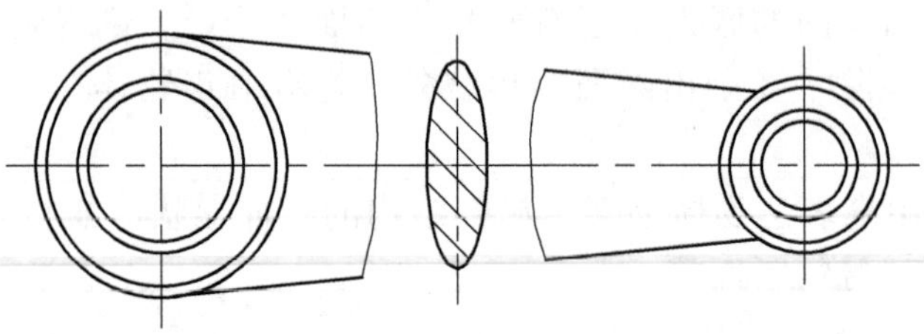

图 7.34　移出断面（二）

（4）当剖切平面通过回转面形成的孔或凹坑的轴线时，这些结构应按剖视绘制，如图 7.35 所示。

（5）必要时，可将移出断面配置在其他适当的位置，在不致引起误解时，允许将图形旋转，并用旋转符号“︿”表示，如图 7.36 所示。

（6）当剖切平面通过非圆孔，会导致出现完全分离的两个剖面时，则这些结构应按剖视绘制，如图 7.36 所示。

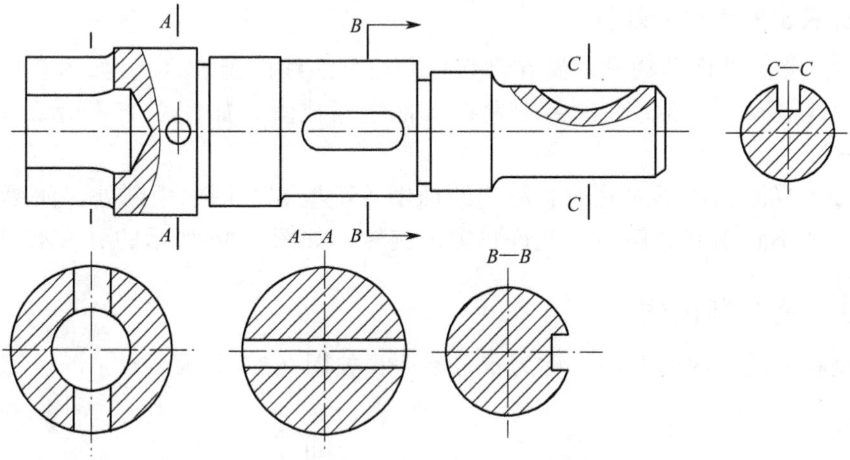

图 7.35 移出断面（三）

2. 移出断面的标注

（1）移出断面一般应用剖切符号表示剖切位置，用箭头表示投射方向，并注上字母。在断面图的上方，应用同样的字母标出相应的名称“×—×”，如图 7.35 所示的 *A*—*A*。必要时也可配置在其他适当位置。在不致引起误解时，允许将图形旋转，标准形式为“× ⌒”，如图 7.36 所示。

（2）当移出断面配置在剖切平面位置线的延长线上时，不对称的移出断面应用箭头表示投射方向，允许省略字母；对称的移出断面，可省略箭头和字母，如图 7.35 左边的断面图所示。

（3）若对称的移出断面不配置在剖切平面位置线的延长线上及不对称的移出断面按投影关系配置时，均可省略箭头，如图 7.35 中所示的 *A*—*A*、*C*—*C*。

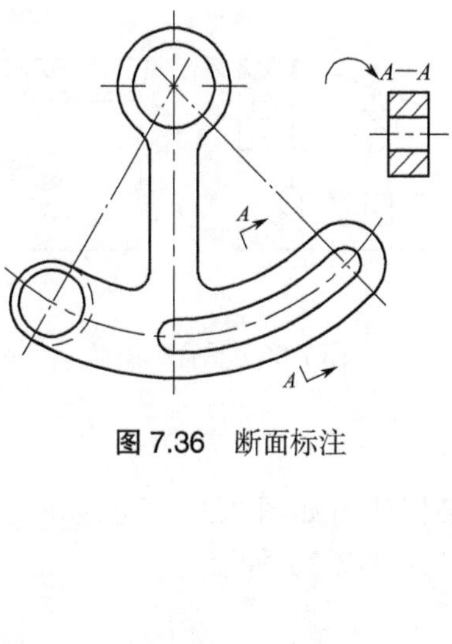

图 7.36 断面标注

3. 移出断面图的配置

（1）移出断面图通常配置在剖切符号或剖切线的延长线上，如图 7.32（b）和图 7.33 所示。必要时也可配置在其他适当位置，如图 7.35 所示的 *A*—*A* 和 *B*—*B*。

（2）当断面图形对称时，移出断面图可配置在视图的中断处，如图 7.34 所示。在不致引起误解时，允许将图形旋转，如图 7.36 所示的 *A*—*A*。

7.3.3 重合断面图

画在视图之内的断面，称为重合断面，如图 7.37 所示。

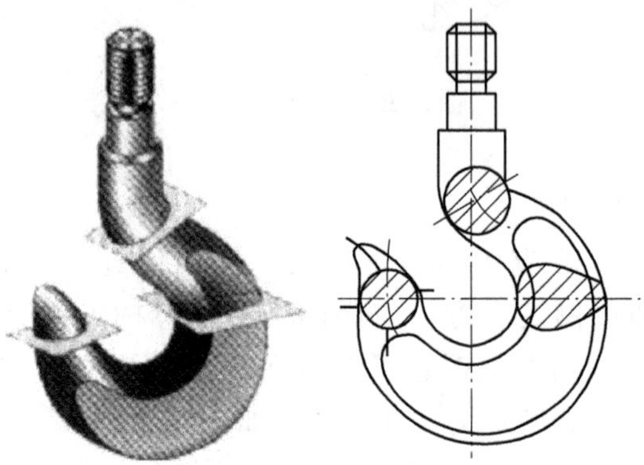

图 7.37 重合断面图

1. 重合断面图的画法

如图 7.38 所示，重合断面图的轮廓线用细实线绘制。当视图中的轮廓线与重合断面图的图形重合时，视图中的轮廓线仍应连续画出，不可间断。

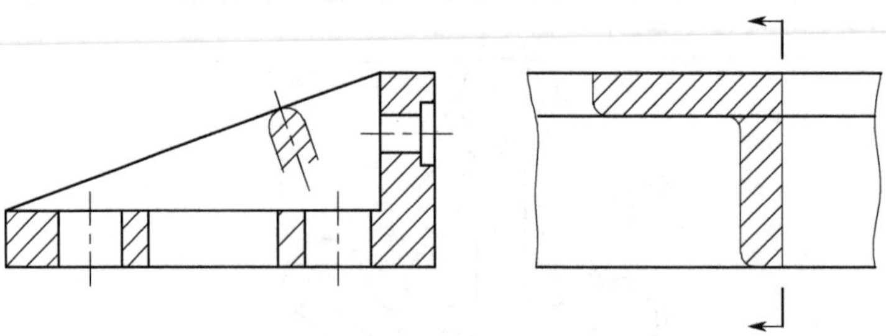

图 7.38 重合断面

2. 重合断面图的标注

对称的重合断面不必标注，如图 7.37 所示；不对称的重合断面，在不致引起误解时可省略标注，如图 7.38 所示。

7.4 规定画法和简化画法

为使图形清晰和画图简便，国家标准还规定了相关图形画法和简化画法等表达方法，供绘图时选用，能使制图简化、减少绘图工作量，提高设计效率。

1. 机件上的筋板、轮辐等的画法

（1）对于机件上的肋、轮辐及薄壁等结构，如按纵向剖切，这些结构都不画剖面符号，而用粗实线将它与其邻接部分分开；若按横向剖切，这些结构也要画剖面符号。如图 7.39 和图 7.40 所示。

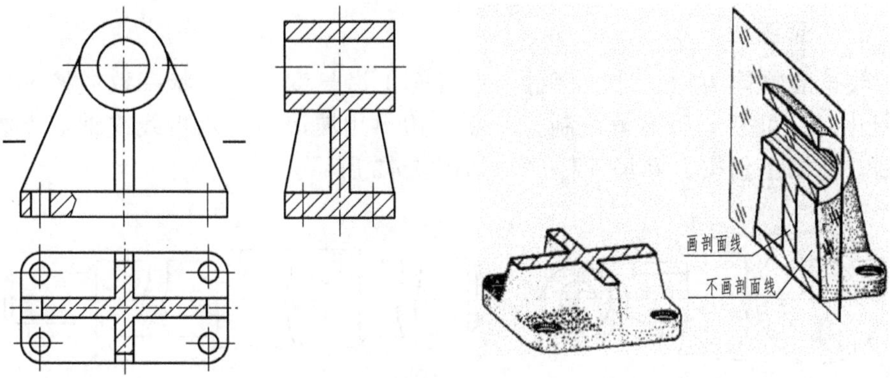

图 7.39 筋板的剖切画法

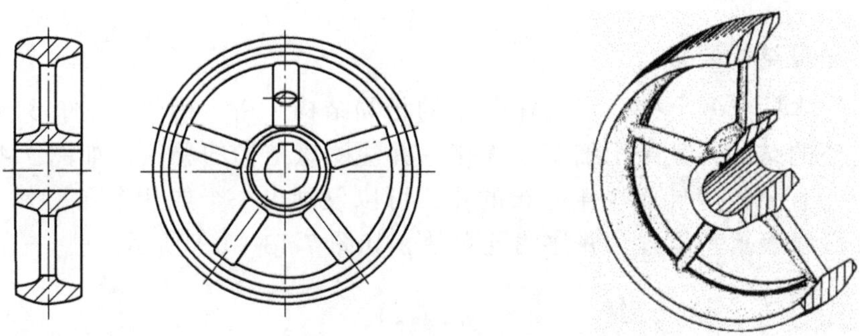

图 7.40 轮辐的剖切画法

（2）当零件回转体上均匀分布的肋、轮辐、孔等结构不处于剖切平面上时，可将这些结构旋转到剖切平面上画出，且对均布孔只需详细画出一个，其余只画出轴线即可，如图 7.41 所示。

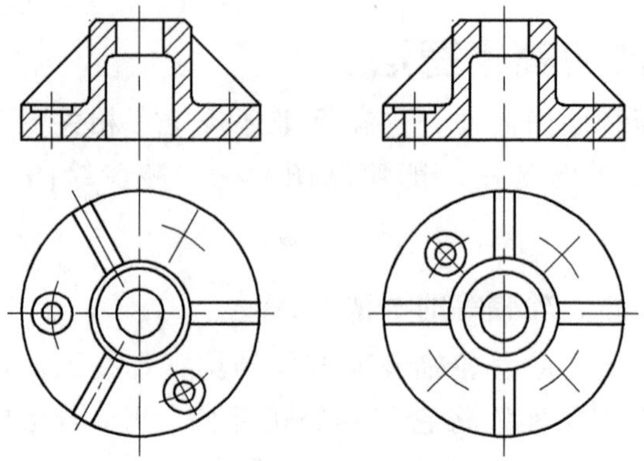

图 7.41 均布孔的画法

2. 断裂画法

较长的物体（轴、杆、型材、连杆等）沿长度方向形状一致或按一定规律变化时，可断开后缩短绘制，其断裂边界用波浪线、双折线或细双点画线绘制。但图上仍按实际尺寸标注，如图 7.42 所示。

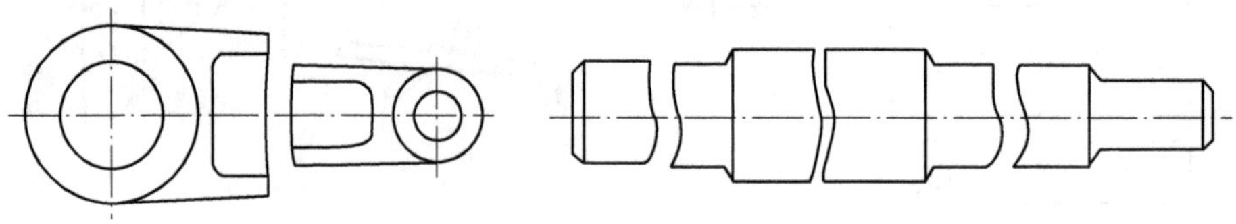

(a) (b)

图 7.42 断裂画法

3. 重复结构要素

当物体具有多个按一定规律分布的相同结构（齿、槽等）时，只需画出几个完整的结构，其余用细实线连接，并注明该结构的总数，如图 7.43（a）所示。若直径相同且成规律分布的孔，可以仅画出一个或几个孔，其余孔只需用点画线表示其位置，并注明孔总数，如图 7.43（b）所示。

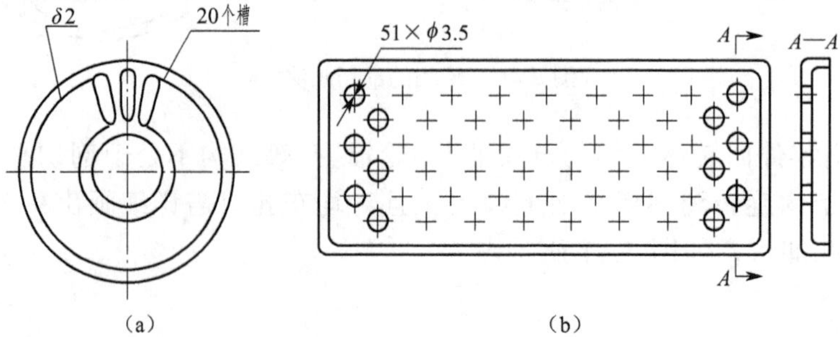

(a) (b)

图 7.43 重复结构要素画法

4. 网状结构

网状物、编织物或物体上的滚花部分，可在轮廓线附近用细实线示意画出，并在零件图上或技术要求中注明这些结构的具体要求，如图 7.44 所示。

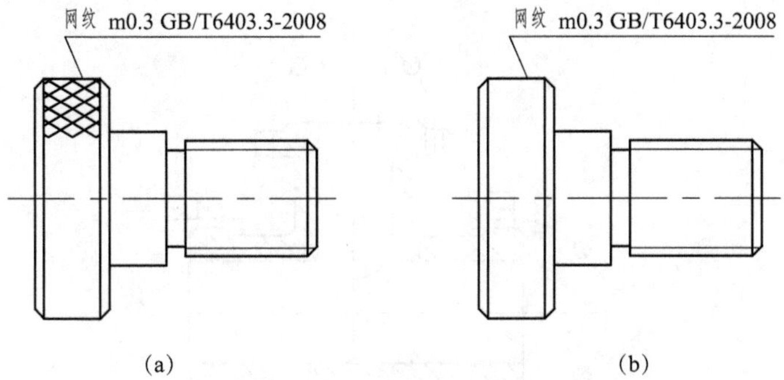

图 7.44 网状结构画法

5. 局部放大图

将物体的部分结构用大于原图形所采用的比例画出的图形，称为局部放大图。如图 7.45 所示Ⅰ、Ⅱ两处。局部放大图可以画成视图、剖视、断面，它与被放大部分的表达方式无关，如图 7.45 所示。局部放大图应尽量配置在被放大部位的附近。

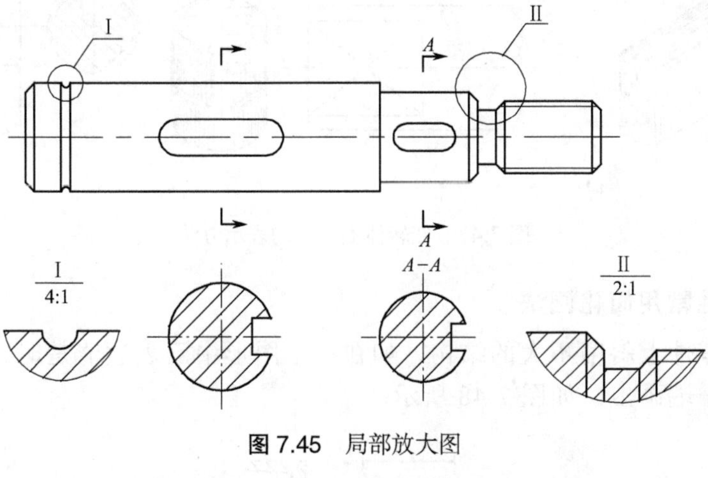

图 7.45 局部放大图

画局部放大图时，除螺纹牙型、齿轮和链轮的齿形外，应用细实线圆表示放大部分部位。当同一物体上有几处需要放大的部位时，必须用罗马数字顺序地标明放大的部位，并在局部放大图的上方标注出相应的罗马数字和采用的比例，如图 7.45 所示Ⅰ、Ⅱ两处的放大图。当物体上仅有一处需要放大的部位时，在局部放大图的上方只需注明所采用的比例。同一物体上，不同部位的局部放大图，当图形相同或对称时，只需画出一个。

6. 法兰盘上均匀分布孔的画法

圆柱形法兰盘和类似物体上均匀分布的孔可按图 7.46 所示的方法绘制。

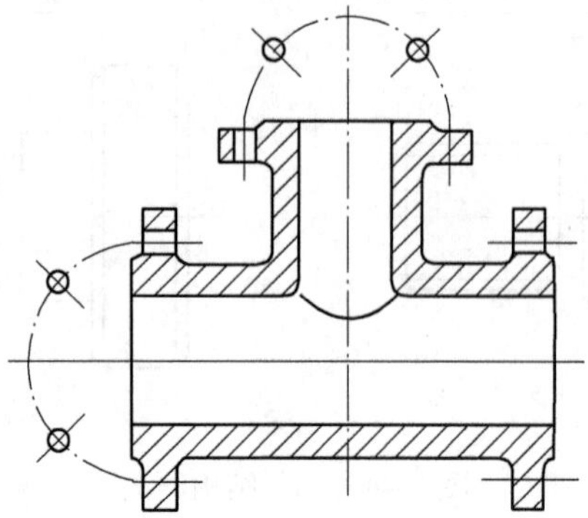

图 7.46 法兰盘上均匀分布孔的画法

7. 回转体上平面的表示方法

当图形不能充分表达平面时，可用平面符号（相交的两细实线）表示，如图 7.47 所示。

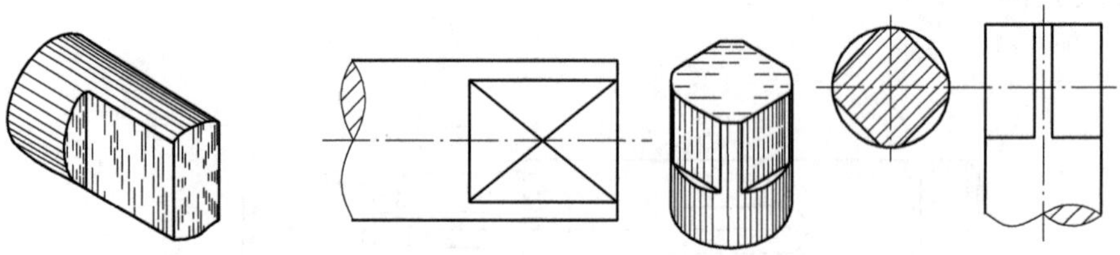

(a) (b)

图 7.47 回转体上平面的表示方法

8. 其他常用简化画法

（1）零件上斜度不大的结构，如在一个图形中已表达清楚时，其他图形可以只按小端画出，如图 7.48 所示。

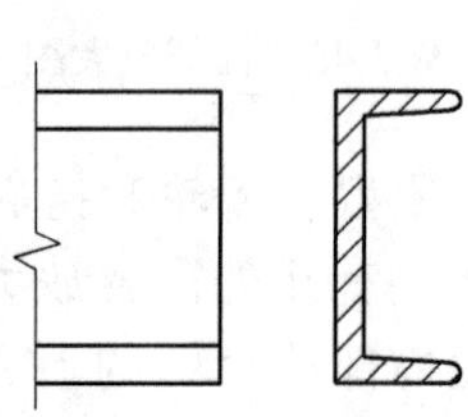

图 7.48 斜度不大的结构画法

（2）在不致引起误解时，零件图中的小圆角、锐边的小倒圆或小倒角允许省略不画，但必须注明尺寸或在技术要求中加以说明，如图 7.49 所示。

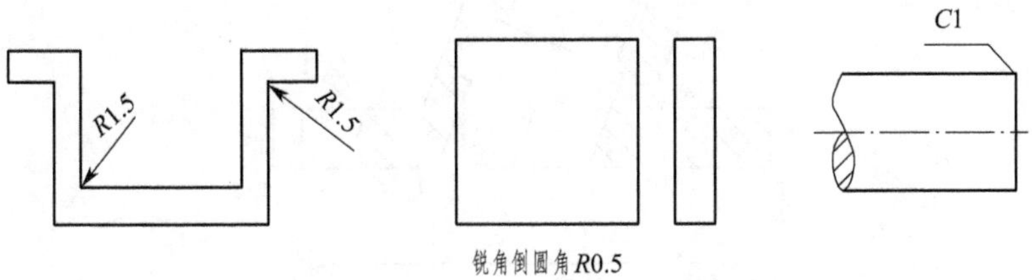

（a）　（b）　（c）

图 7.49　小圆角及小倒角等的省略画法

（3）图形中的过渡线，在不致引起误解时，允许简化，例如用圆弧或直线来代替非圆曲线，如图 7.50 和图 7.51 所示。

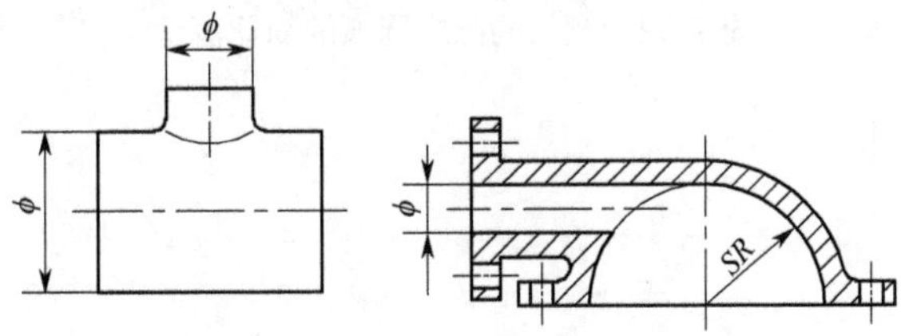

(a)　(b)

图 7.50　过渡线的画法

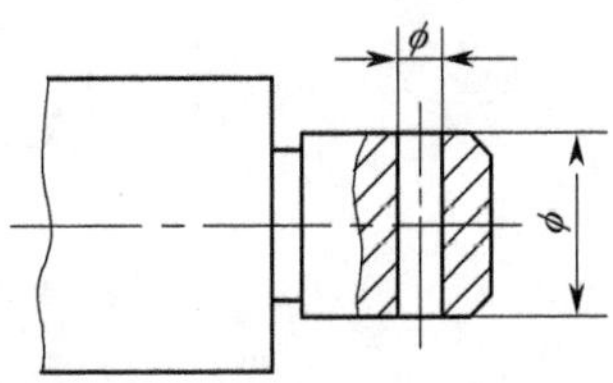

图 7.51　相贯线的简化画法

（4）与投影面倾斜角度小于或等于 30° 的圆或圆弧，其投影可用圆或圆弧代替，如图 7.52 所示。

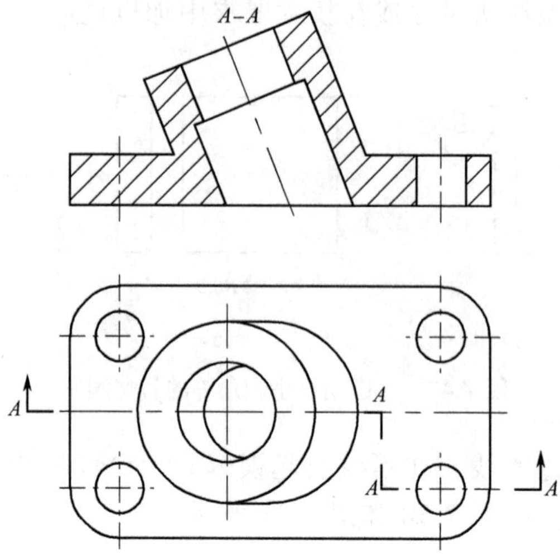

图 7.52　倾斜的圆或圆弧的简化画法

第二篇　公差与配合篇

第 8 章　极限与配合

极限与配合不仅仅是机械工程方向的重要标准，它几乎涉及国民经济的各个部门，是国际上公认的重要基础标准之一。它的标准化有利于机器的设计、制造、使用和维修，有利于刀具、量具等工艺设备的标准化。本章主要介绍极限与配合的概念、常用的公差与配合及其选用等内容。

8.1　极限与配合的基本概念

8.1.1　孔、轴和尺寸相关的概念

1. 孔和轴

孔通常是指工件的圆柱形内尺寸要素，也包括非圆柱形的内尺寸要素（由二平行平面或切面形成的包容面），图 8.1 中由尺寸 ϕD、B、B_1、L、L_1 所形成的尺寸要素均称为孔。轴通常是指工件的圆柱形外尺寸要素，也包括非圆柱形的外尺寸要素（由两个平行平面或切面形成的被包容面），图 8.1 中由尺寸 ϕd、l、l_1 所形成的尺寸要素均称为轴。

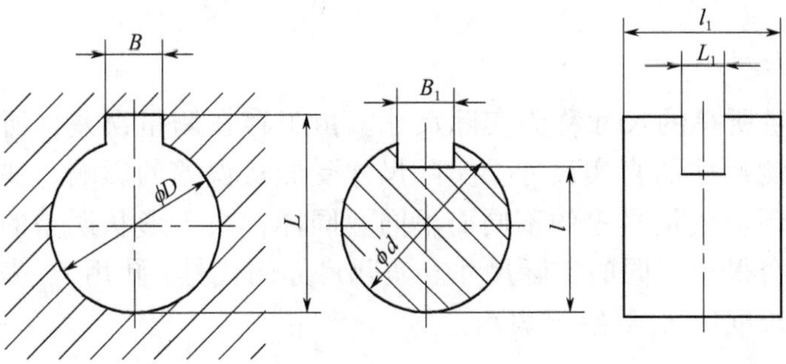

图 8.1　孔与轴的概念

从机械加工过程来看：随着加工过程的进行，孔是尺寸越来越大的表面，轴是尺寸越来越小的表面；从装配的角度看：孔是包容面，轴是被包容面；从两表面关系看：非圆柱形孔的两表面相对，表面间无材料，非圆柱形轴的两表面相背，表面间有材料。

2. 尺 寸

用特定单位表示长度值的数字称为尺寸。从广义上讲，尺寸也包括用角度单位表示角度值的数字。在机械行业中，线性尺寸通常以毫米（mm）为单位,标注时可以省略。角度尺寸通常以度（°)、分（′)、秒（″）或弧度（rad）为单位，标注时不可省略。

3. 公称尺寸

由图样规范确定的理想形状要素的尺寸称为公称尺寸。在机械设计时，通常根据强度、刚度、外观或机械结构等方面的要求给定公称尺寸。公称尺寸可以是整数或者小数值，但是为减少刀具、量具和夹具等的规格数量，公称尺寸应从公称尺寸系列标准中选取。公称尺寸的代号：孔用 D 表示，轴用 d 表示，一般长度用 L 等字母表示。图 8.2 中孔和轴的公称尺寸均为 $\phi30$。

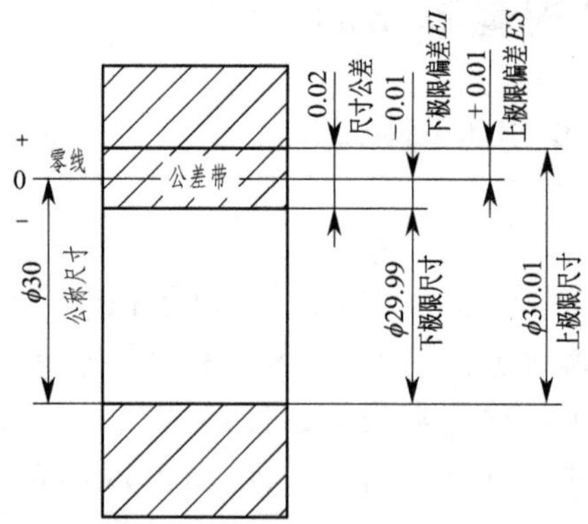

图 8.2 尺寸公差术语示意图

4. 实际尺寸

通过测量所得的尺寸称为实际尺寸。由于存在测量误差，所以实际尺寸不一定是被测尺寸的真实尺寸。实际尺寸受测量误差的影响，往往因测量人员、时间、环境或量具等的不同而不同。同样，由于形状误差的存在，测量部位不同也会得到不同的实际尺寸。实际尺寸的代号：孔用 D_a 表示，轴用 d_a 表示，一般长度用 L_a 等字母表示。

5. 极限尺寸

为满足机械设计的要求，需限制加工零件实际尺寸的变化范围，这种尺寸要素允许的尺寸的两个极端称为极限尺寸。两者中较大的称为上极限尺寸，图 8.2 中孔的上极限尺寸为 $\phi30.01$。两者中较小的称为下极限尺寸，图 8.2 中孔的下极限尺寸为 $\phi29.99$。根据零件的设计要求，极限尺寸可能大于、等于或小于公称尺寸。零件合格的理论标志为：上极限尺寸≥实际尺寸≥下极限尺寸。孔和轴的上、下极限尺寸分别用 D_{max}、d_{max} 和 D_{min}、d_{min} 表示。

8.1.2 偏差与公差相关的概念

1. 尺寸偏差

某一尺寸减其公称尺寸所得的代数差，称为尺寸偏差，简称偏差，偏差的代号：孔用 E 表示，轴用 e 表示。

实际尺寸减其公称尺寸所得的代数差，称为实际偏差，偏差的代号：孔用 E_a 表示，轴用 e_a 表示。

$$E_a=D_a-D \qquad e_a=d_a-d$$

极限尺寸减其公称尺寸所得的代数差，称为极限偏差。其中，上极限尺寸减其公称尺寸所得的代数差，称为上极限偏差，上极限偏差代号：孔用 ES 表示，轴用 es 表示；下极限尺寸减其公称尺寸所得的代数差，称为下极限偏差，下极限偏差代号：孔用 EI 表示，轴用 ei 表示。

$$ES=D_{max}-D \qquad EI=D_{min}-D$$

$$es=d_{max}-d \qquad ei=d_{min}-d$$

偏差、实际偏差、上极限偏差和下极限偏差均可以为正值、负值或零，但是上极限偏差一定大于下极限偏差。实际偏差小于等于上极限偏差，大于等于下极限偏差，否则实际尺寸不合格，即

$$ES \geqslant E_a \geqslant EI \qquad es \geqslant e_a \geqslant ei$$

在实际生产中，极限偏差比极限尺寸的标注方法更为广泛，因为公称尺寸加上、下极限偏差的标注方法，不仅可以直观地表示公差和极限尺寸的大小，而且对于相同公称尺寸孔和轴的相互关系计算更为简便。此外，需注意，除零外在标注和计算偏差时极限偏差前面必须加注“+”或“−”号。

2. 尺寸公差

允许尺寸的变动量称为尺寸公差，简称公差。公差是一个没有符号的绝对值，它等于上极限尺寸和下极限尺寸之差，也等于上极限偏差与下极限偏差之差。公差的代号：孔用 T_D 表示，轴用 T_d 表示。

$$T_D=D_{max}-D_{min} \qquad T_d=d_{max}-d_{min}$$

3. 零　线

如图 8.2 所示，表示公称尺寸的一条直线，并以其为基准确定偏差和公差的直线，称为零线。当偏差为正时，位于零线上方。当偏差为负时，位于零线下方。当偏差为零时，与零线重合。

4. 公差带

零件尺寸相对于其公称尺寸所允许的变动范围，称为公差带。它包括公差带的大小和公差带的位置两个参数。公差带的大小是指公差带在零线垂直方向上的宽度，由上、下极限偏差两条线段的垂直距离即公差确定；公差带的位置是指公差带沿零线垂直方向的坐标位置，由公差带中距离零线较近的极限偏差（上极限偏差或者下极限偏差）来确定。

为了直观，常用图形来表示公差带，如图 8.3 所示，这样的图形称为公差带图。因为公差值远小于公称尺寸，在图上不便用同一比例表示，所以在公差带图中不必画出孔和轴的全形，只需用图中公差带的高度和相互位置表示公差大小和配合性质。公差带沿零线方向的长度可适当选取。公差带图中，尺寸单位为 mm，单位可省略；偏差及公差的单位也可以用 μm，但单位不可省略。

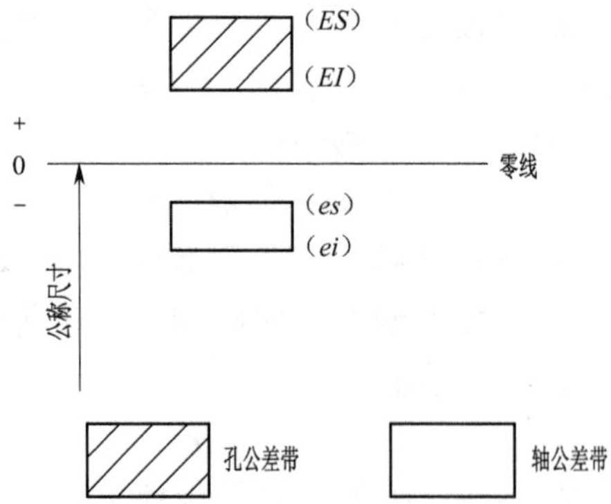

图 8.3 孔和轴的公差带图

下面结合图 8.3 来说明公差带图的规范画法。

（1）画一条水平直线作为零线，标注“+”、“−” 和 “0”，其在垂直方向上是对齐的。在零线的左边下方画尺寸线，箭头指向零线，并标注公称尺寸。

（2）以适当比例用平行于零线的短线画出孔或轴的公差带，左右用垂直于零线的竖线封口。

（3）标出孔或轴极限偏差的数值或符号以及其他要求标注的数值。

（4）若孔和轴的公差带画在同一图上，公差带的剖面线的应不同，以示区别。如孔的公差带用剖面线表示，而轴的公差带用网点或空白表示。

【例 8.1】已知孔、轴的公称尺寸 D（d）=ϕ45mm，孔的极限尺寸 D_{max}=ϕ45.025mm，D_{min}=ϕ45mm；轴的极限尺寸 d_{max}=ϕ44.950mm，d_{min}=ϕ44.934mm，现测得孔、轴的实际尺寸分别为 D_a=ϕ45.010mm，d_a=

$\phi44.946$mm，求孔、轴的极限偏差、实际偏差及公差，并画出公差带图。

解：孔的极限偏差

$$ES=D_{max}-D=(45.025-45)\text{ mm}=+0.025\text{mm}$$

$$EI=D_{min}-D=(45-45)\text{ mm}=0$$

轴的极限偏差

$$es=d_{max}-d=(44.950-45)\text{ mm}=-0.050\text{mm}$$

$$ei=d_{min}-d=(44.934-45)\text{ mm}=-0.066\text{mm}$$

孔的实际偏差

$$E_a=D_a-D=(45.010-45)\text{ mm}=+0.010\text{mm}$$

轴的实际偏差

$$e_a=d_a-d=(44.946-45)=-0.054\text{mm}$$

孔的公差

$$T_D=D_{max}-D_{min}=ES-EI=0.025\text{mm}$$

轴的公差

$$T_d=d_{max}-d_{min}=es-ei=0.016\text{mm}$$

公差带图如图 8.4 所示。

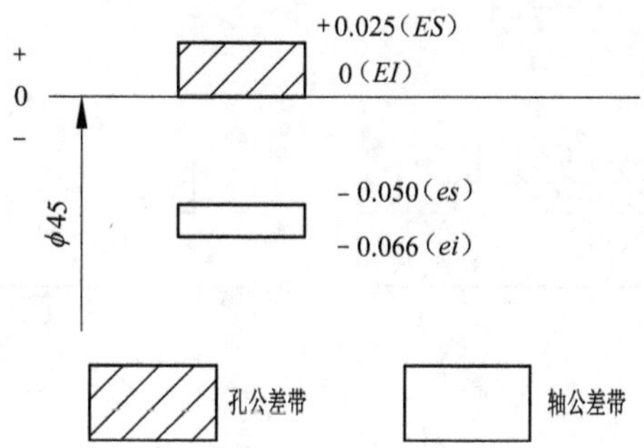

图 8.4　公差带图

5. 基本偏差

一般情况下，公差带相对零线位置是由靠近零线的那个极限偏差确定的，称为基本偏差。基本偏差可能为上极限偏差，也可能为下极限偏差。当公差带位于零线上方时，其基本偏差为下极限偏差；当公差带位于零线下方时，其基本偏差为上极限偏差；当公差带跨零线时，基本偏差为靠近零线的极限偏差。

8.1.3 配合相关的概念

1. 配 合

配合是指公称尺寸相同并且相互结合的孔与轴公差带之间的关系，它反映了相互结合零件间的松紧程度。

为了简化配合的种类，国家标准规定了两种基准制：基孔制与基轴制。

（1）基孔制是指基本偏差为定值的孔公差带，与不同基本偏差的轴公差带所形成的各种配合的一种制度。基孔制的孔为基准孔，下极限偏差为 0。其代号为 H。与基准孔配合的轴可以根据基本偏差的不同，形成间隙配合、过渡配合和过盈配合三类配合，如图 8.5（a）所示。

（2）基轴制是指基本偏差为定值的轴公差带，与不同基本偏差的孔公差带所形成的各种配合的一种制度。基轴制的轴为基准轴，上极限偏差为 0。其代号为 h。与基准轴配合的孔也可根据基本偏差的不同，形成间隙配合、过渡配合和过盈配合三类配合，如图 8.5（b）所示。

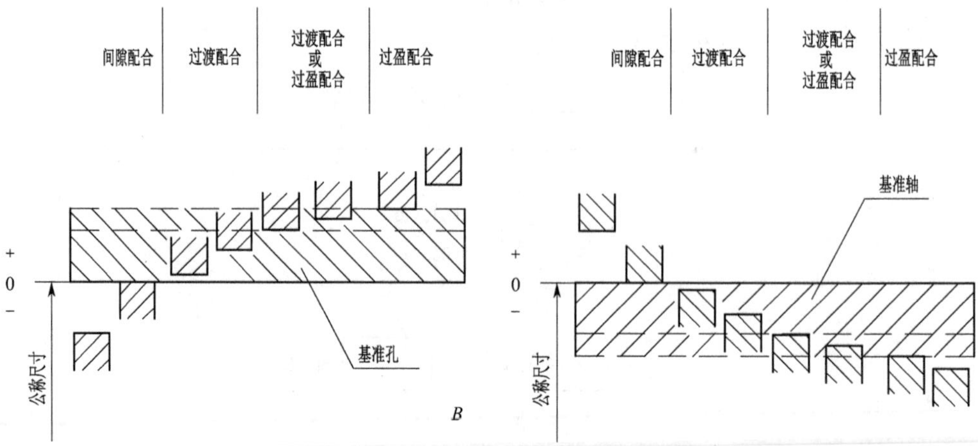

(a) 基孔制配合 (b) 基轴制配合

图 8.5 基孔制与基轴制配合

2. 间隙或过盈

在孔与轴的配合中，孔的尺寸减去轴的尺寸所得的代数差，称为间隙或过盈。当代数差为正时，为间隙，用 X 表示；当代数差为负时，为过盈，用 Y 表示。也就是说，在孔与轴的配合中，如果孔的尺寸大，就形成间隙，如果孔的尺寸小，就形成过盈，如图 8.6 所示。

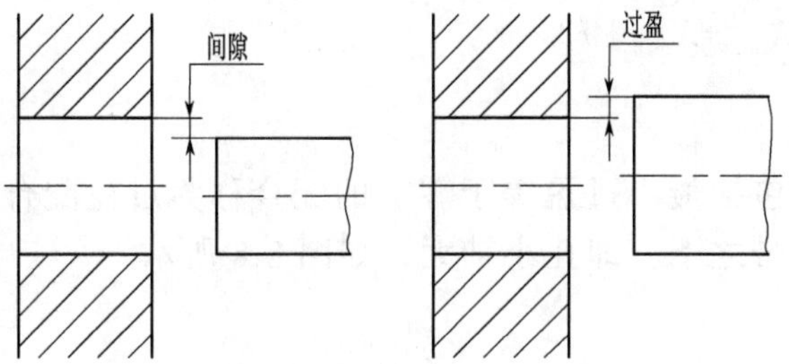

图 8.6 间隙或过盈

3. 间隙配合

具有间隙（包括最小间隙等于零）的配合称为间隙配合。此时，孔的公差带在轴的公差带之上，即孔大轴小，如图 8.7 所示。

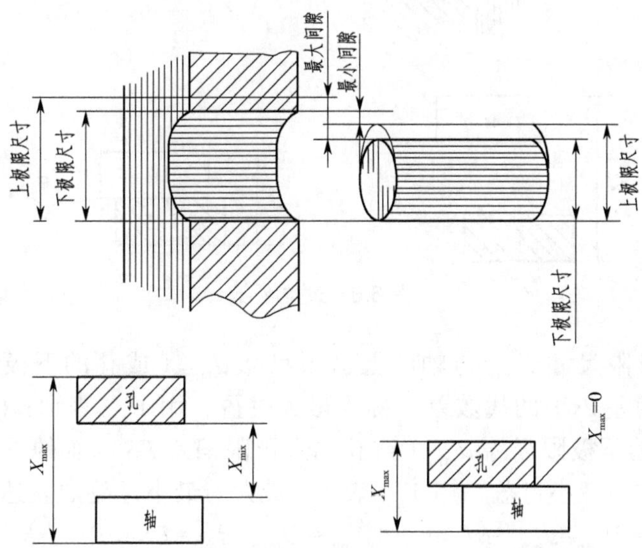

图 8.7 间隙配合

孔的上极限尺寸 D_{max} 与轴的下极限尺寸 d_{min}（或孔的上极限偏差 ES 与轴的下极限偏差 ei）的代数差，称为最大间隙，用 X_{max} 表示；孔的下极限尺寸 D_{min} 与轴的上极限尺寸 d_{max}（或孔的下极限偏差 EI 与轴的上极限偏差 es）的代数差，称为最小间隙，用 X_{min} 表示；最大与最小间隙的表达式为

$$X_{max}=D_{max}-d_{min}=ES-ei \qquad X_{min}=D_{min}-d_{max}=EI-es$$

间隙 X 的大小代表配合的松紧程度，由于孔和轴的实际尺寸在公差带内变化，同一批但不同孔轴间的间隙量是不同的，因此当表达某批装配件的平均配合松紧程度时，通常用最大间隙与最小间隙的算术平均值，即平均间隙 X_{av} 描述，其表达式为

$X_{av}=(X_{max}+X_{min})/2$

4. 过盈配合

具有过盈（包括最小过盈等于零）的配合称为过盈配合。此时，孔的公差带在轴的公差带之下，即孔小轴大，如图 8.8 所示。

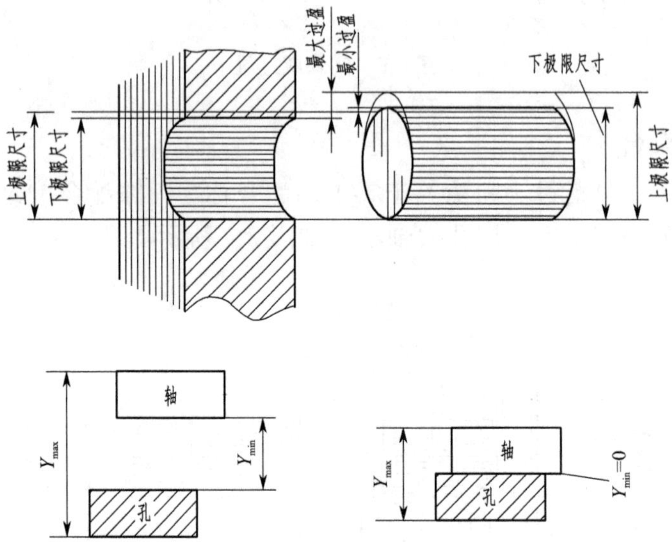

图 8.8　过盈配合

孔的下极限尺寸 D_{min} 与轴的上极限尺寸 d_{max}（或孔的下极限偏差 EI 与轴的上极限偏差 es）的代数差，称为最大过盈，用 Y_{max} 表示；孔的上极限尺寸 D_{max} 与轴的下极限尺寸 d_{min}（或孔的上极限偏差 ES 与轴的下极限偏差 ei）的代数差，称为最小过盈，用 Y_{min} 表示；最大与最小过盈的表达式为

$$Y_{max}=D_{min}-d_{max}=EI-es \qquad Y_{min}=D_{max}-d_{min}=ES-ei$$

过盈 Y 的大小代表配合的松紧程度，由于孔和轴的实际尺寸在公差带内变化，同一批但不同孔轴间的过盈量是不同的，因此当表达某批装配件的平均配合松紧程度时，通常用最大过盈与最小过盈的算术平均值，即平均过盈 Y_{av} 描述，其表达式为

$$Y_{av}=(Y_{max}+Y_{min})/2$$

5. 过渡配合

可能具有间隙或过盈的配合称为过渡配合。此时，孔的公差带与轴的公差带相互交叠，间隙或过盈量不大，如图 8.9 所示。

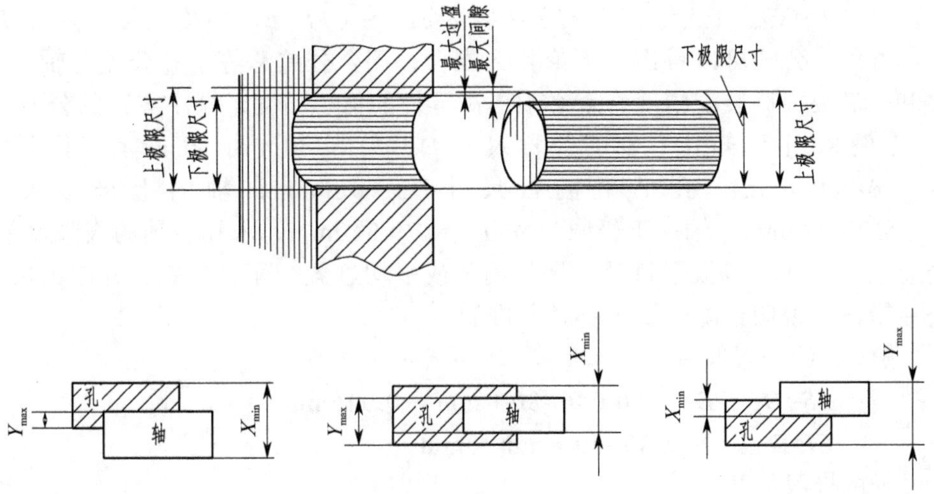

图 8.9 过渡配合

当孔为下极限尺寸 D_{min}、轴为上极限尺寸 d_{max} 时，过渡配合过盈量 Y_{max} 最大；当孔为上极限尺寸 D_{max}、轴为下极限尺寸 d_{min} 时，过渡配合间隙量 X_{max} 最大。最大过盈与最大间隙的表达式为

$$Y_{max}=D_{min}-d_{max}=EI-es \qquad X_{max}=D_{max}-d_{min}=ES-ei$$

盈隙的大小代表配合的松紧程度，由于孔和轴的实际尺寸在公差带内变化，同一批但不同孔轴间的盈隙量是不同的，因此当表达某批装配件的平均配合松紧程度时，通常用最大过盈与最大间隙的算术平均值，即平均盈隙描述，其表达式为

$$Y_{av} \text{ 或 } X_{av}=(Y_{max}+X_{max})/2$$

6. 配合公差

在一组配合中，允许间隙或过盈的变动量，称为配合公差，用 T_f 表示。它表示配合松紧的变化范围，配合公差的大小表示配合精度的高低。配合公差是一个没有符号的绝对值。在间隙配合中，它等于最大间隙与最小间隙之差；在过盈配合中，它等于最小过盈与最大过盈之差；在过渡配合中，它等于最大间隙与最大过盈之差，即

间隙配合

$$T_f=X_{max}-X_{min}=(ES-ei)-(EI-es)=(ES-EI)+(es-ei)=T_D+T_d$$

过盈配合

$$T_f=Y_{min}-Y_{max}=(ES-ei)-(EI-es)=(ES-EI)+(es-ei)=T_D+T_d$$

过渡配合

$$T_f=X_{max}-Y_{max}=(ES-ei)-(EI-es)=(ES-EI)+(es-ei)=T_D+T_d$$

由以上公式可以看出，不论什么配合，配合公差总等于孔公差与轴公差之和。若要提高装配精度，就必须提高零件的加工精度，减小零件的公差。

【例 8.2】 已知孔、轴的公称尺寸 $D(d)=\phi 80$mm，孔的上极限尺寸 $D_{max}=\phi 80.046$mm，孔的下极限尺寸 $D_{min}=\phi 80$mm，轴的上极限尺寸 $d_{max}=\phi 79.970$mm，轴的下极限尺寸 $d_{min}=\phi 79.940$mm，求孔、轴的极限偏差、公差、极限间隙或极限过盈，平均间隙或平均过盈、配合公差，并画出尺寸公差带图解说明该配合属于哪种基准制？

解： 孔的极限偏差

$$ES=D_{max}-D=(80.046-80)\text{mm}=+0.046\text{mm}$$

$$EI=D_{min}-D=(80-80)\text{mm}=0\text{mm}$$

轴的极限偏差

$$es=d_{max}-d=(79.970-80)\text{mm}=-0.030\text{mm}$$

$$ei=d_{min}-d=(79.940-80)\text{mm}=-0.060\text{mm}$$

孔的公差

$$T_D=ES-EI=[(+0.046-0)]\text{mm}=+0.046\text{mm}$$

轴的公差

$$T_d=es-ei=[(-0.030)-(-0.060)]\text{mm}=+0.030\text{mm}$$

极限间隙

$$X_{max}=D_{max}-d_{min}=ES-ei=[(+0.046)-(-0.060)]\text{mm}=+0.106\text{mm}$$

$$X_{min}=D_{min}-d_{max}=EI-es=[0-(-0.030)]\text{mm}=+0.030\text{mm}$$

平均间隙

$$X_{av}=(X_{max}+X_{min})/2=(0.106+0.030)/2\text{mm}=+0.068\text{mm}$$

配合公差

$$T_f=T_D+T_d=+0.046\text{mm}+0.030\text{mm}=0.076\text{mm}$$

该配合属于基孔制，形成间隙配合。尺寸公差带图如图 8.10 所示。

图 8.10 尺寸公差带图

8.2 公差值的标准化

国家标准规定的用来确定公差带大小的公差值，称为标准公差值。它是在总结生产经验的基础上，结合理论分析按照一定规律制定的。标准公差值由公差等级和公称尺寸决定。

8.2.1 公差单位（公差因子）

公差因子是确定标准公差值的基本单位，它是公称尺寸的函数，是制定标准公差数值的基础。在实际生产中，评定其制造精度时不能简单地看其公差大小，因此需建立公差单位来合理规定公差值。

根据实践经验，国家标准总结出了公差单位的计算公式：

$$i = 0.45 \times \sqrt[3]{D} + 0.001D$$

$$I = 0.004D + 2.1$$

式中，i 为公称尺寸小于等于 500mm 的公差因子，单位为 μm；I 为公称尺寸位于 500mm 到 3150mm 之间的公差因子，单位为 μm；D 为公称尺寸，单位为 mm。

8.2.2 公差等级

确定尺寸精确程度的等级称为公差等级。不同工件和工件上不同部位的尺寸，对精确的要求往往不同。为满足生产上的需要，国家标准 GB/T1800.1—2009 将公称尺寸在 500mm 以内的尺寸，划分为 20 个公差等级，用 IT01、IT0、IT1、…、IT18 表示；若公称尺寸在 500mm 到 3150mm 之间，则划分为 18 个公差等级，用 IT1、IT2、…、IT18 表示。从 IT01 到 IT18，公差依次增大，精度依次降低，加工难度依次下降。属于同一等级的公差，对所有尺寸段虽然公差等级不同，但应看作同等精度。各公差等级的尺寸精度，主要用公差等级系数 a 来区分，标准公差值 T 的计算公式为

$$T = a \times i \ (\text{或} \ I)$$

公称尺寸在 500mm 以内的尺寸，各公差等级标准公差数值的计算公式如表 8.1 所示；公称尺寸在 500mm 和 3150mm 之间的尺寸，各公差等级标准公差数值的计算公式如表 8.2 所示。

表 8.1 标准公差数值计算公式（公称尺寸≤ 500mm）

公差等级	IT01	IT0	IT1	IT2	IT3	IT4
计算公式	0.3 + 0.08D	0.5 + 0.012D	0.8 + 0.020D	$IT1\left(\frac{IT5}{IT1}\right)^{\frac{1}{4}}$	$IT1\left(\frac{IT5}{IT1}\right)^{\frac{1}{2}}$	$IT1\left(\frac{IT5}{IT1}\right)^{\frac{3}{4}}$

公差等级	IT5	IT6	IT7	IT8	IT9	IT10	IT11	IT12	IT13	IT14	IT15	IT16	IT17	IT18
计算公式	$7i$	$10i$	$16i$	$25i$	$40i$	$64i$	$100i$	$160i$	$250i$	$400i$	$640i$	$1000i$	$1600i$	$2500i$

表 8.2　标准公差数值计算公式（500mm< 公称尺寸≤ 3150mm）

公差等级	IT1	IT2	IT3	IT4	IT5	IT6	IT7	IT8	IT9
计算公式	$2I$	$2.7I$	$3.7I$	$5I$	$7I$	$10I$	$16I$	$25I$	$40I$
公差等级	IT10	IT11	IT12	IT13	IT14	IT15	IT16	IT17	IT18
计算公式	$64I$	$100I$	$160I$	$250I$	$400I$	$640I$	$1000I$	$1600I$	$2500I$

8.2.3　公称尺寸分段

由标准公差的计算式可知，对应每一个公称尺寸和公差等级都有一个相应的公差值，公差表格如果这样编制就会非常庞大，不利于公差值的标准化、系列化。为了减少标准公差的数目，统一公差值，简化公差表格，便于实际生产应用，国家标准对公称尺寸进行了分段，同一尺寸段内所有的公称尺寸，在相同公差等级情况下，规定相同的标准公差值，如表 8.3 所示。按标准公差值的计算公式计算标准公差时，公称尺寸段内的所有尺寸用首尾两个尺寸 D_1 和 D_2 的几何平均值，即 $D=\sqrt{D_1\times D_2}$（公称尺寸≤ 3 时，用 $D=\sqrt{1\times 3}$）去代替，但计算后需进行标准公差值尾数修约规则进行修约。表 8.3 列出了公称尺寸至 3150mm 时，IT1 到 IT18 的标准公差数值。表 8.4 列出了在工业中很少用到标准公差等级 IT01 和 IT0 的标准公差数值。

表 8.3　公称尺寸至 3150mm 的标准公差数值

公称尺寸/mm		标准公差等级																	
		IT1	IT2	IT3	IT4	IT5	IT6	IT7	IT8	IT9	IT10	IT11	IT12	IT13	IT14	IT15	IT16	IT17	IT18
大于	至	μm											mm						
—	3	0.8	1.2	2	3	4	6	10	14	25	40	60	0.1	0.14	0.25	0.4	0.6	1	1.4
3	6	1	1.5	2.5	4	5	8	12	18	30	48	75	0.12	0.18	0.3	0.48	0.75	1.2	1.8
6	10	1	1.5	2.5	4	6	9	15	22	36	58	90	0.15	0.22	0.36	0.58	0.9	1.5	2.2
10	18	1.2	2	3	5	8	11	18	27	43	70	110	0.18	0.27	0.43	0.7	1.1	1.8	2.7
18	30	1.5	2.5	4	6	9	13	21	33	52	84	130	0.21	0.33	0.52	0.84	1.3	2.1	3.3
30	50	1.5	2.5	4	7	11	16	25	39	62	100	160	0.25	0.39	0.62	1	1.6	2.5	3.9
50	80	2	3	5	8	13	19	30	46	74	120	190	0.3	0.46	0.74	1.2	1.9	3	4.6
80	120	2.5	4	6	10	15	22	35	54	87	140	220	0.35	0.54	0.87	1.4	2.2	3.5	5.4
120	180	3.5	5	8	12	18	25	40	63	100	160	250	0.4	0.63	1	1.6	2.5	4	6.3
180	250	4.5	7	10	14	20	29	46	72	115	185	290	0.46	0.72	1.15	1.85	2.9	4.6	7.2
250	315	6	8	12	16	23	32	52	81	130	210	320	0.52	0.81	1.3	2.1	3.2	5.2	8.1
315	400	7	9	13	18	25	36	57	89	140	230	360	0.57	0.89	1.4	2.3	3.6	5.7	8.9
400	500	8	10	15	20	27	40	63	97	155	250	400	0.63	0.97	1.55	2.5	4	6.3	9.7
500	630	9	11	16	22	32	44	70	110	175	280	440	0.7	1.1	1.75	2.8	4.4	7	11
630	800	10	13	18	25	36	50	80	125	200	320	500	0.8	1.25	2	3.2	5	8	12.5
800	1000	11	15	21	28	40	56	90	140	230	360	560	0.9	1.4	2.3	3.6	5.6	9	14
1000	1250	13	18	24	33	47	66	105	165	260	420	660	1.05	1.65	2.6	4.2	6.6	10.5	16.5
1250	1600	15	21	29	39	55	78	125	195	310	500	780	1.25	1.95	3.1	5	7.8	12.5	19.5
1600	2000	18	25	35	46	65	92	150	230	370	600	920	1.5	2.3	3.7	6	9.2	15	23
2000	2500	22	30	41	55	78	110	175	280	440	700	1100	1.75	2.8	4.4	7	11	17.5	28
2500	3150	26	36	50	68	96	135	210	330	540	860	1350	2.1	3.3	5.4	8.6	13.5	21	33

注：1. 公称尺寸大于 500mm 的 IT1 ~ IT5 的标准公差数值为试行的。

2. 公称尺寸小于 1mm 时，无 IT14 ~ IT18

表 8.4 IT01 和 IT0 的标准公差数值

公称尺寸 /mm		标准公差等级	
		IT01	IT0
大于	至	公差 /μm	
—	3	0.3	0.5
3	6	0.4	0.6
6	10	0.4	0.6
10	18	0.5	0.8
18	30	0.6	1
30	50	0.6	1
50	80	0.8	1.2
80	120	1	1.5
120	180	1.2	2
180	250	2	3
250	315	2.5	4
315	400	3	5
400	500	4	6

8.3 基本偏差的标准化

基本偏差是决定公差带位置的唯一参数。在基孔制和基轴制的配合中，可以通过变更非基准件的基本偏差，得到不同松紧、不同性质的配合，以满足机器不同功能的需求。

8.3.1 基本偏差系列

国家标准规定：在基孔制和基轴制配合中，对同一尺寸分段，非基准件的公差带位置共有 28 个，分别由 28 个不同的基本偏差来确定。为了标识不同的公差带位置，标准给每个位置赋予了一定的代号，称为基本偏差代号。基本偏差代号用英文字母或其组合表示，小写代表轴，大写代表孔。在 26 个字母中，除去易与其他参数混淆的 5 个字母 i（I）、l（L）、o（O）、q（Q）、w（W）后，增加了 7 个双写字母组合 cd（CD）、ef（EF）、fg（FG）、js（JS）、za（ZA）、zb（ZB）、zc（ZC）。各基本偏差代号所代表的公差带的相对位置如图 8.11 孔的基本偏差系列和图 8.12 轴的基本偏差系列所示。

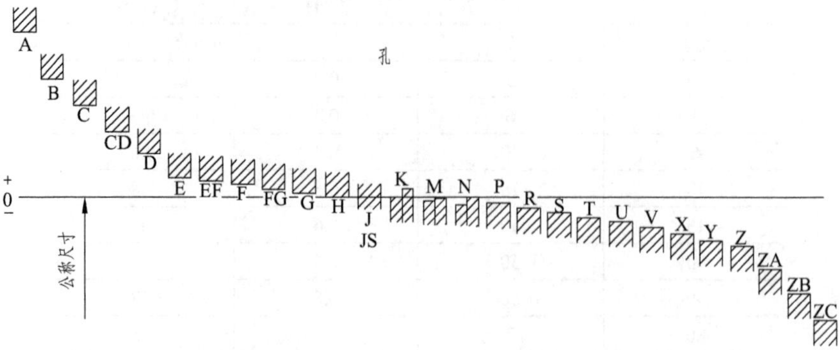

图 8.11 孔的基本偏差系列

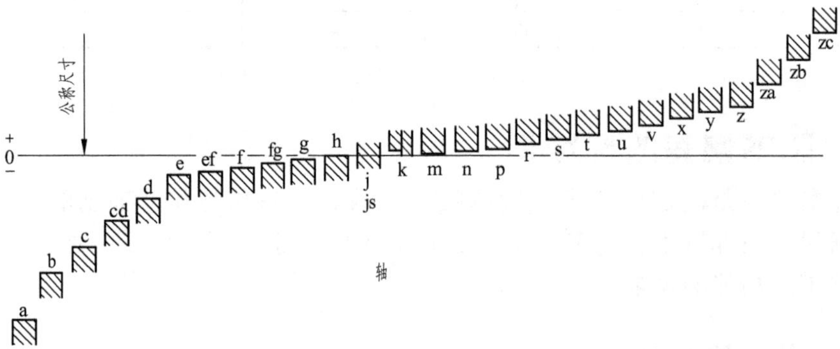

图 8.12 轴的基本偏差系列

在图 8.11 和图 8.12 中，基本偏差是“开口”的公差带，这是因为基本偏差只是表示公差带的位置，而不表示公差带的大小，其另一端开口的位置将由公差等级来决定。根据图 8.11 和图 8.12，总结孔、轴基本偏差的特点如表 8.5 所示。

表 8.5 孔、轴基本偏差的特点

基本偏差种类		基本偏差特征	基本偏差与标准公差的关系	与基准件组成配合的性质	
轴	a~g	上极限偏差为负值 $es<0$	无关	基孔制	间隙配合
	h（基准轴）	上极限偏差为零 $es=0$	无关		最小间隙为零的配合
	js	上极限偏差为正值 $es=+IT/2$ 下极限偏差为负值 $ei=-IT/2$ 公差带对称于零线	有关		过渡配合
	j~zc	下极限偏差多为正值 $ei>0$	多数无关		过渡或过盈配合
孔	A~G	下极限偏差为正值 $EI>0$	无关	基轴制	间隙配合
	H（基准孔）	下极限偏差为零 $EI=0$	无关		最小间隙为零的配合
	JS	上极限偏差为正值 $ES=+IT/2$ 下极限偏差为负值 $EI=-IT/2$ 公差带对称于零线	有关		过渡配合
	J~ZC	下极限偏差多为正值 $ei>0$	多数无关		过渡或过盈配合

8.3.2 轴的基本偏差

轴的基本偏差是以基孔制配合为基础制定的，其数值是经过经验公式计算得到的，公称尺寸至 500mm 的轴的基本偏差如表 8.6 所示。

根据查得的基本偏差和标准公差，就不难求出另一个极限偏差，即上极限偏差或下极限偏差

$$es=ei+IT \quad 或 \quad ei=es-IT$$

8.3.3 孔的基本偏差

基孔制和基轴制是两种并行等效的基准制。一般来说，在孔轴公差等级分别相同的条件下，如果基孔制中轴的基本偏差代号和基轴制中孔基本偏差代号字母相同，所形成的配合性质就应该是相同的。因此，在制定孔的基本偏差时，是根据同一字母轴的基本偏差按照一定规则换算而得到的。对于公称尺寸至 500mm 的孔，其基本偏差的换算规则有两种：通用规则和特殊规则。

1. 通用规则

一般情况下，字母相同时，孔的基本偏差与轴的基本偏差相对零线呈对称的倒影关系。即用相同字母表示孔与轴的基本偏差时，两者基本偏差的绝对值相等，而符号相反，如图 8.13 中的间隙配合所示，即：

$$EI=-es \quad 或 \quad ES=-ei$$

通用规则的适用范围：

（1）所有公差等级的间隙配合 A~H。

（2）标准公差等级大于 IT8 的 K、M 和 N。

（3）标准公差等级大于 IT7 的 P~ZC。

表 8.6 公称尺寸至 500mm 轴的基本偏差（摘自国家标准 GB/T1800.1—2009）

公称尺寸/mm		基本偏差数值（上偏差 *es*）/μm											
		所有标准公差等级											
大于	至	a	b	c	cd	d	e	ef	f	fg	g	h	js
—	3	−270	−140	−60	−34	−20	−14	−10	−6	−4	−2	0	偏差等于±IT*n*/2，式中IT*n*是IT的数值
3	6	−270	−140	−70	−46	−30	−20	−14	−10	−6	−4	0	
6	10	−280	−150	−80	−56	−40	−25	−18	−13	−8	−5	0	
10	14	−290	−150	−95	—	−50	−32	—	−16	—	−6	0	
14	18												
18	24	−300	−160	−110	—	−65	−40	—	−20	—	−7	0	
24	30												
30	40	−310	−170	−120	—	−80	−50	—	−25	—	−9	0	
40	50	−320	−180	−130									
50	65	−340	−190	−140	—	−100	−60	—	−30	—	−10	0	
65	80	−360	−200	−150									
80	100	−380	−220	−170	—	−120	−72	—	−36	—	−12	0	
100	120	−410	−240	−180									
120	140	−460	−260	−200	—	−145	−85	—	−43	—	−14	0	
140	160	−520	−280	−210									
160	180	−580	−310	−230									
180	200	−660	−340	−240	—	−170	−100	—	−50	—	−15	0	
200	225	−740	−380	−260									
225	250	−820	−420	−280									
250	280	−920	−480	−300	—	−190	−110	—	−56	—	−17	0	
280	315	−1050	−540	−330									
315	355	−1200	−600	−360	—	−210	−125	—	−62	—	−18	0	
355	400	−1350	−680	−400									
400	450	−1500	−760	−440	—	−230	−135	—	−68	—	−20	0	
450	500	−1650	−840	−480									

续表 8.6

公称尺寸/mm		基本偏差数值（下偏差 *ei*）/μm																		
		IT5和IT6	IT7	IT8	IT4~IT7	≤IT3 >IT7	所有标准公差等级													
大于	至	j			k		m	n	p	r	s	t	u	v	x	y	z	za	zb	zc
—	3	−2	−4	−6	0	0	+2	+4	+6	+10	+14	—	+18		+20	—	+26	+32	+40	+60
3	6	−2	−4		+1	0	+4	+8	+12	+15	+19	—	+23		+28	—	+35	+42	+50	+80
6	10	−2	−5		+1	0	+6	+10	+15	+19	+23	—	+28		+34	—	+42	+52	+67	+97
10	14	−3	−6		+1	0	+7	+12	+18	+23	+28	—	+33		+40	—	+50	+64	+90	+130
14	18													+39	+45	—	+60	+77	+108	+150
18	24	−4	−8		+2	0	+8	+15	+22	+28	+35	—	+41	+47	+54	+63	+73	+98	+136	+188
24	30											+41	+48	+55	+64	+75	+88	+118	+160	+218
30	40	−5	−10		+2	0	+9	+17	+26	+34	+43	+48	+60	+68	+80	+94	+112	+148	+200	+274
40	50											+54	+70	+81	+97	+114	+136	+180	+242	+325
50	65	−7	−12		+2	0	+11	+20	+32	+41	+53	+66	+87	+102	+122	+144	+172	+226	+300	+405
65	80									+43	+59	+75	+102	+120	+146	+174	+210	+274	+360	+480
80	100	−9	−15		+3	0	+13	+23	+37	+51	+71	+91	+124	+146	+178	+214	+258	+335	+445	+585
100	120									+54	+79	+104	+144	+172	+210	+254	+310	+400	+525	+690
120	140	−11	−18		+3	0	+15	+27	+43	+63	+92	+122	+170	+202	+248	+300	+365	+470	+620	+800
140	160									+65	+100	+134	+190	+228	+280	+340	+415	+535	+700	+900
160	180									+68	+108	+146	+210	+252	+310	+380	+465	+600	+780	+1000
180	200	−13	−21		+4	0	+17	+31	+50	+77	+122	+166	+236	+284	+350	+425	+520	+670	+880	+1150
200	225									+80	+130	+180	+258	+310	+385	+470	+575	+740	+960	+1250
225	250									+84	+140	+196	+284	+340	+425	+520	+640	+820	+1050	+1350
250	280	−16	−26		+4	0	+20	+34	+56	+94	+158	+218	+315	+385	+475	+580	+710	+920	+1200	+1550
280	315									+98	+170	+240	+350	+425	+525	+650	+790	+1000	+1300	+1700
315	355	−18	−28		+4	0	+21	+37	+62	+108	+190	+268	+390	+475	+590	+730	+900	+1150	+1500	+1900
355	400									+114	+208	+294	+435	+530	+660	+820	+1000	+1300	+1650	+2100
400	450	−20	−32		+5	0	+23	+40	+68	+126	+232	+330	+490	+595	+740	+920	+1100	+1450	+1850	+2400
450	500									+132	+252	+360	+540	+660	+820	+1000	+1250	+1600	+2100	+2600

注：公称尺寸小于或等于1mm时，基本偏差a和b均不采用。对于公差带js7 ~ js11，若ITn值是奇数，则取偏差为$\pm\frac{IT(n-1)}{2}$。

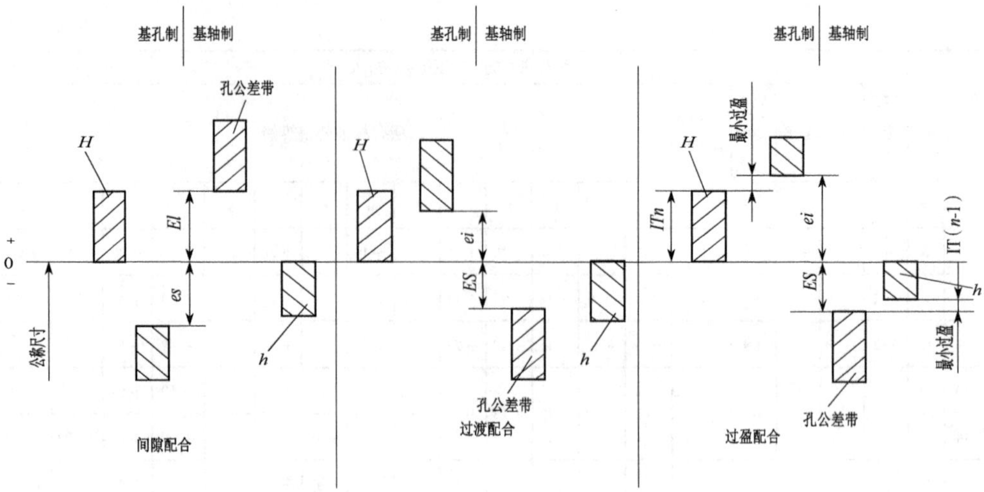

图 8.13 相同代号的孔和轴基本偏差关系

2. 特殊规则

字母相同时，孔的基本偏差与轴的基本偏差相对零线不呈对称的倒影关系。即用相同字母表示孔与轴的基本偏差时，两者基本偏差的符号相反，但绝对值不相等，相差了一个△，这是由于在常用尺寸段较高的公差等级中，孔的加工比同级的轴困难，因而常采用异级配合，即孔比轴低一级的配合，并要求所形成的基轴制配合与同代号的基孔制配合具有相同的配合性质。由图 8.13 中的过渡配合和过盈配合可知：

基孔制配合时

$$Y_{min}=ES-ei=(+ITn)-ei$$

基轴制配合时

$$Y_{min}=ES-ei=ES-[-IT(n-1)]$$

要具有相同的配合性质，则

$$ITn-ei=ES+IT(n-1)$$

由此，得孔的基本偏差

$$ES=-ei+\Delta$$

$$\Delta=ITn-IT(n-1)$$

式中，ITn 表示某一级孔的标准公差；IT(n−1) 表示比某一级孔高一级的轴的标准公差。

特殊规则的适用范围：

（1）标准公差等级小于等于 IT8 的 K、M 和 N。

（2）标准公差等级小于等于 IT7 的 P~ZC。

公称尺寸至 500mm 的轴的基本偏差如表 8.7 所示。

表 8.7 公称尺寸至 500mm 孔的基本偏差（摘自国家标准 GB/T1800.1—2009）

公称尺寸/mm		基本偏差数值																					
		下偏差 *EI*/μm												上偏差 *ES*/μm									
大于	至	所有标准公差等级												IT6	IT7	IT8	≤IT8	>IT8	≤IT8	>IT8	≤IT8	>IT8	≤IT7
		A	B	C	CD	D	E	EF	F	FG	G	H	JS	J			K		M		N		P ~ ZC
—	3	+270	+140	+60	+34	+20	+14	+10	+6	+4	+2	0	偏差等于±ITx/2，式中ITn是IT的数值	+2	+4	+6	0	0	−2	−2	−4	−4	
3	6	+270	+140	+70	+46	+30	+20	+14	+10	+6	+4	0		+5	+6	+10	−1+Δ	—	−4+Δ	−4	−8+Δ	0	在大于IT7的相应数值上增加一个Δ值
6	10	+280	+150	+80	+56	+40	+25	+18	+13	+8	+5	0		+5	+8	+12	−1+Δ	—	−6+Δ	−6	−10+Δ	0	
10	14	+290	+150	+95	—	+50	+32	—	+16	—	+6	0		+6	+10	+15	−1+Δ	—	−7+Δ	−7	−12+Δ	0	
14	18																						
18	24	+300	+160	+110	—	+65	+40	—	+20	—	+7	0		+8	+12	+20	−2+Δ	—	−8+Δ	−8	−15+Δ	0	
24	30																						
30	40	+310	+170	+120	—	+80	+50	—	+25	—	+9	0		+10	+14	+24	−2+Δ	—	−9+Δ	−9	−17+Δ	0	
40	50	+320	+180	+130																			
50	65	+340	+190	+140	—	+100	+60	—	+30	—	+10	0		+13	+18	+28	−2+Δ	—	−11+Δ	−11	−20+Δ	0	
65	80	+360	+200	+150																			
80	100	+380	+220	+170	—	+120	+72	—	+36	—	+12	0		+16	+22	+34	−3+Δ	—	−13+Δ	−13	−23+Δ	0	
100	120	+410	+240	+180																			
120	140	+460	+260	+200	—	+145	+85		+43	—	+14	0		+18	+26	+41	−3+Δ	—	−15+Δ	−15	−27+Δ	0	
140	160	+520	+280	+210																			
160	180	+580	+310	+230																			
180	200	+660	+340	+240	—	+170	+100		+50	—	+15	0		+22	+30	+47	−4+Δ	—	−17+Δ	−17	−31+Δ	0	
200	225	+740	+380	+260																			
225	250	+820	+420	+280																			
250	280	+920	+480	+300	—	+190	+110	—	+56	—	+17	0		+25	+36	+55	−4+Δ	—	−20+Δ	−20	−34+Δ	0	
280	315	+1050	+540	+330																			
315	355	+1200	+600	+360	—	+210	+125	—	+62	—	+18	0		+29	+39	+60	−4+Δ	—	−21+Δ	−21	−37+Δ	0	
355	400	+1350	+680	+400																			
400	450	+1500	+760	+440	—	+230	+135	—	+68	—	+20	0		+33	+43	+66	−5+Δ	—	−23+Δ	−23	−40+Δ	0	
450	500	+1650	+840	+480																			

续表 8.7

公称尺寸/mm		基本偏差数值/μm												Δ值					
		上偏差 *ES*																	
大于	至	标准公差等级大于IT7												标准公差等级					
		P	R	S	T	U	V	X	Y	Z	ZA	ZB	ZC	IT3	IT4	IT5	IT6	IT7	IT8
—	3	-6	-10	-14	—	-18	—	-20	—	-26	-32	-40	-60	0	0	0	0	0	0
3	6	-12	-15	-19	—	-23	—	-28	—	-35	-42	-50	-80	1	1.5	1	3	4	6
6	10	-15	-19	-23	—	-28	—	-34	—	-42	-52	-67	-97	1	1.5	2	3	6	7
10	14	-18	-23	-28	—	-33	—	-40	—	-50	-64	-90	-130	1	2	3	3	7	9
14	18						-39	-45	—	-60	-77	-108	-150						
18	24	-22	-28	-35	—	-41	-47	-54	-63	-73	-98	-136	-188	1.5	2	3	4	8	12
24	30				-41	-48	-55	-64	-75	-88	-118	-160	-218						
30	40	-26	-34	-43	-48	-60	-68	-80	-94	-112	-148	-200	-274	1.5	3	4	5	9	14
40	50				-54	-70	-81	-97	-114	-136	-180	-242	-325						
50	65	-32	-41	-53	-66	-87	-102	-122	-144	-172	-226	-300	-405	2	3	5	6	11	16
65	80		-43	-59	-75	-102	-120	-146	-174	-210	-274	-360	-480						
80	100	-37	-51	-71	-91	-124	-146	-178	-214	-258	-335	-445	-585	2	4	5	7	13	19
100	120		-54	-79	-104	-144	-172	-210	-254	-310	-400	-525	-690						
120	140	-43	-63	-92	-122	-170	-202	-248	-300	-365	-470	-620	-800	3	4	6	7	15	23
140	160		-65	-100	-134	-190	-228	-280	-340	-415	-535	-700	-900						
160	180		-68	-108	-146	-210	-252	-310	-380	-465	-600	-780	-1000						
180	200	-50	-77	-122	-166	-236	-284	-350	-425	-520	-670	-880	-1150	3	4	6	9	17	26
200	225		-80	-130	-180	-258	-310	-385	-470	-575	-740	-960	-1250						
225	250		-84	-140	-196	-284	-340	-425	-520	-640	-820	-1050	-1350						
250	280	-56	-94	-158	-218	-315	-385	-475	-580	-710	-920	-1200	-1550	4	4	7	9	20	29
280	315		-98	-170	-240	-350	-425	-525	-650	-790	-1000	-1300	-1700						
315	355	-62	-108	-190	-268	-390	-475	-590	-730	-900	-1150	-1500	-1900	4	5	7	11	21	32
355	400		-114	-208	-294	-435	-530	-660	-820	-1000	-1300	-1650	-2100						
400	450	-68	-126	-232	-330	-490	-595	-740	-920	-1100	-1450	-1850	-2400	5	5	7	13	23	34
450	500		-132	-252	-360	-540	-660	-820	-1000	-1250	-1600	-2100	-2600						

注：1. 公称尺寸小于或等于1mm时，基本偏差A和B及大于IT8的N均不采用。在公差带JS7 ~ JS11，若ITn的值是奇数，则取偏差为$\pm\frac{\mathrm{IT}(n-1)}{2}$。

2. 对小于或等于IT8的K、M、N和小于或等于IT7的P ~ ZC，所需Δ值从表内右侧选取。例如：18mm ~ 30mm段的K7，$\Delta = 8\mu m$，所以$ES = -2 + 8 = +6\mu m$；18mm ~ 30mm段的S6，$\Delta = 4\mu m$，所以$ES = -35 + 4 = -31\mu m$。特殊情况：250mm ~ 315mm段的M6，$ES = -9\mu m$（代替$-11\mu m$）。

公称尺寸 >500mm~3150mm 的孔和轴均采用同级配合，因此孔的基本偏差按照通用规则计算，即基本偏差的绝对值相等，而符号相反。该尺寸段公差等级一般只用到 IT6~IT18，基本偏差只用到 d（D）~u（U），且不用 cd（CD）、ef（EF）、gh（GH）和 j（J）。g（G）相对于大尺寸来说基本偏差数值很小，由于测量误差等因素的影响，很难形成间隙配合。公称尺寸 >500mm~3150mm 的孔和轴的基本偏差数值表如表 8.8 所示。

表 8.8 公称尺寸 >500mm~3150mm 的孔和轴的基本偏差数值表

			d	e	f	(g)	h	js	k	m	n	p	r	s	t	u
轴	代号	基本偏差代号	d	e	f	(g)	h	js	k	m	n	p	r	s	t	u
		公差等级	6 ~ 18													
	偏差	表中偏差为	*es*						*ei*							
		另一偏差计算式	*ei* = *es* − IT						*es* = *ei* + IT							
		表中偏差正负号	−	−	−	−				+	+	+	+	+	+	+
直径分段/mm	偏差数值/μm	>500 ~ 560	260	145	76	22	0	偏差=±IT/2	0	26	44	78	150	280	400	600
		>560 ~ 630											155	310	450	660
		>630 ~ 710	290	160	80	24	0		0	30	50	88	175	340	500	740
		>710 ~ 800											185	380	560	840
		>800 ~ 900	320	170	86	26	0		0	34	56	100	210	430	620	940
		>900 ~ 1000											220	470	680	1050
		>1000 ~ 1120	350	195	98	28	0		0	40	66	120	250	520	780	1150
		>1120 ~ 1250											260	580	840	1350
		>1250 ~ 1400	390	220	110	30	0		0	48	78	140	300	640	960	1450
		>1400 ~ 1600											330	720	1050	1600
		>1600 ~ 1800	430	240	120	32	0		0	58	92	170	370	820	1200	1850
		>1800 ~ 2000											400	920	1350	2000
		>2000 ~ 2240	480	260	130	34	0		0	68	110	195	440	1000	1500	2300
		>2240 ~ 2500											460	1100	1650	2500
		>2500 ~ 2800	520	290	145	38	0		0	76	135	240	550	1250	1900	2900
		>2800 ~ 3150											580	1400	2100	3200
孔	偏差	表中偏差正负号	+	+	+	+	+			−	−	−	−	−	−	−
		另一偏差计算式	*ES* = *EI* + IT						*EI* = *ES* − IT							
		表中偏差为	*EI*						*ES*							
	代号	公差等级	6 ~ 18													
		基本偏差代号	D	E	F	(G)	H	JS	K	M	N	P	R	S	T	U

【例 8.3】 已知孔和轴的配合代号为 ϕ20N7/h6，查表确定其极限偏差，画出它们的公差带图，并计算它们的极限间隙（过盈）值。

解：

1）查表

（1）查表 8.3 得 IT6=13μm，IT7=21μm。

（2）查表 8.6 得 h 的基本偏差为上极限偏差 es=0。

（3）查表 8.7 得 N 的基本偏差为上极限偏差 ES=−15+Δ=−15+8=−7μm。

2）通过计算确定另一个极限偏差

（1）h6 的另一个极限偏差 ei，ei=es−IT6=0−13=−13μm。

（2）N7 的另一个极限偏差 EI，EI=ES−IT7=−7.21=−28μm。

所以

$$\phi 20\text{N}7\begin{pmatrix}-0.007\\-0.028\end{pmatrix}\quad \phi 20\text{h}6\begin{pmatrix}0\\-0.013\end{pmatrix}$$

3）计算极限间隙（过盈）值

$$Y_{\max}(X_{\min}) = EI - es = -0.028 - 0 = -0.028\text{mm}$$
$$Y_{\min}(X_{\max}) = ei - ES = -0.013 + 0.007 = -0.006\text{mm}$$

4）画公差带图

如图 8.14 所示。

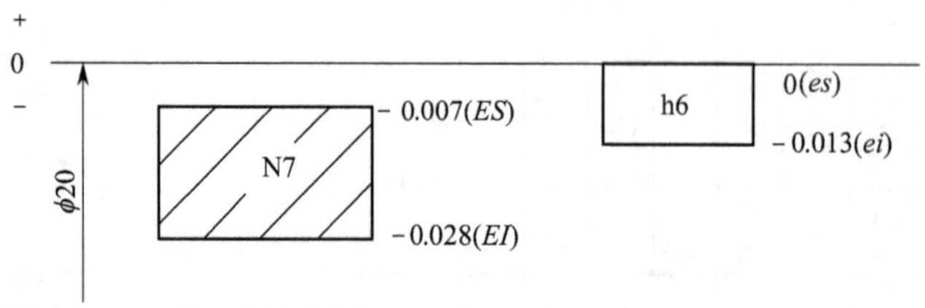

图 8.14　公差带图

【例 8.4】 已知孔、轴公差带 $\phi 25\text{F}7\begin{pmatrix}+0.041\\+0.020\end{pmatrix}$，$\phi 25\text{r}6\begin{pmatrix}+0.041\\+0.028\end{pmatrix}$，试确定下列配合 $\phi 25\text{H}7/f6$、$\phi 25\text{F}7/\text{h}6$、$\phi 25\text{R}7/\text{h}6$、$\phi 25\text{H}7/r6$ 中的孔、轴的极限偏差（不查表），计算其配合性质并绘出尺寸公差带图解比较。

解： 由已知条件可求得基本尺寸为 ϕ25mm 时

$$\text{IT}7 = (+0.041) - (+0.020) = 0.021\text{mm}$$
$$\text{IT}6 = (+0.041) - (+0.028) = 0.013\text{mm}$$

1）对 ϕ25H7/f6

ϕ25f6 轴的基本偏差按通用规则确定。已知 ϕ25F7 的基本偏差

$$EI=+0.020\text{mm}$$

则 ϕ25f6 轴的基本偏差

$$es=-EI=-0.020\text{mm}$$

下极限偏差

$$ei=es-\text{IT6}=(-0.020-0.013)\text{mm}=-0.033\text{mm}$$

基准孔 ϕ25H7 的基本偏差

$$EI=0$$

上极限偏差

$$ES=EI+\text{IT7}=(0+0.021)\text{mm}=+0.021\text{mm}$$

极限间隙

$$X_{\max}=ES-ei=[(+0.021)-(-0.033)]\text{mm}=+0.054\text{mm}$$

$$X_{\min}=EI-es=[0-(-0.020)]\text{mm}=+0.020\text{mm}$$

$$T_{\text{f}}=(X_{\max}-X_{\min})=0.034\text{mm}$$

尺寸公差带图解如图 8.15（a）所示。

2）对 ϕ25F7/h6

已知 ϕ25F7 的基本偏差

$$EI=+0.020\text{mm}$$

则上极限偏差

$$ES=EI+\text{IT7}=(+0.020+0.021)\text{mm}=+0.041\text{mm}$$

ϕ25h6 的基本偏差

$$es=0$$

下极限偏差

$$ei=es-\text{IT6}=(0-0.013)\text{mm}=-0.013\text{mm}$$

极限间隙分别为

$$X_{\max}=ES-ei=[(+0.041)-(-0.013)]\text{mm}=+0.054\text{mm}$$

$$X_{\min}=EI-es=[(+0.020)-0]\text{mm}=+0.020\text{mm}$$

$$T_{\text{f}}=[X_{\max}-X_{\min}]=0.034\text{mm}$$

尺寸公差带图解如图 8.15（b）所示。

从图中看出，ϕ25H7/f6 与 ϕ25F7/h6 的配合性质相同。

3）对 ϕ25R7/h6

ϕ25R7 孔的基本偏差按特殊规则确定。已知 ϕ25r7 的基本偏差

$$ei=+0.028\text{mm}$$

则 ϕ25R7 的基本偏差

$$ES=-ei+\Delta=[-0.028+（IT7-IT6）]mm=-0.020mm$$

下极限偏差

$$EI=ES-IT7=（-0.020-0.021）mm=-0.041mm$$

基准轴 h6 的基本偏差

$$es=0$$

下极限偏差

$$ei=es-IT6=（0-0.013）mm=-0.013mm$$

极限过盈分别为

$$Y_{max}=EI-es=[（-0.041）-0]mm=-0.041mm$$

$$Y_{min}=ES-ei=[（-0.020）-（-0.013）]mm=-0.007mm$$

$$T_f=Y_{min}-Y_{max}=0.034mm$$

尺寸公差带图解如图 8.15（c）所示。

4）对 ϕ25H7/r6

已知 ϕ25r6 的基本偏差

$$ei=+0.028mm$$

$$es=+0.041mm$$

基准孔 ϕ25H7 的基本偏差

$$EI=0$$

上极限偏差

$$ES=EI+IT7=（0+0.021）mm=+0.021mm$$

极限过盈分别为

$$Y_{max}=EI-es=（0-0.041）mm=-0.041mm$$

$$Y_{min}=ES-ei=[（+0.021）-（+0.028）]mm=-0.007mm$$

$$T_f=Y_{min}-Y_{max}=0.034mm$$

尺寸公差带图解如图 8.15（d）所示。

从图中看出，对 ϕ25R7/h6 与 ϕ25H7/r6 的配合性质相同。

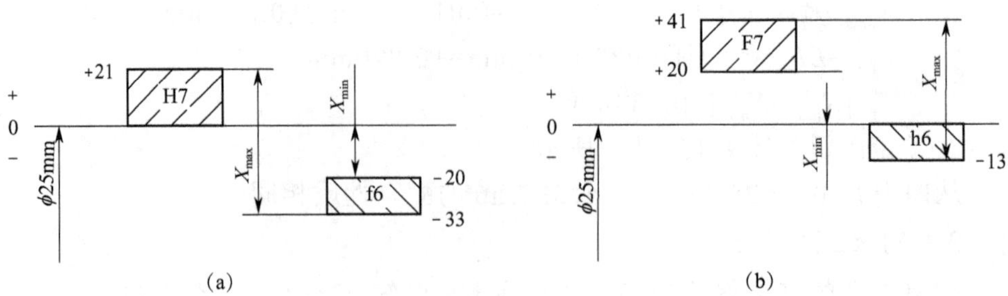

图 8.15　公差带图

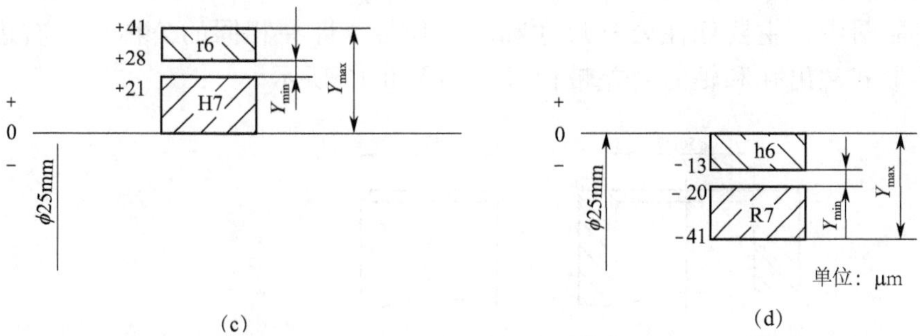

续图 8.15

8.4 极限与配合的标注

尺寸公差带代号是公差带的符号表示，包含了公差带的大小和位置信息。它由基本偏差代号与公差等级数字组成。其中基本偏差代号在前，公差等级数字在后，如 J6、H7、M8 等均为孔的公差带代号；d6、js7、p8 等均为轴的公差带代号。配合代号由孔和轴的公差带代号组成，并写成分数形式，分子为孔的公差带代号，分母为轴的公差带代号，如$\frac{H7}{f6}$或 H7/f6。当指某公称尺寸的配合时，将公称尺寸标在配合代号的前面，如$\frac{H7}{f6}$或 ϕ60H7/f6。

在零件图中，尺寸公差有三种标注形式：

（1）大批量生产时，尺寸公差可采用标注公称尺寸和公差带代号的形式，如图 8.16（a）所示，公差带代号字高与公称尺寸相同。

（2）单件小批量生产时，尺寸公差可采用标注公称尺寸和极限偏差数值的形式，如图 8.16（b）所示，这种标注方法的规则如下：

①极限偏差数值字高比公称尺寸字高小一号。上下极限偏差数值以 mm 为单位，分别注在公称尺寸的右上角和右下角，下极限偏差与公称尺寸数字底线平齐。

②上下极限偏差数值的小数点必须对齐，小数点后右端的 0 一般不注出，若为使小数点后的位数相同，小数点后右端的 0 也可注出。

③上（下）极限偏差数值为 0 时也要注出，并与下（上）极限偏差小数点左侧的数字对齐。

④上下极限偏差数值绝对值相等时，只写一个数值，数值前加 ±，并且字高与公称尺寸字高相同，如：$\phi60 \pm 0.023$。

（3）中批量生产时，尺寸公差可采用同时标注公差带代号和上下极限偏差的形式，如图 8.16（c）所示。

在装配图中，主要标注公称尺寸和配合代号，即在相同的公称尺寸右边以分式的形式注出孔和轴的公差带代号，如图 8.17 所示。

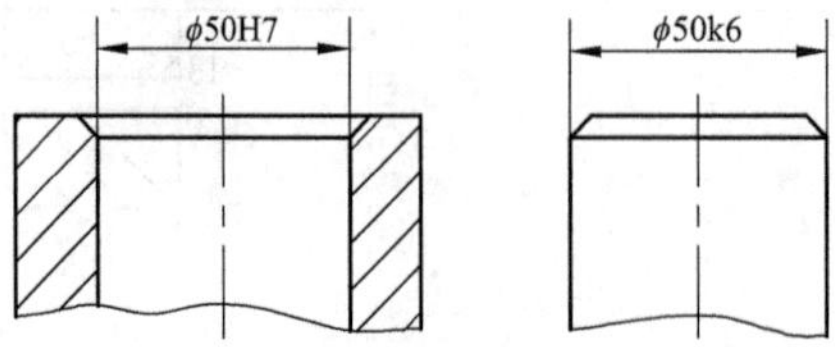

(a) 标注公称尺寸和公差带代号

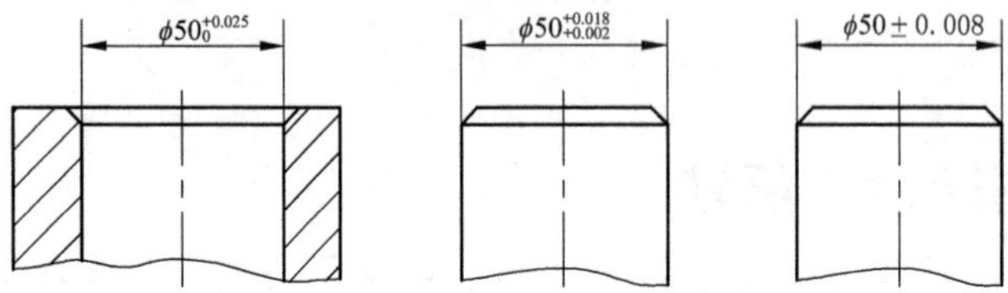

(b) 标注公称尺寸和极限偏差数值

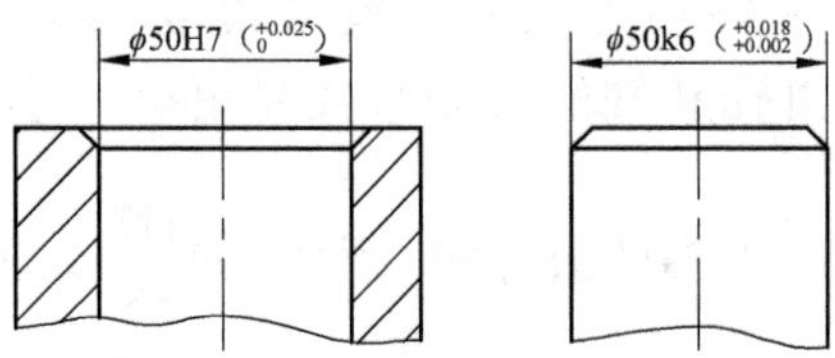

(c) 标注公称尺寸、公差带代号和极限偏差数值

图 8.16　零件图中尺寸公差的标注形式

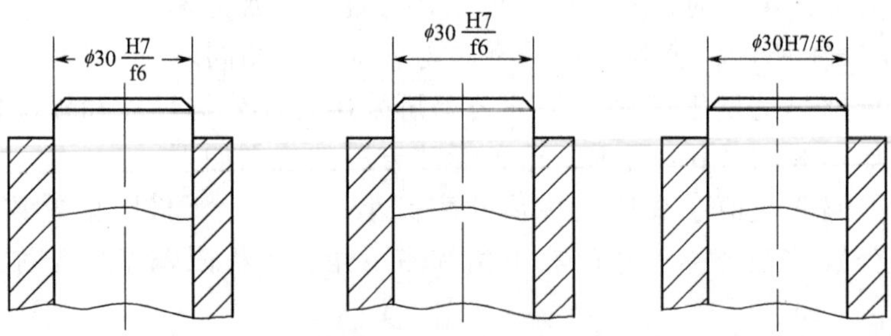

图 8.17　装配图中配合代号的标注形式

8.5　一般、常用和优先选用的公差带与配合

国家标准GB/T1800.1—2009将公称尺寸至500mm的公差带，划分了20个公差等级，规定了28个不同的公差带位置即基本偏差。各基本偏差代号和各公差等级任意组合，可得到大量大小或位置不同的公差带。其中，孔有543种（J只有6~8三个公差等级），轴有544种（j只有5~8四个公差等级），孔和轴的公差带任意组合可以组成近30万对配合，为了便于生产管理和标准化的推广，国家标准规定了公称尺寸至500mm的一般用途、常用和优先选用的孔和轴的公差带，在此基础上推荐了优先和常用配合，各类的数量如表8.9所示。

表8.9　公称尺寸至500 mm各类孔和轴的公差带和配合的数量

	孔	轴	配合	
			基孔制	基轴制
一般用途	105	119		
常用	44	59	59	47
优先选用	13	13	13	13

一般、常用和优先选用的轴公差带如图8.18所示，孔公差带如图8.19所示。

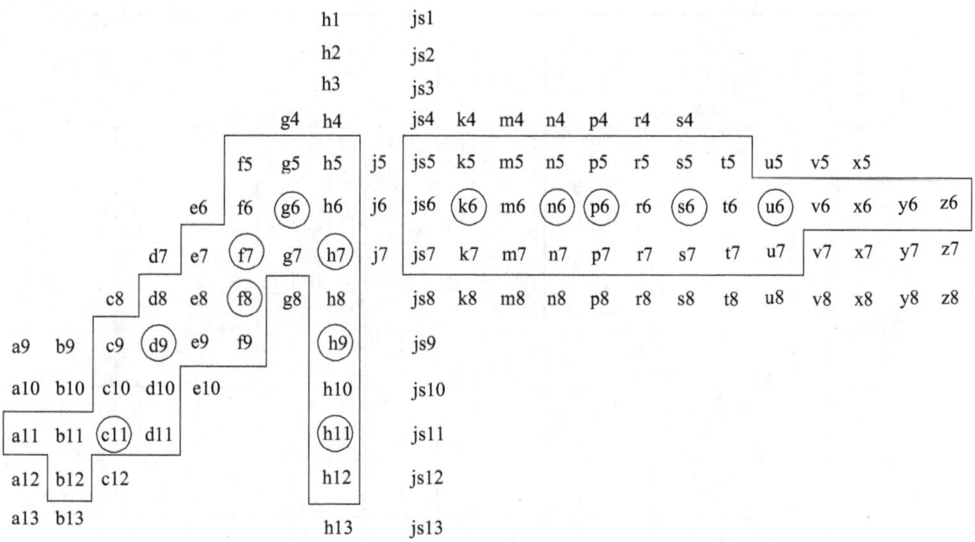

注：框格内为常用轴公差带，圆圈内为优先选用的轴公差带

图8.18　一般、常用和优先选用的轴公差带

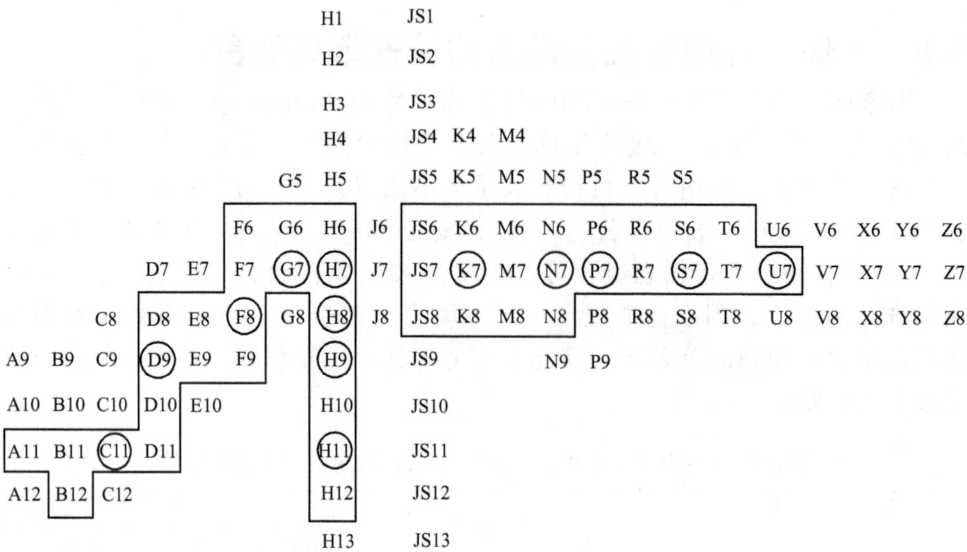

注：框格内为常用孔公差带，圆圈内为优先选用的孔公差带

图 8.19　一般、常用和优先选用的孔公差带

基孔制和基轴制优先和常用的配合如表 8.10 和表 8.11 所示，按照优先、常用、一般的次序进行选择。

表 8.10　基孔制优先和常用的配合

基准孔	轴																				
	a	b	c	d	e	f	g	h	js	k	m	n	p	r	s	t	u	v	x	y	z
	间隙配合								过渡配合			过盈配合									
H6						$\frac{H6}{f5}$	$\frac{H6}{g5}$	$\frac{H6}{h5}$	$\frac{H6}{js5}$	$\frac{H6}{k5}$	$\frac{H6}{m5}$	$\frac{H6}{n5}$	$\frac{H6}{p5}$	$\frac{H6}{r5}$	$\frac{H6}{s5}$	$\frac{H6}{t5}$					
H7						$\frac{H7}{f6}$	◤$\frac{H7}{g6}$	◤$\frac{H7}{h6}$	$\frac{H7}{js6}$	◤$\frac{H7}{k6}$	$\frac{H7}{m6}$	◤$\frac{H7}{n6}$	◤$\frac{H7}{p6}$	$\frac{H7}{r6}$	◤$\frac{H7}{s6}$	$\frac{H7}{t6}$	◤$\frac{H7}{u6}$	$\frac{H7}{v6}$	$\frac{H7}{x6}$	$\frac{H7}{y6}$	$\frac{H7}{z6}$
H8					$\frac{H8}{e7}$	◤$\frac{H8}{f7}$	$\frac{H8}{g7}$	◤$\frac{H8}{h7}$	$\frac{H8}{js7}$	$\frac{H8}{k7}$	$\frac{H8}{m7}$	$\frac{H8}{n7}$	$\frac{H8}{p7}$	$\frac{H8}{r7}$	$\frac{H8}{s7}$	$\frac{H8}{t7}$	$\frac{H8}{u7}$				
				$\frac{H8}{d8}$	$\frac{H8}{e8}$	$\frac{H8}{f8}$		$\frac{H8}{h8}$													
H9			$\frac{H9}{c9}$	◤$\frac{H9}{d9}$	$\frac{H9}{e9}$	$\frac{H9}{f9}$		◤$\frac{H9}{h9}$													
H10			$\frac{H10}{c10}$	$\frac{H10}{d10}$				$\frac{H10}{h10}$													
H11	$\frac{H11}{a11}$	$\frac{H11}{b11}$	◤$\frac{H11}{c11}$	$\frac{H11}{d11}$				◤$\frac{H11}{h11}$													
H12		$\frac{H12}{b12}$						$\frac{H11}{h12}$													

注：① $\frac{H6}{n5}$，$\frac{H7}{p6}$ 在基本尺寸小于或等于3mm和 $\frac{H8}{r7}$ 在基本尺寸小于或等于100mm时，为过渡配合。
②标注◤的配合为优先配合。

表 8.11 基轴制优先和常用的配合

基准轴	孔																				
	A	B	C	D	E	F	G	H	JS	K	M	N	P	R	S	T	U	V	X	Y	Z
	间隙配合								过渡配合			过盈配合									
h5						F6/h5	G6/h5	H6/h5	JS6/h5	K6/h5	M6/h5	N6/h5	P6/h5	R6/h5	S6/h5	T6/h5					
h6						F7/h6	◤G7/h6	◤H7/h6	JS7/h6	◤K7/h6	M7/h6	◤N7/h6	◤P7/h6	R7/h6	◤S7/h6	T7/h6	◤U7/h6				
h7					E8/h7	◤F8/h7		◤H8/h7	JS8/h7	K8/h7	M8/h7	N8/h7									
h8				D8/h8	E8/h8	F8/h8		H8/h8													
h9				◤D9/h9	E9/h9	F9/h9		◤H9/h9													
h10				D10/h10				H10/h10													
h11	A11/h11	B11/h11	◤C11/h11	D11/h11				◤H11/h11													
h12		B12/h12						H12/h12													

注：标注◤的配合为优先配合。

小尺寸段（公称尺寸≤ 18mm）通常用于仪器、钟表等行业，它较常用的尺寸段范围要求有更多的公差带和配合种类。在小尺寸段内，国家标准规定了 163 个轴公差带和 145 个孔公差带，但未规定常用配合和优先配合。各行业可根据实际情况自行选用公差带并组成配合。

大尺寸段（公称尺寸≥ 500mm），国家标准规定了 41 个轴公差带和 31 个孔公差带，但未规定配合。由于大尺寸件多是单件生产，可采用“配制配合”的方式。

8.6 一般公差

一般公差是指在车间一般加工条件下可以保证的公差，主要用于对精度要求不高的非配合尺寸。国家标准对一般公差规定了四个等级：精密 f、中等 m、粗糙 c 和最粗 v，极限偏差值对称安排，即上、下极限偏差大小相等、符号相反。线性尺寸一般公差的等级和极限偏差如表 8.12 所示，倒圆半径和倒角尺寸的公差等级和极限偏差如表 8.13 所示。

表 8.12 线性尺寸一般公差的等级和极限偏差 （mm）

公差等级	公称尺寸分段							
	0.5 ~ 3	> 3 ~ 6	> 6 ~ 30	> 30 ~ 120	> 120 ~ 400	> 400 ~ 1000	> 1000 ~ 2000	> 2000 ~ 4000
精密 f	±0.05	±0.05	±0.1	±0.15	±0.2	±0.3	±0.5	—
中等 m	±0.1	±0.1	±0.2	±0.3	±0.5	±0.8	±1.2	±2
粗糙 c	±0.2	±0.3	±0.5	±0.8	±1.2	±2	±3	±4
最粗 v	—	±0.5	±1	±1.5	±2.5	±4	±6	±8

表 8.13 倒圆半径和倒角尺寸的公差等级和极限偏差 （mm）

公差等级	公称尺寸分段			
	0.5 ~ 3	> 3 ~ 6	> 6 ~ 30	> 30
精密 f	±0.2	±0.5	±1	±2
中等 m				
粗糙 c	±0.4	±1	±2	±4
最粗 v				

一般公差在图样上公称尺寸后不标注，而在加工时控制。根据精度要求和加工条件，在图样标题栏附近、技术要求或技术文件中，用国家标准号和公差等级代号注出。例如，标注为 GB/T1804—2000—m，表明该图样上未注公差的尺寸均按中等 m 级加工和检测。一般来说，同一张图纸上，一般公差采用同一等级加工和检测。

8.7 公差与配合的选用

公差与配合的选用是在公称尺寸确定后进行的尺寸精度设计。它是机械设计与制造的重要环节。选用的恰当与否，关系到产品的性能、质量及经济性等。主要包括：基准制的选择、公差等级的选择和配合的选择等。选用的原则：满足使用要求；获得最佳的技术经济效益。

8.7.1 基准制的选用

基准制的选用主要从结构形式的合理性、加工工艺及其经济性等方面考虑。选用的标准有：

（1）一般情况下优先选用基孔制。从工艺和经济性上讲，中小尺寸孔的加工需要钻头、铰刀等定值刀具，每把刀具只能加工一个尺寸孔，而同一把车刀却可以加工出各种不同尺寸的轴，因此与改变轴的极限尺寸相比，改变孔的极限尺寸不仅困难，而且会使生产的成本增加。

（2）采用基轴制有明显的经济效益时，应选用基轴制。

①冷拉棒料直接做轴。在农业机械、纺织机械和建筑机械中，有时采用IT9.IT11的冷拉棒料直接做轴，不需要再加工。这种情况下，基准制选用基轴制，经济效益明显。

②结构上，同一根轴与多个公称尺寸相同、配合性质不同的孔的配合。如图 8.20（a）所示，根据功能需要，发动机的活塞销与活塞孔之间采用过渡配合，而活塞销与连杆衬套孔之间采用间隙配合。如果选用基孔制配合，活塞销就需要做成两端大、中间小的阶梯状，不利于加工和装配，如图 8.20（b）所示。如果选用基轴制配合，活塞销就可做成光轴，便于加工与装配，如图 8.20（c）所示。

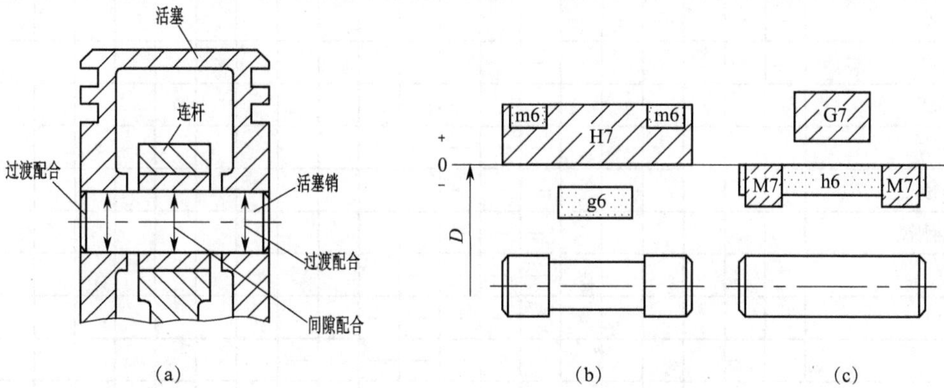

图 8.20 基轴制配合举例

③公差等级相同时，公称尺寸小于 1mm 的精密轴比孔加工更困难，因此在钟表生产中，常使用光轧成型的钢丝或有色金属棒料做轴，此时应选用基轴制。

（3）与标准件的配合，以标准件为基准件来确定基准制。例如，滚动轴承内圈与轴颈的配合应选用基孔制，外圈与外壳孔的配合应选用基轴制。

（4）有时为满足某些特殊配合的需要，国家标准也允许选用非基准制配合，即任意孔、轴公差带组成的配合。在此不再详细叙述。

8.7.2 公差等级的选用

公差等级的选用就是为相配合的孔和轴确定公差等级。公差等级过高，将使制造成本增加；公差等级过低，产品质量得不到保证。因此，需合理选用公差等级，其原则是：在满足使用要求的前提下，尽量选用较低的公差等级。公差等级的选用方法，通常采用类比法和计算法。

1. 类比法

类比法，即经验法。这种方法就是参考从生产实践中总结出来的经验资料，将待加工零件的结构特点、加工工艺、配合等进行分析对比，确定合理的公差等级。因此，采用类比法需掌握各种加工方法所能达到的公差等级和公差等级的应用范围，如表 8.14 和表 8.15 所示。除此之外，还应注意孔和轴的工艺等价性、相关件与配合件的精度、配合与成本的关系等问题。

表 8.14 各种加工方法可能达到的标准公差等级

加工方法	公差等级(IT)																			
	01	0	1	2	3	4	5	6	7	8	9	10	11	12	13	14	15	16	17	18
研磨	—	—	—	—	—	—	—													
珩磨						—	—	—	—											
圆磨							—	—	—	—										
平磨							—	—	—	—										
金刚车							—	—	—											
金刚镗							—	—	—											
拉							—	—	—	—										
铰								—	—	—	—	—								
车									—	—	—	—	—							
镗									—	—	—	—	—							
铣										—	—	—	—							
刨、插												—	—							
钻												—	—	—	—					
滚压、挤压												—	—							
冲压												—	—	—	—	—				
压铸													—	—	—	—				
粉末冶金成形								—	—	—										
粉末冶金烧结									—	—	—	—								
砂型铸造、气割																		—	—	—
锻造																	—	—		

表 8.15 标准公差等级的应用范围

应用	公差等级(IT)																			
	01	0	1	2	3	4	5	6	7	8	9	10	11	12	13	14	15	16	17	18
量块	—	—	—																	
量规			—	—	—	—	—	—	—											

续表 8.15

应用	公差等级(IT)																			
	01	0	1	2	3	4	5	6	7	8	9	10	11	12	13	14	15	16	17	18
特精件配合				—	—	—	—													
一般配合							—	—	—	—	—	—	—	—						
原材料公差										—	—	—	—	—	—	—				
未注尺寸公差														—	—	—	—	—	—	—

(1)孔和轴的工艺等价性。工艺等价性是指孔和轴加工的难易程度相当。相配合的孔和轴的工艺等价性如表 8.16 所示。

表 8.16 配合的孔和轴的工艺等价性

要求配合	条件: 孔的公差等级	轴应选用的公差等级	实 例
间隙配合、过渡配合	≤IT8	轴比孔小一级	H7/f6
	>IT8	轴与孔同级	H9/d9
过盈配合	≤IT7	轴比孔小一级	H7/p6
	>IT7	轴与孔同级	H8/s8

(2)相关件和相配件的精度。例如，齿轮孔与轴配合的公差等级应由齿轮的精度等级决定。与滚动轴承相配合轴颈和外壳孔的公差等级应由滚动轴承的精度决定。

(3)配合与成本的关系。出于经济性的考虑，精度要求不高的配合允许孔和轴的公差等级相差 2~3 级。如图 8.21 所示，按照工艺等价原则，套筒应选用 7 级公差，但套筒与轴在径向只要求自由装配，此处可选用 9 级精度以降低成本。

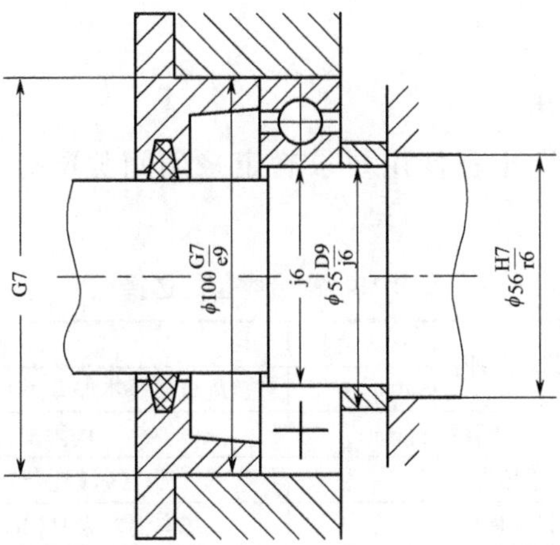

图 8.21 轴端的配合

2. 计算法

计算法是在已知配合的极限盈隙的情况下，根据一定的理论和计算公式，经过计算确定孔和轴的公差等级的一种方法。

【**例 8.5**】某间隙配合的公称尺寸为ϕ10mm，要求间隙在+13μm~+38μm内，试通过计算确定孔和轴的公差等级。

解：根据题意知，

$$X_{max}=+38\mu m,\ X_{min}=+13\mu m$$

计算出配合公差：

$$T_f=(X_{max}-X_{min})=[+38-(+13)]\mu m=25\mu m$$

若孔的公差为T_h，轴的公差为T_s，则应使$T_s+T_h\leqslant T_f$，即$T_s+T_h\leqslant 25\mu m$。查表得IT5=6μm，IT6=9μm，IT7=15μm，IT8=22μm。考虑到工艺等价原则，孔和轴的公差等级组合方案如表8.17所示。

表 8.17　孔和轴的公差等级组合与选用

方案	孔的公差等级	孔的公差/μm	轴的公差等级	轴的公差/μm	配合公差/μm	可行性
Ⅰ	IT6	9	IT5	6	15	可行
Ⅱ	IT7	15	IT6	9	24	可行
Ⅲ	IT8	22	IT7	15	37	不可行

显然，从经济方面考虑的话，可选择方案Ⅱ，即孔为IT7、轴为IT6。

8.7.3　配合的选用

基准制的选用确定了基准件的基本偏差代号；公差等级的选用确定了基准件和非基准件的公差等级；配合的完全确定，需进行配合的选用，以确定非基准件的基本偏差代号。配合的选用分为配合类型的选用和配合代号的确定。

1. 配合类型的选用

配合类型的选用即根据使用要求确定采用间隙配合、过渡配合或过盈配合，如表8.18所示。

表 8.18　配合类型的选择

<table>
<tr><td rowspan="4">无相对运动</td><td rowspan="3">要传递转矩</td><td rowspan="2">要精确同轴</td><td>永久结合</td><td>过盈配合</td></tr>
<tr><td>可拆结合</td><td>过渡配合或基本偏差为H(h)[2]的间隙配合加紧固件[1]</td></tr>
<tr><td colspan="2">不要精确同轴</td><td>间隙配合加紧固件[1]</td></tr>
<tr><td colspan="3">不需要传递转矩</td><td>过渡配合或轻的过盈配合</td></tr>
<tr><td rowspan="2">有相对运动</td><td colspan="3">只有移动</td><td>基本偏差为H(h)、G(g)[2]等间隙配合</td></tr>
<tr><td colspan="3">转动或转动和移动复合运动</td><td>基本偏差为A～F(a～f)[2]等间隙配合</td></tr>
</table>

1）紧固件指键、销钉、螺钉等。

2）非基准件的基本偏差代号。

2. 配合代号的确定

基准制和公差等级的选用已经确定了基准件的基本偏差代号、公差等级和非基准件的公差等级，因此，配合代号的确定只需根据使用要求确定非基准件的基本偏差代号，方法有类比法、计算法和试验法。各种配合类型的适用范围如表 8.19 所示。

表 8.19 各种配合类型的适用范围

配合类型	适用范围	配合类型	适用范围	配合类型	适用范围
H/js 类	轻微定心配合	H/m 类	高级定心配合	H/p 类	轻压定心配合
H/k 类	标准定心配合	H/n 类	精确定心配合	H/h 类	间隙定心配合

【例 8.6】已知某孔和轴形成间隙配合，公称尺寸为 ϕ45mm。根据要求，其间隙要在 +0.022mm~+0.070mm 之间。若已决定采用基孔制配合，试通过计算确定其配合代号。

解：

（1）确定配合制，根据题意选择基孔制配合。

（2）确定公差等级。根据题意知，

$$X_{max}=+0.070\text{mm}=+70\mu\text{m}$$

$$X_{min}=+0.022\text{mm}=+22\mu\text{m}$$

配合公差

$$T_f=(X_{max}-X_{min})=[+70-(+22)]\mu\text{m}=48\mu\text{m}$$

若孔的公差为 T_h，轴的公差为 T_s，则应使 $T_s+T_h \leqslant T_f$，即 $T_s+T_h \leqslant 48\mu\text{m}$。查表得IT5=11μm,IT6=16μm,IT7=25μm,IT8=39μm。考虑到工艺等价原则，孔和轴公差等级的组合方案如表 8.20 所示。

表 8.20 孔轴公差等级的组合与选用

方案	孔的公差等级	孔的公差 /μm	轴的公差等级	轴的公差 /μm	配合公差 /μm	可行性
Ⅰ	IT6	16	IT5	11	27	可行
Ⅱ	IT7	25	IT6	16	41	可行
Ⅲ	IT8	39	IT7	25	64	不可行

显然，从经济性方面考虑，可选择方案 II，即孔为 IT7，轴为 IT6。

（3）确定配合代号。因为该配合为基孔制配合，并已确定孔的公差等级为 IT7，所以孔为 $\phi45\text{H7}(^{+0.025}_{0})$mm。

因为该配合为间隙配合，所以，轴的公差带在孔的公差带之下，并可判断出轴的上极限偏差为基本偏差。由 $X_{min}=EI-es$ 得

$$es=EI-X_{min}=[0-(+22)]\mu\text{m}=-22\mu\text{m}$$

查表可取轴的基本偏差代号为 f（f 对应的基本偏差 es=−25μm。由于已

确定轴的公差等级为IT6，因此可初步确定轴为$\phi 45\text{f6}\left(^{-0.025}_{-0.041}\right)$mm，故该配合为$\phi 45\dfrac{\text{H7}}{\text{f6}}$。

（4）验算。画出该配合的孔、轴公差带图，如图8.22所示。

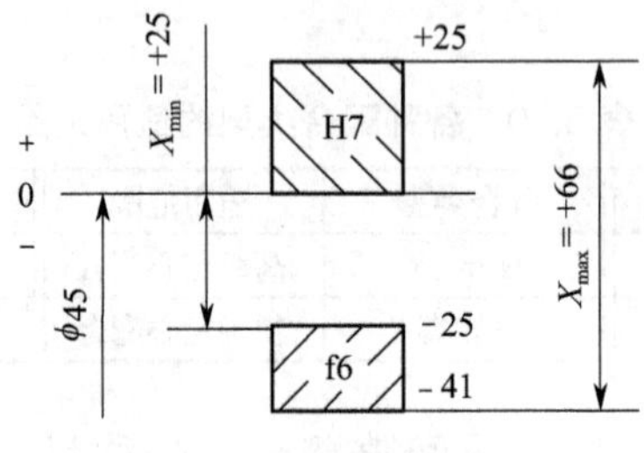

图8.22　孔、轴的公差带图

由公差带图可以看出，

$$X_{max}=+66\mu m=+0.066mm$$
$$X_{min}=+25\mu m=+0.025mm$$

均满足要求，故可确定该配合为$\phi 45\dfrac{\text{H7}}{\text{f6}}$。

第9章 几何公差

机械零件不仅存在尺寸误差，还存在形状和位置误差，称为几何误差。几何误差是机械零件上的一项重要指标，不但影响机械零件的使用功能，而且可能影响使用寿命。但是在零件的机加工过程中，由于机床、夹具、刀具和工艺操作水平等各种因素的影响，零件的尺寸和形状均不可避免的出现加工误差。因此，需用几何公差控制机械零件的几何误差，使其满足使用要求。本章将重点介绍几何公差的项目及其标注、公差带的特点以及公差带的标准化与选用的内容。

9.1 概 述

9.1.1 几何要素及其分类

构成零件几何特征的点（球心、尖点、中心点等）、线（素线、中心线、曲线、轴线等）、面（球面、圆柱面、圆锥面、中心平面等）称为几何要素。几何要素是几何公差的研究对象，可以从不同角度进行分类。

1. 组成要素（旧国标称轮廓要素）与导出要素（旧国标称中心要素）

根据几何结构特征，几何要素可分为组成要素与导出要素。组成要素是构成零件轮廓的可直接触及的点、线、面。图 9.1 所示是球面、圆锥面、端面、圆柱面、素线和顶尖点。导出要素是构成组成要素对称中心不可直接触及的点、线、面，如球心、轴线、中心平面等。

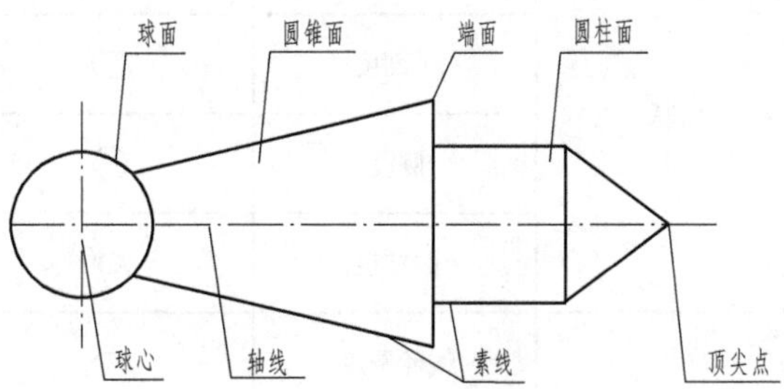

图 9.1 零件的几何要素

2. 理想要素与实际要素

根据存在状态，几何要素可分为理想要素与实际要素。理想要素，也被称为公称要素，是指具有几何学意义，无任何误差的几何要素，零件图上表示的要素均为理想要素，可分为理想组成要素和理想导出要素。实际要素是指零件加工后实际存在，有几何误差的几何要素，可分为实际组成要素和实际导出要素。

3. 单一要素与关联要素

根据功能关系，几何要素可分为单一要素与关联要素。单一要素是仅对其本身给出形状公差要求的要素。关联要素是对其他要素有功能关系的要素，即规定位置公差的要素。

4. 被测要素与基准要素

根据在几何公差中所处的地位，几何要素可分为被测要素与基准要素。被测要素是指在图样上给出了几何公差的要素。基准要素是指用以确定被测要素的方向或位置的要素，简称基准。

9.1.2 几何公差的项目及符号

几何公差共 14 个项目，分为形状公差和位置公差，其中位置公差又分为方向公差、位置公差和跳动公差。形状公差是对单一要素提出要求，因此无基准要求。位置公差是对关联要素提出要求，因此有基准要求。线轮廓度和面轮廓度项目既可以有基准，也可以无基准，有基准时为位置公差，无基准时为形状公差。几何公差项目及其代号如表 9.1 所示。

表 9.1 几何公差项目及其代号

公 差		特征项目	符 号	有或无基准要素
形状公差	形状	直线度	—	无
		平面度	▱	无
		圆度	○	无
		圆柱度	⌭	无
形状或位置公差	轮廓	线轮廓度	⌒	有或无
		面轮廓度	⌓	有或无

续表 9.1

公差		特征项目	符号	有或无基准要素
位置公差	定向	平行度	//	有
		垂直度	⊥	有
		倾斜度	∠	有
	定位	位置度	⌖	有或无
		同轴（同心）度	◎	有
		对称度	⌯	有
	跳动	圆跳动	↗	有
		全跳动	⌰	有

9.1.3 几何公差带

几何公差带限制被测实际要素变动的区域，它需要四个要素：大小、形状、方向、位置确定。其大小是由几何公差值确定的。如果被测实际要素包含在公差带内，则被测要素合格。

1. 大小

几何公差带的大小由给定的几何公差值决定，是指公差带的宽度（距离）t 或直径 ϕt（$s\phi t$）。

2. 形状

几何公差带的形状随实际被测要素的结构特征、所处的空间以及要求控制方向的差异而有所不同，常用的几何公差带形状有 11 种，如图 9.2 所示。11 种几何公差带的形状可以归纳为四类：两等距线间的区域（图 9.2（a），（b），（f））、两等距面间的区域（图 9.2（c），（d），（i））、一个回转体内的区域（图 9.2（e），（g），（h））、一段回转体表面的区域（图 9.2（j），（k））。

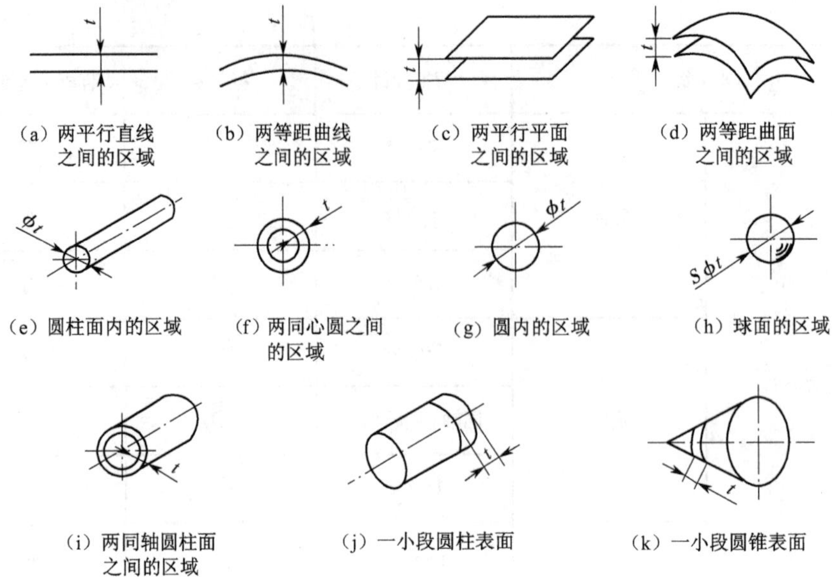

图 9.2　几何公差带的形状类型

3. 方向

几何公差带的方向理论上应与几何公差框格指引线箭头的方向垂直。

4. 位置

形状公差带无位置要求，但受到相应尺寸公差带的制约，在尺寸公差带内浮动，或由理论正确尺寸确定。位置公差带有位置要求，其位置是由相对于基准的尺寸公差或理论正确尺寸确定。

9.2　几何公差的标注

按几何公差国家标准 GB/T 1182—2008 的规定，在图样上标注几何公差时，应采用代号标注。标注时，应绘制公差框格，并在框格内注明公差数值和有关符号。只有无法采用代号标注时，才允许在技术条件中用文字加以说明，但应做到内容完整，不能产生不同的理解。

9.2.1　公差框格

用公差框格标注几何公差时，公差要求注写在划分成两格或多格的矩形框格内。公差框格的大小可按图 9.3 绘制，各格自左至右顺序标注几何特征符号、公差值和基准。公差值是以线性尺寸单位表示的量值。当给定的公差带为圆或圆柱形时，应在几何公差值前加注符号“ϕ”，如 9.4（b），（d）所示。

当给定的公差带为圆球形时，应在公差值前加注“$S\phi$”，如图 9.4（a）所示。

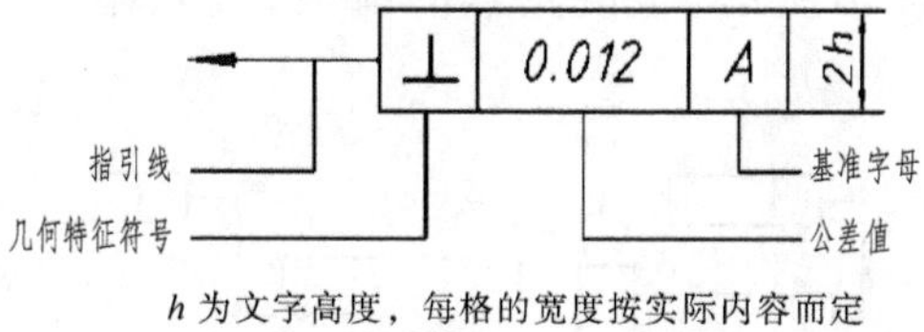

图 9.3 公差框格（一）

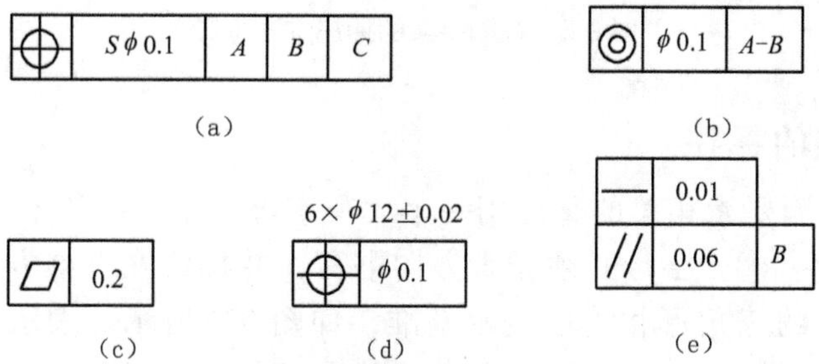

图 9.4 公差框格（二）

多个同类要素具有同一公差要求时，应在公差框格的上方被测要素的尺寸之前注明要素的个数，并在两者间加上“×”，如图 9.4（d）所示。如果某个要素需要多种几何公差时，可将一个公差框格放在另一个的下面，如图 9.4（e）所示。

9.2.2 被测要素的标注

按下列方式之一用指引线连接被测要素和公差框格。指引线引自框格的任意一侧，终端带一箭头。需要注意：指引线只能从框格的一端垂直引出，指到位置之前最多弯折两次。

（1）当公差涉及轮廓线或轮廓面时，箭头指向该要素的轮廓线或其延长线（应与尺寸线明显错开），如图 9.5（a），（b）所示。箭头也可指向引出线的水平线，引出线引自被测面，引出线的一个终端为小黑点，如图 9.5（c）所示。

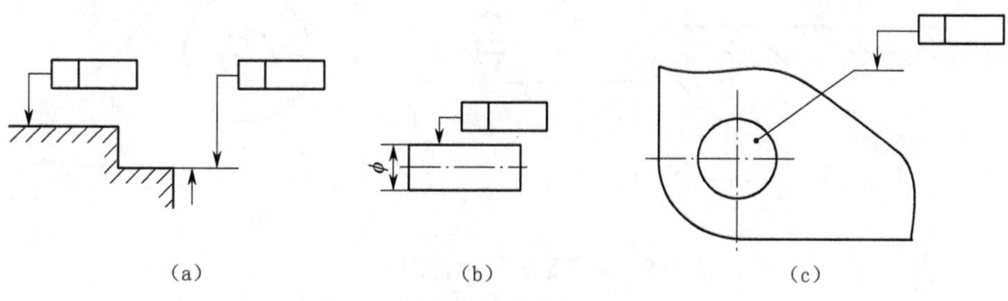

图 9.5 被测要素的标注方法（一）

（2）当公差涉及要素的中心线、中心面或中心点时，箭头应位于相应尺寸的延长线上，如图9.6所示。被测要素的箭头，可兼作一个尺寸箭头，如图9.6（b）所示。

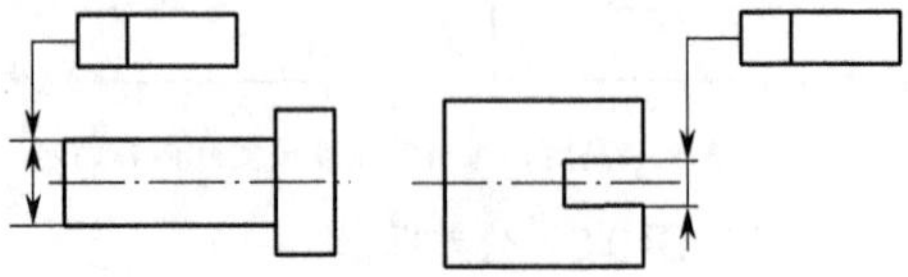

（a） （b）

图9.6 被测要素的标注方法（二）

9.2.3 基准的标注

（1）与被测要素相关的基准用一个大写字母表示（一般不采用E、F、I、J、L、M、O、P、R）。字母必须竖直方向书写，并标注在基准方格内，与一个涂黑的或空白的三角形相连以表示基准，如图9.7所示。表示基准的字母还应标注在公差框格内。涂黑的和空白的基准三角形含义相同。基准符号的大小可按图9.8绘制。

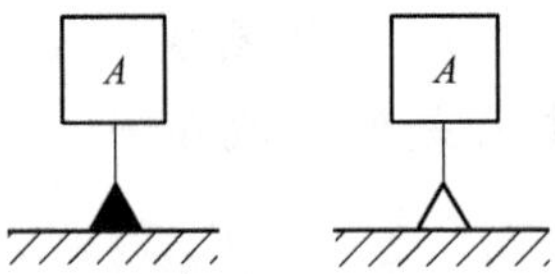

（a） （b）

图9.7 基准符号

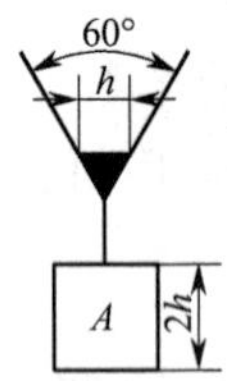

图9.8 基准符号画法

（2）带基准字母的基准三角形应按如下规定放置：

①当基准要素是轮廓线或轮廓面时，基准三角形放置在要素的轮廓线或其延长线上（与尺寸线明显错开），如图9.9（a）所示；基准三角形也可放置在该轮廓面引出线的水平线上，如图9.9（b）所示。

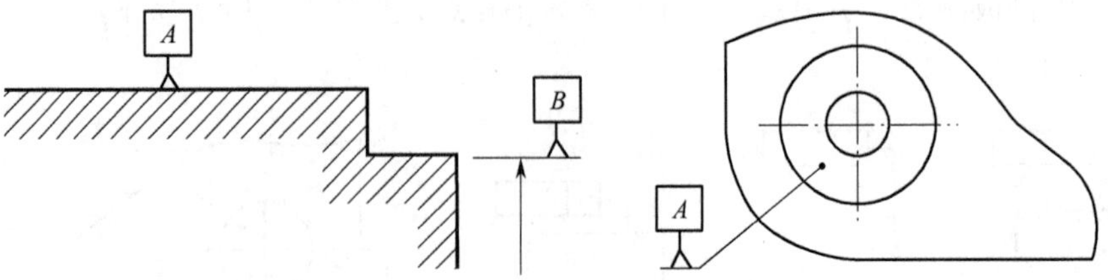

（a） （b）

图9.9 基准要素常用标注方法（一）

②当基准是尺寸要素确定的轴线、中心平面或中心点时，基准三角形应放置在该尺寸的延长线上，如图 9.10（a）所示。如果没有足够的位置标注基准要素尺寸的两个尺寸箭头，则其中一个箭头可用基准三角形代替，如图 9.10（b）所示。

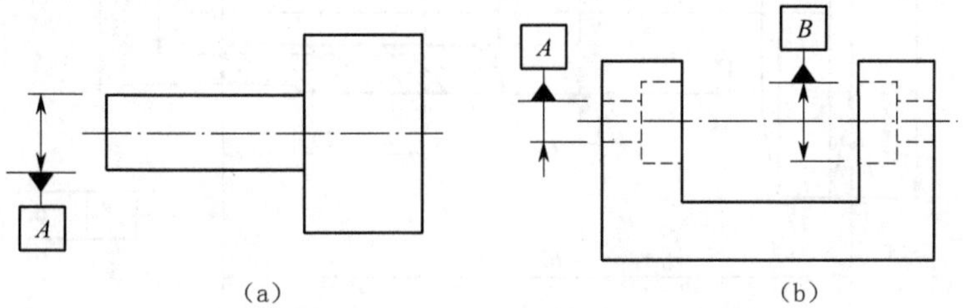

图 9.10 基准要素常用标注方法（二）

（3）以单个要素作基准时，在公差框格内用一个大写字母表示，如图 9.11（a）所示。以两个要素建立公共基准体系时，用中间加连字符的两个大写字母表示，如图 9.11（b）所示。以三个或三个基准建立基准体系（采用多基准）时，表示基准的大写字母按基准的优先顺序自左至右填写在各个框格内，如图 9.11（c）所示。

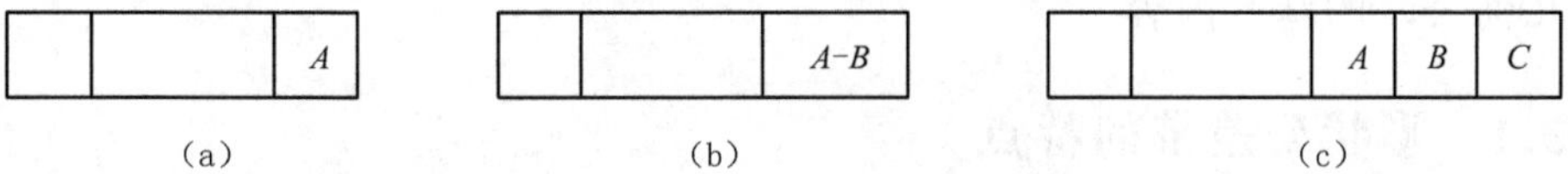

图 9.11 基准要素常用标注方法（三）

9.2.4 几何公差标注示例

图 9.12 是一根气门阀杆，从图中可以看到，当被测要素为线或表面时，从框格引出的指引线箭头，应指在该要素的轮廓线或其延长线上。当被测要素是轴线时，应将箭头与该要素的尺寸线对齐，如 M8 × 1 轴线的同轴度注法。当基准要素是轴线时，应将基准符号与该要素的尺寸线对齐，如基准 A。

在图 9.12 中从左到右几何公差的标注分别表示：

（1）$SR75$ 的球面对于 $\phi 16$ 轴线的圆跳动公差是 0.03。

（2）$\phi 16$ 杆身的圆柱度公差是 0.005。

（3）M8 × 1 的螺孔轴线对于 $\phi 16$ 轴线的同轴度公差是 $\phi 0.1$。

（4）右端面对于 $\phi 16$ 轴线的圆跳动公差是 0.1。

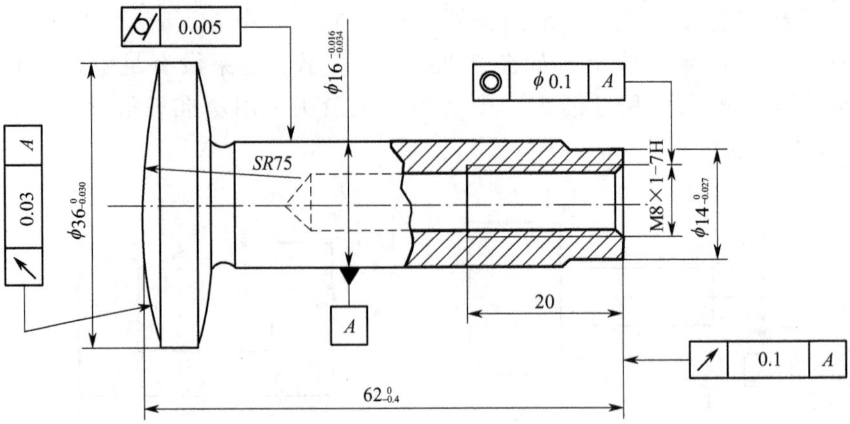

图 9.12　几何公差标注示例

9.3　几何公差带的特点

几何公差的项目有很多，每个项目的要求不同，几何公差带的形状也有各种不同的形式。所以，对几何公差的特点进行分析，有助于正确理解和掌握几何公差的基本内容。

9.3.1　形状公差带的特点

形状公差有直线度、平面度、圆度和圆柱度四个项目。被测要素有直线、平面和圆柱面。形状公差带是限制实际要素变动的区域，零件实际要素在该区域内为合格。因为形状公差不涉及基准，所以形状公差带均是可以浮动的。形状公差带及其定义、标注和解释如表 9.2 所示。

表 9.2　形状公差带及其定义、标注和解释

项目符号	公差带的定义	标注及解释
直线度 ——	公差带为在给定平面内和给定方向上，间距等于公差值 t 的两平行直线所限定的区域 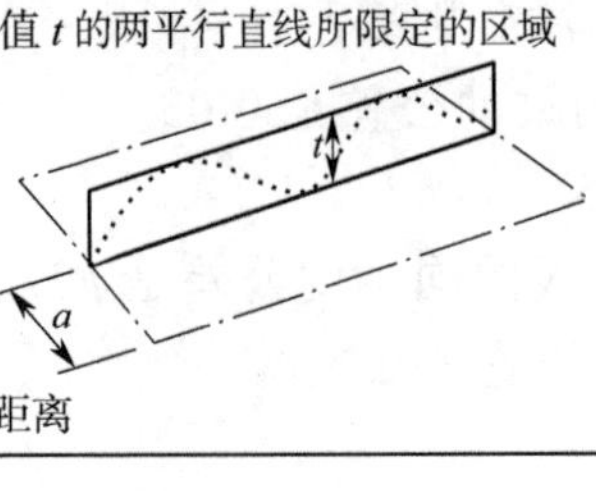 a 任一距离	在任一平行于图示投影面的平面内，上平面的提取（实际）线限定在间距等于 0.1 的两平行之间 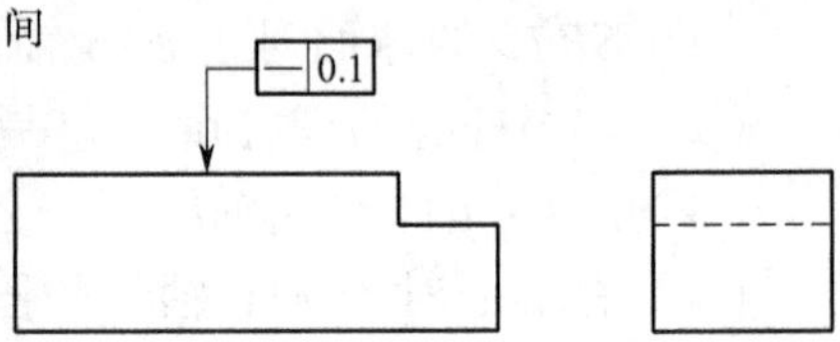

续表 9.2

项目符号	公差带的定义	标注及解释
直线度 ——	公差带为间距等于公差值 t 的两平行平面所限定的区域 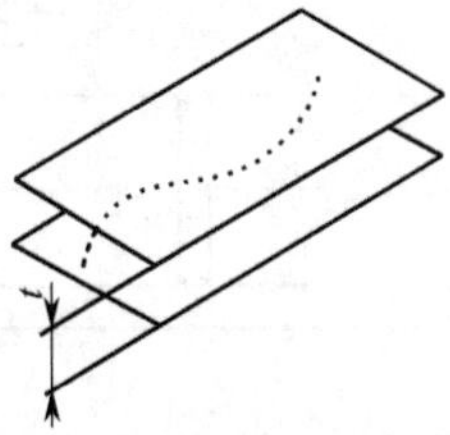 	提取（实际）的棱边应限定在间距等于 0.1 的两平行平面之间 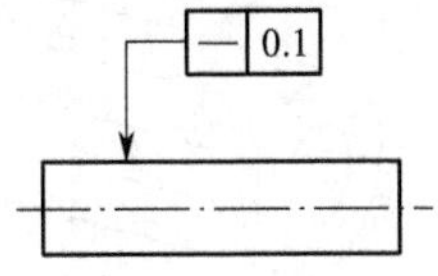
	由于公差值前加注了符号 ϕ，公差带为直径等于公差值 ϕt 的圆柱面所限定的区域 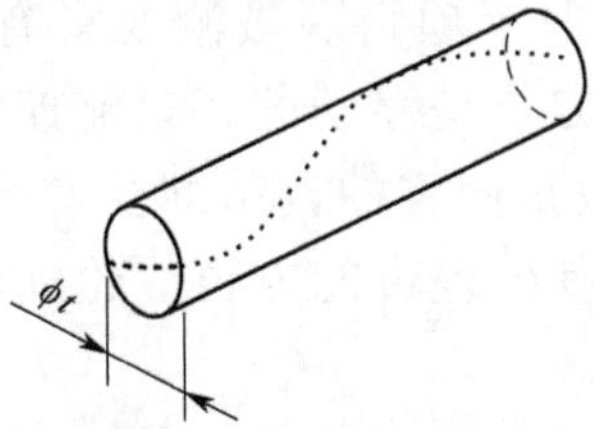 	外圆柱面的提取（实际）中心线应限定在直径等于 ϕ0.08 的圆柱面内 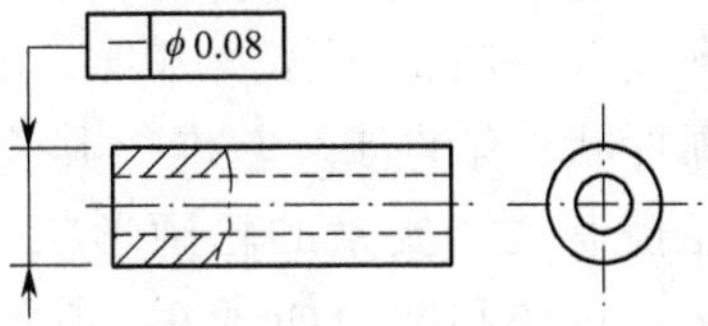
平面度 ▱	公差带为间距等于公差值 t 的两平行平面所限定的区域 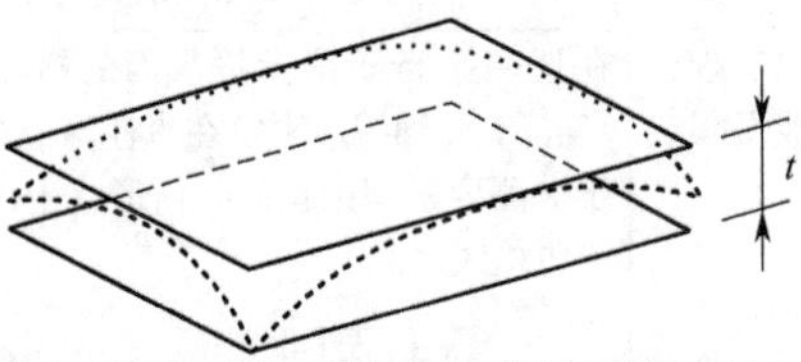 	提取（实际）表面应限定在间距等于 0.08 的两平行平面之间 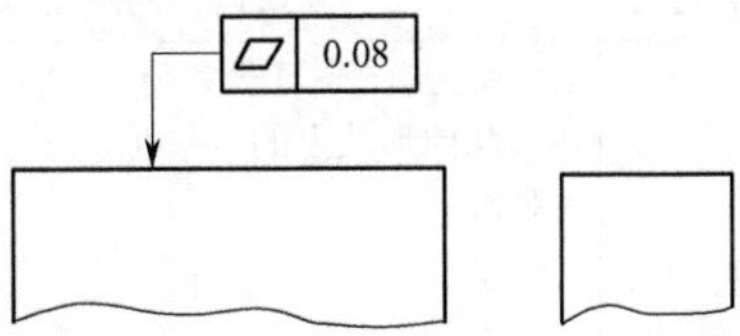
圆度 ○	公差带为在给定横截面内、半径差等于公差值 t 的两同心圆所限定的区域 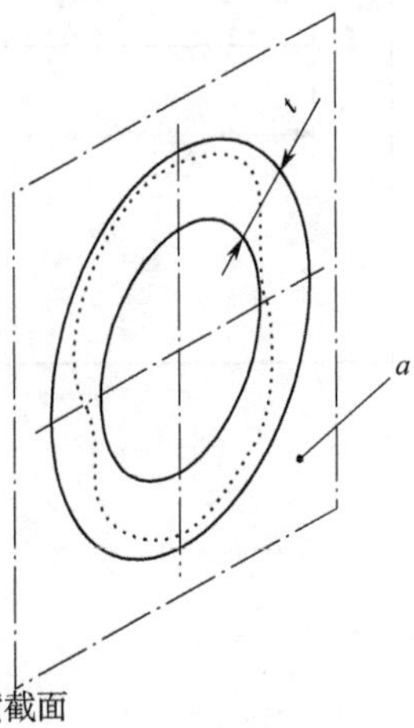 a 任一横截面	在圆柱面和圆锥面的任意横截面内，提取（实际）圆周应限定在半径差等于 0.03 的两共面同心圆之间 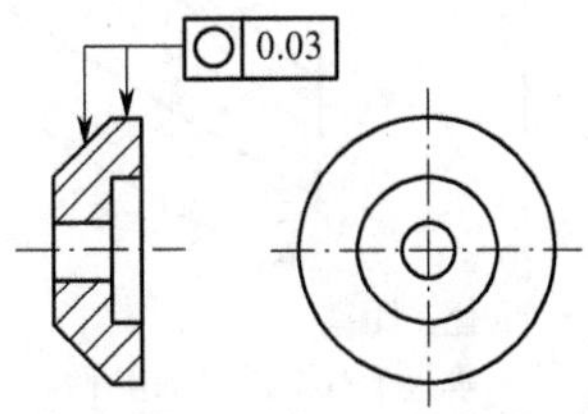 在圆锥面的任意横截面内，提取（实际）圆周应限定在半径差等于 0.1 的两同心圆之间 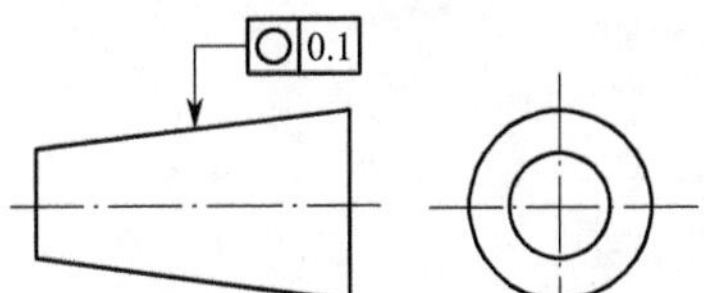

续表 9.2

项目符号	公差带的定义	标注及解释
圆柱度 ⌭	公差带为半径差等于公差值 t 的两同轴圆柱面所限定的区域 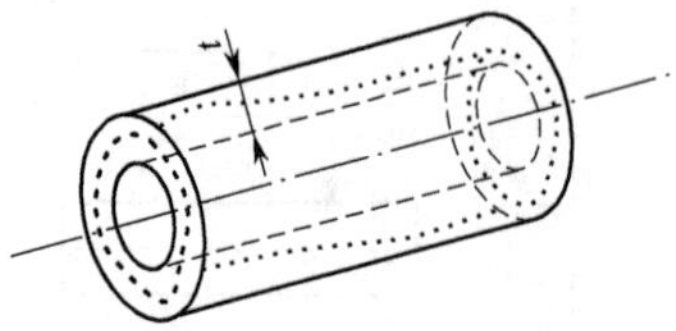	提取（实际）圆周面应限定在半径差等于 0.1 的两同轴圆柱面之间 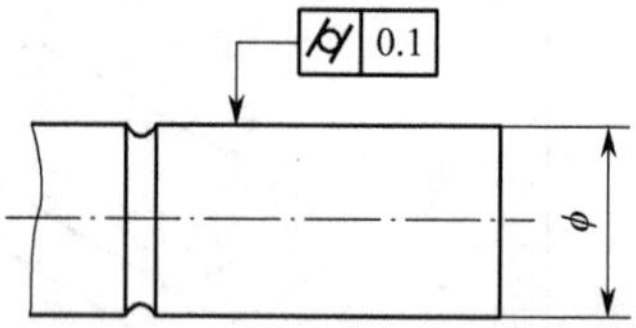

9.3.2　轮廓度公差带的特点

轮廓度公差有线轮廓度、面轮廓度两个项目。被测要素有曲线和曲面。轮廓度公差有的不涉及基准，其公差带方位是浮动的，只能控制被测要素的轮廓形状；有的涉及基准，其公差带方位是固定的，基准要素有直线和平面，既能控制被测要素的轮廓形状，也能控制公差带的方位。轮廓度公差带及其定义、标注和解释如表 9.3 所示。

表 9.3　轮廓度公差带及其定义、标注和解释

项目符号	公差带的定义	标注及解释
线轮廓度 ⌒	公差带为直径等于公差值 t、圆心位于具有理论正确几何形状上的一系列圆的两包络线所限定的区域 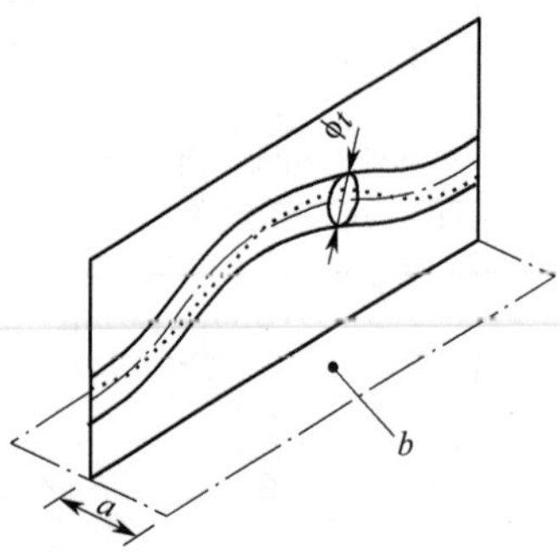 a 任一距离 b 垂直于右格视图所在平面	在任一平行于图示投影面的横截面内，提取（实际）轮廓线应限定在直径等于 0.04、圆心位于被测要素理论正确几何形状上的一系列圆的两包络线之间 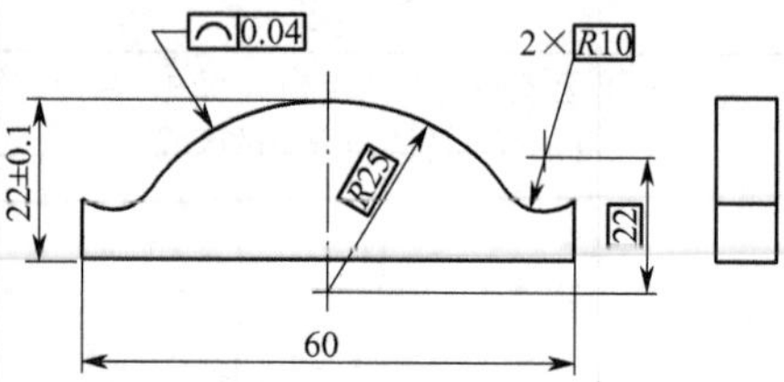

续表 9.3

项目符号	公差带的定义	标注及解释
线轮廓度 ⌒	公差带为直径等于公差值 t、圆心位于由基准平面 A 和 B 确定的被测要素理论正确几何形状上的一系列圆的两包络线所限定的区域 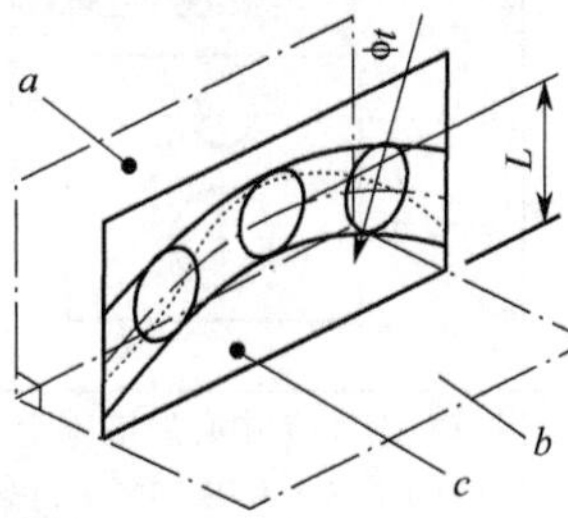 a 基准平面 A　　b 基准平面 B c 平行于基准 A 的平面	在任一平行于图示投影面的横截面内，提取（实际）轮廓线应限定在直径等于 0.04、圆心位于由基准平面 A 和 B 确定的被测要素理论正确几何形状上的一系列圆的两包络线之间 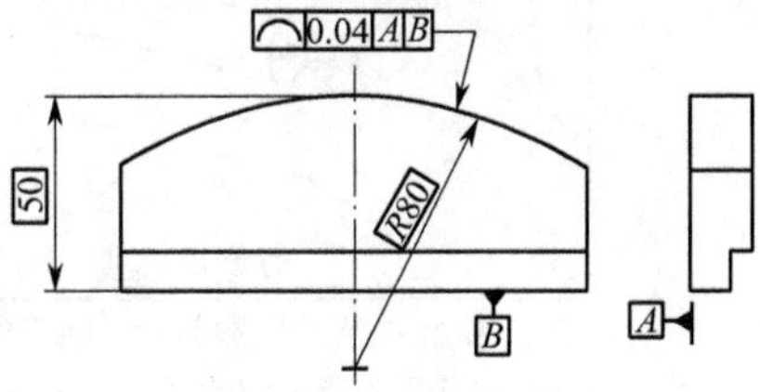
面轮廓度 ⌓	公差带为直径等于公差值 t、球心位于被测要素理论正确形状上的一系列圆球的两包络面所限定的区域 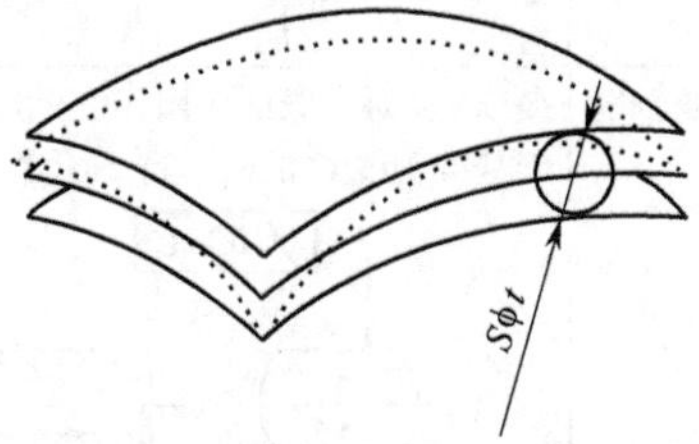	提取（实际）轮廓面应限定在直径等于 0.02、球心位于被测要素理论正确几何形状上的一系列圆球的两等距包络面之间 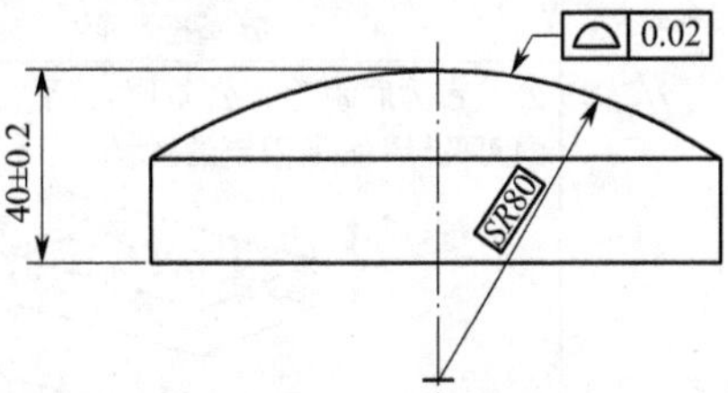
面轮廓度 ⌓	公差带为直径等于公差值 t、球心位于由基准平面 A 确定的被测要素理论正确几何形状上的一系列圆球的两包络面所限定的区域 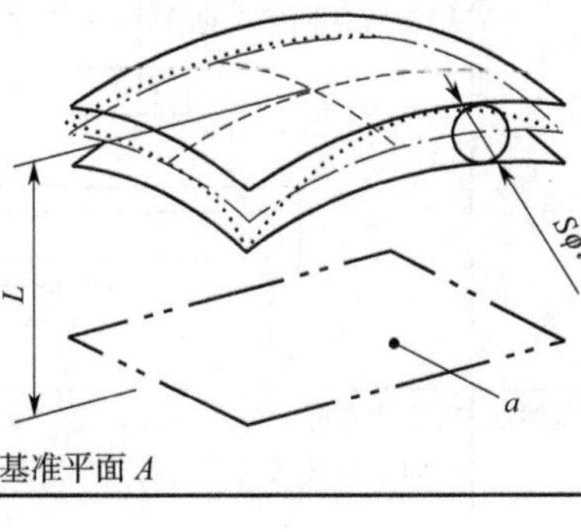 a 基准平面 A	提取（实际）轮廓面应限定在直径等于 0.1、球心位于由基准平面 A 确定的被测要素理论正确几何形状上的一系列圆球的两等距包络面之间 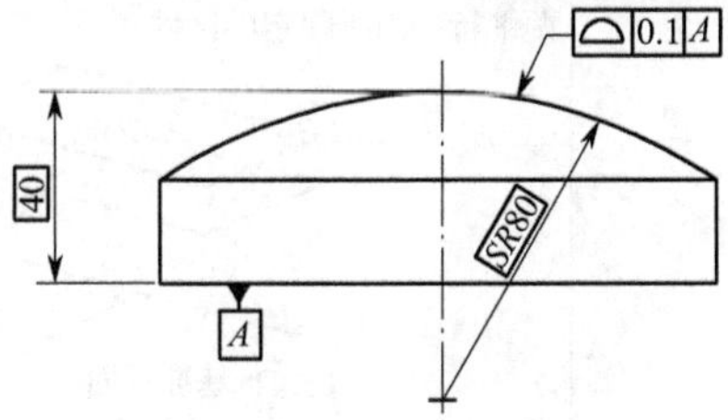

9.3.3 定向公差带的特点

定向公差有平行度、垂直度和倾斜度三个项目。被测要素和基准要素均有直线和平面。按被测要素相对于基准要素，有四种情况，即线对线、线对面、面对线和面对面。定向公差涉及基准，其公差带方位是固定的。部分定向公差带及其定义、标注和解释如表 9.4 所示。

表 9.4 定向公差带及其定义、标注和解释（部分）

项目符号	公差带的定义	标注及解释
平行度 //	若公差值前加注了符号 ϕ，公差带为平行于基准轴线、直径等于公差值 ϕt 的圆柱面所限定的区域 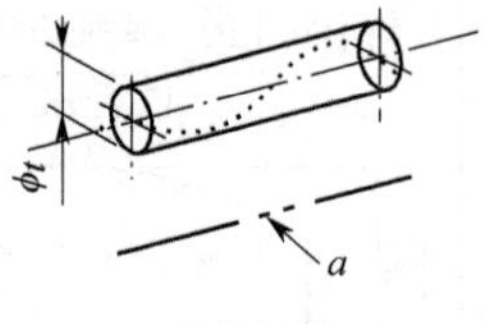 *a* 基准轴线	提取（实际）中心线应限定在平行于基准轴线 *A*、直径等于 ϕ0.03 的圆柱面内 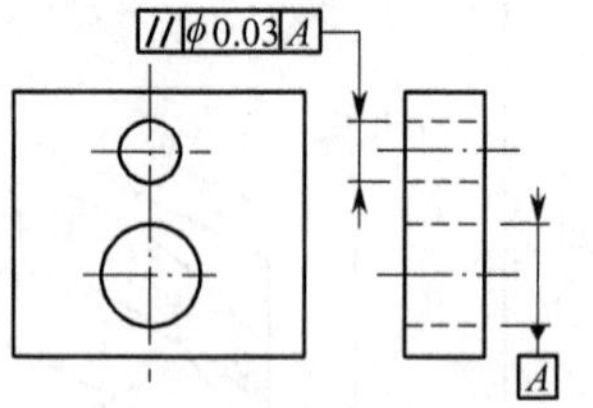
	公差带为平行于基准平面、间距等于公差值 t 的两平行平面所限定的区域 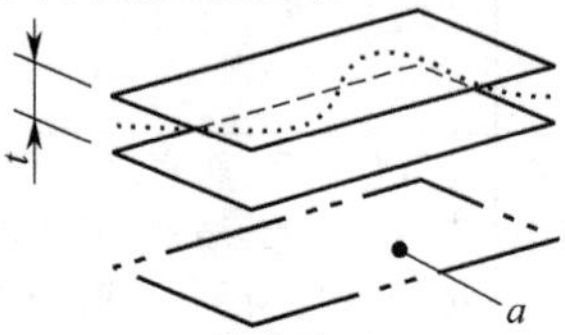 *a* 基准平面	提取（实际）中心线应限定在平行于基准平面 *B*、间距等于 0.01 的两平行平面之间 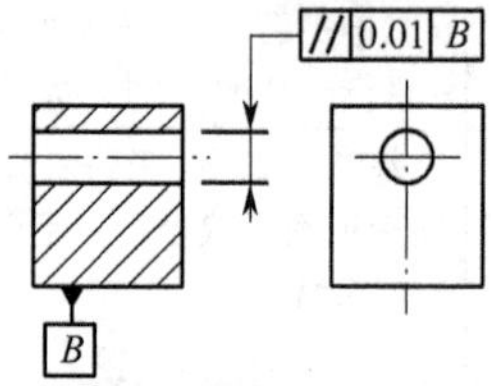
	公差带为间距等于公差值 t、平行于基准轴线的两平行平面所限定的区域 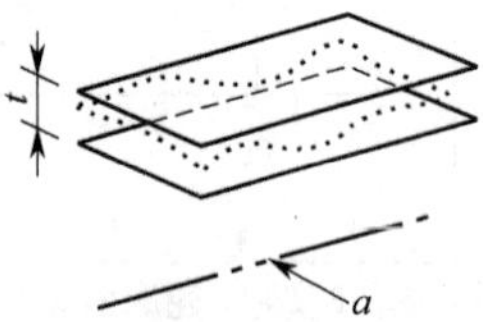 *a* 基准轴线	提取（实际）表面应限定在间距等于 0.1、平行于基准轴线 *C* 的两平行平面之间 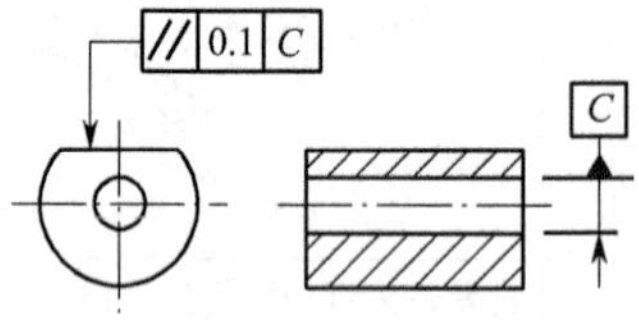
	公差带为间距等于公差值 t、平行于基准平面的两平行平面所限定的区域 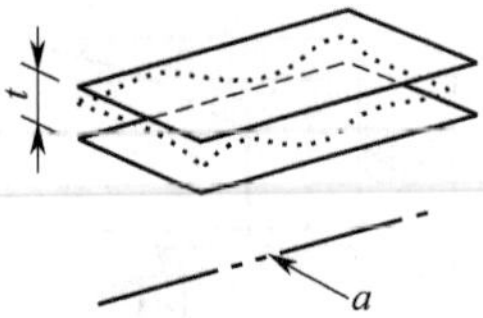 *a* 基准平面	提取（实际）表面应限定在间距等于 0.01、平行于基准平面 *D* 的两平行平面之间 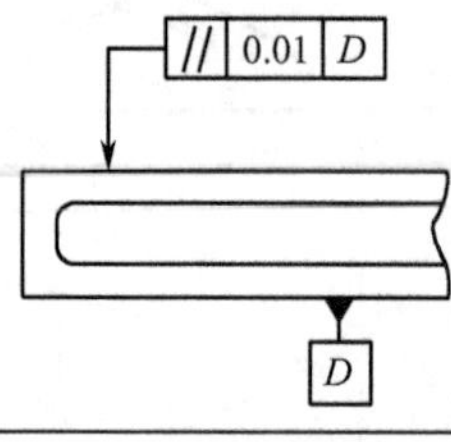
垂直度 ⊥	公差带为间距等于公差值 t、垂直于基准线的两平行平面所限定的区域 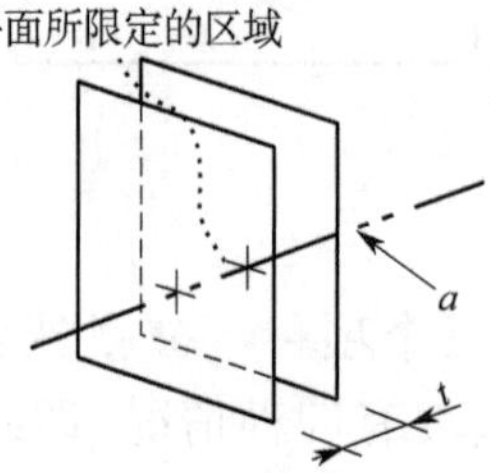 *a* 基准线	提取（实际）中心线应限定在间距等于 0.06、垂直于基准轴线 *A* 的两平行平面之间 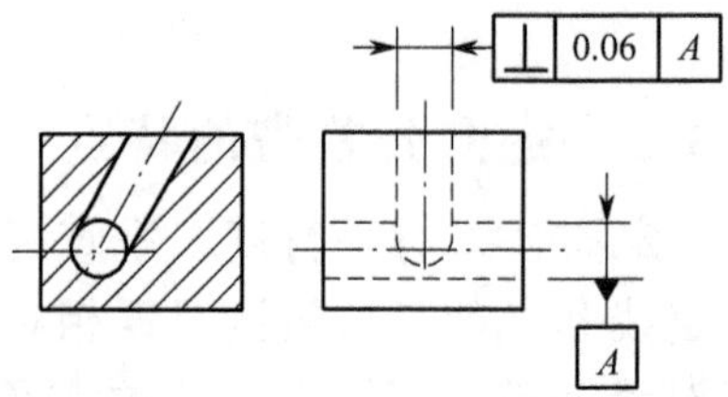

续表 9.4

项目符号	公差带的定义	标注及解释
	若公差值前加注了符号 ϕ，公差带为直径等于公差值 ϕt、轴线垂直于基准平面的圆柱面所限定的区域 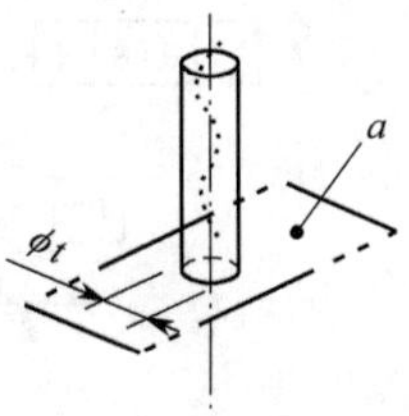 a 基准平面	圆柱面的提取（实际）中心线应限定在直径等于 ϕ0.01、垂直于基准平面 A 的圆柱面内 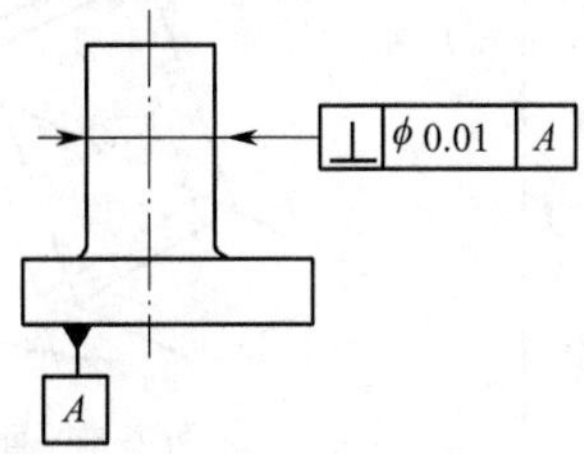
垂直度 ⊥	公差带为间距等于公差值 t、垂直于基准轴线的两平行平面所限定的区域 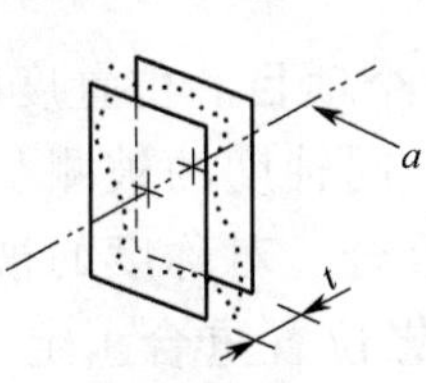 a 基准轴线	提取（实际）表面应限定在间距等于 0.08、垂直于基准轴线 A 的两平行平面之间 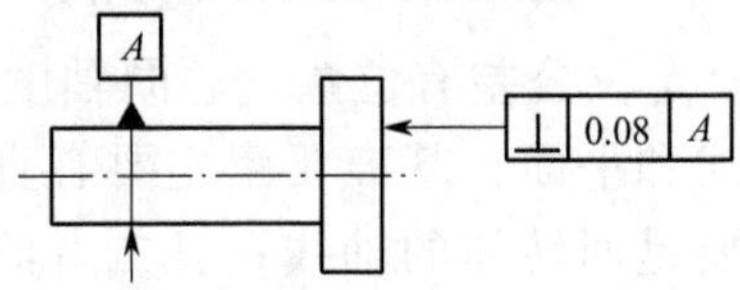
	公差带为间距等于公差值 t、垂直于基准平面的两平行平面所限定的区域 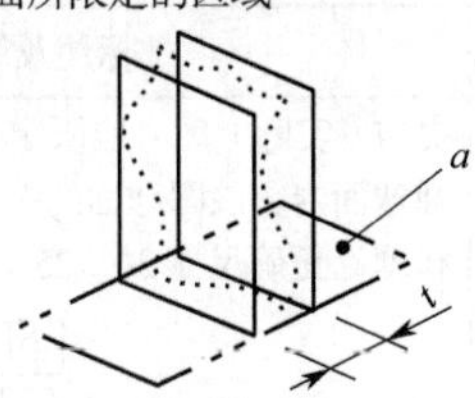 a 基准平面	提取（实际）表面应限定在间距等于 0.08、垂直于基准平面 A 的两平行平面之间 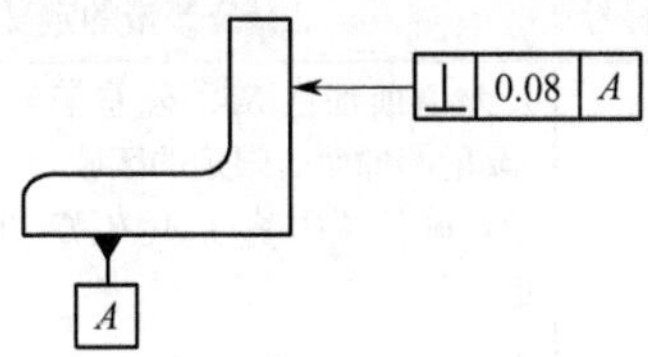
倾斜度 ∠	公差带为间距等于公差值 t、按给定角度倾斜于基准平面的两平行平面所限定的区域 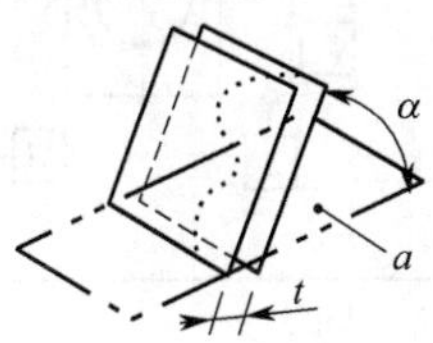 a 基准平面	提取（实际）中心线应限定在间距等于 0.08、按理论正确角度 60° 倾斜于基准平面 A 的两平行平面之间 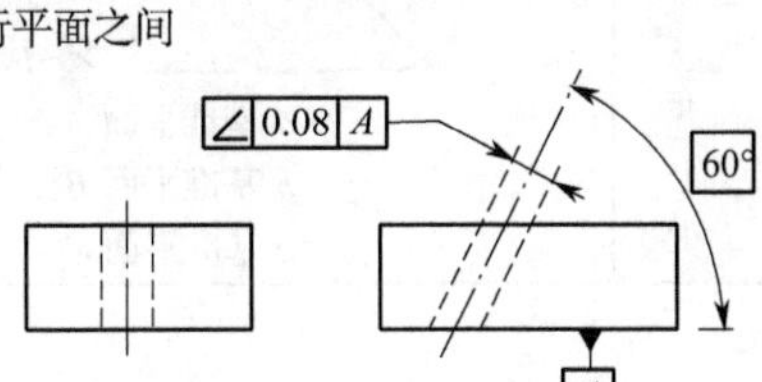

续表 9.4

项目符号	公差带的定义	标注及解释
倾斜度 ∠	公差带为间距等于公差值 t、按给定角度倾斜于基准平面的两平行平面所限定的区域 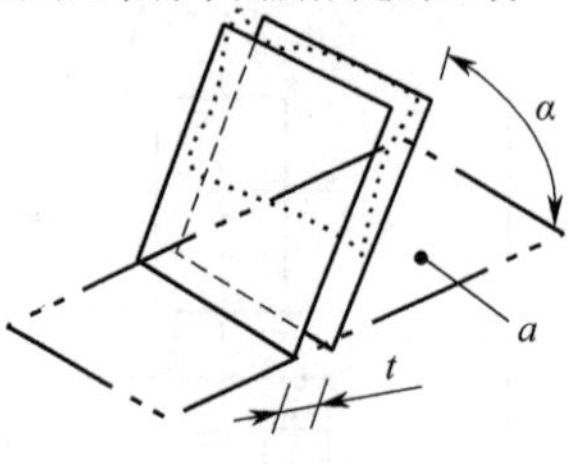 a 基准平面	提取（实际）表面应限定在间距等于 0.08、按理论正确角度 40° 倾斜于基准平面 A 的两平行平面之间 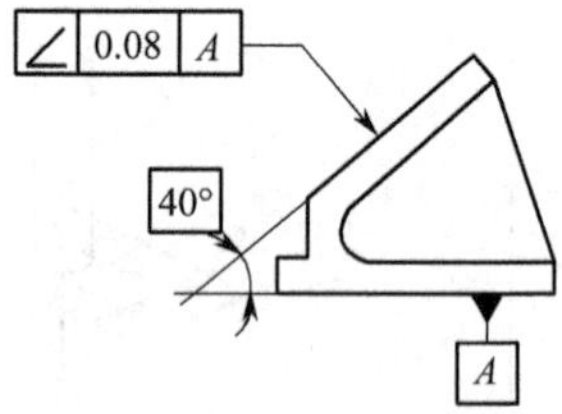

9.3.4 定位公差带的特点

定位公差有位置度、同轴度和对称度三个项目。位置度的被测要素有点、直线和平面，基准要素主要有直线和平面。同轴度的被测要素和基准要素均主要是回转体的轴线，且二者的理想位置重合。对称度的被测要素和基准要素均主要是槽类的中心平面，且二者的理想位置重合。定位公差涉及基准，其公差带方位是固定的。部分定位公差带及其定义、标注和解释如表 9.5 所示。

表 9.5 定位公差带及其定义、标注和解释（部分）

项目符号	公差带的定义	标注及解释
位置度 ⌖	公差值前加注 $S\phi$，公差带为直径等于公差值 $S\phi t$ 的圆球面所限定的区域。该圆球面中心的理论正确位置由基准 A、B、C 和理论正确尺寸确定 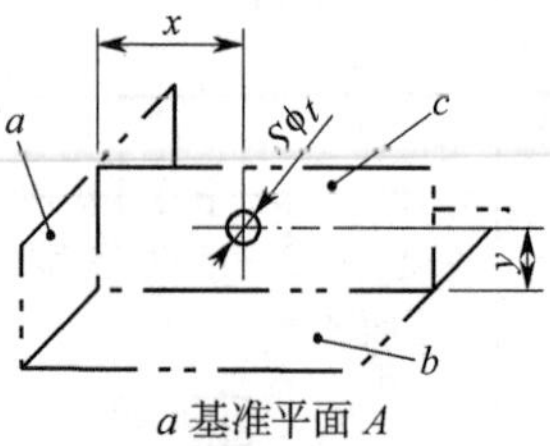 a 基准平面 A b 基准平面 B c 基准平面 C	提取（实际）球心应限定在直径等于 $S\phi0.03$ 的圆球面内。该圆球面的中心由基准平面 A、B、C 和理论正确尺寸 30、25 确定 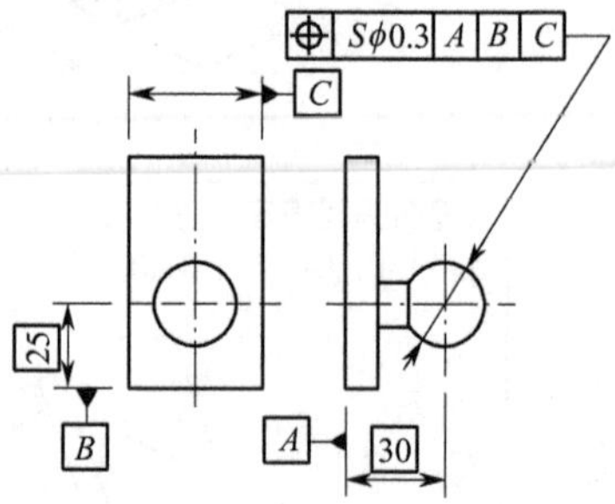

续表 9.5

<table>
<tr><th>项目符号</th><th>公差带的定义</th><th>标注及解释</th></tr>
<tr><td rowspan="2">位置度
⌖</td><td>给定一个方向的公差时，公差带为间距等于 t、对称于线的理论正确位置的两平行平面所限定的区域。线的理论正确位置由基准平面 A、B 和理论正确尺寸确定
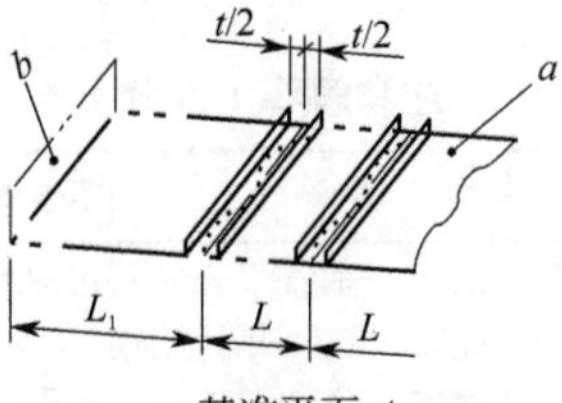
a 基准平面 A
b 基准平面 B</td><td>各条刻线的提取（实际）中心线应限定间距等于 0.1、对称于基准平面 A、B 和理论正确尺寸 25、10 确定的理论正确位置的两平行平面之间
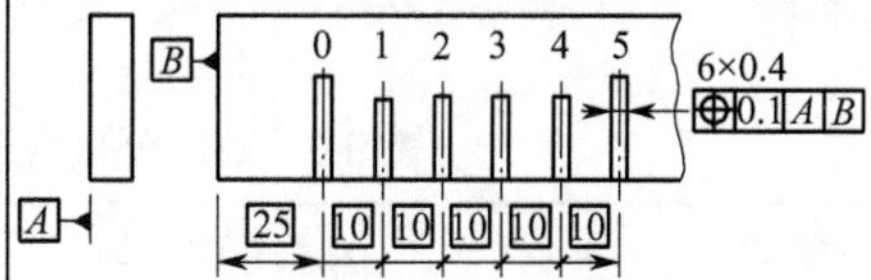</td></tr>
<tr><td>公差值前加注 ϕ，公差带为直径等于公差值 ϕt 的圆柱面所限定的区域。该圆柱面的轴线的位置由基准 C、A、B 和理论正确尺寸确定
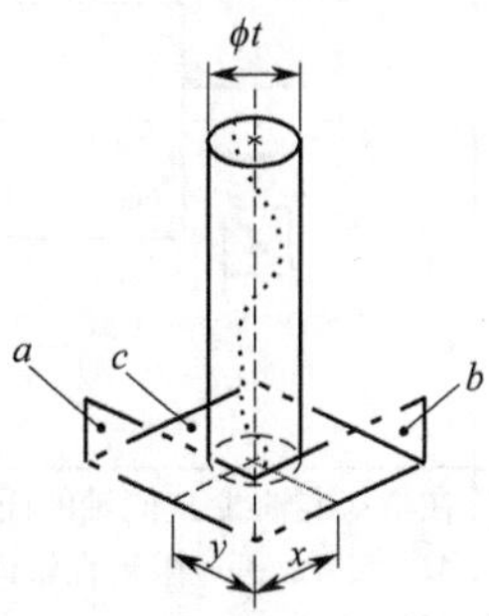
a 基准平面 A　b 基准平面 B　c 基准平面 C</td><td>提取（实际）中心线应限定在直径等于 $\phi 0.08$ 的圆柱面内。该圆柱面轴线的位置应由基准 C、A、B 和理论正确尺寸 100、68 确定
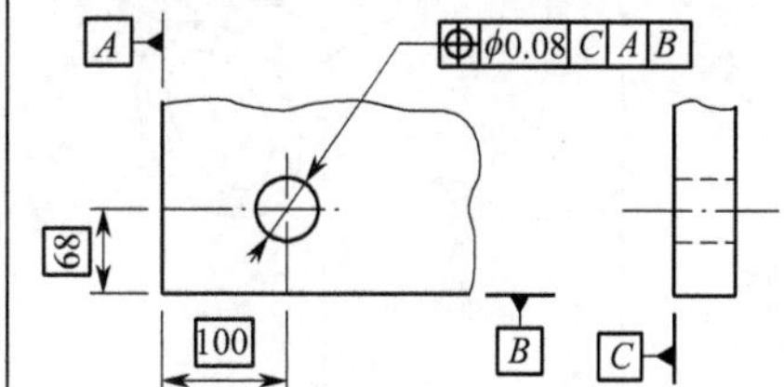</td></tr>
<tr><td>同轴度
◎</td><td>公差值前标注符号 ϕ，公差带为直径等于公差值 ϕt 的圆柱面所限定的区域。该圆柱面的轴线与基准轴线重合
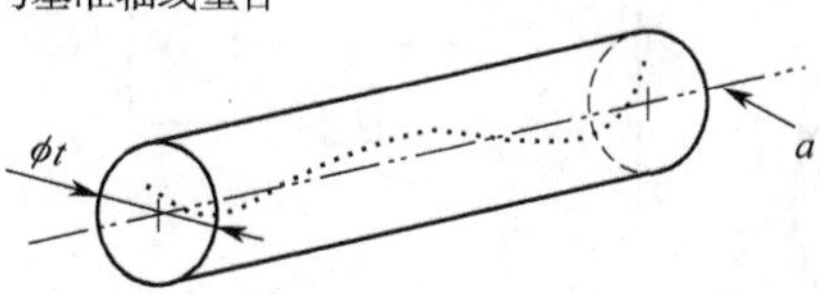
a 基准轴线</td><td>大圆柱面的提取（实际）中心线应限定在直径等于 $\phi 0.08$，以公共基准轴线 A-B 为轴线的圆柱面内
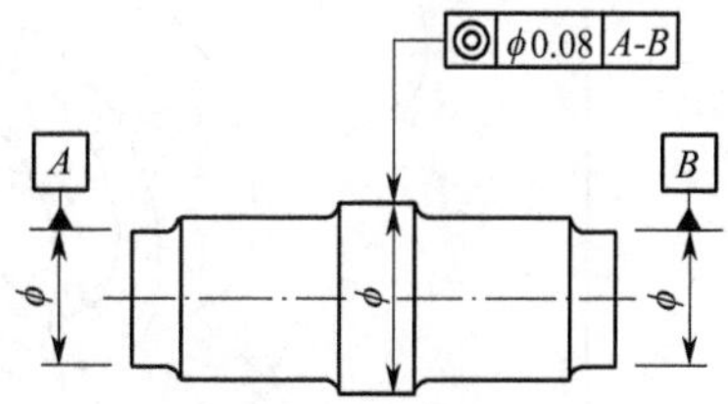</td></tr>
<tr><td>对称度
⌯</td><td>公差带为间距等于公差值 t，对称于基准中心平面的两平行平面所限定的区域
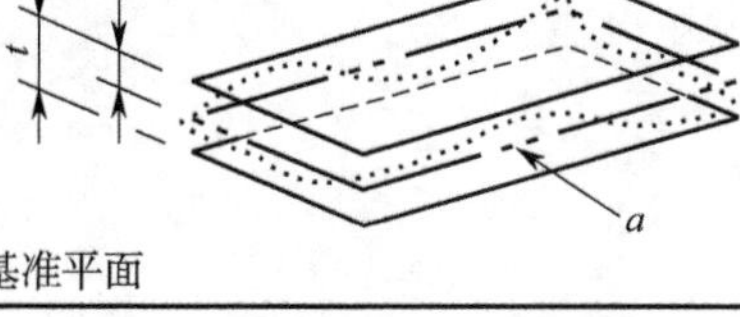
a 基准平面</td><td>提取（实际）中心面应限定在间距等于 0.08、对称于基准中心平面 A 的两平行平面之间
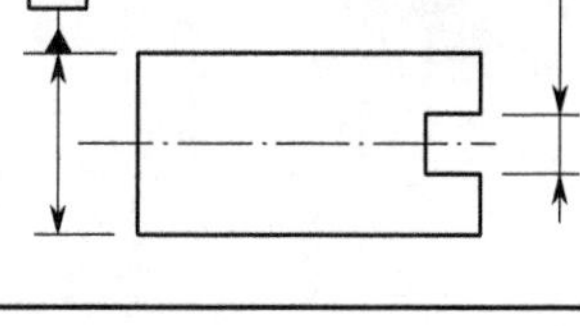</td></tr>
</table>

9.3.5 跳动公差带的特点

跳动公差有圆跳动和全跳动两个项目。圆柱面和端面是跳动公差的被测要素，轴线是基准要素，此外圆锥面也是圆跳动的被测要素。跳动公差涉及基准，其公差带方位是固定的。部分跳动公差带及其定义、标注和解释如表9.6所示。

表 9.6 跳动公差带及其定义、标注和解释（部分）

项目符号	公差带的定义	标注及解释
圆跳动 ↗	公差带为在任一垂直于基准轴线的横截面内，半径差等于公差值 t、圆心在基准轴线上的两同心圆所限定的区域 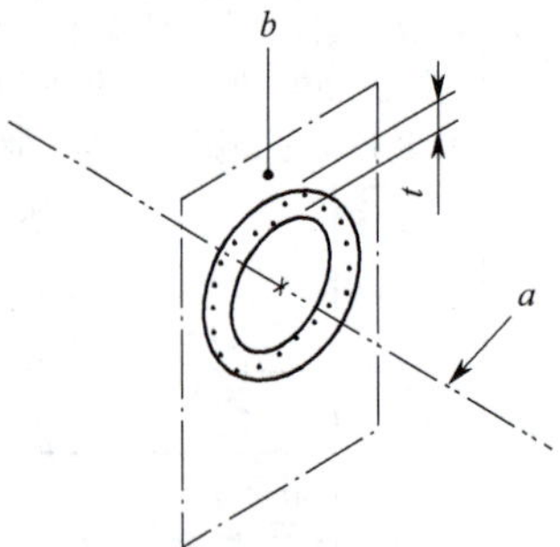 a 基准轴线 b 横截面	在任一垂直于公共基准轴线 A-B 的横截面内，提取（实际）圆应限定在半径差等于 0.1，圆心在基准轴线 A-B 上的两同心圆之间 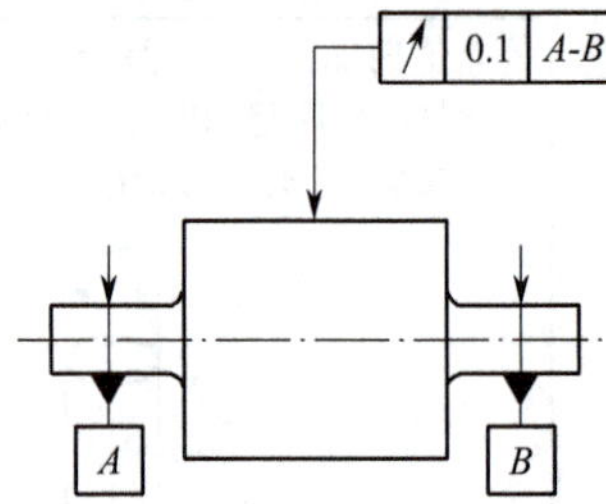
	公差带为与基准轴线同轴的任一半径的圆柱截面上，间距等于公差值 t 的两圆所限定的圆柱面区域 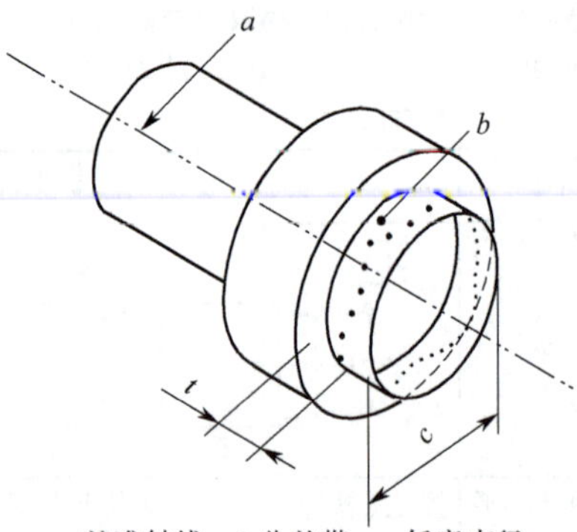 a 基准轴线 b 公差带 c 任意直径	在与基准轴线 D 同轴的任一圆柱形截面上，提取（实际）圆应限定在轴向距离等于 0.1 的两个等圆之间 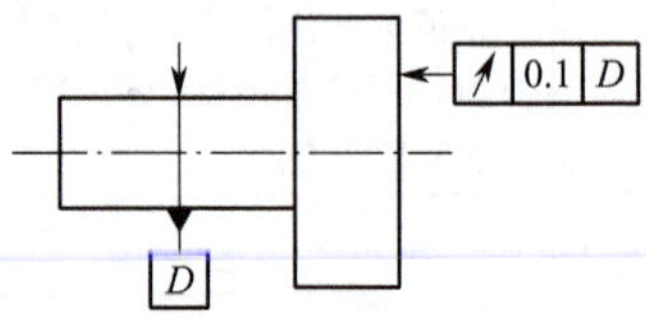

续表 9.6

项目符号	公差带的定义	标注及解释
圆跳动 ↗	公差带为与基准轴线同轴的某一圆锥截面上，间距等于公差值 t 的两圆所限定的圆锥面区域 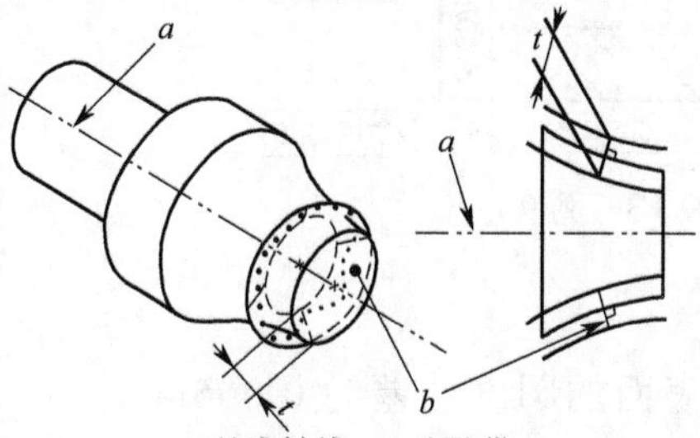 a 基准轴线　b 公差带	在与基准轴线 C 同轴的任一圆锥截面上，提取（实际）圆应限定在素线方向间距等于 0.1 的两不等圆之间 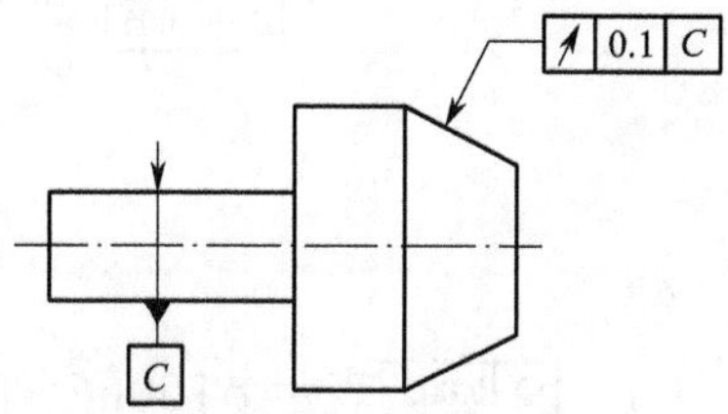
全跳动 ⌰	公差带为半径差等于公差值 t，与基准轴线同轴的两圆柱面所限定的区域 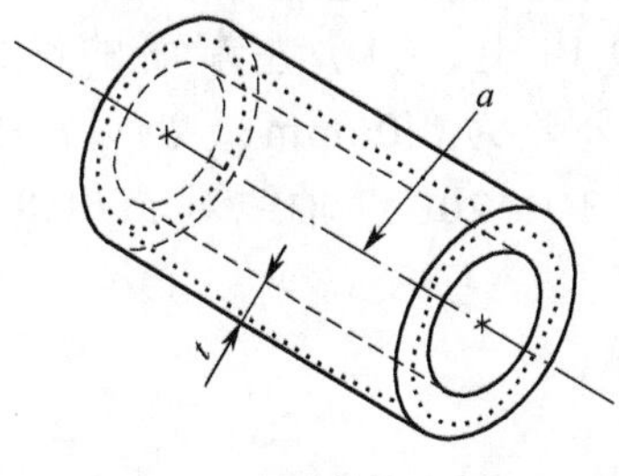 a 基准轴线	提取（实际）表面应限定在半径差等于 0.1，与公共基准轴线 A-B 同轴的两圆柱面之间 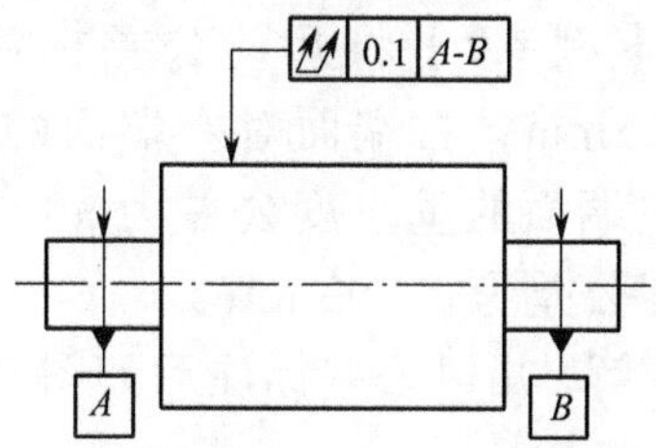
	公差带为间距等于公差值 t，垂直于基准轴线的两平行平面所限定的区域 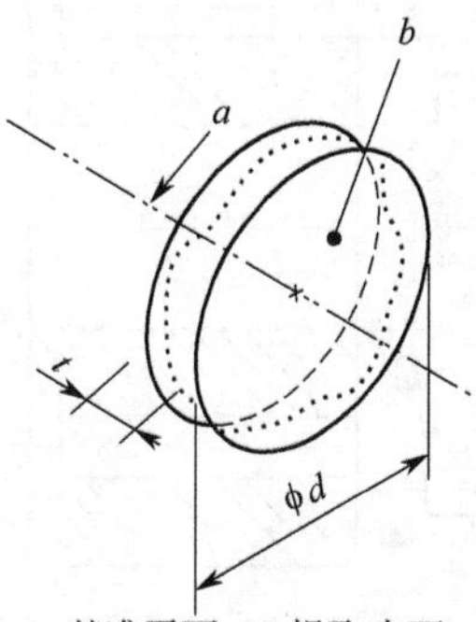 a 基准平面　b 提取表面	提取（实际）表面应限定在间距等于 0.1、垂直于基准轴线 D 的两平行平面之间 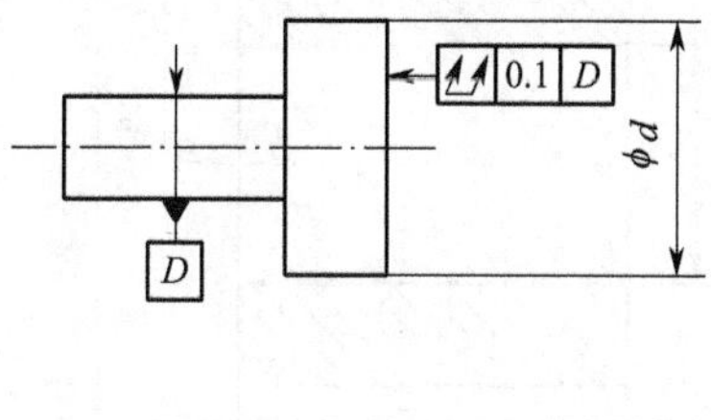

【**例 9.1**】解释图 9.13 中几何公差要求的含义。

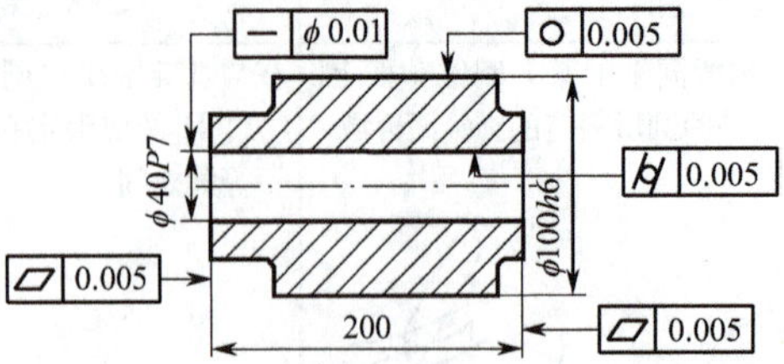

图 9.13　例 9.1

解：

（1）○ 0.005 表示 ϕ100h6 圆柱表面的圆度公差为 0.005mm。

（2）⌭ 0.005 表示 ϕ40P7 孔的圆柱度公差为 0.005mm。

（3）▱ 0.005 表示左右端面的平面度公差为 0.005mm。

（4）— ϕ0.01 表示 ϕ40P7 圆柱轴线的直线度公差为 ϕ0.01mm。

【**例 9.2**】将几何公差标注在图 9.14 上，（1）左端面的平面度公差为 0.025mm，右端面对左端面的平行度公差为 0.06mm；（2）ϕ60H8 孔的轴线对左端面的垂直度公差为 ϕ0.03mm；（3）ϕ200h7 轴线对 ϕ60H8 孔轴线的同轴度公差为 ϕ0.03mm。

解：几何公差标注后如图 9.15 所示。

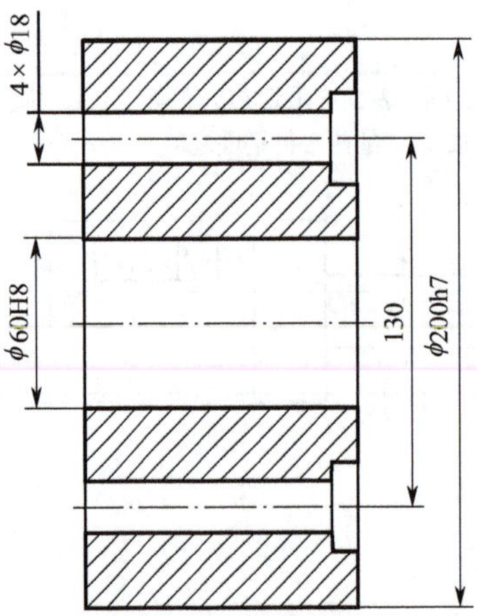

图 9.14　例 9.2

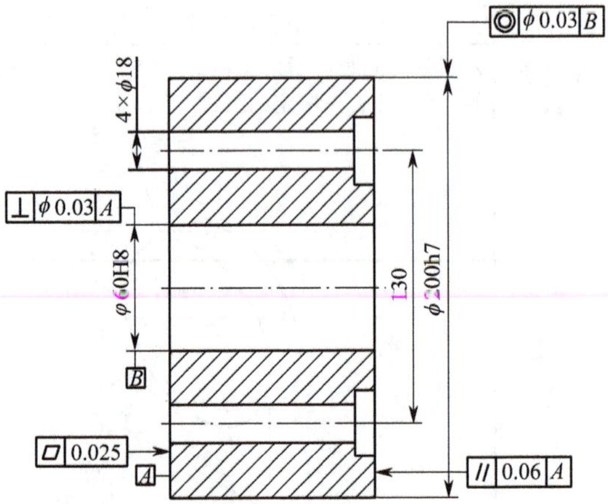

图 9.15　例 9.2 解

9.4 几何公差的标准化与选用

9.4.1 几何公差的标准

1. 直线度、平面度的公差值

直线度和平面度公差值如表 9.7 所示

表 9.7 直线度和平面度公差值

主参数 L/mm	公差等级											
	1	2	3	4	5	6	7	8	9	10	11	12
	公差值 /μm											
≤10	0.2	0.4	0.8	1.2	2	3	5	8	12	20	30	60
>10～16	0.25	0.5	1	1.5	2.5	4	6	10	15	25	40	80
>16～25	0.3	0.6	1.2	2	3	5	8	12	20	30	50	100
>25～40	0.4	0.8	1.5	2.5	4	6	10	15	25	40	60	120
>40～63	0.5	1	2	3	5	8	12	20	30	50	80	150
>63～100	0.6	1.2	2.5	4	6	10	15	25	40	60	100	200
>100～160	0.8	1.5	3	5	8	12	20	30	50	80	120	250
>160～250	1	2	4	6	10	15	25	40	60	100	150	300
>250～400	1.2	2.5	5	8	12	20	30	50	80	120	200	400
>400～630	1.5	3	6	10	15	25	40	60	100	150	250	500
>630～1000	2	4	8	12	20	30	50	80	120	200	300	600

主参数 L 图例如下：

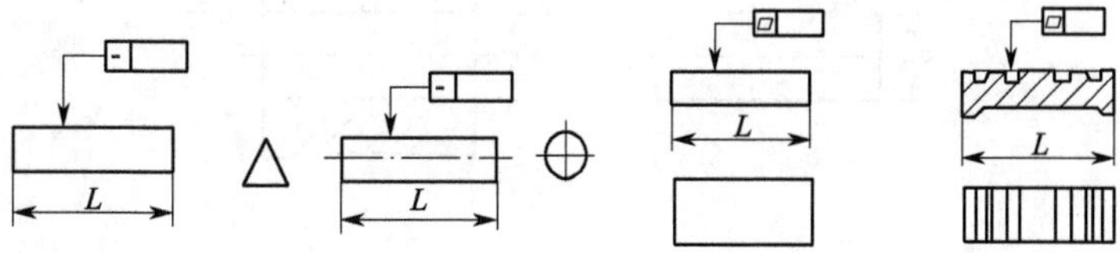

2. 圆度、圆柱度的公差值

圆度和圆柱度公差值如表 9.8 所示。

表 9.8 圆度和圆柱度公差值

主参数 $d(D)$ /mm	公差等级												
	0	1	2	3	4	5	6	7	8	9	10	11	12
	公差值 /μm												
≤3	0.1	0.2	0.3	0.5	0.8	1.2	2	3	4	6	10	14	25
>3 ~ 6	0.1	0.2	0.4	0.6	1	1.5	2.5	4	5	8	12	18	30
>6 ~ 10	0.12	0.25	0.4	0.6	1	1.5	2.5	4	6	9	15	22	36
>10 ~ 18	0.15	0.25	0.5	0.8	1.2	2	3	5	8	11	18	27	43
>18 ~ 30	0.2	0.3	0.6	1	1.5	2.5	4	6	9	13	21	33	52
>30 ~ 50	0.25	0.4	0.6	1	1.5	2.5	4	7	11	16	25	39	62
>50 ~ 80	0.3	0.5	0.8	1.2	2	3	5	8	13	19	30	46	74
>80 ~ 120	0.4	0.6	1	1.5	2.5	4	6	10	15	22	35	54	87
>120 ~ 180	0.6	1	1.2	2	3.5	5	8	12	18	25	40	63	100
>180 ~ 250	0.8	1.2	2	3	4.5	7	10	14	20	29	46	72	115
>250 ~ 315	1.0	1.6	2.5	4	6	8	12	16	23	32	52	81	130
>315 ~ 400	1.2	2	3	5	7	9	13	18	25	36	57	89	140
>400 ~ 500	1.5	2.5	4	6	8	10	15	20	27	40	63	97	155

主参数 d（D）图例如下：

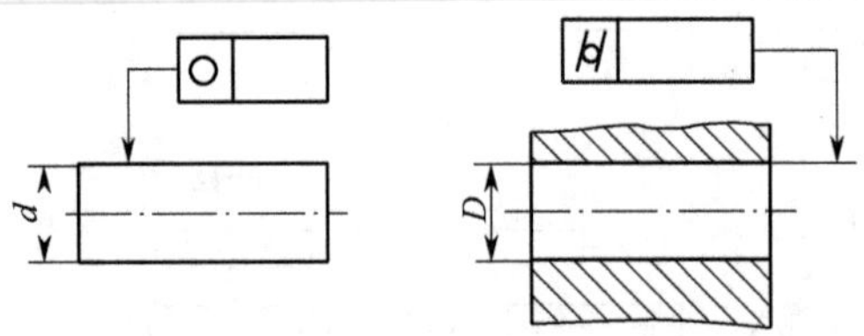

3. 平行度、垂直度、倾斜度的公差值

平行度、垂直度、倾斜度公差值如表 9.9 所示。

表 9.9 平行度、垂直度、倾斜度公差值

主参数 *L*、*d*（*D*）/mm	公差等级											
	1	2	3	4	5	6	7	8	9	10	11	12
	公差值 /μm											
≤ 10	0.4	0.8	1.5	3	5	8	12	20	30	50	80	120
＞10 ~ 16	0.5	1	2	4	6	10	15	25	40	60	100	150
＞16 ~ 25	0.6	1.2	2.5	5	8	12	20	30	50	80	120	200
＞25 ~ 40	0.8	1.5	3	6	10	15	25	40	60	100	150	250
＞40 ~ 63	1	2	4	8	12	20	30	50	80	120	200	300
＞63 ~ 100	1.2	2.5	5	10	15	25	40	60	100	150	250	400
＞100 ~ 160	1.5	3	6	12	20	30	50	80	120	200	300	500
＞160 ~ 250	2	4	8	15	25	40	60	100	150	250	400	600
＞250 ~ 400	2.5	5	10	20	30	50	80	120	200	300	500	800
＞400 ~ 630	3	6	12	25	40	60	100	150	250	400	600	1000
＞630 ~ 1000	4	8	15	30	50	80	120	200	300	500	800	1200

主参数 *L*、*d*（*D*）图例如下：

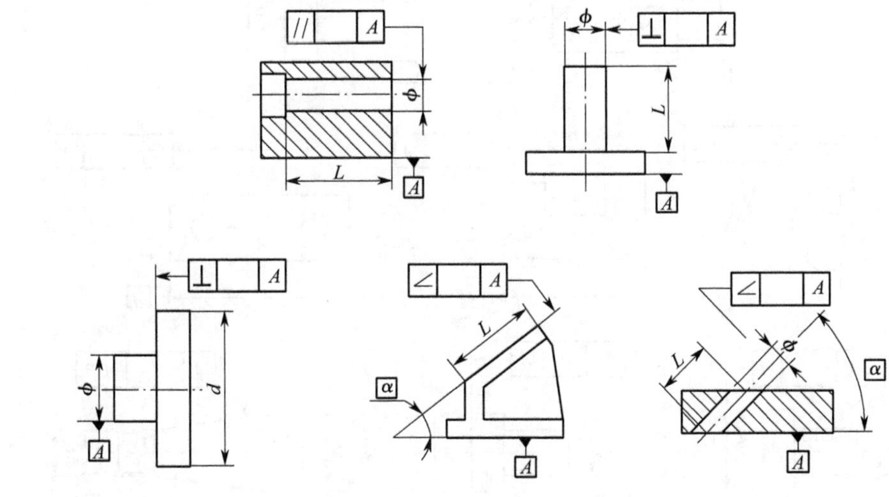

4. 同轴度、对称度、圆跳动和全跳动的公差值

同轴度、对称度、圆跳动和全跳动公差值如表 9.10 所示。

表 9.10 同轴度、对称度、圆跳动和全跳动公差值

主参数 $d(D)$、B、L /mm	公差等级											
	1	2	3	4	5	6	7	8	9	10	11	12
	公差值 /μm											
≤1	0.4	0.6	1	1.5	2.5	4	6	10	15	25	40	60
>1~3	0.4	0.6	1	1.5	2.5	4	6	10	20	40	60	120
>3~6	0.5	0.8	1.2	2	3	5	8	12	25	50	80	150
>6~10	0.6	1	1.5	2.5	4	6	10	15	30	60	100	200
>10~18	0.8	1.2	2	3	5	8	12	20	40	80	120	250
>18~30	1	1.5	2.5	4	6	10	15	25	50	100	150	300
>30~50	1.2	2	3	5	8	12	20	30	60	120	200	400
>50~120	1.5	2.5	4	6	10	15	25	40	80	150	250	500
>120~250	2	3	5	8	12	20	30	50	100	200	300	600
>250~500	2.5	4	6	10	15	25	40	60	120	250	400	800
>500~800	3	5	8	12	20	30	50	80	150	300	500	1000
>800~1250	4	6	10	15	25	40	60	100	200	400	600	1200

主参数 d（D）、B、L 图例如下：

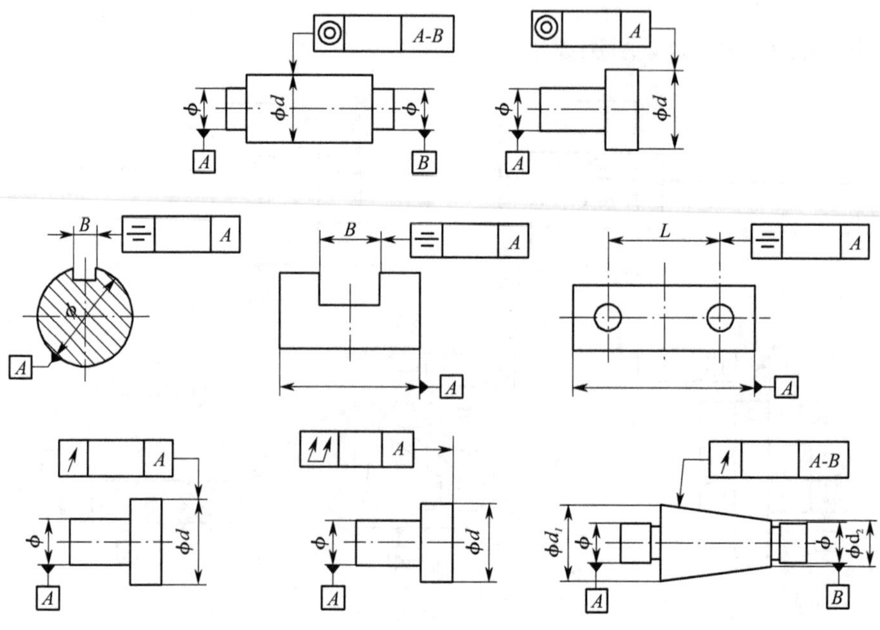

5. 位置度的公差值系数

位置度的公差值系数如表 9.11 所示。

表 9.11 位置度的公差值系数

1	1.2	1.5	2	2.5	3	4	5	6	8
1×10^n	1.2×10^n	1.5×10^n	2×10^n	2.5×10^n	3×10^n	4×10^n	5×10^n	6×10^n	8×10^n

注：n 为正整数。

6. 几何公差的未注公差值

同尺寸公差一样，不在图样上标注几何公差的要素，国家标准对其几何公差作了规定，公差等级分为 H、K 和 L 三级。限于篇幅不再详细叙述，如有需要请参阅 GB/T1184—1996。

9.4.2 几何公差的选用

正确合理地选择几何公差对保证机器及零件的功能要求和提高经济效益十分重要。几何公差的选择主要包括几何公差项目、基准和公差值(公差等级)的选用等。

1. 几何公差项目的选用

几何公差项目一般是根据零件的几何特征、使用要求、特征项目的公差带特点和经济性等方面因素，综合考虑确定的。在保证零件功能要求的前提下，尽量减少几何公差项目，发挥其综合控制的职能。如圆柱度可综合控制圆度、直线度等误差。

2. 基准要素的选择

根据设计和使用要求、零件的结构特点，并综合考虑统一基准等原则。在满足功能要求的前提下，一般选用加工或装配中精度较高的表面作为基准，力求使设计和工艺基准重合。

3. 几何公差等级的选用

选择几何公差的常用等级可参照表 9.12~ 表 9.15，并根据实际情况进行选择。此外，选用几何公差时需要注意形状公差、定向公差和定位公差的关系，即形状公差值 < 定向公差值 < 定位公差值。

表 9.12 直线度、平面度公差等级的应用举例

公差等级	应用举例
5	1 级平板，2 级宽平尺，平面磨床的纵导轨、垂直导轨、立柱导轨及工作台，液压龙门刨床和六角车床床身导轨，柴油机进气、排气阀门导杆
6	普通机床导轨，如普通车床、龙门刨床、滚齿机、自动车床等的床身导轨和立柱导轨，柴油机壳体
7	2 级平板，机床主轴箱，摇臂钻床底座和工作台，镗床工作台，液压泵盖，减速器壳体结合面
8	机床传动箱体，交换齿轮箱体，车床溜板箱体，连杆分离面，汽车发动机缸盖与气缸体结合面，液压管件和法兰连接面
9	3 级平板，自动车床床身底面，摩托车曲轴箱体，汽车变速箱壳体，手动机械的支承面

表 9.13 圆度、圆柱度公差等级的应用举例

公差等级	应用举例
5	一般计量仪器主轴、测杆外圆柱面，陀螺仪轴颈，一般机床主轴轴颈及主轴轴承孔，柴油机、汽油机活塞、活塞销，与 6 级滚动轴承配合的轴颈
6	仪表端盖外圆柱面，一般机床主轴及前轴承孔，泵、压缩机的活塞、气缸，汽油发动机凸轮轴，纺机锭子，减速器转轴轴颈，高速船用柴油机、拖拉机曲轴主轴颈，与 6 级滚动轴承配合的外壳孔，与 0 级滚动轴承配合的轴颈
7	大功率低速柴油机的曲轴轴颈、活塞、活塞销、连杆和气缸，高速柴油机箱体轴承孔，千斤顶或压力油缸活塞，机车传动轴，水泵及通用减速器转轴轴颈，与 0 级滚动轴承配合的外壳孔
8	大功率低速发动机曲轴轴颈，压气机的连杆盖、连杆体，拖拉机的气缸、活塞，炼胶机冷铸轴辊，印刷机传墨辊，内燃机曲轴轴颈，柴油机凸轮轴轴承孔、凸轮轴，拖拉机、小型船用柴油机气缸套
9	空气压缩机缸体，液压传动筒，通用机械杠杆与拉杆用的套筒销，拖拉机的活塞环和套筒孔

表 9.14 平行度、垂直度、倾斜度、端面跳动公差等级的应用举例

公差等级	应用举例
4、5	普通车床导轨、重要支承面，机床主轴轴承孔对基准的平行度，精密机床重要零件，计量仪器、量具、模具的基准面和工作面，机床主轴箱箱体重要孔，通用减速器壳体孔，齿轮泵的油孔端面，发动机轴和离合器的凸缘，气缸支承端面，安装精密滚动轴承的壳体孔的凸肩
6、7、8	一般机床的基准面和工作面，压力机和锻锤的工作面，中等精度钻模的工作面，机床一般轴承孔对基准的平行度，变速器箱体孔，主轴花键对定心表面轴线的平行度，重型机械滚动轴承端盖，卷扬机、手动传动装置中的传动轴，一般导轨，主轴箱箱体孔，刀架、砂轮架、气缸配合面对基准轴线以及活塞销孔对活塞轴线的垂直度，滚动轴承内、外圈端面对基准轴线的垂直度
9、10	低精度零件，重型机械滚动轴承端盖，柴油机、煤气发动机箱体曲轴孔、曲轴轴颈，花键轴和轴肩端面，带式运输机法兰盘等端面对基准轴线的垂直度，手动卷扬机及传动装置中轴承孔端面，减速器壳体平面

表 9.15 同轴度、对称度、径向跳动公差等级的应用举例

公差等级	应用举例
5、6、7	这是应用范围较广的公差等级，用于形位精度要求较高、尺寸的标准公差等级≤ IT8 的零件。5 级常用于机床主轴轴颈、计量仪器的测杆、涡轮机主轴、柱塞油泵转子、高精度滚动轴承外圈及一般精度滚动轴承内圈。7 级用于内燃机曲轴、凸轮轴、齿轮轴、水泵轴、汽车后轮输出轴、电机转子、印刷机传墨辊的轴颈、键槽
8、9	常用于几何精度要求一般、尺寸的标准公差等级为 IT9 至 IT11 的零件。8 级用于拖拉机发动机分配轴轴颈，与 9 级精度以下齿轮相配的轴、水泵叶轮、离心泵体、棉花精梳机前后滚子，键槽等。9 级用于内燃机气缸套配合面，自行车中轴

第10章 表面结构

表面结构是一种微观几何形状误差。它是指在机械加工中，由于切削刀痕、表面撕裂、振动和摩擦等原因在被加工表面上产生的间距较小的高低不平的几何形状。零件的表面结构直接影响其配合性质、疲劳强度、耐磨性、抗腐蚀性和密封性等，因此，表面结构是评定机器零件和产品质量的重要指标。本章主要介绍表面结构的评定、标注与选用等。

10.1 表面结构的基本概念

零件的实际表面看起来很光滑，但放大后会看到高低不平的状况，如图10.1所示。实际表面的轮廓由粗糙度轮廓（R轮廓）、波纹度轮廓（W轮廓）和原始轮廓（P轮廓）构成的。零件的表面结构特性是粗糙度、波纹度和原始轮廓特性的统称。

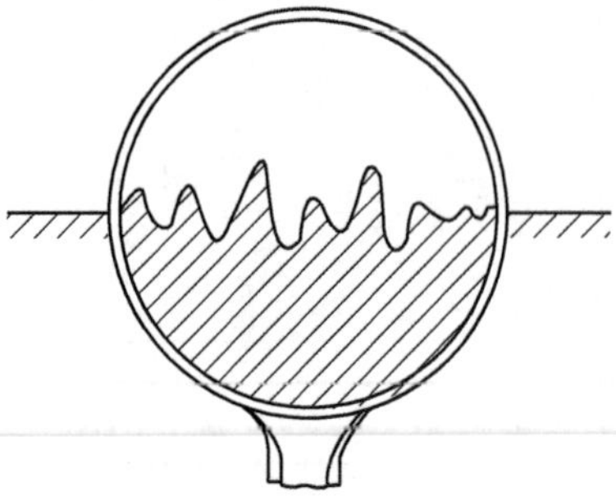

图10.1 表面结构示意图

10.1.1 粗糙度轮廓

零件经过机械加工后的表面会留有许多高低不平的凸峰和凹谷，零件加工表面上具有较小间距和峰谷所组成的微观几何形状特性称为表面粗糙度。表面粗糙度与加工方法、切削刀具和工件材料等各种因素都有密切关系。

10.1.2 波纹度轮廓

在机械加工过程中，由于机床、工件和刀具系统的振动，在工件表面所形成的间距比粗糙度大得多的表面不平度称为波纹度。零件表面的波纹度是影响零件使用寿命和引起振动的重要因素。

10.1.3 原始轮廓

原始轮廓是由于机床、夹具本身的形状误差引起的，是忽略了粗糙度轮廓和波纹度轮廓之后的轮廓。原始轮廓的几何特征比较宏观，如直线不直、平面不平等。

10.2 表面结构的评定

10.2.1 表面结构的评定参数

对于零件表面结构的状况，可由三类参数加以评定：轮廓参数（由 GB/T 3505—2009 定义）、图形参数（由 GB/T 18618—2002 定义）、支承率曲线参数（由 GB/T 18778.2—2003 和 GB/T 18778.3—2006 定义）。其中轮廓参数是我国机械图样中最常用的评定参数。本节仅介绍轮廓参数中评定粗糙度轮廓的两个高度参数 R_a 和 R_z。

R_a 是轮廓的算术平均偏差，指在一个取样长度内，纵坐标 $Z(x)$ 绝对值的算术平均值，如图 10.2 所示，公式为

$$R_a = \frac{1}{l}\int_0^l |Z(x)|\,dx$$

R_z 是轮廓的最大高度，指在同一取样长度内，最大轮廓峰高与最大轮廓谷深之和的高度，如图 10.2 所示。

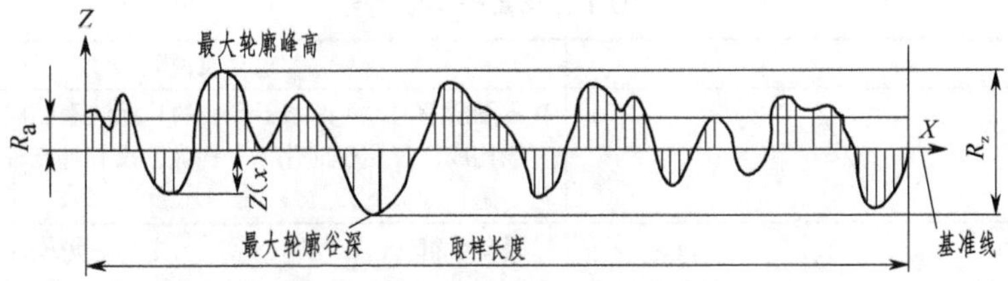

图 10.2 算术平均偏差 R_a 和轮廓的最大高度 R_z

国家标准 GB/T1031—2009 对轮廓的算术平均偏差 R_a 规定了 14 个系列值：0.012、0.025、0.05、0.1、0.2、0.4、0.8、1.6、3.2、6.3、12.5、25、50、100μm，同时也对轮廓的最大高度 R_z 规定了 17 个系列值：0.025、0.05、0.1、0.2、0.4、0.8、1.6、3.2、6.3、12.5、25、50、100、200、400、800、1600μm，供设计使用。

标准中还规定轮廓的算术平均偏差 R_a 在 0.025~6.3μm 或轮廓的最大高度 R_z 在 0.1~25μm 的常用范围时，推荐优先选用 R_a。

10.2.2　取样长度和评定长度

以粗糙度高度参数的测量为例，由于表面轮廓的不规则性，测量结果与测量段的长度密切相关。当测量段过短时，各处的测量结果会产生很大差异；当测量段过长时，测量的高度值中将不可避免地包含波纹度的幅值。因此，应在 X 轴（基准线）上选取一段适当长度进行测量，这段长度称为取样长度。

在每一取样长度内的测得值通常是不等的，为取得表面结构最可靠的值，一般取几个连续的取样长度进行测量，并以各取样长度内测量值的平均值作为测得的参数值。这段在 X 轴方向上用于评定轮廓的、包含着一个或几个取样长度的测量段称为评定长度。

当参数代号后未注明取样长度个数时，评定长度即默认为 5 个取样长度，否则应注明个数。例如，R_z 0.4，R_a 3、0.8，R_z 1、3.2 分别表示评定长度为 5 个（默认）、3 个、1 个取样长度。

10.3　表面结构的标注

10.3.1　表面结构的符号

表面结构的评定参数及其数值确定后，应按国家标准正确地标注在图样上，图样上所标注的表面结构符号如表 10.1 所示。

表 10.1　表面结构的符号

符　号	意义及说明
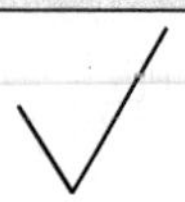	基本图形符号，由两条不等长的与标注表面成 60° 夹角的直线构成，仅用于简化代号标注，没有补充说明时不能单独使用
	扩展图形符号，在基本图形符号上加一短横，表示表面用去除材料的方法获得，如车、铣、钻、磨、剪切、抛光、腐蚀、电火花加工、气割等；仅当其含义是“被加工表面”时可单独使用
	扩展图形符号，在基本图形符号上加一个圆，表示表面用不去除材料的方法获得，如铸、锻、冲压变形、热轧、冷轧、粉末冶金等，或者是用于保持原供应状况的表面（包括保持上道工序的状况）
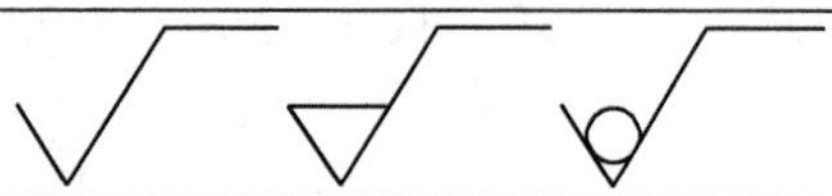	完整图形符号，在上述三个符号的长边上均可加一横线，用于标注表面结构的各种要求

续表 10.1

符 号	意义及说明
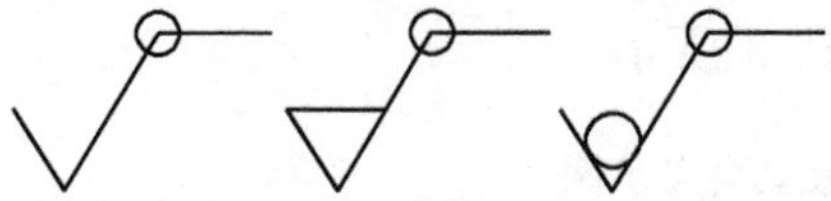	工件轮廓各表面的图形符号，当在图样某个视图上构成封闭轮廓的各表面有相同的表面结构要求时，在完整图形符号上加一圆，标注在图样工件的封闭轮廓线上，表示封闭轮廓所有表面具有相同的表面结构要求

10.3.2 表面结构补充要求的注写

为了明确表面结构要求，除了标注表面结构参数和数值外，必要时应标注补充要求，包括传输带、取样长度、加工工艺、表面纹理及方向、加工余量等。这些要求在图形符号中的注写位置如图 10.3 所示。

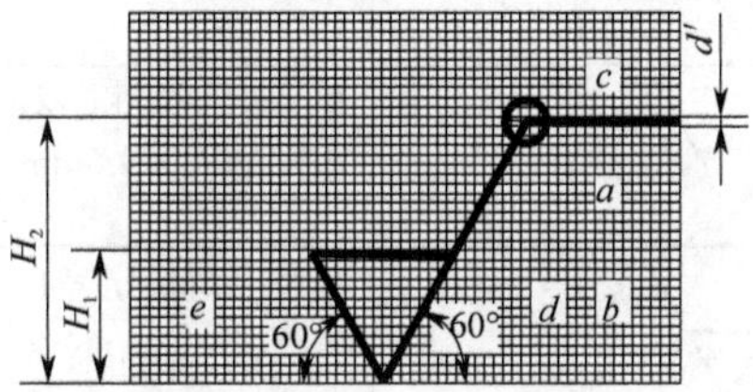

图 10.3 表面结构数值及其有关的要求在符号中的注写

图 10.3 中的字母的意义如下：

a——注写表面结构的单一要求或注写第一个表面结构要求。

b——注写第二个表面结构要求。

c——注写加工方法，如“车”、“磨”、“铣”等。

d——注写表面纹理和方向符号，如“=”、“×”、“M”等。

e——注写加工余量。

图形符号和附加标注的尺寸如表 10.2 所示。

表 10.2 图形符号和附加标注的尺寸

<table>
<tr><td>数字和字母高度 h</td><td>2.5</td><td>3.5</td><td>5</td><td>7</td><td>10</td><td>14</td><td>20</td></tr>
<tr><td>符号线宽 d'</td><td rowspan="2">0.25</td><td rowspan="2">0.35</td><td rowspan="2">0.5</td><td rowspan="2">0.7</td><td rowspan="2">1</td><td rowspan="2">1.4</td><td rowspan="2">2</td></tr>
<tr><td>字母线宽 d</td></tr>
<tr><td>高度 H_1</td><td>3.5</td><td>5</td><td>7</td><td>10</td><td>14</td><td>20</td><td>28</td></tr>
<tr><td>高度 H_2（最小值）</td><td>7.5</td><td>10.5</td><td>15</td><td>21</td><td>30</td><td>42</td><td>60</td></tr>
</table>

注：H_2 取决于标注的内容。

10.3.3 表面结构代号

表面结构符号中注写了具体参数代号及其参数值等要求后，称为表面结构代号。表面结构代号及其含义示例如表 10.3 所示。

表 10.3 表面结构代号及其含义示例

代号示例（旧标准）	代号示例（GB/T 131－2006）	含义 / 解释
3.2	R_a 3.2	表示不允许去除材料，单向上限值，R_a 的上限值为 3.2μm
3.2	R_a 3.2	表示去除材料，单向上限值，R_a 的上限值为 3.2μm
16max	R_a max 1.6	表示去除材料，单向上限值，R_a 的最大值为 1.6μm
3.2 1.6	U R_a 3.2 L R_a 1.6	表示去除材料，双向极限值，上限值:R_a 为 3.2μm，下限值:R_a 为 1.6μm
Ry 3.2	R_z 3.2	表示去除材料，单向上限值，R_z 的上限值为 3.2μm

10.3.4 表面结构要求在图样中的标注方法

（1）表面结构要求对每一表面一般只注一次，并尽可能注在相应的尺寸及其公差的同一视图上。除非另有说明，所标注的表面结构要求是对完工零件表面的要求。

（2）表面结构的注写和读取方向与尺寸的注写和读取方向一致。表面结构要求可标注在轮廓线上，其符号应从材料外指向并接触表面，如图 10.4 所示。必要时，表面结构也可用带箭头或黑点的指引线引出标注，如图 10.4 和图 10.5 所示。

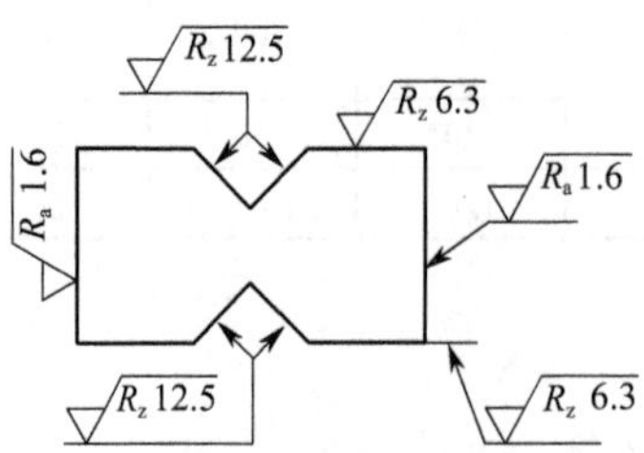

图 10.4 表面结构要求在轮廓线上的标注

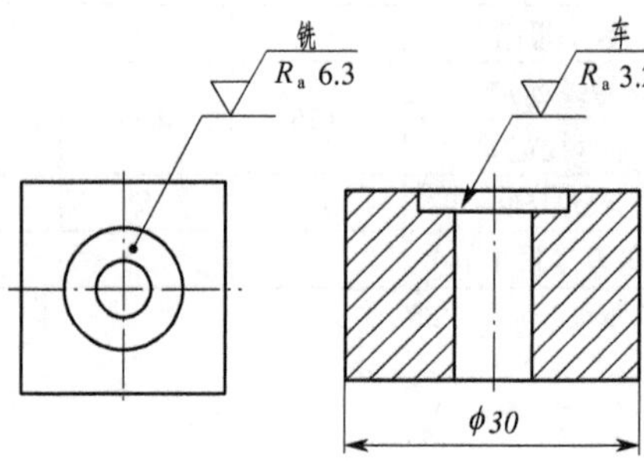

图 10.5 用指引线引出标注表面结构要求

（3）在不致引起误解时，表面结构要求可以标注在给定的尺寸线上，如图 10.6 所示。

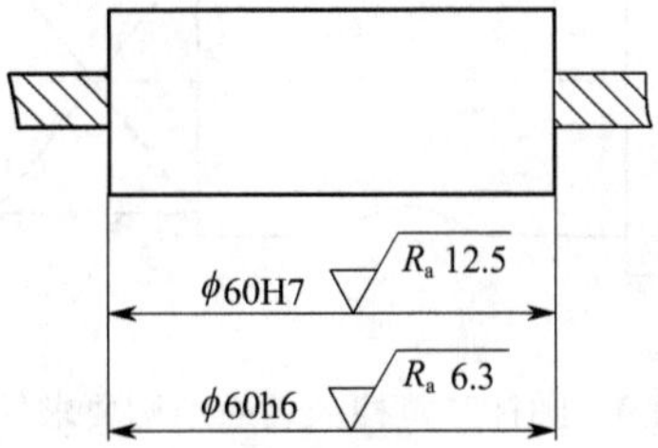

图 10.6 表面结构要求标注在尺寸线上

（4）表面结构要求可标注在几何公差框格的上方，如图 10.7 所示。

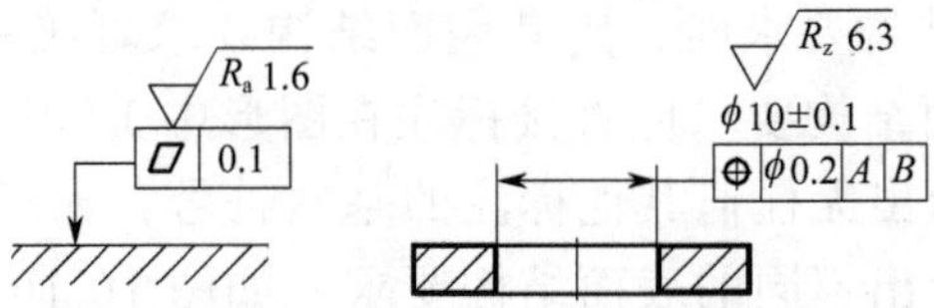

图 10.7 表面结构要求标注在几何公差框格的上方

（5）表面结构要求可以直接标注在延长线上，或用带箭头的指引线引出标注，如图 10.4 和 10.8 所示。

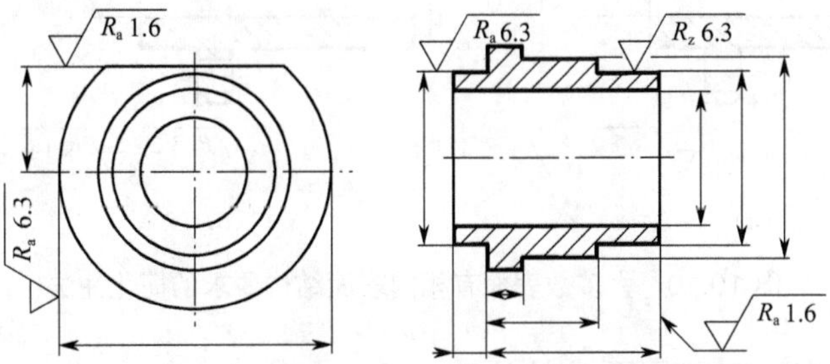

图 10.8 表面结构要求标注在圆柱特征的延长线上

（6）圆柱和棱柱的表面结构要求只标注一次，如图 10.8 所示。如果每个棱柱表面有不同的表面结构要求，则应分别单独标注，如图 10.9 所示。

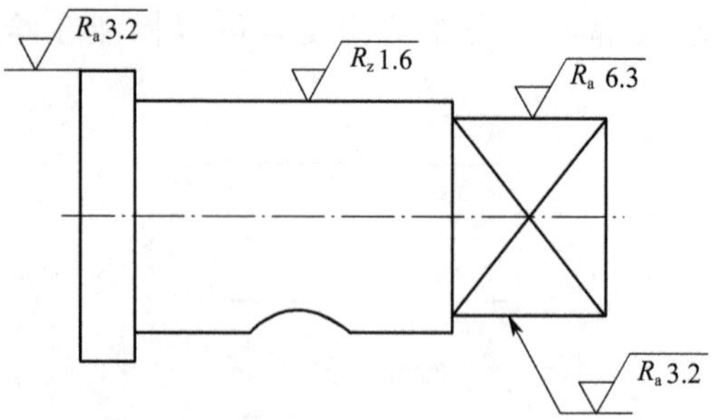

图 10.9 圆柱和棱柱的表面结构要求的注法

10.3.5 表面结构要求在图样中的简化注法

（1）有相同表面结构要求的简化注法。如果在工件的多数（包括全部）表面有相同的表面结构要求时，则其表面结构要求可统一标注在图样的标题栏附近（不同的表面结构要求应直接标注在图形中）。其注法有以下两种：

①在圆括号内给出无任何其他标注的基本符号，如图 10.10（a）所示。

②在圆括号内给出不同的表面结构要求，如图 10.10（b）所示。

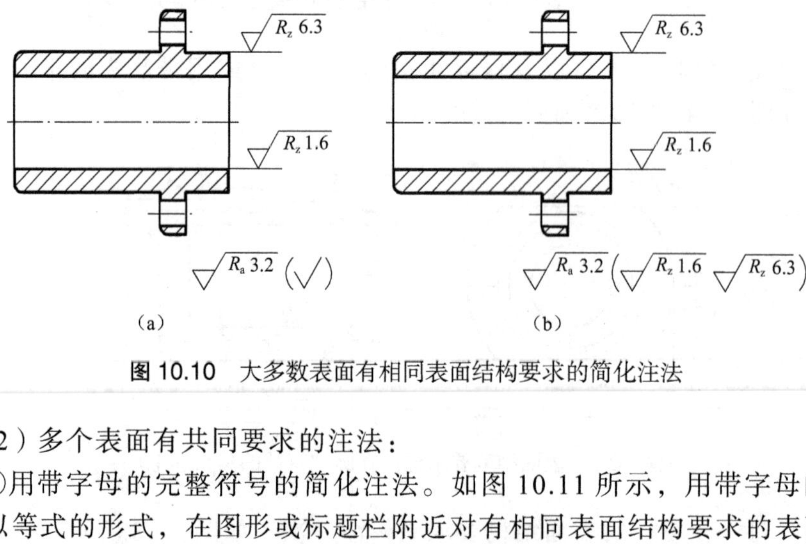

图 10.10 大多数表面有相同表面结构要求的简化注法

（2）多个表面有共同要求的注法：

①用带字母的完整符号的简化注法。如图 10.11 所示，用带字母的完整符号以等式的形式，在图形或标题栏附近对有相同表面结构要求的表面进行简化标注。

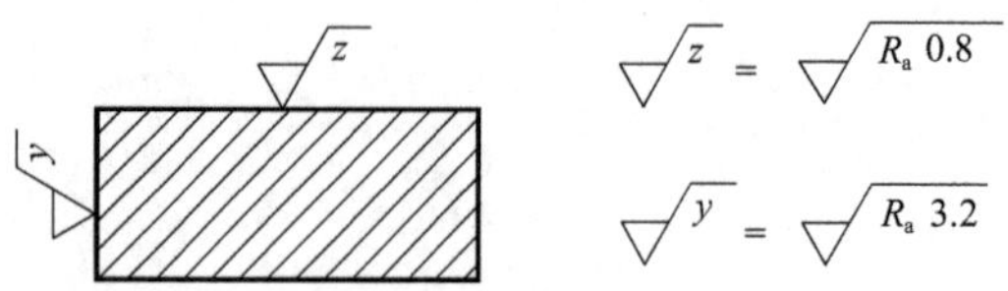

图 10.11 在图纸空间有限时的简化注法

②只用表面结构符号的简化注法。如图 10.12 所示，用表面结构符号以等式的形式给出多个表面共同的表面结构要求。图中的这三个简化注法，分别表示未指定工艺方法、要求去除材料、不允许去除材料的表面结构代号。

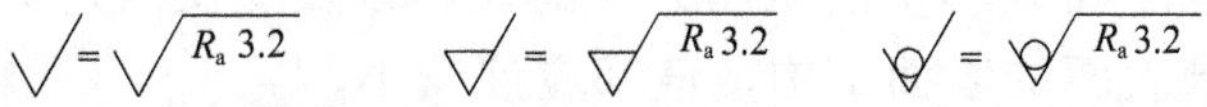

图 10.12　多个表面结构要求的简化注法

（3）两种或多种工艺获得的同一表面的注法。由几种不同的工艺方法获得的同一表面，当需要明确每种工艺方法的表面结构要求时，可按图 10.13(a)所示进行标注（图中 Fe 表示基体材料为钢，Ep 表示加工工艺为电镀）。

图 10.13（b）所示为三个连续的加工工序的表面结构、尺寸和表面处理的标注。

第一道工序：单向上限值，R_z=1.6μm，“16% 规则”(默认)，默认评定长度，默认传输带，表面纹理没有要求，去除材料的加工方法。

第二道工序：镀铬，无其他表面结构要求。

第三道工序：一个单向上限值，仅对长为 50mm 的圆柱表面有效，R_z=6.3μm，“16% 规则”（默认），默认评定长度，默认传输带，表面纹理没有要求，磨削加工。

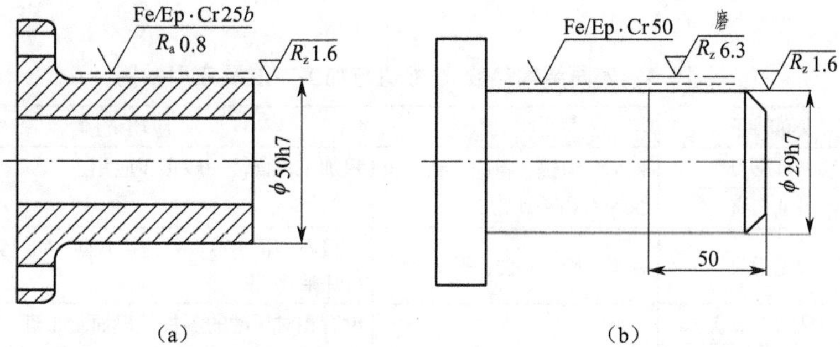

图 10.13　多种工艺获得同一表面的注法

10.4　表面结构的选用

表面结构的选用包括表面结构的评定参数及其数值的选用等内容：表面结构对零件的使用功能的影响是多方面的，因此，在选择表面结构评定参数时，所选参数应能充分合理地反映表面微观几何形状的真实情况。选取评定参数的数值时可先根据经验及统计资料初步选定表面结构参数值，然后再根据工作条件做适当调整。调整时应考虑以下几点：

（1）同一表面上，工作表面的表面结构数值应比非工作表面的小。

（2）摩擦表面的表面结构数值应比非摩擦表面的小；滚动摩擦表面的表面结构数值应比滑动摩擦表面的小。

（3）运动速度高、单位面积压力大的表面以及受交变应力作用的重要零件的圆角、沟槽表面的表面结构数值都应该较小。

（4）配合性质要求越稳定，其配合表面的表面结构数值应越小；配合性质相同时小尺寸结合面的表面结构数值应比大尺寸结合面的小；同一公差等级时，轴的表面结构数值应比孔的小。

（5）表面结构参数值应与尺寸公差及形状公差相协调。一般来说，尺寸公差和形状公差小的表面，其表面结构数值也较小，即尺寸公差等级小，表面结构值要求也小。但尺寸公差等级大的表面，其表面结构要求也不一定小。如医疗器械、机床手轮等的表面，对尺寸精度的要求并不高，但却要求光滑。

（6）耐腐蚀性、密封性要求较高的表面以及要求外表美观的表面，表面结构的数值应较小。

（7）凡有关标准已对表面结构要求做出规定的，如与滚动轴承配合的轴颈和外壳孔、键槽、花键、各级精度齿轮的主要表面等，都应按标准规定的表面结构参数值选用。

表面结构参数 R_a 数值与加工方法及应用举例都列于表 10.4 中，供选用时参考。

表 10.4 表面结构参数 R_a 数值与加工方法及应用举例

R_a	表面特征	主要加工方法	应用举例
50	明显可见刀痕	粗车、粗铣、粗刨、钻、粗纹锉刀和粗砂轮加工	粗加工表面，一般很少应用
25	可见刀痕		
12.5	微见刀痕	粗车、刨、立铣、平铣、钻	不接触表面、不重要的接触面，如螺钉孔、倒角、机座底面等
6.3	可见加工痕迹	精车、精铣、精刨、铰、镗，粗磨等	没有相对运动的零件接触面，如箱、盖、套筒要求紧贴的表面、键和键槽工作表面；相对运动速度不高的接触面，如支架孔、衬套、带轮轴孔的工作表面
3.2	微见加工痕迹		
1.6	看不见加工痕迹		
0.8	可见加工痕迹方向	精车、精铰、精拉、精镗、精磨等	要求很好密合的接触面，如与滚动轴承配合的表面、锥销孔等；相对运动速度较高的接触面，如滑动轴承的配合表面、齿轮轮齿的工作表面等
0.4	微辨加工痕迹方向		
0.2	不可辨加工痕迹方向		
0.1	暗光泽面	研磨、抛光、超级精细研磨等	精密量具的表面、极重要零件的摩擦面，如气缸的内表面、精密机床的主轴颈、坐标镗床的主轴颈等
0.05	亮光泽面		
0.025	镜状光泽面		
0.012	雾状镜面		

第三篇　机械零件篇

第 11 章　螺纹及螺纹紧固件

螺栓、螺钉和螺母等螺纹紧固件的某些结构要素（如螺纹）若按画法几何的标准画出其真实的投影则十分繁琐，为此国家标准规定了螺纹及螺纹紧固件结构要素的特殊表示法。本章主要介绍螺纹的结构种类、螺纹及其紧固件的画法与标注等。

11.1　螺纹的形成、结构和要素

11.1.1　螺纹的形成

在圆柱表面或圆锥表面上，沿着螺旋线形成的、具有相同剖面的连续凸起和沟槽，称为螺纹，如图 11.1 所示。在圆柱面上形成的螺纹为圆柱螺纹；在圆锥面上形成的螺纹为圆锥螺纹。在圆柱内表面上形成的螺纹，为内螺纹，在圆柱外表面上形成的螺纹，为外螺纹。内、外螺纹应成对使用。

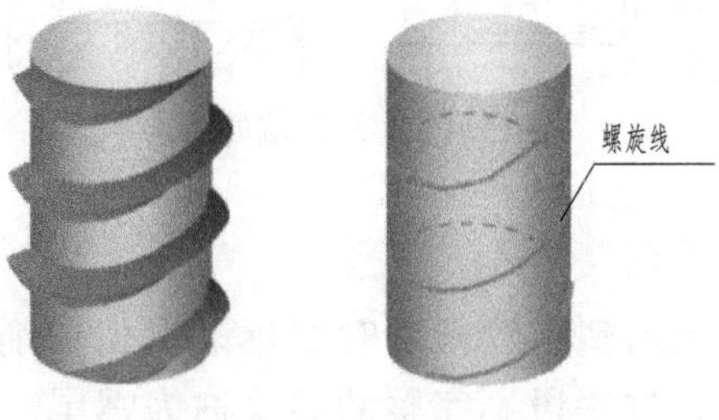

图 11.1　螺纹的形式

螺纹的加工方法很多，图 11.2 是在车床上车制外螺纹的情况。图 11.3 是在车床上车制内螺纹的情况。螺纹的表面有凸起和沟槽两部分，凸起部分的顶端称为牙顶，沟槽部分的底部称为牙底。

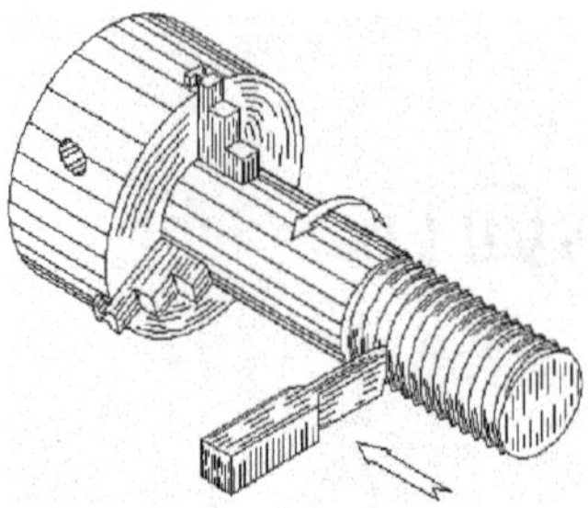

图 11.2　外螺纹加工

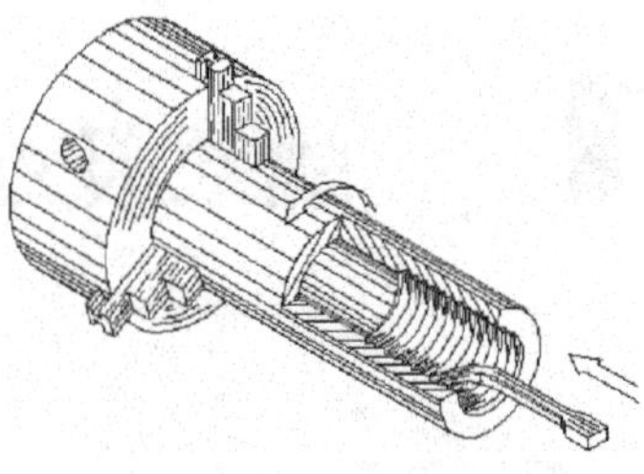

图 11.3　内螺纹加工

11.1.2　螺纹的结构

1. 螺纹端部

为了便于安装和防止螺纹端部损坏，通常将螺纹端部做成规定的形状，常见的形式有倒角、倒圆等，如图 11.4 所示。

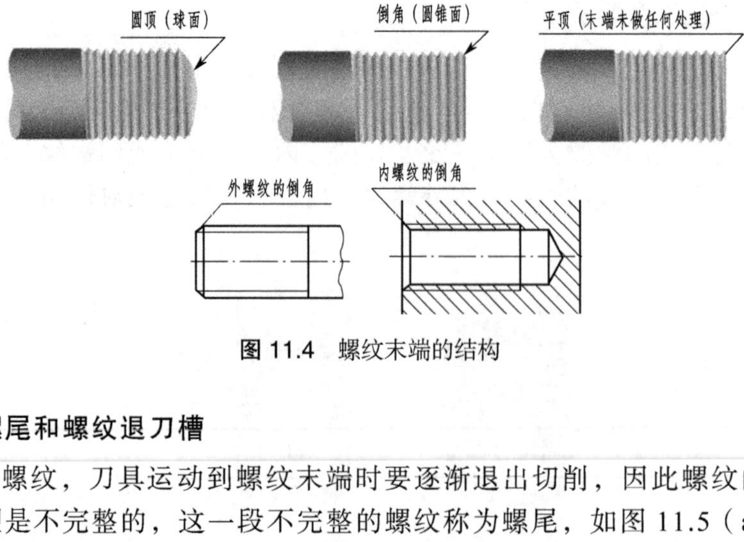

图 11.4　螺纹末端的结构

2. 螺尾和螺纹退刀槽

车削螺纹，刀具运动到螺纹末端时要逐渐退出切削，因此螺纹的末尾部分的牙型是不完整的，这一段不完整的螺纹称为螺尾，如图 11.5（a）所示。在允许的情况下，为了避免产生螺尾，可以预先在螺纹末尾处加工出退刀槽，然后再车削螺纹，图 11.5（b）所示为外螺纹退刀槽，图 11.5（c）所示为内螺纹退刀槽。

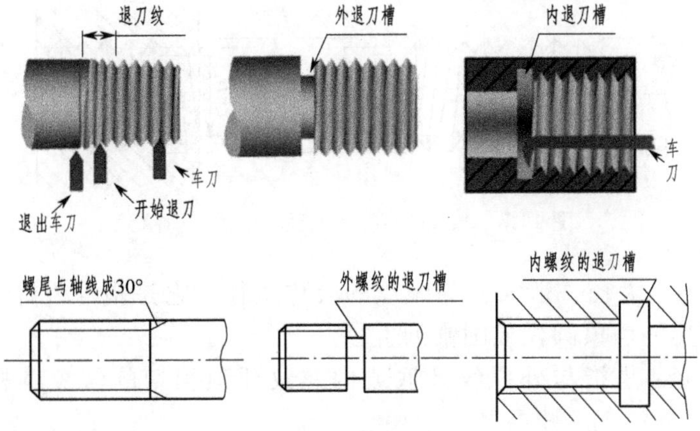

（a）螺尾的产生　（b）外螺纹退刀槽　（c）内螺纹退刀槽

图 11.5　螺尾与退刀槽

11.1.3　螺纹的要素

1. 螺纹的牙型

通过螺纹轴线的断面上，螺纹的轮廓形状，称为螺纹牙型。它由牙顶、牙底和两牙侧构成，并形成一定的牙型角，牙顶为螺纹表面凸起的部分，牙底为螺纹表面沟槽的部分。常见的螺纹牙型有三角形、梯形、锯齿形和矩形等多种。图 11.6（a）所示的螺纹为三角形牙型。三角形螺纹用于连接，梯形和锯齿形螺纹用于传递动力，如图 11.6（b），（c）所示。

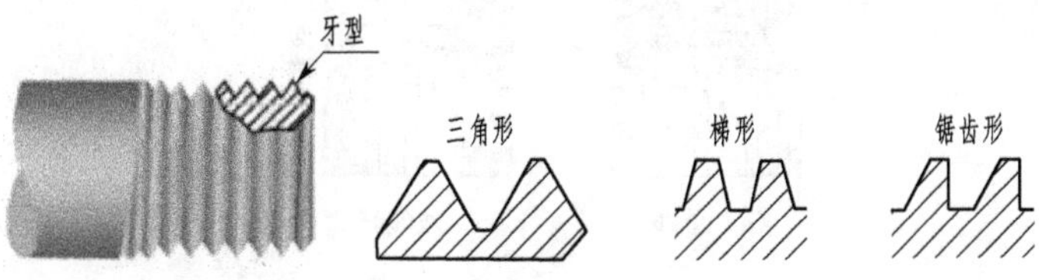

（a）　（b）　（c）

图 11.6　螺纹的牙型

2. 螺纹的基本直径

螺纹的直径有三种：外螺纹的大径、小径和中径，分别用符号 d、d_1 和 d_2 表示；内螺纹的大径、小径和中径分别用符号 D、D_1 和 D_2 表示，如图 11.7 所示。

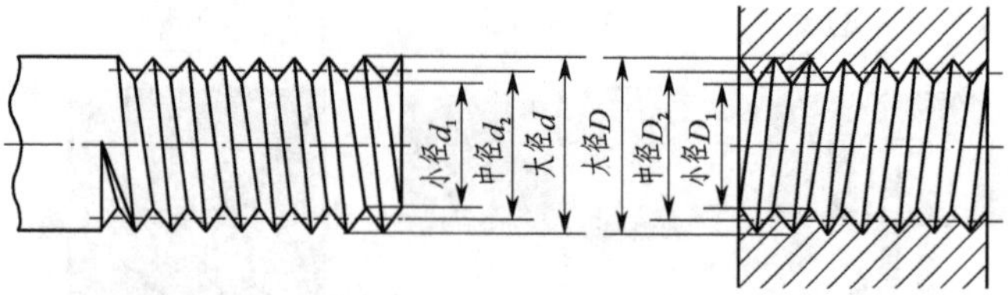

图 11.7 螺纹的直径（大径、中径、小径）

（1）大径：大径一般又称为螺纹的公称直径。它是指与外螺纹牙顶或内螺纹牙底相切的假象圆柱或圆锥的直径。

（2）小径：是指与外螺纹牙底或内螺纹牙顶相切的假象圆柱或圆锥的直径。

（3）中径：在大径与小径圆柱之间有一假想圆柱，在其母线上牙型的沟槽和凸起宽度相等。

3. 螺纹的线数

螺纹有单线和多线之分。圆柱面上只有一条螺旋线所形成的螺纹称为单线螺纹，如图 11.8（a）所示；有两条或两条以上在轴向等距离分布的螺旋线所形成的螺纹称为多线螺纹，图 11.8（b）所示为双线螺纹。螺纹的线数用 n 表示，线数又称头数。

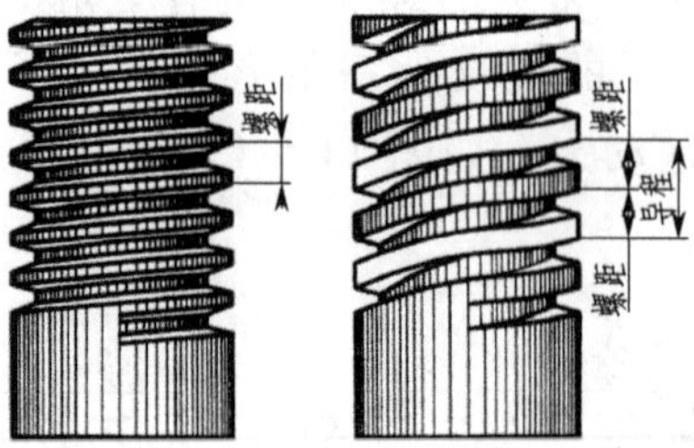

（a）单线　（b）双线螺纹

图 11.8 螺纹的线数、螺距和导程

4. 螺纹的螺距和导程

（1）螺距：相邻两牙在中径线上对应两点间的轴向距离，用 P 表示，如图 11.8 所示。

（2）导程：同一条螺旋线上的相邻两牙在中径线上对应两点间的轴向距离称为导程，用 P_h 表示。单线螺纹的导程等于螺距，即 $P_h=P$，多线螺纹的导程等于线数乘以螺距，即 $P_h=nP$，对于图 11.8（b）的双线螺纹，$P_h=2P$。

5. 螺纹的旋向

内、外螺纹旋合时的旋转方向称为旋向。螺纹旋向分右旋和左旋两种，如图 11.9 所示。顺时针方向旋转时沿轴向旋入的螺纹是右旋螺纹，其可见螺旋线表现为左低右高的特征，如图 11.9（b）所示；逆时针方向旋转时沿轴向旋入的螺纹称为左旋螺纹，其可见螺旋线具有左高右低的特征，如图 11.9（a）所示。工程上以右旋螺纹应用为多。

（a）左旋螺纹　　（b）右旋螺纹

图 11.9　螺纹的旋向

外螺纹和内螺纹成对使用，只有牙型、大径、螺距、线数和旋向等要素都相同时，才能旋合在一起。

在螺纹的诸要素中，牙型、大径和螺距是决定螺纹结构规格的最基本的要素，称为螺纹三要素。

11.2　螺纹的种类

国家标准对上述五项要素中的牙型、公称直径（大径）和螺距作了规定，按此三要素是否符合标准，螺纹可分为下列三类：

（1）标准螺纹：牙型、公称直径、螺距三要素均符合标准的螺纹。

（2）特殊螺纹：牙型符合标准，公称直径或螺距不符合标准的螺纹。

（3）非标准螺纹：牙型不符合标准的螺纹，如矩形螺纹。

按螺纹的用途不同，螺纹又可分为连接螺纹和传动螺纹两类，前者起连接作用，应用比较普遍；后者用于传递动力或运动，常用于千斤顶及机床操纵等的传动机构中。

标准螺纹包括起连接作用的普通螺纹和管螺纹，以及起传动作用的梯形螺纹和锯齿形螺纹。普通螺纹最常见的是连接螺纹，又有细牙和粗牙之分。当大径相同时，螺距最大的一种称为粗牙，其余的均称细牙。管螺纹又分为密封管螺纹和非密封管螺纹。常见螺纹的类型、牙型及功能等如表 11.1 所示。

表 11.1　常见螺纹

<table>
<tr><th colspan="2">螺纹种类</th><th>牙型放大图</th><th>特征代号</th><th>用途</th></tr>
<tr><td rowspan="4">连接螺纹</td><td>粗牙普通螺纹</td><td rowspan="2">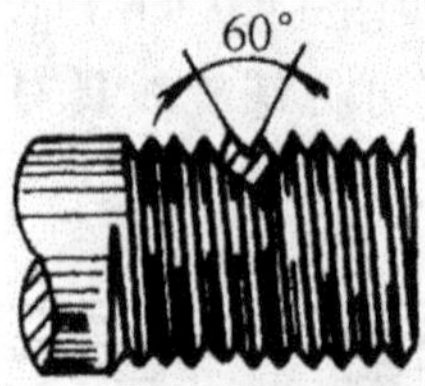
</td><td rowspan="2">M</td><td>最常用的连接螺纹</td></tr>
<tr><td>细牙普通螺纹</td><td>用于细小的精密零件或薄壁件</td></tr>
<tr><td>非螺纹密封的管螺纹</td><td>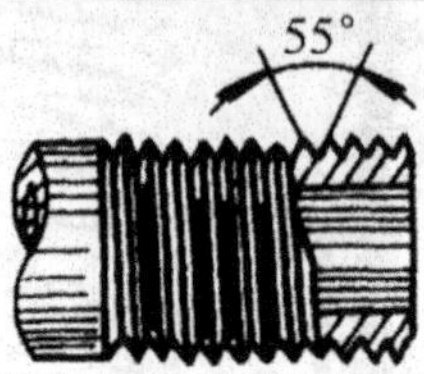
</td><td>G</td><td>用于水管、油管、气管等一般低压管路的连接</td></tr>
<tr><td>用螺纹密封的管螺纹</td><td>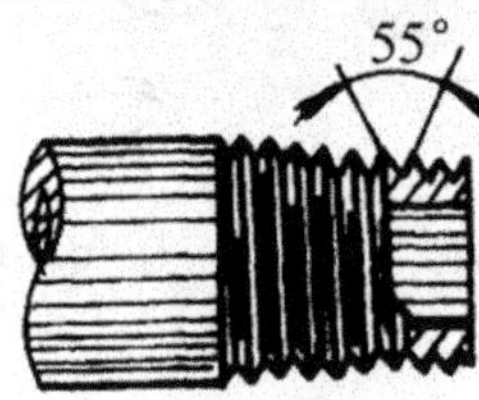
</td><td>R
Rc
Rp</td><td>连接螺纹</td></tr>
<tr><td rowspan="3">传动螺纹</td><td>梯形螺纹</td><td>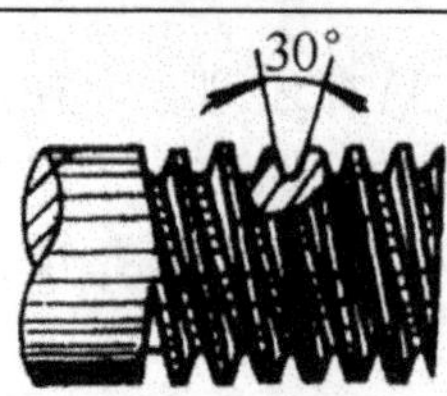
</td><td>Tr</td><td>用于机床的丝杠等，可双向传递动力</td></tr>
<tr><td>锯齿形螺纹</td><td>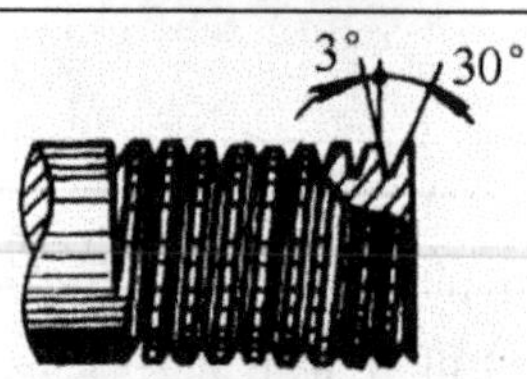
</td><td>B</td><td>只能单方向传递动力</td></tr>
<tr><td>矩形螺纹</td><td></td><td>非标准螺纹</td><td>用于千斤顶、小型压力机等</td></tr>
</table>

11.3 螺纹的规定画法

螺纹一般不按真实投影作图，而是按国家标准《机械制图》GB/T4459.1—1995 中规定的螺纹画法绘制。按此画法作图并加以标注，就能清楚地表示螺纹的类型、规格和尺寸。

11.3.1 外螺纹的画法

外螺纹的画法如图 11.10 所示。

（1）外螺纹不论其牙型如何，螺纹的牙顶用粗实线表示；牙底用细实线表示；螺杆的倒角或倒圆部分也应画出。通常小径按大径的 0.85 倍画出。

（2）完整螺纹的终止界线（简称螺纹终止线）在视图中用粗实线表示；在剖视图中则按图 11.10（b）主视图的画法绘制（即终止线只画螺纹牙型高度的一小段），剖面线必须画到表示牙顶的粗实线为止。

（3）在投影为圆的视图中，牙顶画粗实线圆（大径圆）；表示牙底的细实线圆（小径圆）只画约 3/4 圈；此时表示倒角的圆省略不画。

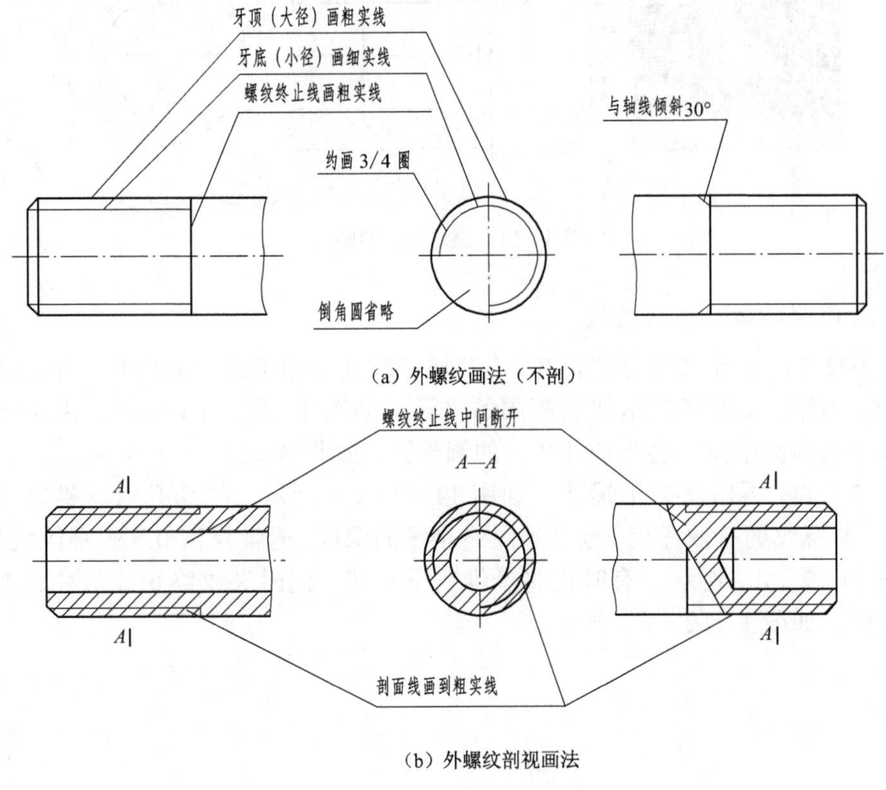

图 11.10 外螺纹的画法

注意：当需要表示螺纹收尾时，螺尾处用与轴线成 30° 的细实线绘制；管螺纹通常需用剖切的方法画出管道部分。

11.3.2　内螺纹的画法

1. 螺纹通孔的画法

在平行于螺纹轴线的投影视图上，螺纹大径以细实线表示，而且只画到倒角外形线上，不能画入倒角内；螺纹小径以粗实线表示，小径尺寸近似值如同外螺纹，螺纹终止线以粗实线表示，剖面线画到螺纹小径处。一般将平行于螺纹轴线的投影视图画成全剖视图；内螺纹未按全剖视图画时，其大径线、小径线、螺纹终止线等均画虚线。螺纹上的大径用细实线画约 3/4 圆，一般将缺口留在左下角，螺纹的小径画粗实线圆，倒角圆省略不画，螺纹通孔的画法如图 11.11 所示。

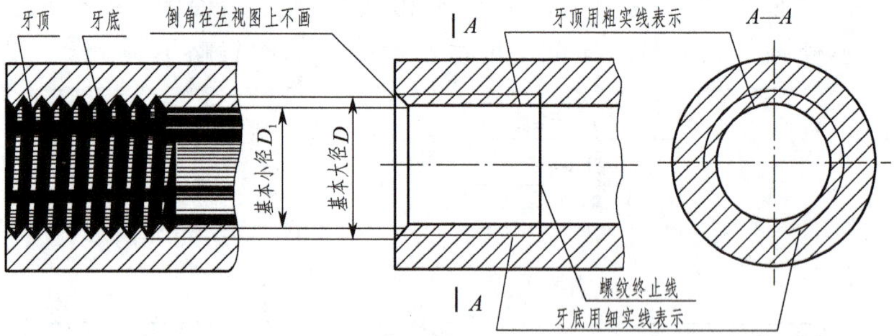

图 11.11　螺纹通孔的画法

2. 不穿通螺纹孔的画法

不穿通的螺孔又叫螺纹盲孔，不穿通螺纹孔的加工过程分两步（钻与攻）：

（1）钻：先用麻花钻加工不同的光孔，如图 11.12（a）所示，由于钻头尾部结构为圆锥体，会形成 120° 的圆锥孔，如图 11.12（b）所示。

（2）攻：再用丝锥扩螺孔，如图 11.12（c）所示。扩螺孔时丝锥攻下的深度，是螺纹的有效深度，也是螺纹终止线的深度，通常保留 0.5 × 螺纹大径，如图 11.12（d）所示。有时也将丝锥攻至底部，此时螺纹终止线与柱、锥交线重影，如图 11.12（e）所示。

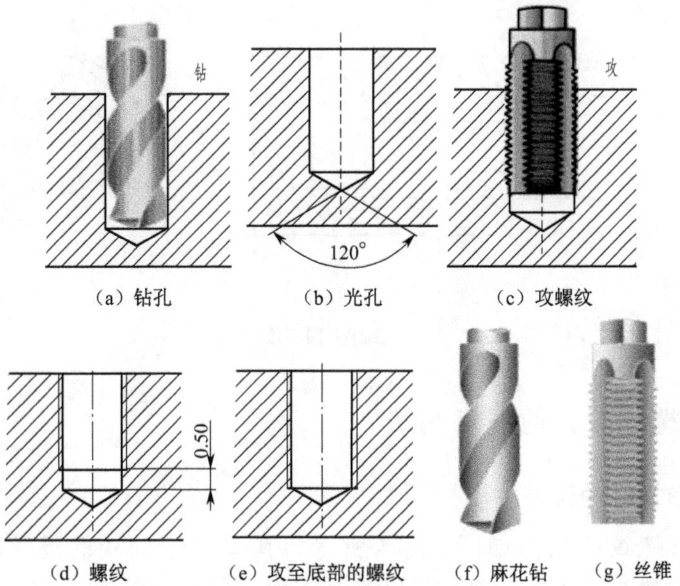

图 11.12　不穿通螺纹的画法

11.3.3　内、外螺纹旋合时的画法

如图 11.13 所示，画内、外螺纹旋合时应注意以下几点：

（1）以剖视图表示内、外螺纹连接时，其旋合部分应按外螺纹绘制，其余部分仍按各自的画法表示。

（2）表示大、小径的粗实线和细实线应分别对齐，而与倒角无关。

（3）当剖切平面通过实心螺杆的轴线时，外螺纹按不剖绘制。

（4）在内、外螺纹旋合图中，同一零件在各个剖视图中剖面线的方向和间隔应一致；在同一剖视图中相邻两零件剖面线的方向或间隔应不同。

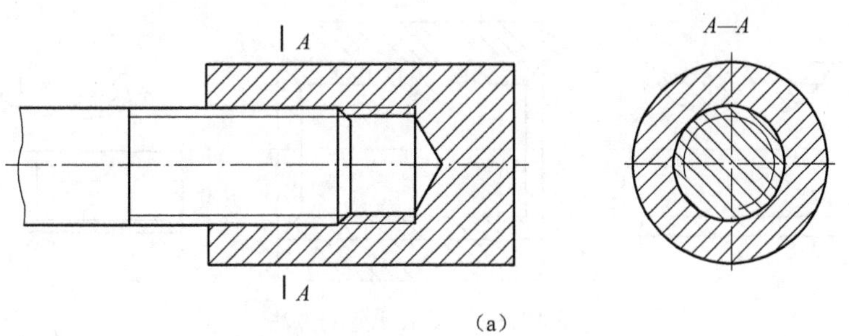

图 11.13　内、外螺纹旋合时的画法

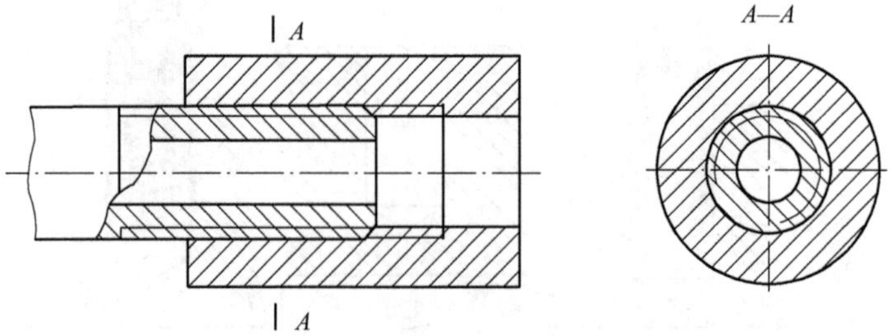

(b)

续图 11.13

11.3.4　螺纹的其他规定画法

1. 锥形螺纹的画法

圆锥形螺纹的画法如图 11.14 所示，在垂直于轴线的投影面的视图中，左视图上按螺纹的大端绘制；右视图上按螺纹的小端绘制。

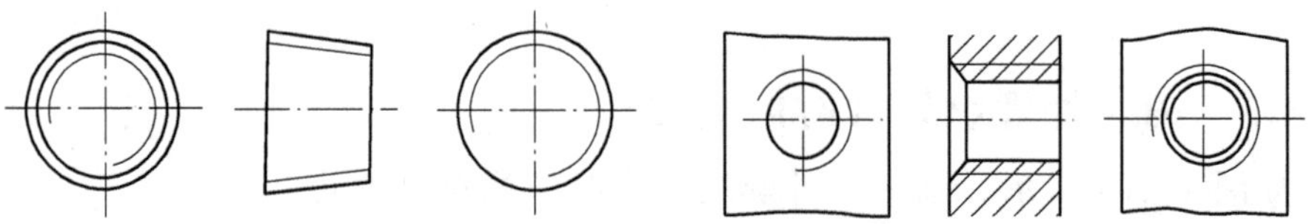

(a)　(b)

图 11.14　圆锥螺纹的画法

2. 螺纹牙型的表示方法

当需要表示螺纹的牙型时，可用局部剖视图和局部放大图表示，如图 11.15 所示。

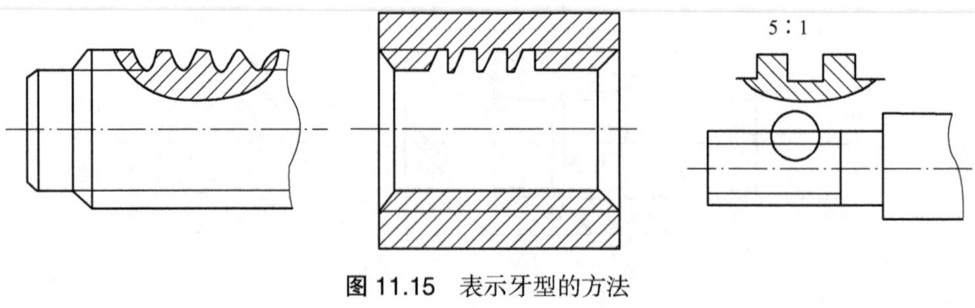

图 11.15　表示牙型的方法

3. 螺孔相贯线的画法

螺孔与螺孔相贯或螺孔与光孔相贯时，其画法如图 11.16 所示。

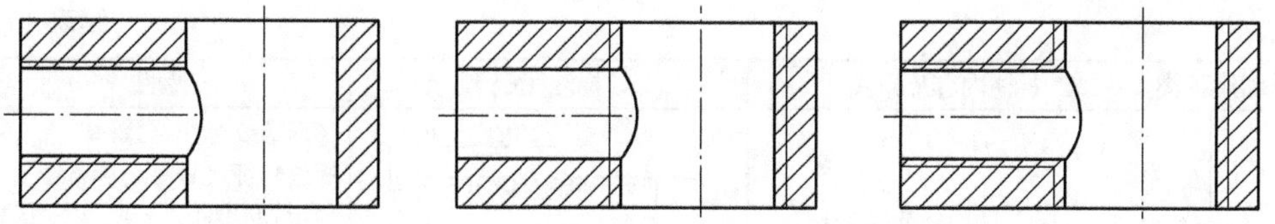

(a) (b) (c)

图 11.16 螺孔相贯线的画法

11.4 螺纹的标注

各种螺纹都按同一规定画法表示，为加以区别，应在图上注出国家标准所规定的螺纹标记，如表 11.2 所示。

表 11.2 常用螺纹的规定标注

螺纹种类		标注内容及格式	标注图例	说明
普通螺纹 单线	粗牙	M12—5g6g—S 短旋合长度 顶径公差带代号 中径公差带代号 螺纹基本大径	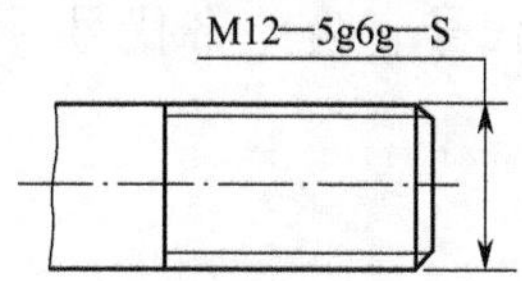	普通螺纹标注格式： 螺纹特征代号公称直径 × 螺距 - 公差带代号 - 旋合长度代号 - 旋向 (1) 多线螺纹的“公称直径 × 螺距”一项要标注为:“公称直径 ×Ph 导程 P 螺距” (2) 螺纹的标记，应注在大径的尺寸线或注在其引出线上 (3) 粗牙螺纹不标注螺距 (4) 中等公差精度(如 6H、6g) 不标注公差带代号 (5) 中等旋合长度不标注 N (6) 左旋时在末尾标注 LH
		M12—7H—L—LH 旋向（左旋） 长旋合长度 中径和顶径公差带代号	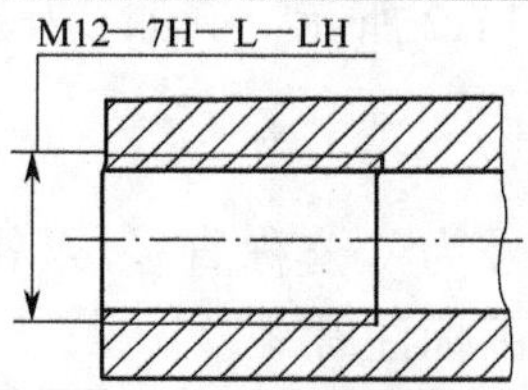	
	细牙	M12 × 1.5—5g6g—S 螺距	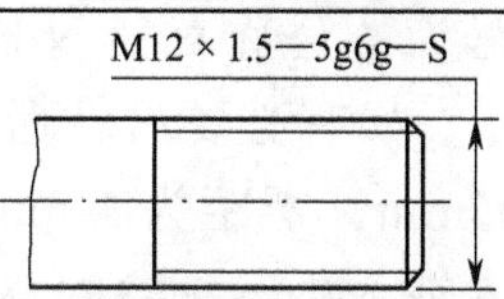	
管螺纹 单线	非螺纹密封的管螺纹	非密封内管螺纹的标记： G1/2—LH 内螺纹公差等级只有一种，不标注公差带代号	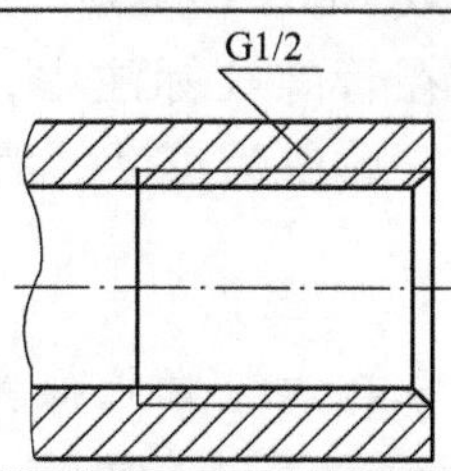	管螺纹标注格式： 螺纹特征代号 尺寸代号 公差等级代号 – 旋向 (1) 特征代号右边的数字为尺寸代号，即管子内通径，单位为 in(英寸)。管螺纹的直径需查其标准确定 (2) 管螺纹的标记一律注在指引线上，指引线由大径引出
		非密封外管螺纹的标记： G1/2A 外螺纹公差等级分A、B两级，需标注	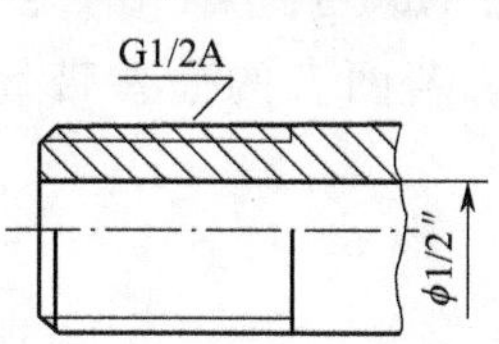	

续表 11.2

螺纹种类		标注内容及格式	标注图例	说明
梯形螺纹	单线	Tr40×7—7e 中径公差带代号 （只标注中径公差带代号）	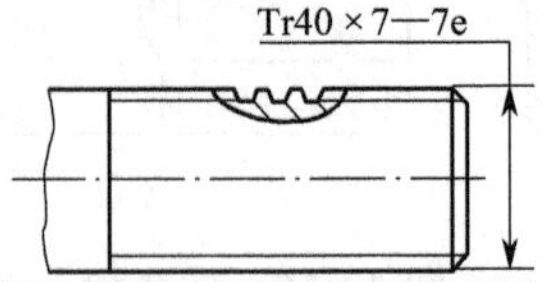	梯形螺纹标注格式： 螺纹特征代号 公称直径×导程（P螺距〕旋向–公差带代号–旋合长度代号 （1）单线螺纹的“导程”（P螺距）“一项只注螺距” （2）旋合长度分为中等（N）和长（L）两组，中等旋合长度可以不标注
	多线	Tr40×14（P7）LH—7e 旋向 螺距 导程	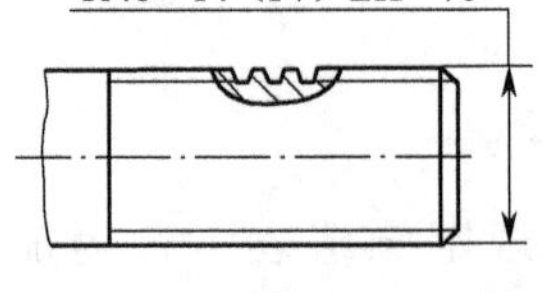	

普通螺纹完整的标注内容及格式为：

螺纹特征代号 **尺寸代号**—**公差带代号**—**旋合长度代号**—**旋向代号**

螺纹标记中的尺寸代号、公差带代号、旋合长度代号和旋向代号各项之间要用“–”号隔开。

1. 螺纹特征代号

螺纹特征代号如表11.2所示。例如：普通螺纹特征代号用字母“M”表示。

2. 尺寸代号

单线螺纹的尺寸代号为“公称直径 × 螺距”，公称直径一般为螺纹的基本大径。普通粗牙螺纹不标注螺距。

多线螺纹的尺寸代号为“公称直径 ×Ph导程P螺距”。公称直径、导程和螺距数值的单位为mm。如有必要可在后面括号内用英语说明螺纹的线数。

例如：公称直径为16mm，螺距为1.5mm、导程为3mm的双线螺纹，尺寸代号为M16×Ph3P1.5或M16×Ph3P1.5（two starts）。

一般为螺纹大径，但在管螺纹标注中，螺纹特征代号（如G）后面为尺寸代号，它是管子的内径，单位为英寸，管螺纹的直径要查其标准确定。

3. 公差带代号

由表示公差等级的数字和表示基本偏差的字母（内螺纹用大写字母，外螺纹用小写字母）组成，如6g，7H等。一般要同时标注出中径在前、顶径在后的两项公差带代号。若两者的公差带代号相同，则只标一项。

4. 旋合长度代号

两个互相配合的螺纹，沿其轴线方向相互旋合部分的长度，称为旋合长度，如图 11.17 所示。螺纹旋合长度分为短、中、长三组，分别用代号 S，N 和 L 表示，中等旋合长度 N 不标注。

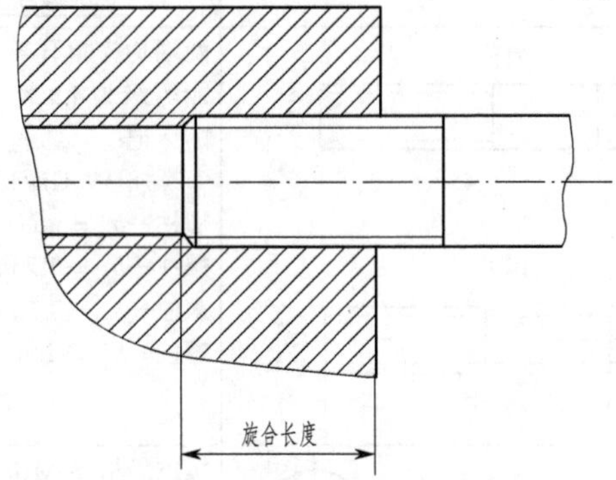

图 11.17 螺纹的旋合长度

5. 旋向

左旋时要标注“LH”，右旋时不标注。

11.5 螺纹紧固件

11.5.1 常见螺纹紧固件及其标记

常见螺纹紧固件有螺栓、螺柱、螺钉、螺母和垫圈等，其结构形式和尺寸都已标准化，又称为标准件。使用时按规定标记直接外购即可。表 11.3 中列出了常用螺纹紧固件的结构形式和标记。

表 11.3 常用螺纹紧固件及其规定标记

名 称	简化画法	简化标记及说明
六角头螺栓	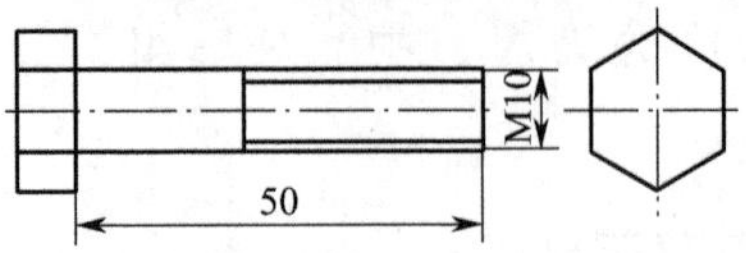	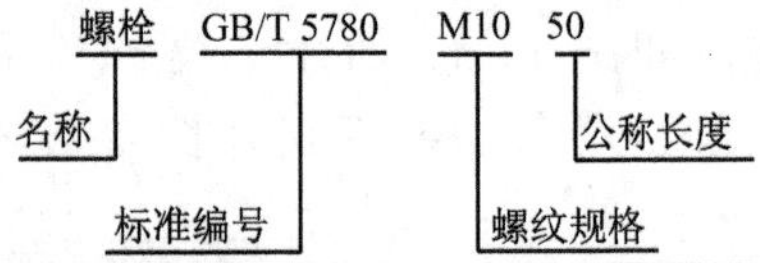
双头螺柱	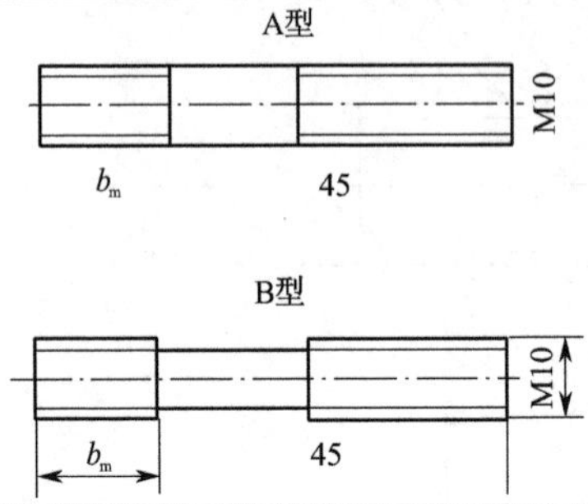	两端均为粗牙普通螺纹、$d = 10$、$i = 45$、性能等级为 4.8 级、B 型、$b_m = 1d$ 的双头螺柱的标记： 螺柱 GB/T 897 M10×45 螺柱—$b_m = 1d$（GB/T 897—1988） 螺柱—$b_m = 1.25d$（GB/T 898—1988） 螺柱—$b_m = 1.5d$（GB/T 899—1988） 螺柱—$b_m = 2d$（GB/T 900—1988）
开槽圆柱头螺钉	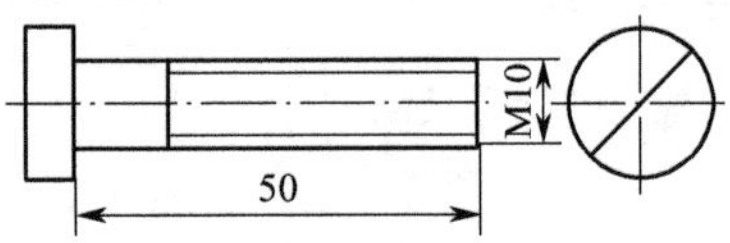	螺纹规格 d=M10、公称长度 l=50、性能等级为 4.8 级、不经表面处理的开槽圆柱头螺钉的标记： 螺钉 GB/T 65 M10×50
开槽盘头螺钉	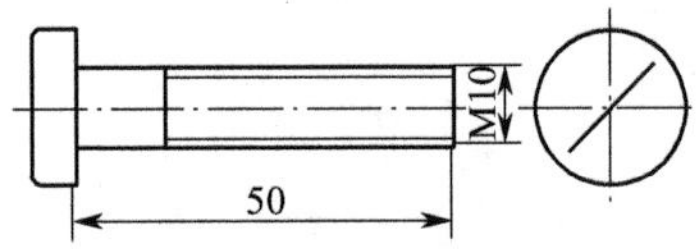	螺纹规格 d=M10、公称长度 l=50、性能等级为 4.8 级、不经表面处理的开槽盘头螺钉的标记： 螺钉 GB/T 67 M10×50 螺钉头部的厚度相对于直径小得多。成盘状，故称为盘头螺钉
开槽沉头螺钉	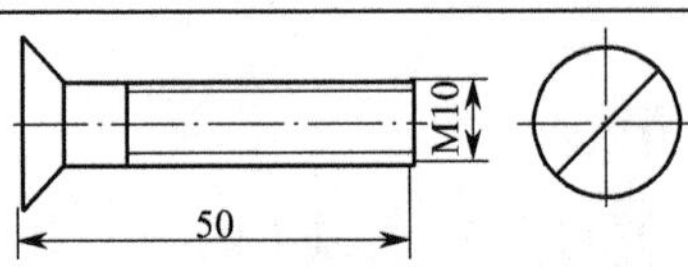	螺纹规格 d=M10、公称长度 l=50、性能等级为 4.8 级、不经表面处理的开槽沉头螺钉的标记： 螺钉 GB/T 68 M10×50
十字槽沉头螺钉	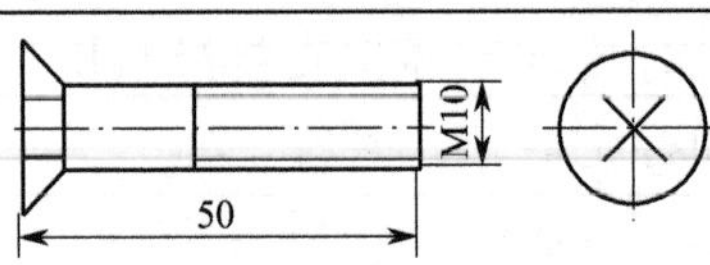	螺纹规格 d=M10、公称长度 l=50、性能等级为 4.8 级、不经表面处理的 H 型十字槽沉头螺钉的标记： 螺钉 GB/T 819.1 M10×50
开槽锥端紧定螺钉	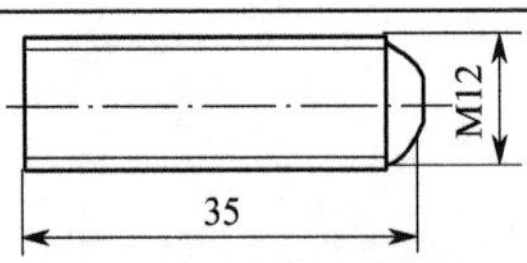	螺纹规格 d=M12、公称长度 l=35、性能等级为 14H 级、表面氧化的开槽锥端紧定螺钉的标记： 螺钉 GB/T 71 M12×35
开槽长圆柱端紧定螺钉	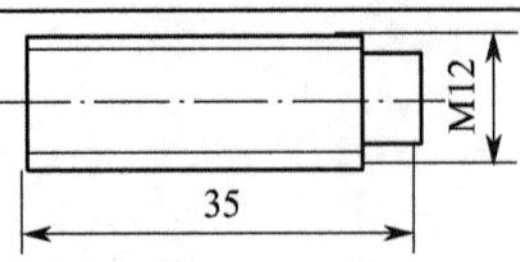	螺纹规格 d=M12、公称长度 l=35、性能等级为 14H 级、表面氧化的开槽长圆柱端紧定螺钉的标记： 螺钉 GB/T 71 M12×35

续表 11.3

名 称	简化画法	简化标记及说明
六角螺母	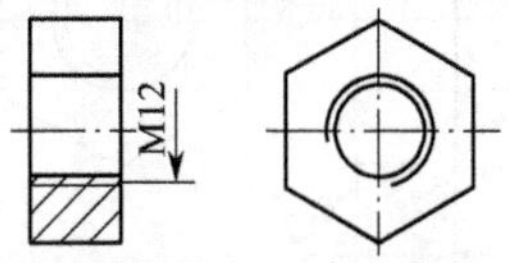	螺纹规格 D=M12、性能等级为 8 级、不经表面处理、A 级的 I 型六角螺母的标记： 螺母 GB/T 6170 M12
六角开槽螺母	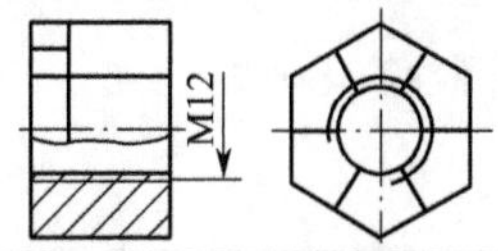	螺纹规格 D=M12、性能等级为 8 级、表面氧化、A 级的 I 型六角开槽螺母的标记： 螺母 GB/T 6178 M12
平垫圈	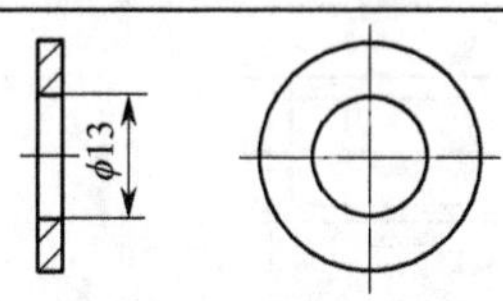	标准系列、规格 12、性能等级为 140HV 级、不经表面处理的平垫圈的标记： 垫圈 GB/T 97.1 12
标准型 弹簧垫圈	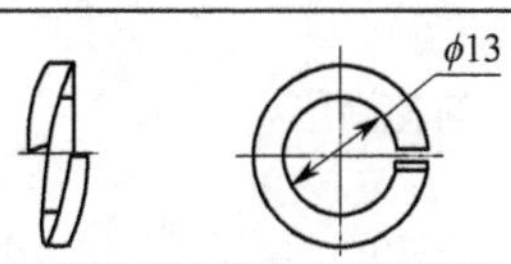	规格 L2、材料为 65Mn、表面氧化的标准型弹簧垫圈的标记： 垫圈 GB/T 93 12

11.5.2 螺纹紧固件及其连接装配图的画法

螺纹紧固件都是标准件，根据它们的标记，在有关标准中可以查到它们的结构形式和全部尺寸。为了作图方便，在画图时，一般不按实际尺寸作图，而是采用按比例画出的简化画法。即除公称长度 l 需经计算，并查其标准选定标准值外，其余各部分尺寸都按与螺纹大径 d（或 D）成一定比例确定。

1. 螺纹紧固件的简化画法

图 11.18 ~ 图分别为六角螺母、垫圈、六角头螺栓和螺柱的简化画法。螺栓的六角头除厚度为 0.7d 外，其余尺寸与图 11.18 六角螺母画法相同。

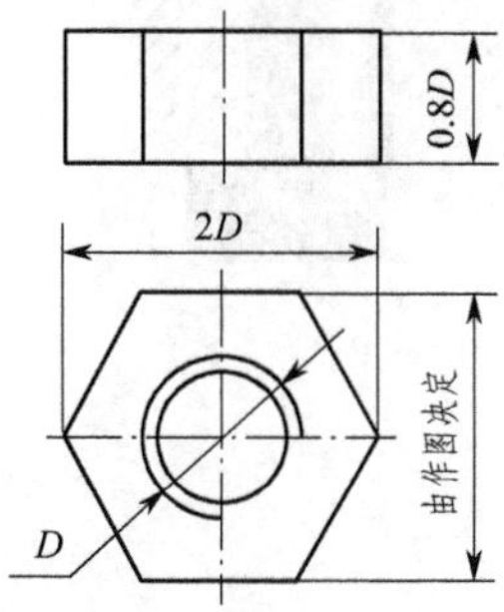

图 11.18 螺母简化画法

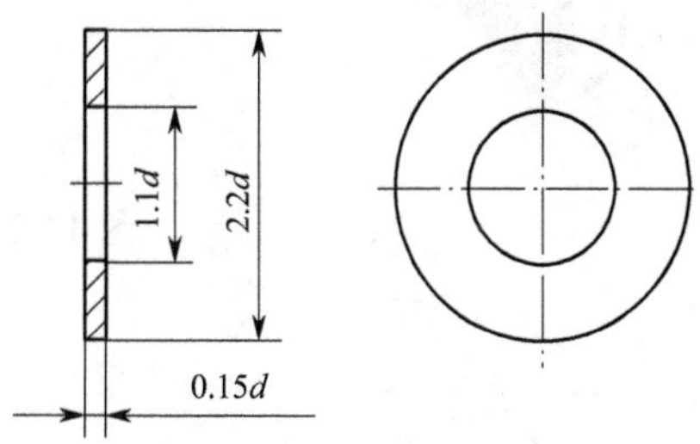

图 11.19 平垫圈简化画法

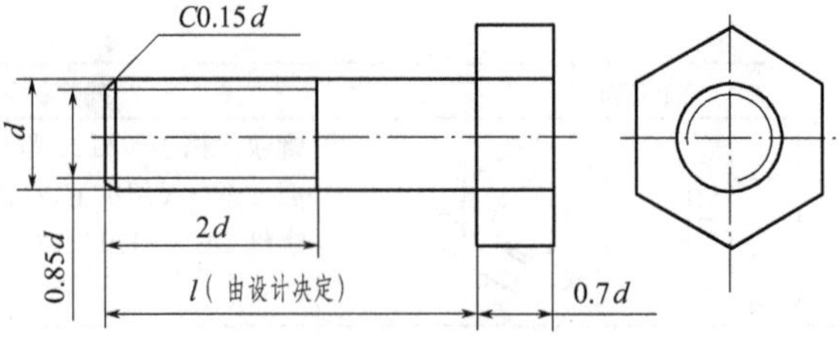

图 11.20　六角头螺栓简化画法

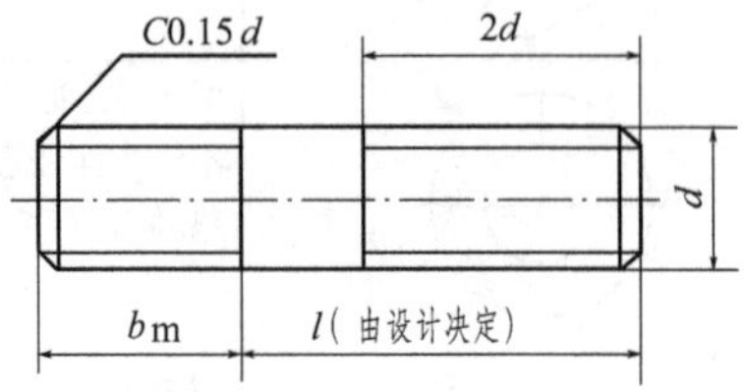

图 11.21　螺柱简化画法

2. 螺栓连接装配图的画法

图 11.22 为螺栓的连接。所用的螺纹紧固件有螺栓、螺母和垫圈，它常用于两被连接件都不太厚，能制出通孔的情况。其通孔的大小，可根据装配精度的不同,查机械设计手册确定。为便于成组(螺栓连接一般为 2 个或多个)装配，被连接件上通孔直径比螺栓直径大，一般可按 1.1d 画出。螺栓连接装配图的画法如图 11.23 所示。

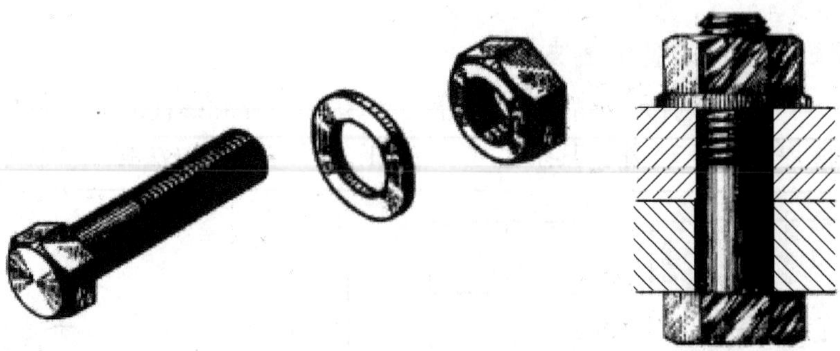

图 11.22　螺栓连接

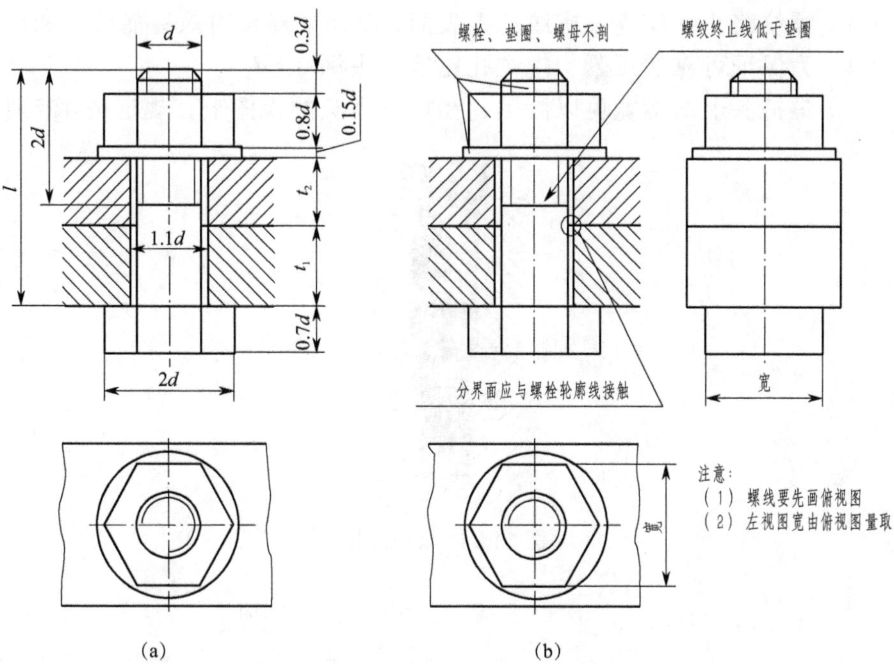

图 11.23 螺栓连接装配图的画法

螺栓连接装配图时，应注意以下几个问题：

（1）螺栓的公称长度 l 的确定。螺栓的公称长度 l 按下式计算：

$$l_{计}=t_1+t_2+0.15d\text{（垫圈厚）}+0.8d\text{（螺母厚）}+0.3d$$

在标准中，选取与 $l_{计}$ 接近的标准长度值 l，即为螺栓标记中的公称长度。

（2）在剖视图中，当剖切平面通过螺杆轴线时，螺栓、螺母和垫圈这些标准件均按不剖绘制。

（3）在剖视图中相邻两零件的剖面线方向应相反。

3. 螺钉连接装配图的画法

图 11.24 所示为螺钉的连接。这种连接用于受力不大的情况。螺钉根据其头部的形状不同而有多种形式，图 11.25 所示为两种常见螺钉连接装配图的画法。

画螺钉连接装配时，应注意以下几个问题：

（1）螺钉的公称长度 l 的确定

$$l_{计}=t_1+b_m$$

查标准，选取与 $l_{计}$ 接近的标准长度值为螺钉标记中的公称长度 l。

（2）旋入长度 b_m 值与被旋入件的材料有关，被旋入件的材料为钢时，$b_m=d$；为铸铁时，$b_m=1.25d$ 或 $1.5d$；为铝时，$b_m=2d$。

（3）螺纹终止线应高出螺纹孔上表面，以保证连接时螺钉能旋入和压紧。

（4）为保证可靠的压紧，螺纹孔比螺钉头深 0.5d。

（5）螺钉头上的槽宽可以涂黑，在投影为圆的视图上，规定按 45°画出。

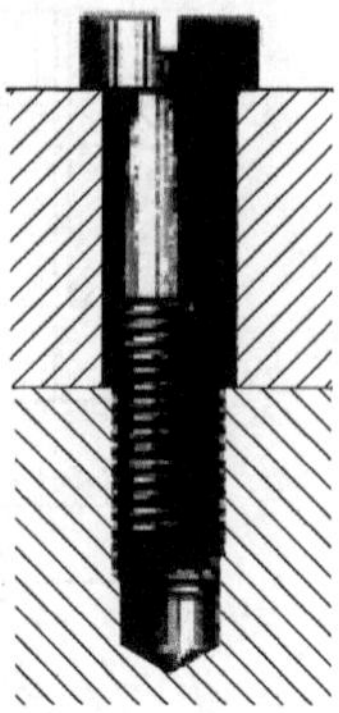

图 11.24 螺钉连接

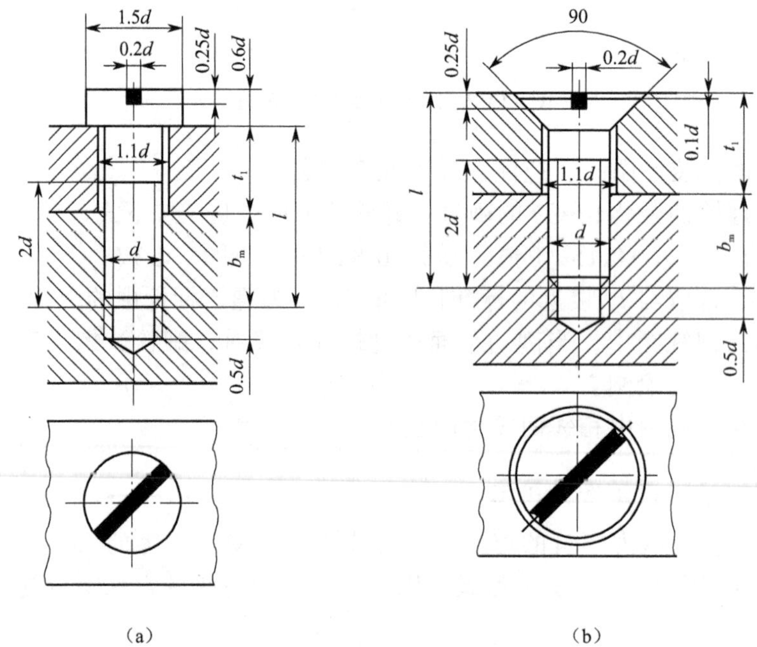

图 11.25 螺钉连接装配图的画法

4. 螺柱连接装配图的画法

图 11.26 为螺柱连接。这种连接常用于一个被连接件较厚，不便于或不允许打通孔的情况。拆卸时，只需拆下螺母等零件，而不需拆螺柱，所以，这种连接多次装拆不会损坏被连接件。螺柱连接装配图的简化画法如图

11.27 所示。

画螺柱连接装配图时，应注意以下几个问题：

（1）螺栓的公称长度 l 按下式计算：

$$l_{计}=t_1+0.15d（垫圈厚）+0.8d（螺母厚）+0.3d$$

查标准，选取与 $l_{计}$ 接近的标准长度值为螺柱标记中的公称长度 l。

（2）螺柱连接装配图的画法，上半部分同螺栓，下半部分同螺钉。

但是螺柱连接，旋入端的螺纹应全部旋入机件的螺纹孔内，拧紧在被连接件上，因此，图中的螺纹终止线与旋入机件的螺孔上端面平齐。

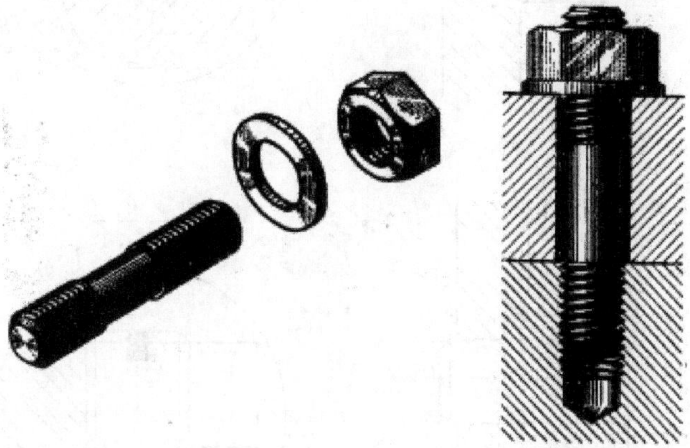

图 11.26 螺柱连接

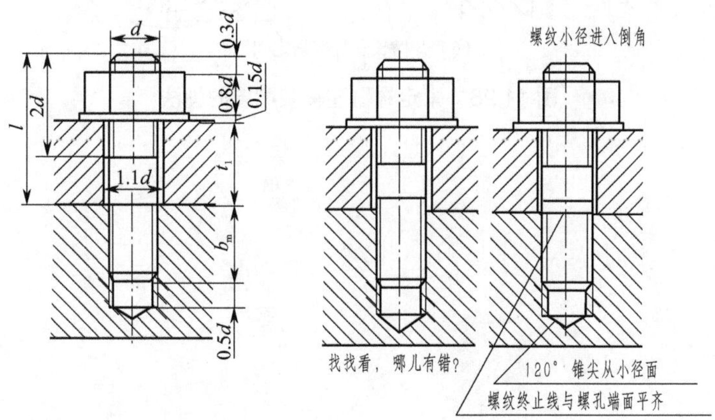

（a）简化画法 （b）正误对比

图 11.27 螺柱连接装配图的画法

5. 紧定螺钉连接装配图的画法

紧定螺钉根据其尾端的形状可有多种形式，如开槽锥端紧定螺钉和开槽长圆柱端紧定螺钉等。使用时，螺钉拧入一个零件的螺纹孔中，并将其尾端压在另一零件的凹坑或插入另一零件的小孔中，主要作用是固定两个零件的相对位置。紧定螺钉连接装配图的画法如图 11.28 所示。

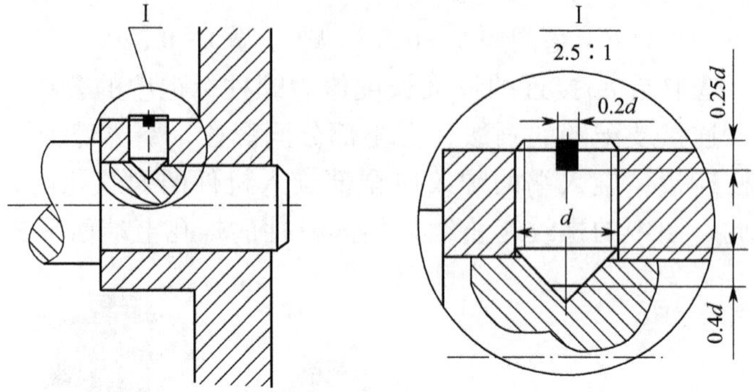

（a）开槽锥端紧定螺钉

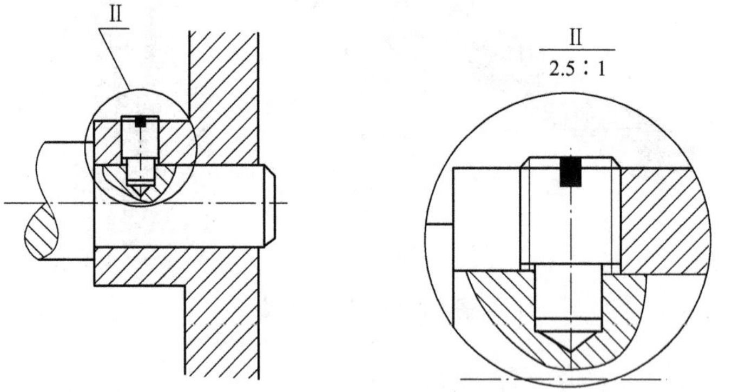

（b）开槽长圆柱端紧定螺钉

图 11.28 紧定螺钉连接装配图的画法

第 12 章　机械常用件及标准件的画法

键、销、滚动轴承、齿轮和弹簧等常用件和标准件，与螺纹一样存在多次出现且已经标准化的结构要素，如齿轮轮齿，绘制时应采用国家标准规定的特殊表示法。本章重点介绍这些常用件及标准件的结构、画法和标记方法等内容。

12.1　键连接

12.1.1　键的功用、种类和标记

1. 键的功用

键连接是一种可拆连接。这种连接是将键同时嵌入轴与轮毂的键槽中，将轴及轴上的转动零件如齿轮、皮带轮、联轴器等连接在一起，以传递扭矩，如图 12.1 所示。

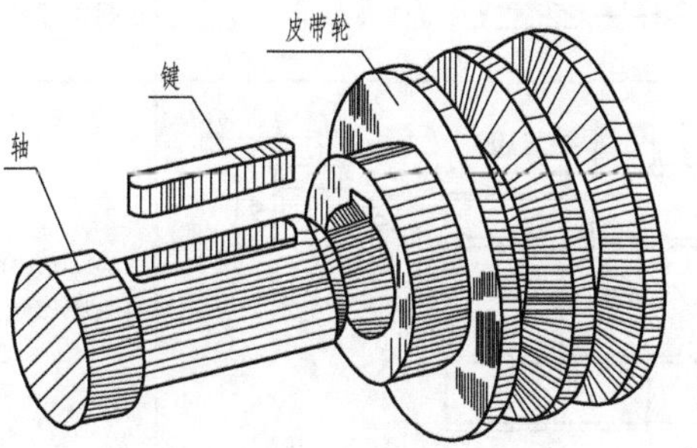

图 12.1　键连接

2. 键的种类

常用键有普通平键、半圆键和钩头楔键，如图 12.2 所示，设计时可根据其特点合理选用。

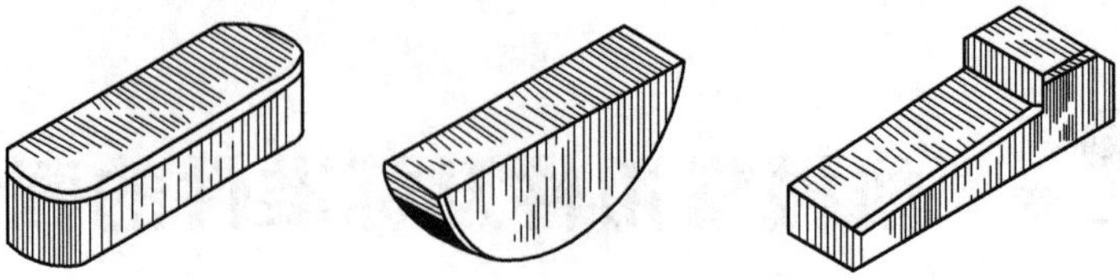

图 12.2　常用键

3. 键的标记

普通平键、半圆键和钩头楔键都是标准件，使用时按其标记直接外购即可。表 12.1 列出了常用键的形式和规定标记。

表 12.1　常用键的规定标记

名　称	键的形式	规定标记示例
普通平键	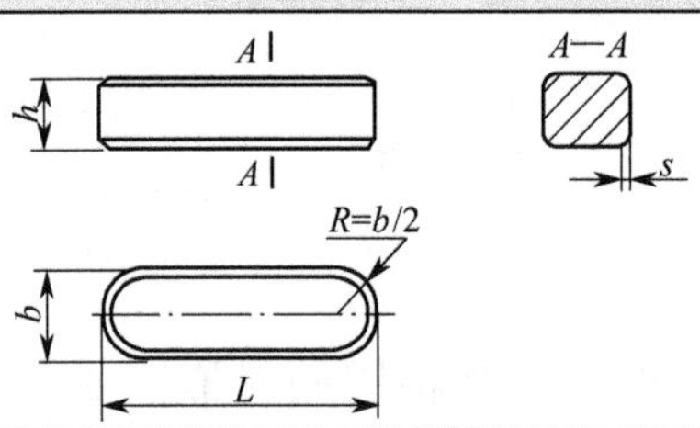	$b=16$mm、$h=10$mm、$L=100$mm 普通 A 型平键的标记：GB/T 1096 键 16×10×100
半圆键	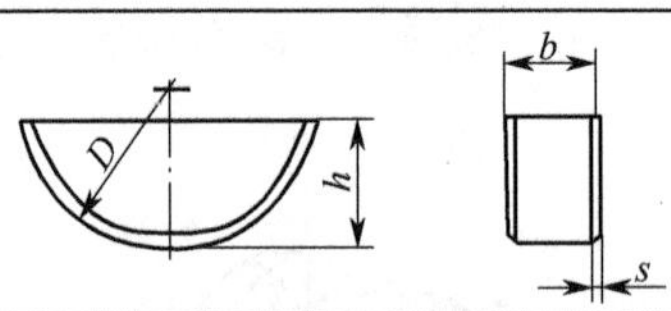	$b=6$mm、$h=10$mm、$D=25$mm 普通型半圆键的标记：GB/T 1099.1 键 6×10×25
钩头楔键	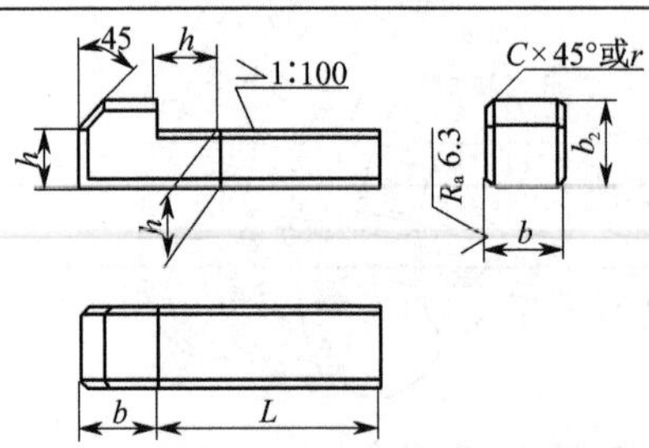	$b=16$mm、$h=10$mm、$L=100$mm 钩头型楔键的标记：GB/T 1565 键 16×100

12.1.2　键连接装配图的画法

普通平键、半圆键和钩头楔键连接装配图的画法如图 12.3 ~ 图 12.5 所示。当沿着键的纵向剖切时，按不剖画；当沿着键的横向剖切时，则要画上剖面线。通常用局部剖视图表示轴上键槽的深度及零件之间的连接关系，接触面画一条线。

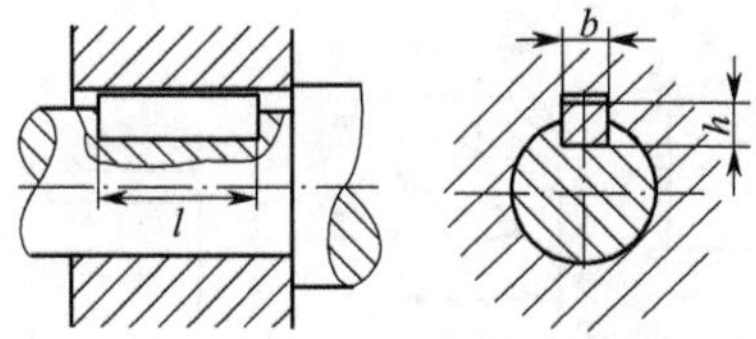

图 12.3 普通平键连接装配图

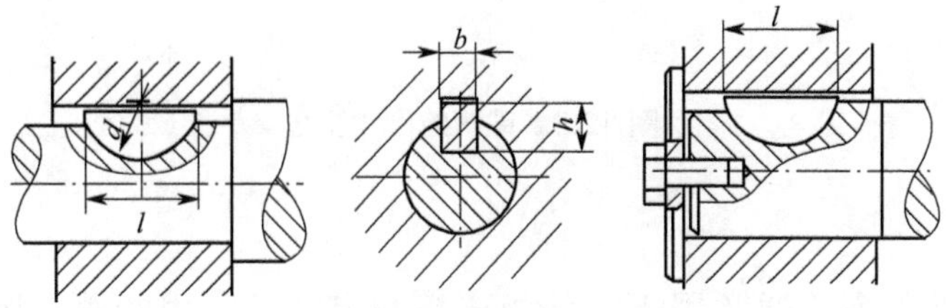

（a） （b）

图 12.4 半圆键连接装配图

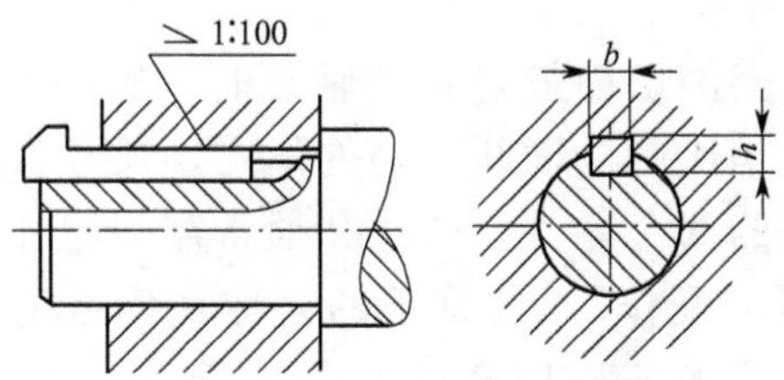

图 12.5 钩头楔键连接装配图

12.1.3 键槽画法和尺寸标注

轮毂上的键槽常用插刀加工，如图 12.6 所示。轴上的键槽常用铣刀铣削而成，如图 12.7 所示。轴及轮毂上键槽画法和尺寸注法，如图 12.8 所示。轴上键槽常用局部剖视表示，键槽深度和宽度尺寸应注在断面图中，图中 b，t，t_1 可按轴的直径从有关标准中查出，l 由设计确定。

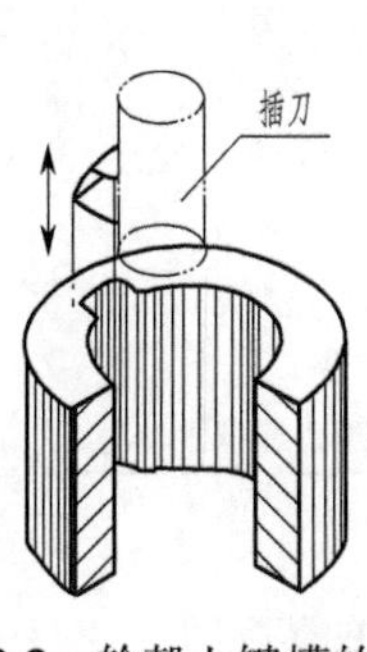

图 12.6 轮毂上键槽的加工

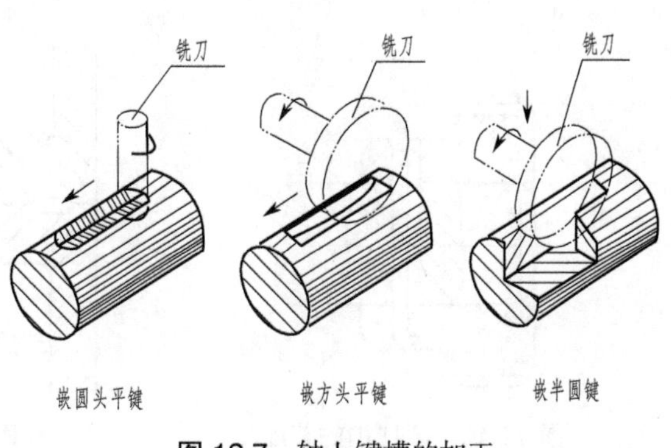

图 12.7 轴上键槽的加工

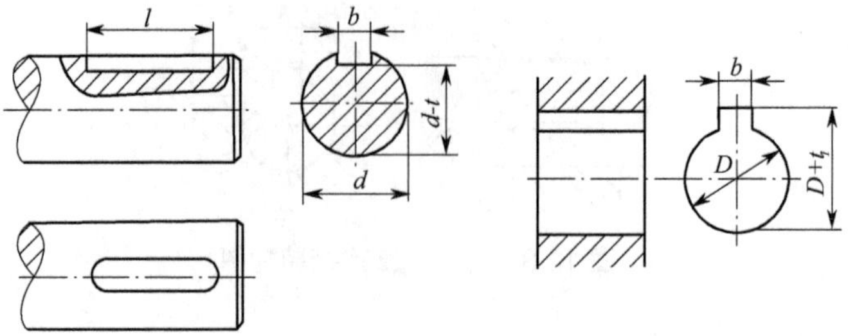

（a）　（b）

图 12.8　键槽的尺寸注法

12.2　销

销的种类很多，通常用于零件的连接和定位。常用的销有圆柱销、圆锥销和开口销等。圆柱销和圆锥销通常用于零件间的连接和定位，而开口销用来防止槽形螺母松动或固定其他零件，如图 12.9 所示。销连接的画法，如图 12.10 ~ 图 12.12 所示。

画销连接图时，当剖切面通过销的轴线时，销按不剖处理；若垂直于销的轴线时，被剖切的销应画剖面线。销的形式、尺寸、标记和连接画法都有标准。由于用销连接的两个零件上的小孔通常需一起加工，因此在图样中标记销孔时一般要注写“配作”。圆锥销的公称直径是小端直径，在圆锥孔上需用引线标注尺寸。具体如表 12.2 所示。

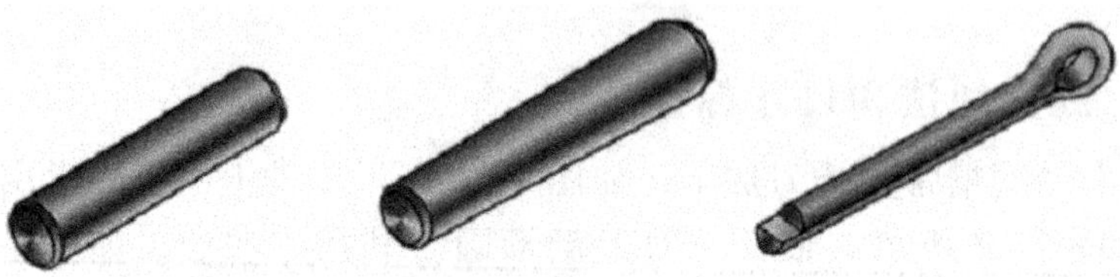

(a) 圆柱销　(b) 圆锥销　(c) 开口销

图 12.9　销

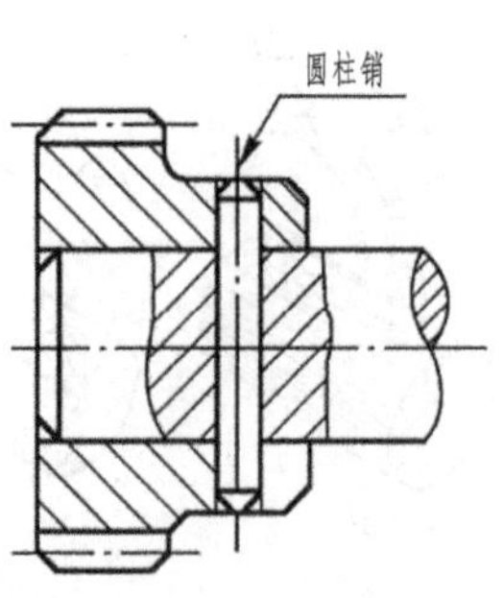

图 12.10　圆柱销的装配图

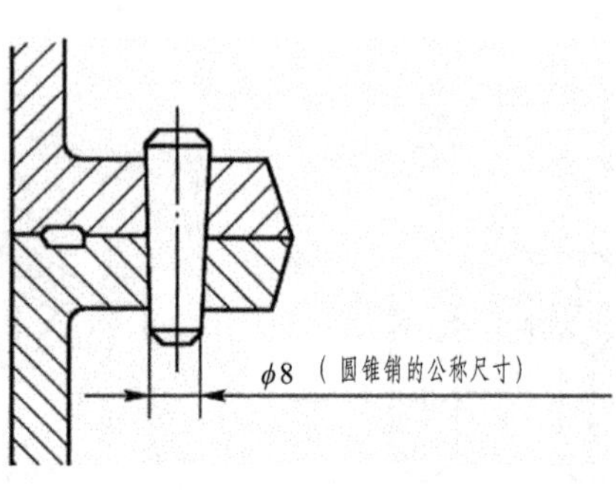

图 12.11　圆锥销的装配图

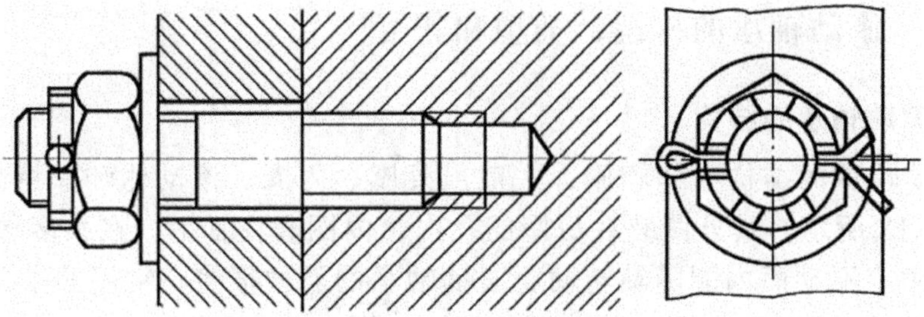

图 12.12 开口销的装配图

表 12.2 销的种类、形式、标记连接画法和销孔尺寸注法

名称及标准	主要尺寸与标记	联接画法	销孔尺寸注法
圆柱销 GB/T119.1-2000	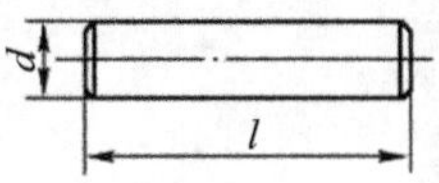 销 GB/T119.1-2000 Ad×l	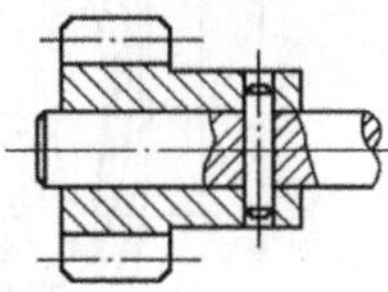	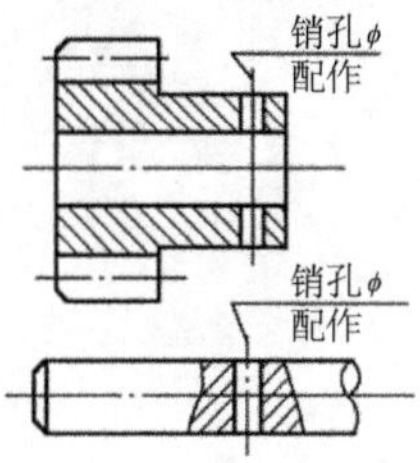
圆锥销 GB/T117-2000	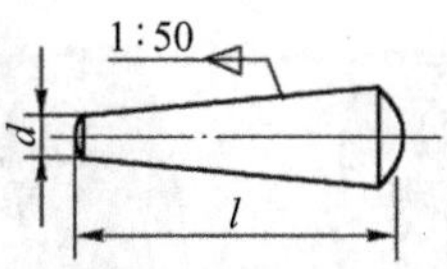 销 GB/T117-2000 Ad×l	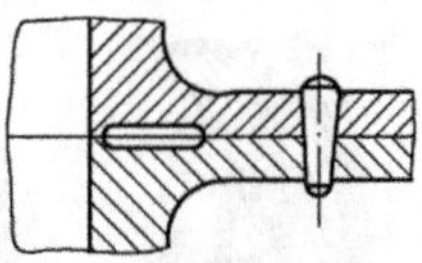	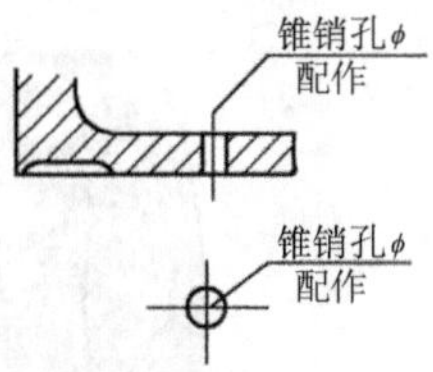
开口销 GB/T91-2000	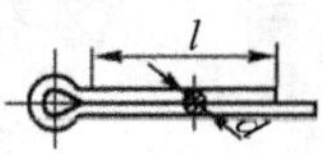 销 GB/T91-2000 d×l	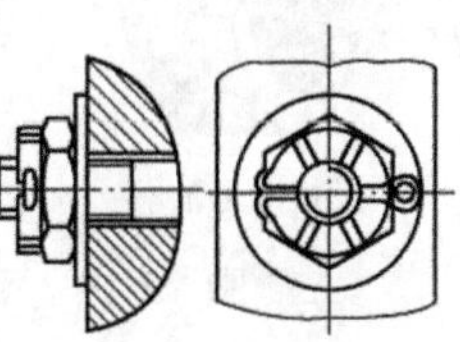	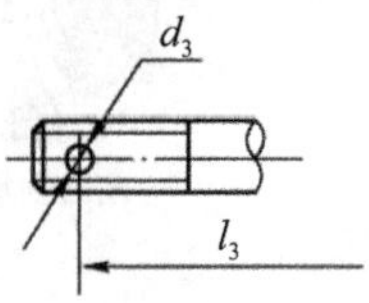

12.3 滚动轴承

轴承分为滑动轴承和滚动轴承两类，是用于支撑旋转轴的组件。滚动轴承也是一种标准件，可根据使用要求，查阅有关标准选用。它具有结构紧凑、摩擦力小等特点，在机械中被广泛地应用。

12.3.1 滚动轴承的构造、类型和代号

1. 滚动轴承的结构

滚动轴承的结构大体相同，一般由外圈、内圈、滚动体和保持架组成，如图12.13所示。其外圈装在机座的孔内，内圈套在轴上，在大多数情况下是外圈固定不动而内圈随轴转动，滚动轴承的类型很多，常用的主要有：深沟球轴承、圆锥滚子轴承、推力球轴承，如图12.14所示。

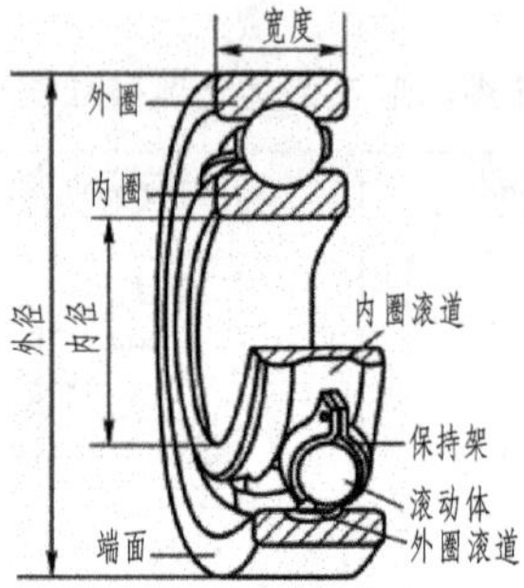

图12.13 滚动轴承示意图

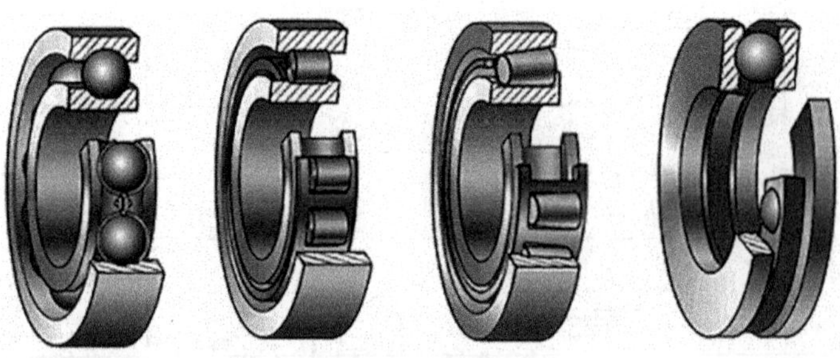

图12.14 滚动轴承

2. 滚动轴承的类型

滚动轴承按其所能承载载荷的方向可分成三类：

（1）向心轴承：主要承受径向载荷，如表12.3中的深沟球轴承。

（2）推力轴承：承受轴向载荷，如表12.3中的推力球轴承。

（3）向心推力轴承：可同时承受径向载荷和轴向的载荷，如表12.3中的圆锥滚子轴承。

3. 滚动轴承的代号

由国家标准规定，滚动轴承的结构形式、特点、承载能力、类型和内径尺寸等，均采用代号来表示。即由基本代号、前置代号和后置代号构成，表示方法如下：

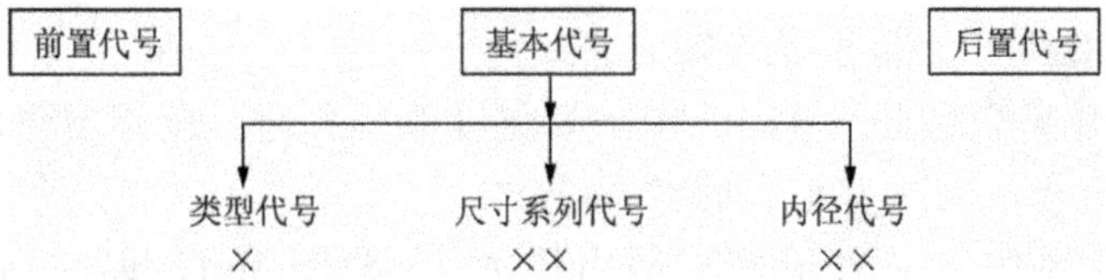

基本代号是轴承代号的基础，前置代号、后置代号是补充代号。前置代号、后置代号是当轴承在结构形状、尺寸、公差、技术要求等改变时，在其基本代号左右添加补充代号。后置代号由轴承游隙代号和轴承公差等级代号等组成，当游隙为基本组和公差等级为 0 级时，可省略。其内含和标注见 GB/T 272—1993。

下面介绍常用基本代号，基本代号由轴承类型代号、尺寸系列代号和内径代号构成（尺寸系列代号由轴承的宽（高）度系列代号和直径系列代号组合而成），一般用五位数字（或字母加四位数字）来表示。

1）类型代号

表示轴承的基本类型。各种不同的轴承类型代号可查有关标准或轴承手册，如表 12.3 所示。如深沟球轴承（GB/T 276—2013）的类型代号为 6。

表 12.3　轴承的类型代号

代号	轴承类型	代号	轴承类型
0	双列角接触球轴承	6	深沟球轴承
1	调心球轴承	7	角接触球轴承
2	调心滚子轴承和推力调心滚子轴承	8	推力圆柱滚子轴承
3	圆锥滚子轴承	N	圆柱滚子轴承双列
4	双列深沟球轴承	U	外球面球轴承
5	推力球轴承	QJ	四点接触球轴承

2）尺寸系列代号

由轴承的宽（高）度系列代号和直径系列代号组合而成。宽（高）度系列代号表示轴承的内、外径相同的同类轴承有几种不同的宽（高）度。直径系列代号表示内径相同的同类轴承有几种不同的外径。尺寸系列代号均可查相关标准。

3）内径代号

表示滚动轴承的内径尺寸。当代号数字 <04 时，即 00、01、02、03 分

别表示内径 d=10、12、15、17mm；代号数字≥04 时，代号数字乘以 5 即为轴承的公称内径。

【例 10.1】解释滚动轴承代号 6204、N1006 中各数字表示的意义。

解：

（1）滚动轴承 6204：

6——类型代号，表示深沟球轴承。

2——尺寸系列代号“02”，“0”为宽度系列代号，按规定省略未写，“2”为直径系列代号，故两者组合时注写成“2”。

04——内径代号，表示该轴承内径为 4×5=20mm，即注出的内径代号是由公称内径 20mm 除以 5 所得的商数 4 和在 4 前加“0”组成。

（2）轴承 N1006：

N——类型代号，表示外圈无挡边的圆柱滚子轴承。

10——尺寸系列代号，表示 10 系列。

06——内径代号，表示公称内径 30mm。

轴承代号中的类型代号或尺寸系列代号有时可省略不写。具体的省略规定需由 GB/T 272—1993 查知。轴承代号中字母、数字的含义可查阅国家标准 GB/T 272—1993。

12.3.2　滚动轴承的画法

滚动轴承是标准件，不需要单独画出各组件的零件图或其他装配图。国家标准规定，滚动轴承在装配图中有两种表示法：简化画法和规定画法。简化画法中又有通用画法和特征画法两种。这些画法的规定如下：

1. 基本规定

（1）无论采用哪一种画法，其中的各种符号、矩形线框和轮廓线均用粗实线绘制，如表 12.4 和表 12.5 所示。

（2）表示滚动轴承的矩形线框或外形轮廓的大小，应与滚动轴承的外形尺寸一致，并与所属图样采用同一比例。

2. 简化画法

采用简化画法时，在同一图样中一般只采用其中的一种。在剖视图中，采用简化画法时，一律不画剖面符号。简化画法应画在轴的两侧。

1）通用画法

在剖视图中，当不需要确切地表示滚动轴承的外形轮廓、载荷特性、结构特征时，可将轴承按通用画法画出，即可用矩形线框及位于线框中央正立的十字形符号表示，如表 12.4 所示。

2）特征画法

在剖视图中，如需要较形象地表示滚动轴承的结构特征时，可采用在矩形线框内画出其结构要素符号的方法表示。表 12.5 中列出了深沟球轴承、圆锥滚子轴承和推力球轴承的特征画法及尺寸比例。在表示滚动轴承端面的视图上，无论滚动体的形状（球、柱、锥、针等）及尺寸如何，均可按图 12.15 方法绘制。

表 12.4 滚动轴承通用画法及尺寸比例示例

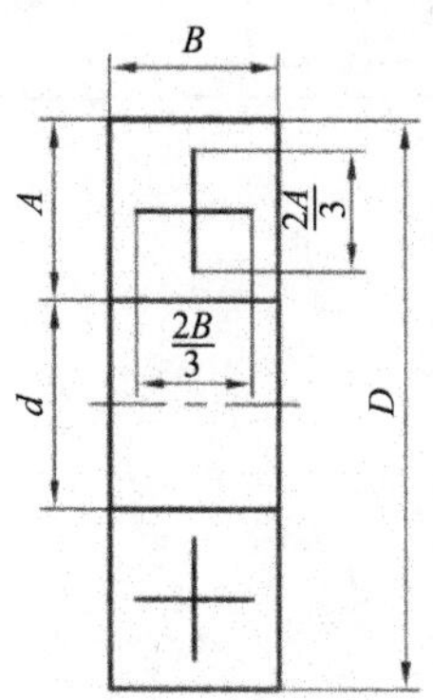	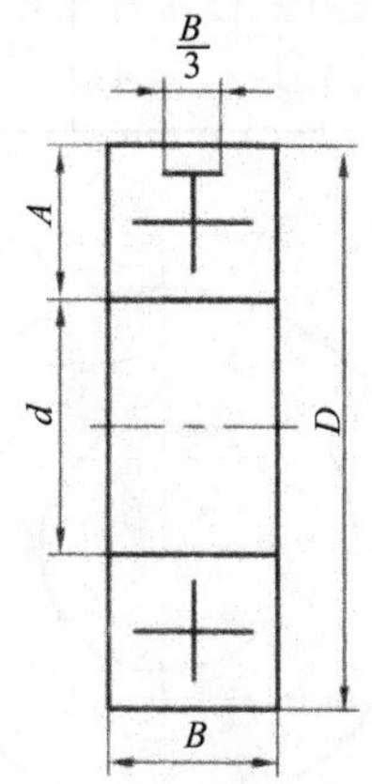	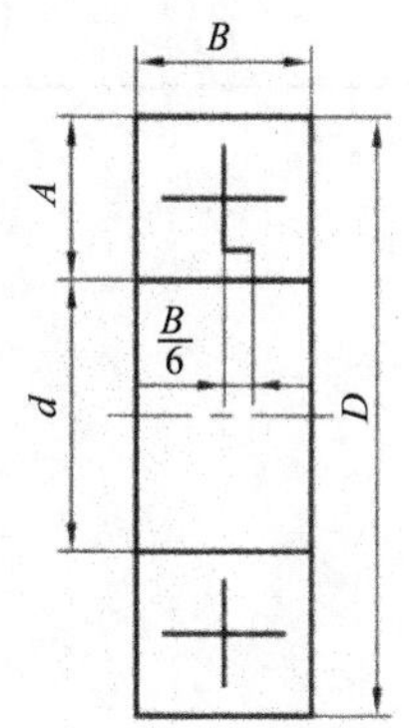
（a）通用画法	（b）外圈无挡边	（c）内圈有单挡边

表 12.5 常用滚动轴承名称、类型、画法

轴承名称、类型及标准号	类型代号	查表主要数据	规定画法	特征画法	装配示意图
深沟球轴 GB/T 276—2013	6	D、d、B	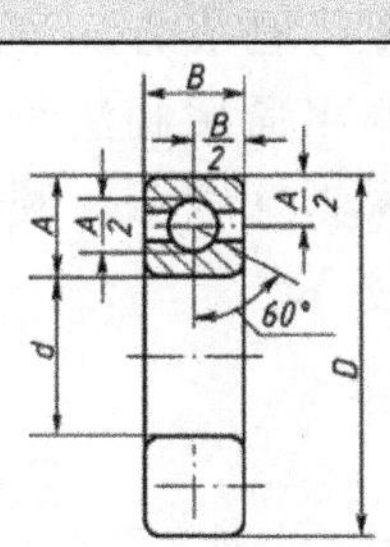	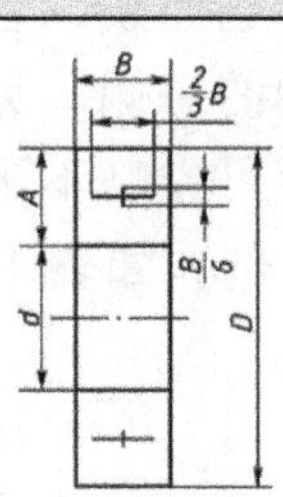	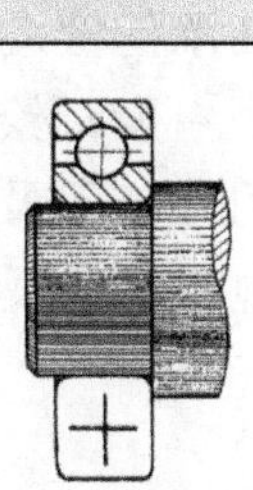
圆锥滚子轴承 GB/T 297—1994	3	D、d、B、T、C	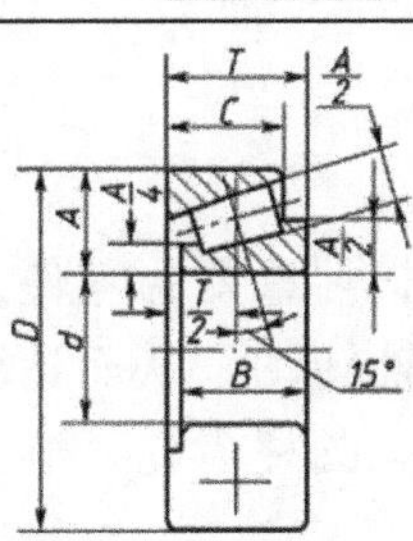	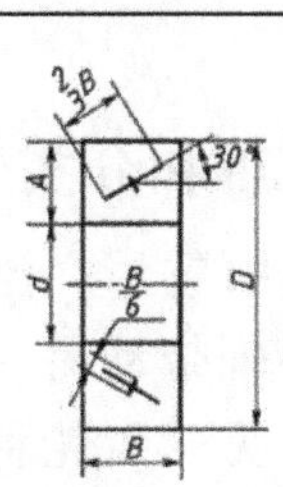	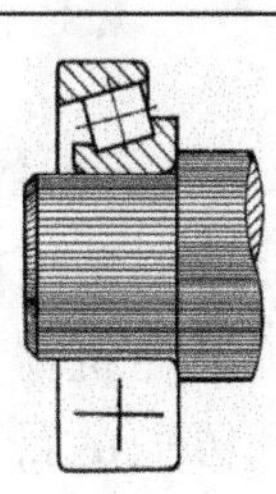

续表 12.5

轴承名称、类型及标准号	类型代号	查表主要数据	规定画法	特征画法	装配示意图
推力球轴承 GB/T 301—1995	5	D、d、T	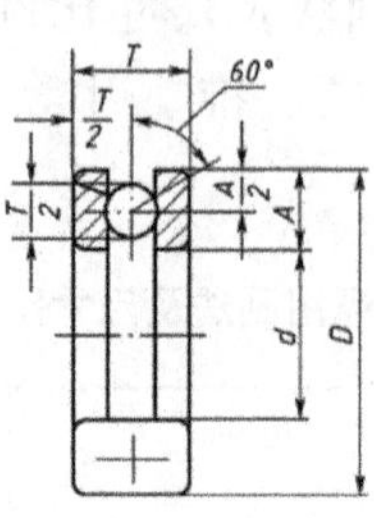	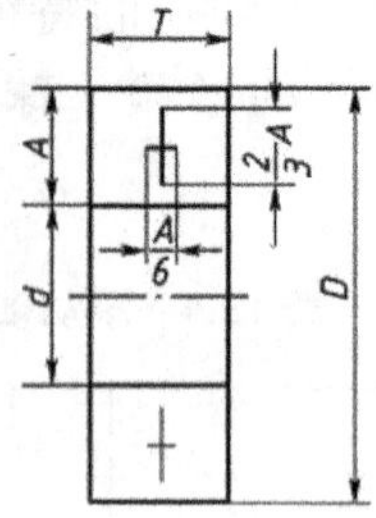	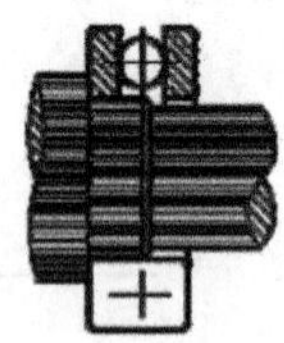

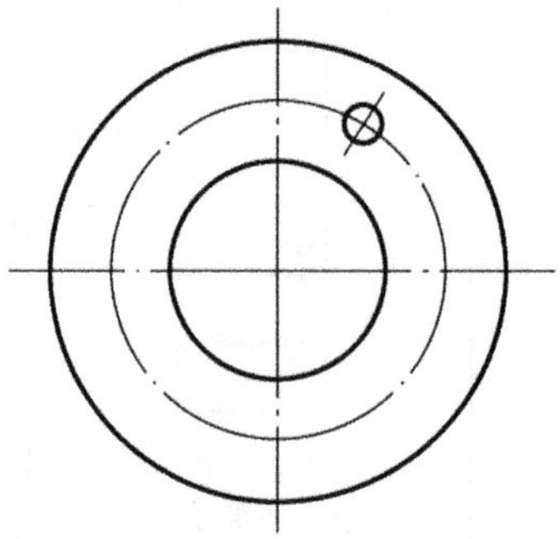

图 12.15 滚动轴承轴线垂直于投影面的视图特征画法

3. 规定画法

在剖视图中，如需要表达滚动轴承的主要结构时，可采用规定画法。此时轴承的滚动体不画剖面线，各套圈可画成方向和间隔相同的剖面线。规定画法一般只绘制在轴的一侧，另一侧用通用画法绘制。在装配图中，滚动轴承的保持架及倒角等可省略不画。深沟球轴承、圆锥滚子轴承和推力球轴承的规定画法及尺寸比例，如表 12.5 所示。

12.4 齿 轮

12.4.1 齿轮的作用和分类

齿轮是机械传动中应用广泛且非常重要的零件，通过齿轮轮齿啮合的传动，可使机器上一根轴带动另一根轴转动，从而达到传递动力、改变运动速度和方向的目的。常见的齿轮种类有圆柱齿轮、圆锥齿轮和蜗轮蜗杆等，如

图 12.16 所示。其中，圆柱齿轮的轮齿又可分为直齿、斜齿、人字齿等，如图 12.17 所示。

齿轮的常见结构如图 12.18 所示。它的最外部分为轮缘，其上有轮齿；中间部分为轮毂，轮毂中间有轴孔和键槽；轮缘和轮毂之间通常由辐板或轮辐连接，也有的小齿轮与轴做成整体。

本节主要介绍渐开线标准直齿圆柱齿轮的画法。

（a）圆柱齿轮　（b）圆锥齿轮　（c）蜗轮蜗杆

图 12.16　齿轮传动类型

(a) 圆柱直齿轮　(b) 圆柱斜齿轮　(c) 圆柱人字齿轮

图 12.17　圆柱齿轮的类型

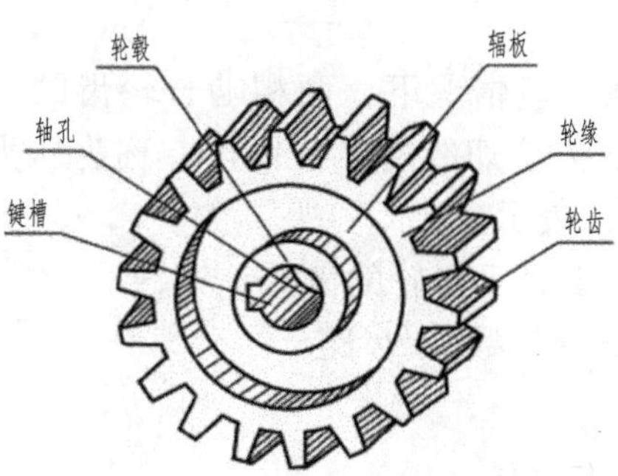

图 12.18　齿轮的结构

12.4.2　直齿圆柱齿轮各部分名称及其代号

直齿圆柱齿轮各部分名称及其代号如图 12.19、图 12.20 所示。

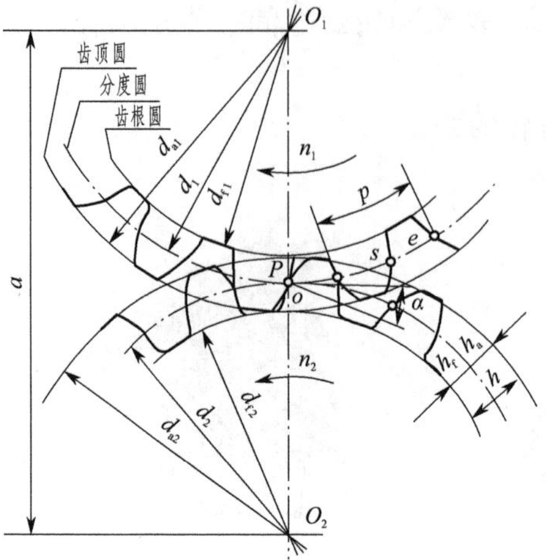

图 12.19　齿轮啮合图

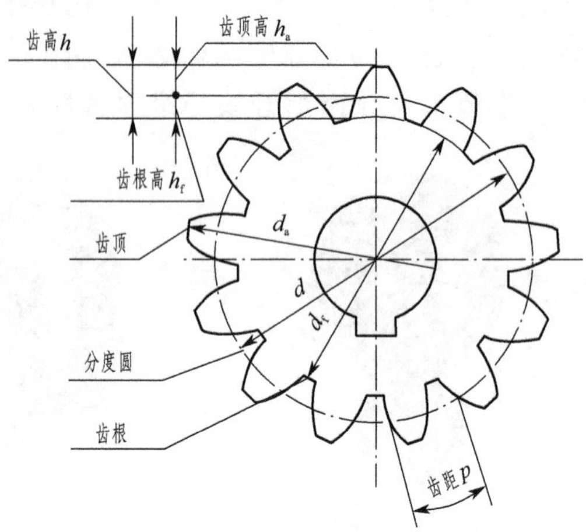

图 12.20　齿轮投影图

（1）齿顶圆。通过各轮齿顶部的圆，其直径用 d_a 表示。

（2）齿根圆。通过各轮齿根部的圆，其直径用 d_f 表示。

（3）分度圆。在齿顶圆和齿根圆之间，对于标准齿轮，在此圆上的齿厚 s 与槽宽 e 相等，其直径用 d 表示。

（4）齿高。齿顶圆和齿根圆之间的径向距离，用 h 表示。齿顶圆和分度圆之间的径向距离称齿顶高，用 h_a 表示。分度圆和齿根圆之间的径向距离称齿根高，用 h_f 表示。齿高 $h=h_a+h_f$。

（5）齿距、齿厚、齿槽宽。在分度圆上相邻两齿对应点之间的弧长称为齿距，用 p 表示。在分度圆上一个轮齿齿廓间的弧长称为齿厚，用 s 表示；相邻两个轮齿齿槽间的弧长称为齿槽宽，用 e 表示。对于标准齿轮，$s=e$，$p=s+e$。

（6）压力角 α。在一般情况下，两相啮合轮齿的端面齿廓在接触点处的公法线，与两分度圆的内公切线所夹的锐角，称为压力角。国家标准规定标准压力角为 20°，用 α 表示。

（7）模数。如果用 z 表示齿轮的齿数，则

分度圆的周长 = 齿数 × 齿距

所以

$$zp=\pi d \qquad d=zp/\pi$$

令 $m=p/\pi$，则

$$d=mz$$

m 称为模数,单位是 mm。模数 m 是设计和制造齿轮的重要参数。模数大,则齿距 p 也增大,随之齿厚 s 也增大。因而齿轮的承载能力大。不同模数的齿轮,要用不同模数的刀具来加工制造。为了便于齿轮的设计和加工,国标中对模数作了统一规定,如表 12.6 所示。

表 12.6 标准模数系列(GB/T 1357—2008)

第一系列	1, 1.25, 1.5, 2, 2.5, 3, 4, 5, 6, 8, 10, 12, 16, 20, 25, 32, 40, 50
第二系列	1.75, 2.25, 2.75, (3.25), 3.5, (3.75), 4.5, 5.5, (6.5), 7, 9, (11), 14, 18, 22, 28, (30), 36, 45

注意:优先选用第一系列,其次是第二系列,括号内的数值尽可能不选。

齿轮的其他各部分尺寸可以参考标准模数来进行计算,如表 12.7 所示,其中,齿数用 z 表示、模数用 m 表示、压力角用 α 表示。

表 12.7 标准圆柱直齿轮各部分参数的计算

名称	代号	计算公式
分度圆直径	d	$d=mz$
齿顶高	h_a	$h_a=m$
齿根高	h_f	$h_f=1.25m$
齿高	h	$H=h_a+h_f=2.25m$
齿顶圆直径	d_a	$d_a=m(z+2)$
齿根圆直径	d_f	$d_f=m(z-2.5)$
中心距	a	$a=\frac{1}{2}(d_1+d_2)=\frac{1}{2}m(z_1+z_2)$

12.4.3 直齿圆柱齿轮的规定画法

1. 单个齿轮的规定画法

对于单个齿轮,一般用两个视图表达,或用一个视图加一个局部视图表示,如图 12.21 所示。

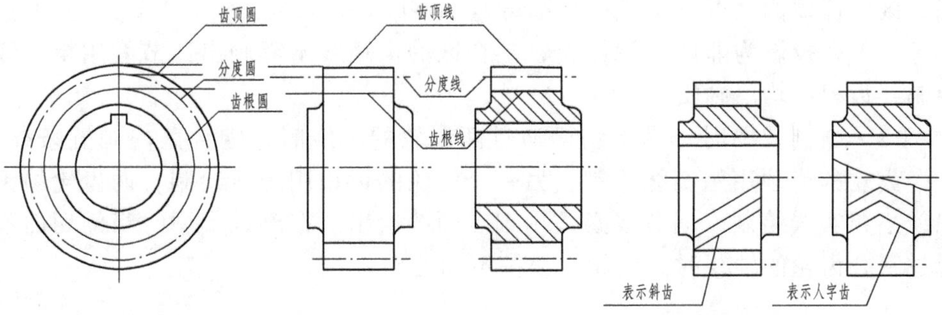

(a)直齿 (b)斜齿 (c)人字齿

图 12.21 圆柱齿轮的画法

齿顶圆和齿顶线用粗实线绘制；分度圆和分度圆线用点画线绘制；齿根圆和齿根线用细实线绘制，也可省略不画。在剖切的视图中，当剖切平面通过齿轮的轴线时，轮齿部分按不剖处理，这时齿根线用粗实线绘制。对于斜齿和人字齿，还需在外形图上画出三条与齿形线方向一致的细实线，表示齿向和倾角，如图 12.21 所示。图 12.22 所示为圆柱齿轮零件图。

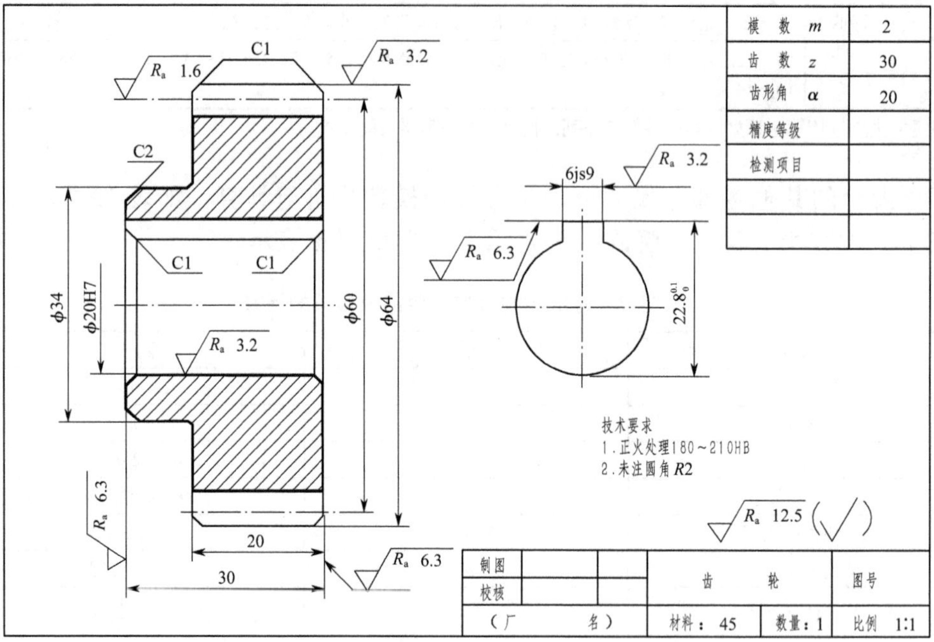

图 12.22　圆柱齿轮零件图

2. 两个轮齿啮合的画法

两齿轮啮合时，除啮合区外，其余部分均按单个齿轮绘制，如图 12.23 所示。啮合区的画法如下：

（1）在投影为圆的视图上，两节圆应相切，齿顶圆均用粗实线绘制；在啮合区的齿顶圆也可不画，齿根圆可全部不画。

（2）在投影为非圆的视图上，啮合区的齿顶线不需画出，节线用粗实线绘制，齿根线均不画出。

（3）画剖视图时，当剖切面通过两齿轮的轴线时，啮合区内画五条线，一个齿轮的齿顶用粗实线绘制，另一个齿轮的齿顶用虚线绘制，两齿轮的齿根线用粗实线绘制，但节线必须用细点画线绘出。在剖视图中，当剖切面不通过啮合齿轮的轴线时，齿轮一律按不剖处理。

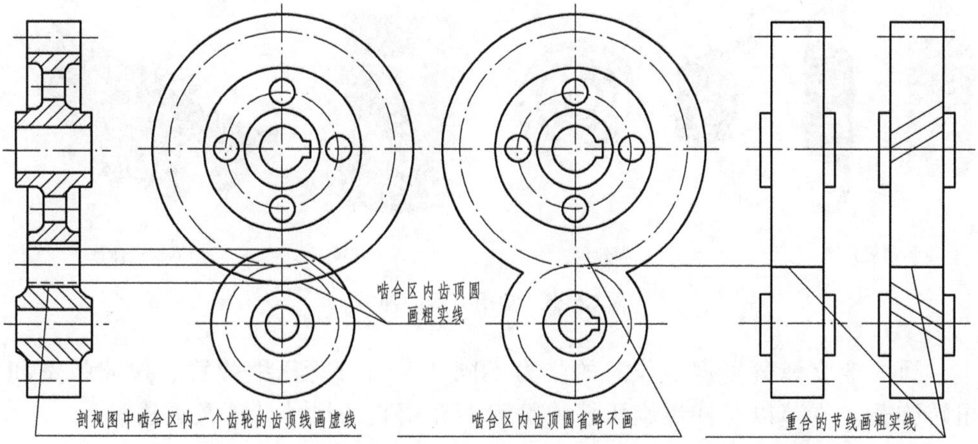

（a）规定画法 （b）省略画法 （c）外形视图（直齿、斜齿）

图 12.23 圆柱齿轮啮合的画法

由于齿根高和齿顶高相差 0.25m（m 为模数），一个齿轮的齿顶与另一个齿轮的齿根之间应有 0.25m 的间隙，如图 12.24 所示。

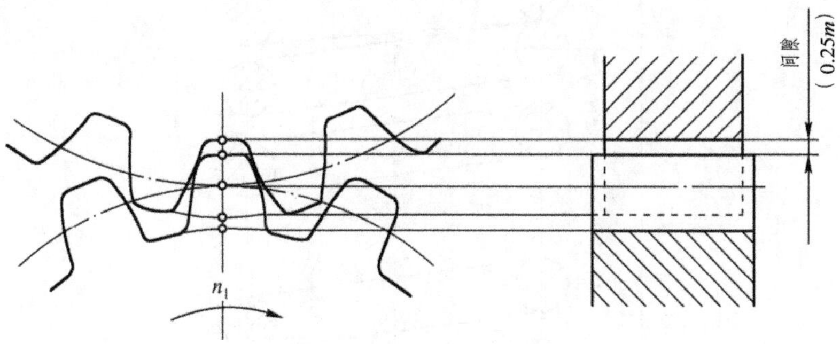

图 12.24 齿轮啮合间隙

12.5 弹 簧

12.5.1 弹簧的种类

弹簧是一种储存能量的零件，可用来减震、夹紧和测力等。其主要特点是当外力去除后，可立即恢复原状。弹簧是常用件，其种类很多。根据其结构和受力状态可分为螺旋弹簧、平面涡卷弹簧和碟形弹簧、板弹簧等，如图 12.25 所示。

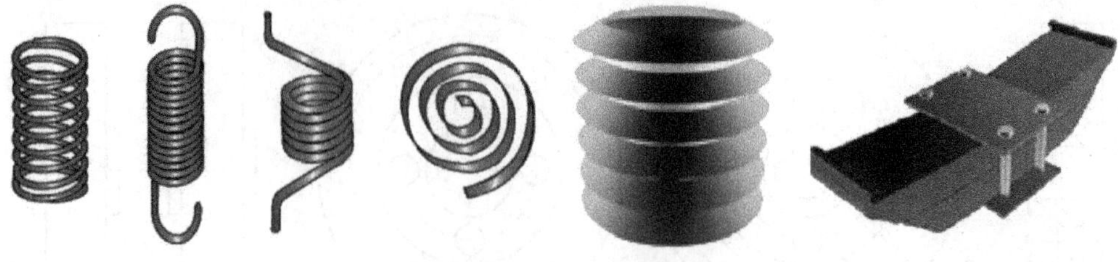

（a）螺旋弹簧　（b）涡卷弹簧　（c）碟形弹簧　（d）板弹簧

图 12.25　常用弹簧的种类

圆柱螺旋弹簧根据工作时的受力不同，又可分为压缩弹簧、拉伸弹簧和扭转弹簧。本节以圆柱螺旋压缩弹簧为例介绍它的尺寸计算及画法。

12.5.2　圆柱螺旋弹簧各部分名称及尺寸关系

圆柱螺旋压缩弹簧的基本尺寸以及在图中的标注，如图 12.26 所示。

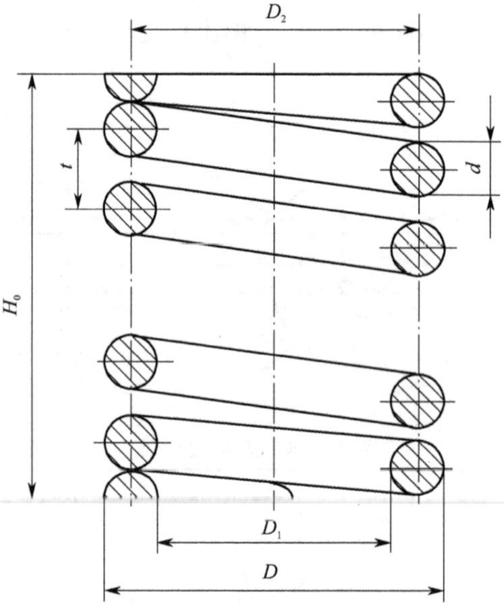

图 12.26　弹簧参数

1. 圆柱螺旋压缩弹簧的参数

弹簧各参数如图 12.26 所示。

（1）簧丝直径 d：制造弹簧用的钢丝直径。

（2）弹簧外径 D：弹簧最大直径。

（3）弹簧内径 D_1：弹簧的最小直径，$D_1=D-2d$。

（4）弹簧中径 D_2：弹簧的平均直径，$D_2=D-d$。

（5）节距 t：相邻两有效圈上对应点之间的轴向距离。

（6）有效圈数 n：不受外力作用时，保持正常节距的圈数。

（7）支承圈 n_0：两端并紧磨平的圈数，一般为 1.5、2、2.5 圈。

（8）总圈数 n_1：有效圈与支承圈之和，$n_1=n+n_0$。

（9）自由高度 H_0：不受外力作用时弹簧高度。当 $n_0=1.5$ 时，$H_0=nt+d$；$n_0=2$ 时，$H_0=nt+1.5d$；$n=2.5$ 时，$H_0=nt+2d$。

（10）旋向：螺旋弹簧分左旋和右旋（常用右旋）。

（11）展开长度 L：制造弹簧时所需钢丝长度，$L=n_1\sqrt{(\pi D_2)^2+t^2}$。

2. 圆柱螺旋压缩弹簧的规定标记

GB/T 2089—2009 规定普通圆柱螺旋压缩弹簧的标记由名称、尺寸与精度、旋向、标准编号、材料牌号及表面处理组成，标记格式如下：

名称 $d \times D_2 \times H_0$– 精度旋向标准编号 • 材料牌号 – 表面处理

例如，压簧 4 × 30 × 95–2 左 GB/T 2089—2009•Ⅱ–D•Z

12.5.3 圆柱螺旋弹簧的规定画法

1. 画法的规定

（1）弹簧在平行其轴线的投影面上，可画成视图，也可画成剖视图，此时图中各圈的轮廓应画成直线。

（2）弹簧有效圈数在 4 圈以上时,可以在两端各画 1 ~ 2 圈（支承圈除外），中间各圈可省略不画，将两端用细点画线连接，且可适当缩短图形长度。

（3）螺旋弹簧可均画成右旋，但左旋弹簧不论画成左旋还是右旋，都应注出“左”字。

（4）不论支承圈数多少和两端并紧情况如何，可均按支承圈 2.5 圈绘制，必要时也可按支承圈实际结构绘制。

（5）在装配图中，被弹簧挡住的结构一般不画，可见部分应从弹簧外轮廓线或从弹簧钢丝剖面的中心线画起。

（6）螺旋弹簧被剖切时，型材直径或厚度在图形上小于或等于 2mm 时，剖面可以涂黑表示，也可示意表示。弹簧的表达形式如图 12.27 所示。

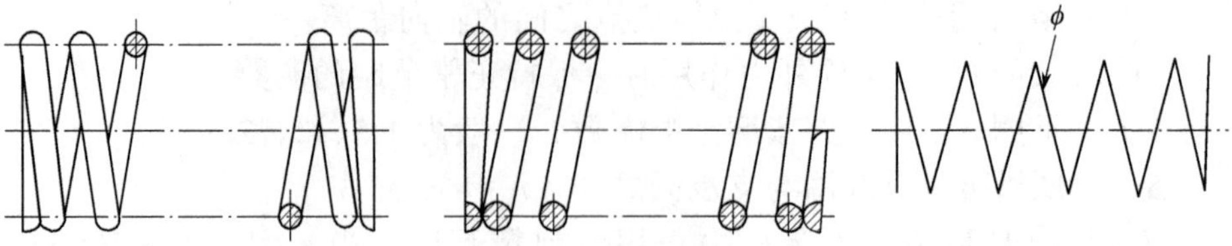

（a）视图　（b）剖视图　（c）示意图

图 12.27　压缩弹簧的表达形式

2. 圆柱螺旋弹簧的作图

已知一圆柱螺旋弹簧的 d、D_2、t、n、n_0 和 H_0，画图步骤如下：

（1）根据自由高度 H_0 和中径 D_2 作矩形，如图 12.28（a）所示。

（2）画两端的支承圈部分和簧丝直径相等的圆和半径，如图 12.28（b）所示。

（3）根据节距 t 作 1 ~ 2 圈有效圈数，省略中间圈，如图 12.28（c）所示。

（4）按旋向作簧丝断面的公切线，校核、加深、画剖面线，如图 12.28（d）所示。

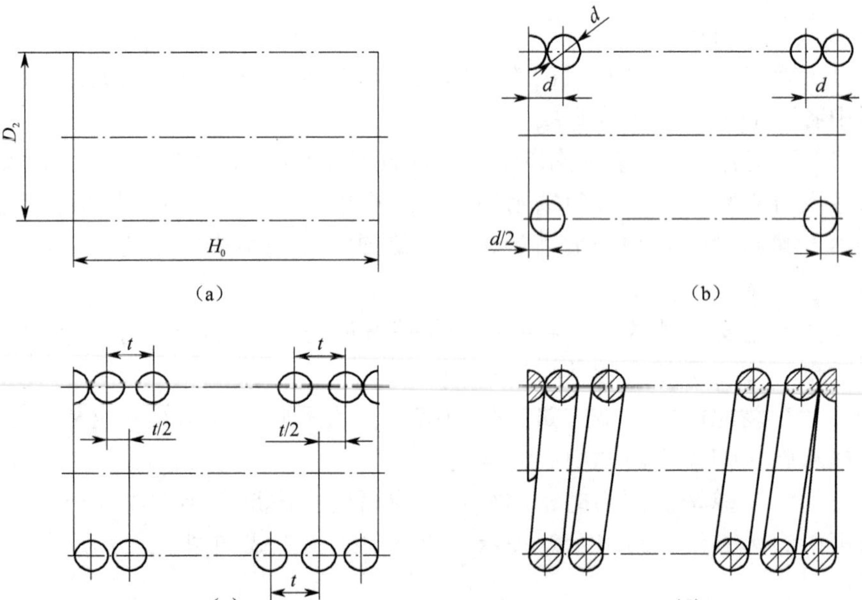

（a）　（b）　（c）　（d）

图 12.28　弹簧的画图步骤

3. 装配图中弹簧的画法

弹簧在装配图中的画法有如下规定：

（1）在装配图中，被弹簧挡住的结构一般不画出，可见部分应从弹簧的外轮廓线或从弹簧钢丝剖面中心画起，如图 12.29（a）所示。

（2）弹簧被剖切时，剖面直径或厚度在图形上等于或小于 2mm 时也可用涂黑表示，如图 12.29（b）所示。

（3）在装配图中，型材直径或厚度在图形上等于或小于 2mm 的螺旋弹簧、碟形弹簧、片弹簧允许用示意图绘制，如图 12.29（c）所示。

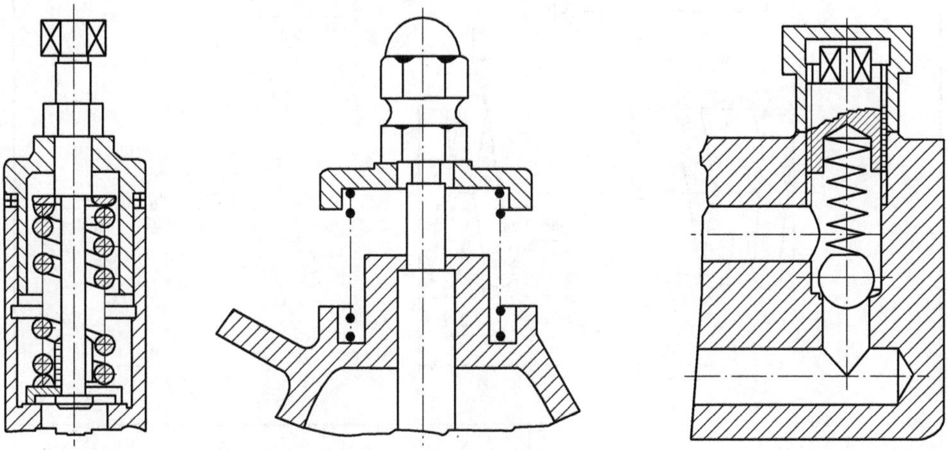

（a） （b） （c）

图 12.29 装配图中弹簧的画法

4. 圆柱螺旋压缩弹簧的零件图

图 12.30 所示为圆柱螺旋压缩弹簧的零件图样式。

在弹簧的零件图中，一般需要用图解方式表示弹簧的力学性能，称该图为力学性能图。圆柱螺旋压缩、拉伸弹簧的力学性能曲线画成直线，画在主视图的上方。圆柱螺旋扭转弹簧的力学性能曲线也画成直线，画在左视图的上方，也允许画在主视图上方。

弹簧的力学性能曲线（或直线形式）用粗实线绘制，如图 12.30 所示。

在力学性能图中，P_1 表示弹簧的预加载荷，在 P_1 作用下变形后的高度为 H_1。P_2 表示弹簧的最大工作载荷，在 P_2 作用下变形后的高度为 H_2。P_j 表示弹簧的工作极限载荷，在 P_j 作用下变形后的高度为 H_j。弹簧所承受的工作载荷不应超过最大工作载荷 P_2。

在弹簧的力学性能图中，也可以标注在 P_1，P_2，P_j 作用下的变形量 F_1，F_2，F_j。

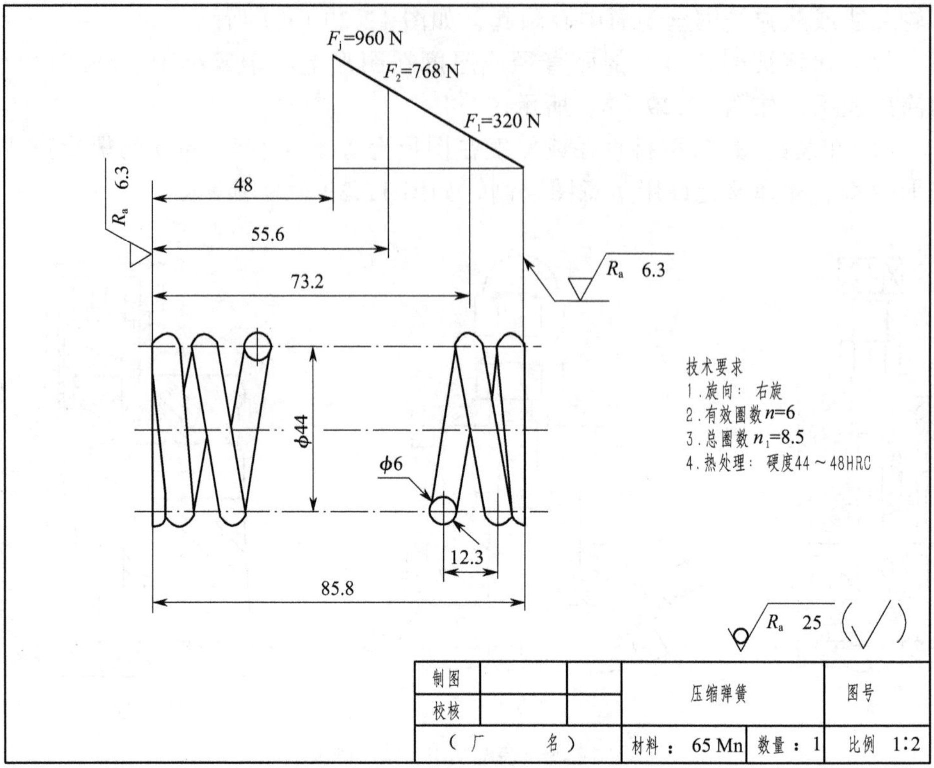

图 12.30 圆柱螺旋压缩弹簧的零件图

第 13 章　零件图

零件是组成机器的不可拆分的最小单元。设计机器时需要对每一个零件进行设计；制造机器时以零件为基本的制造单元，先制造出零件再装配成部件和整机。表示零件结构的形状、大小和技术要求的图样称为零件图。本章主要介绍零件图的视图选择与尺寸标注、零件结构的工艺性、零件图的读图和画图的方法与步骤等内容。

13.1　零件图的作用与内容

零件图是生产和检验零件的依据。对于机器中的非标准零件，需要绘制其零件图。零件图是表示零件结构、大小及技术要求的图样。在生产过程中，根据零件图制定出相应的加工工艺路线，生产出所需要的零件。在检验过程中，检验人员根据零件图的相应要求判断出一个零件是否合格，符合零件图要求的产品就为合格品，否则就为不合格品。

图 13.1 是端盖的零件图。一张完整的零件图一般包括以下四个方面的内容：

（1）一组视图。利用视图、剖视图、断面图等画法，完整、清晰地表达零件各部分的结构、形状和位置。

（2）一组尺寸。确切地表明零件各部分的大小和相对位置。

（3）技术要求。用文字或符号说明零件在制造和检验过程中应达到的一些要求。例如，表面结构、尺寸公差、几何公差和热处理要求等。

（4）标题栏。说明零件的材料、数量、绘图比例等要素，有名称及代号区、签字区、更改区和其他区组成的栏目（见第 1 章）。

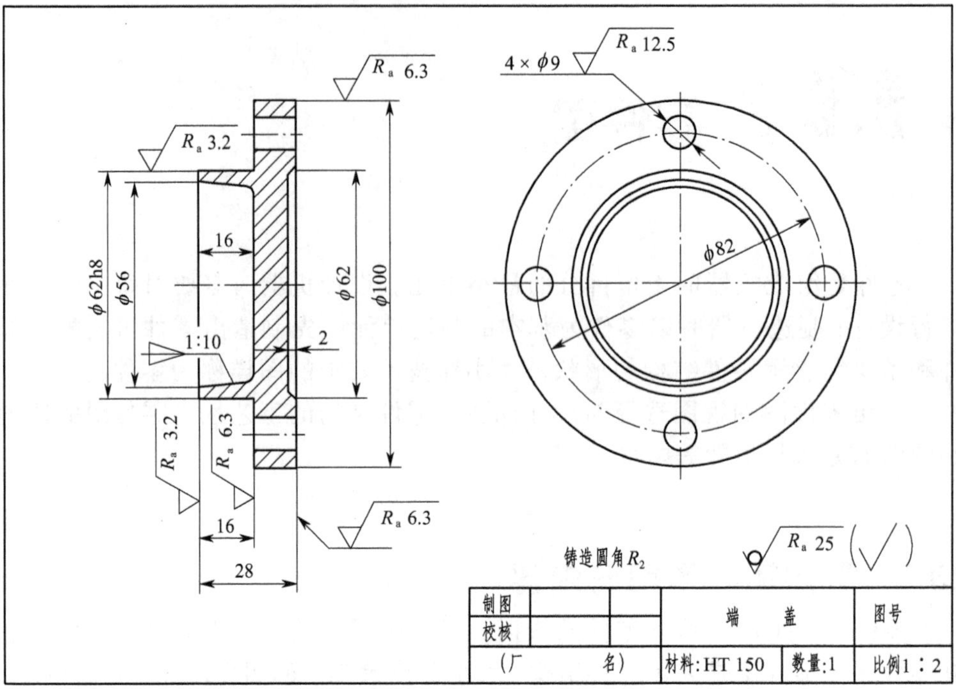

图 13.1 端盖零件图

13.2 零件图的视图选择

13.2.1 视图选择的一般原则

表达一个零件所选用的一组图形，应能正确、完整、清晰、简明地表达各组成部分的内外结构形状，便于标注尺寸和技术要求，使读图方便，绘图简便。这应在仔细分析零件结构特点的基础上，适当地选用国家标准规定的各种图样画法（基本视图、剖视、断面和其他简化画法），形成较合理的表达方案。

13.2.2 零件图视图选择的方法和步骤

1. 主视图的选择

主视图是一组图形的核心，对表达零件结构形状起着最主要的作用，有经验的工程人员在画图和读图时一般都是从主视图开始，主视图选得是否合理，将直接关系到画图与读图是否简洁、方便。主视图选择主要要解决零件的投影方向和零件放置位置两个问题。

1）投影方向

主视图的投影方向应能够尽量多地、清楚地表达出该零件的结构形状和各结构形状之间的相互位置关系。轴和轴承座的立体图如图 13.2 所示，以图 13.2 所示的方向 1 和方向 2 投影得出的零件图如图 13.3 和图 13.4 所示。

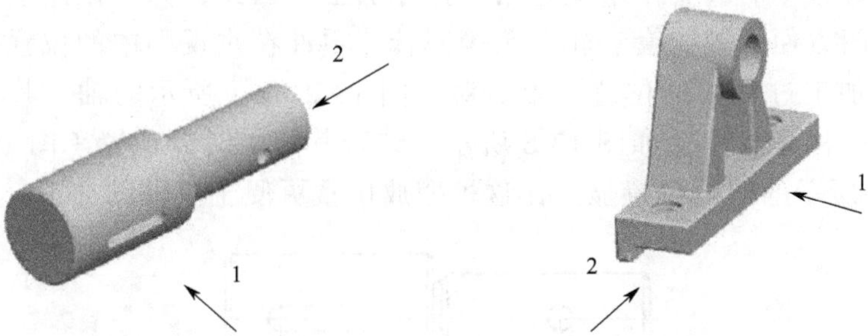

（a）轴的投影方向　　（b）轴承座的投影方向

图 13.2　轴与轴承座的投影方向

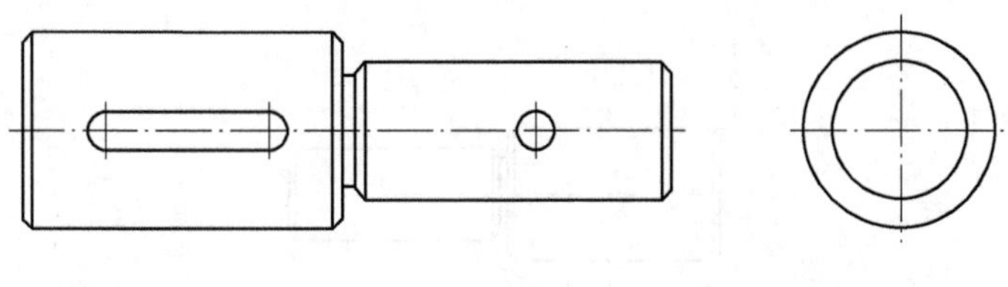

（a）方向一　　（b）方向二

图 13.3　不同投影方向所得出的主视图（一）

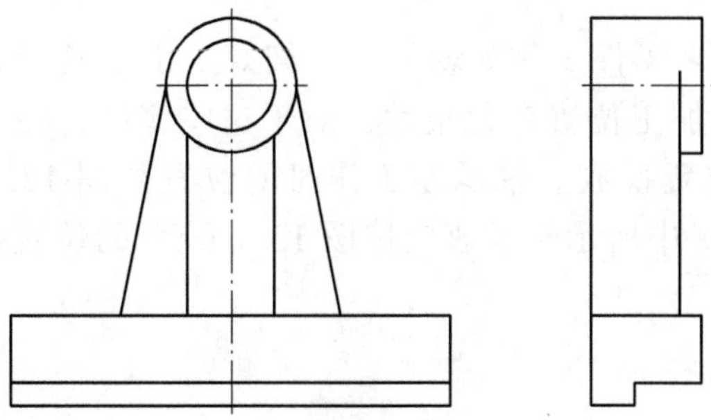

（a）方向一　　（b）方向二

图 13.4　不同投影方向所得出的主视图（二）

从图 13.3 和图 13.4 对比可以清楚地看出，按方向 1 进行投影，零件的大部分形状结构及结构间的关系得以明确地表达，因此，主视图应按方向 1 投影。

2）零件的放置位置

为了完全确定主视图，还要考虑零件的摆放位置。

零件在主视图中摆放的位置主要有两种：零件的主要加工位置和工作位置。

零件图的一个重要作用就是用于指导加工，因此，为了让制造者在加工零件时看图方便，轴、套、轮和盘等回转体零件在主视图中的位置应尽量与该零件在加工过程中的位置一致。对于图 13.2（a）所示的轴，其主视图中零件的另一种摆放位置如图 13.5 所示，结合其加工时的位置（图 13.6），图 13.3（a）所示的摆放位置显然比这种摆放位置更便于零件的加工。

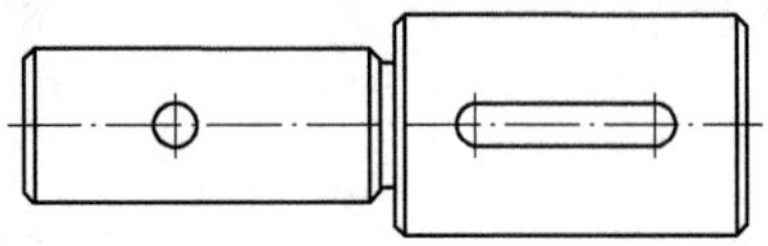

图 13.5 阶梯轴主视图的另一种摆放位置

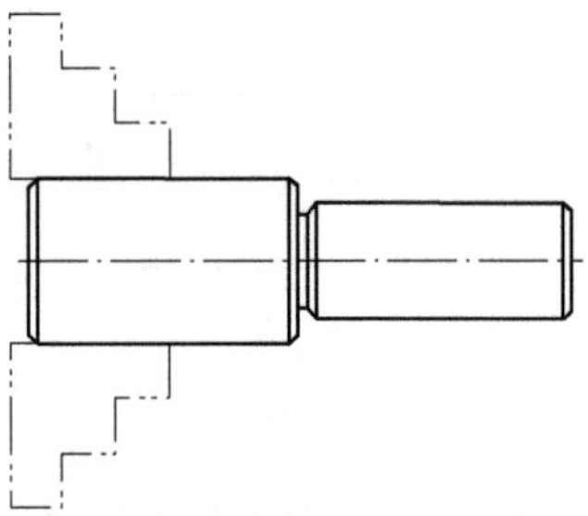

图 13.6 阶梯轴加工时的位置

与此同时，许多零件（例如箱体、支架等）由于其形状比较复杂，加工工序较多，使得其加工位置变化很大，对于这些零件，在主视图中的安放位置多按照其工作位置摆放。轴承座工作时的位置如图 13.7 所示，按照上述原则，图 13.2（b）中所示轴承座应按图 13.4（a）的位置摆放。

图 13.7 轴承座在工作时的位置

总之，在主视图的选择过程中，应按照相关的原则选定好零件的投影方向和摆放位置，当这两者都确定以后，主视图的表达方案就明确了。

2. 其他视图的选择

其他视图的选择原则，应以主视图为基础，在完整地表达出零件结构形状的前提下，适当选择其他视图。视图数量的多少，应以完整清晰和方便看图为标准。在具体选择其他视图时应考虑如下的问题：

（1）应优先选用基本视图，并在基本视图上做适当剖视、剖面，以表达零件的内部结构。

（2）为表达零件的局部形状或倾斜部分的内部形状而采用局部视图或剖视图时，应尽量按投影关系配置在有关视图的附近。

（3）对一些局部结构，如退刀槽、砂轮越程槽等，应尽量采用局部放大。

必须指出，零件视图的表达方案并不是唯一的，选择时应进行比较，择优而取。

13.2.3 几种典型零件的视图选择

根据零件的结构形状，可将其分为4类，即轴套类零件、盘盖类零件、叉架类零件和箱体类零件。每一类零件应根据自身结构特点来确定它的构形分析、表达方法及尺寸标注。

1. 轴套类零件

1）用途

轴套类零件包括各种用途的轴和套。轴主要用来支承传动零件（如带轮、齿轮等）和传递动力。套一般是装在轴上或机体孔中，用于定位、支承、导向或保护传动零件。

2）结构特点

轴套类零件结构形状通常比较简单，一般由大小不同的同轴回转体（如圆柱、圆锥）组成，具有轴向尺寸大于径向尺寸的特点。轴有直轴和曲轴，光轴和阶梯轴，实心轴和空心轴之分。阶梯轴上直径不等所形成的台阶称为轴肩，可供安装在轴上的零件轴向定位用。轴类零件上常有倒角、倒圆、退刀槽、砂轮越程槽、键槽、花键、螺纹、销孔、中心孔等结构。此结构都是由设计要求和加工工艺要求所决定的，多数已标准化。

3）视图选择

（1）主视图：

①轴套类零件主要在车床上加工，按加工位置将轴线水平安放来画主视图，如图13.8所示。这样既符合投射方向的“大信息量（或特征性）原则”，

也基本符合其工作位置（或安装位置）原则。通常将轴的大头朝左，小头朝右；轴上键槽、孔可朝上，表示其形状和位置明显。

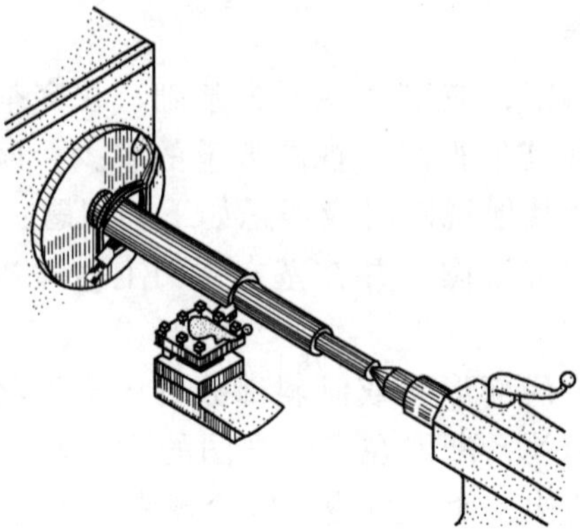

图 13.8　轴加工时的位置

②形状简单且较长的零件可采用折断法；实心轴上个别部分的内部结构形状，可用局部剖视兼顾表达。空心套可用剖视图（全剖、半剖或局部剖）表达。轴端中心孔不作剖视，用规定标准代号表示。

（2）其他视图：

①轴套类零件的主要结构形状是同轴回转体，在主视图上注出相应的直径符号“ϕ”，即可表示清楚形体特征，故一般不必再画其他基本视图（结构复杂的轴例外）。

②基本视图沿未表达完整清楚的局部结构形状（如键槽、退刀槽、孔等），可另用断面图、局部视图和局部放大图等补充表达，这样，既清晰又便于标注尺寸。轴的视图表达如图 13.9 所示。

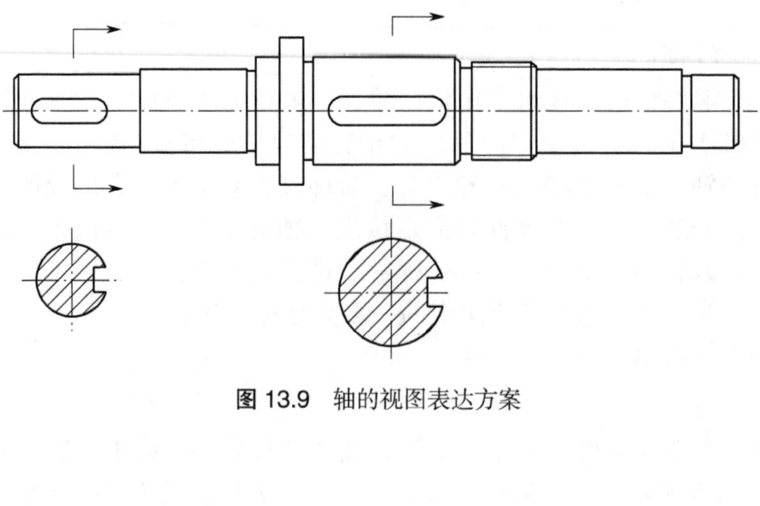

图 13.9　轴的视图表达方案

2. 轮盘类零件

1）用途

轮盘类零件包括各种用途的轮和盘盖零件，其毛坯多为铸件或锻件。轮一般用键、销与轴连接，用以传递扭矩。盘盖可起支承、定位和密封等作用，图 13.10（b）为端盖安装情况。

2）结构特点

轮类零件常见有手轮、带轮、链轮、齿轮、蜗轮、飞轮等，盘盖类零件有圆、方各种形状的法兰盘、端盖等。轮盘类主体部分多系回转体，一般径向尺寸大于轴向尺寸。其上常有均布的孔、肋、槽和子耳板、齿等结构，透盖上常有密封槽。轮一般由轮毂、轮辐和轮缘三部分组成，较小的轮也可制成实体（辐板）式。

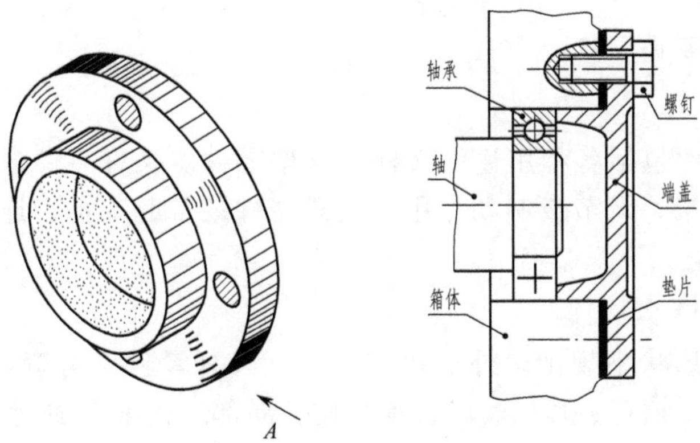

（a） （b）

图 13.10 端盖的轴测图及工作状态

3）视图选择

（1）主视图：

①轮盘类零件的主要回转面和端面都在车床上加工，故其主视图的选择与轴套类零件相同，即也按加工位置将其轴线水平安放画主视图，如图 13.10（a）中箭头 A 的指向。对有些不以车削加工为主的某些盘盖类零件，也可按工作位置安放视图。其主视投射方向的形状特征性原则应首先满足，如图 13.11 所示。

②通常选投影非圆的视图作主视图。其主要视图通常侧重反映内部形状，故多用各种剖视。

（2）其他视图：

①轮盘类零件一般需两个基本视图。当基本视图图形对称时，可只画一半或略大于一半；有时也可用局部视图表达。

②基本视图未能表达的其他结构形状，可用断面图或局部视图表达。如有较小结构，可用局部放大图表达。

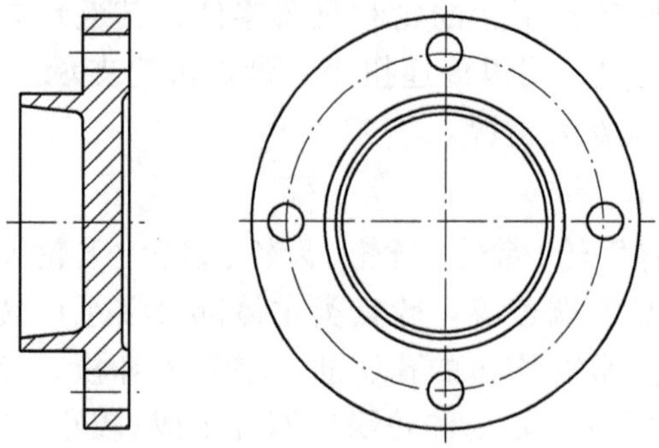

图 13.11　端盖的视图表达方案

3. 叉架类零件

1）用途

叉架类零件包括各种用途的叉杆和支架零件。叉杆零件多为运动件，通常起传动、连接、调节或制动作用。支架零件通常起支承、连接等作用。其毛坯多为铸件。

2）结构特点

此类零件形状不规则，外形比较复杂。叉杆零件常有弯曲或倾斜结构，其上常有肋板、轴孔、耳板、底板等结构，局部结构常有油槽、油孔、螺孔、沉孔等。

3）视图选择

（1）主视图：

①一般叉架类零件加工部位较少，加工时各工序位置不同，较难区别主次工序，故是在符合主视投射方向的特征原则的前提下，按工作（安装）位置安放主视图，如图 13.12（a）所示，方向 B 和方向 A 均可作为支架主视图的投影方向，两者相比较同时兼顾其他视图的选择，确定 A 为其主视图的方向，如图 13.12（b）所示。

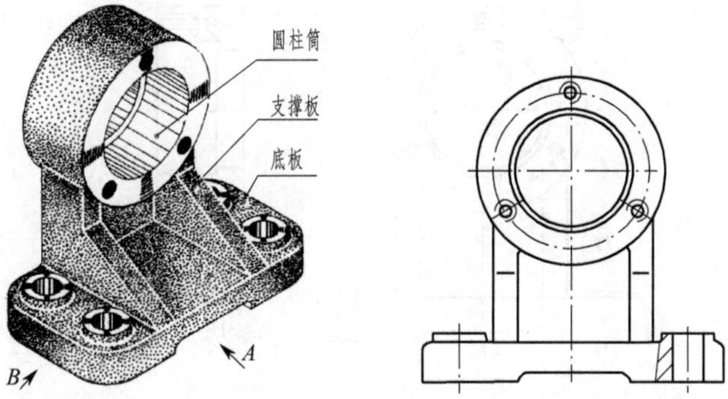

（a） （b）

图 13.12 支架立体图

②主视图常采用剖视图（形状不规则时用局部剖视为多）表达主体外形和局部内形。其上的肋剖切时应采用规定画法。表面过渡线较多,应仔细分析，正确表示。

（2）其他视图：

①叉架类零件结构形状（尤其外形）较复杂，通常需要两个或两个以上的基本视图，并多用局部剖视兼顾内外形状来表达。图 13.13 所示左视图采用全剖视图，但底部方形地板形状在三视图中表达不完整，可选择 *C* 向视图，小孔的内形在主视图上取局部剖。对于支撑板的结构可以取 *D-D* 断面视图，从而形成了方案一，如图 13.13 所示。若直接取 *D-D* 剖视图，将底板的形状和支撑板的断面视图结合起来，便形成了方案二，如图 13.14 所示。

②叉杆零件的倾斜结构常用向视图、旋转视图、局部视图、斜剖视图、断面图等表达。此类零件应适当分散地表达其结构形状。

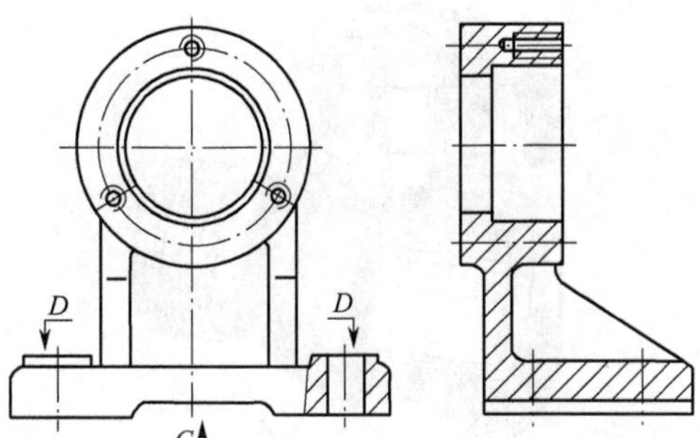

图 13.13 支架的视图表达方案一

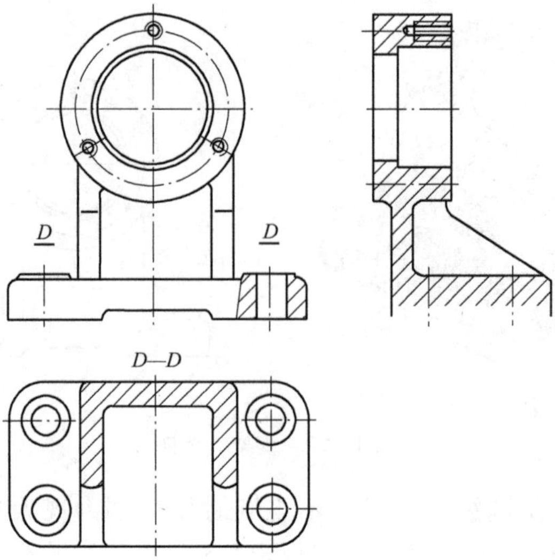

图 13.14　支架的视图表达方案二

4. 箱体类零件

1）用途

箱体类零件一般是机器的主体，起承托、容纳、定位、密封和保护等作用。

2）结构特点

箱体类零件的结构形状复杂，尤其是内腔。此类零件多有带安装孔的底板，上面常有凹坑或凸台结构。支承孔处常设有加厚凸台或加强肋。表面过渡线较多，如图 13.15 所示。

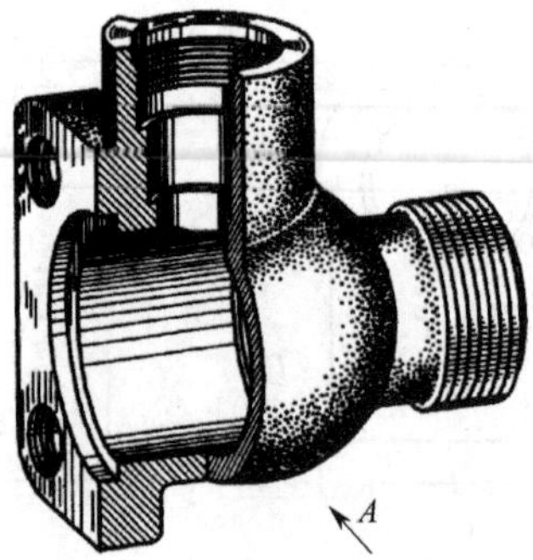

图 13.15　阀体的轴测图

3）视图选择

（1）主视图：

①箱体类零件加工部位多，加工工序也较多（如需车、刨、铣、钻、镗、

磨等），各工序加工位置不同，较难区分主次工序，因此这类零件的主视图在其投射方向应在符合形状特征性原则的前提下，都按工作位置安放。

②主视图常采用各种剖视图表达主要结构。

（2）其他视图：

①箱体类零件内外结构形状都很复杂，常需三个或三个以上的基本视图，并以适当的剖视表达主体内部的结构。

②基本视图尚未表达清楚的局部结构可用局部视图、断面图等表达。对加工表面的截交线、相贯线和非加工表面的过渡线应认真分析，正确图示。阀体表达方案如图 13.16 所示。

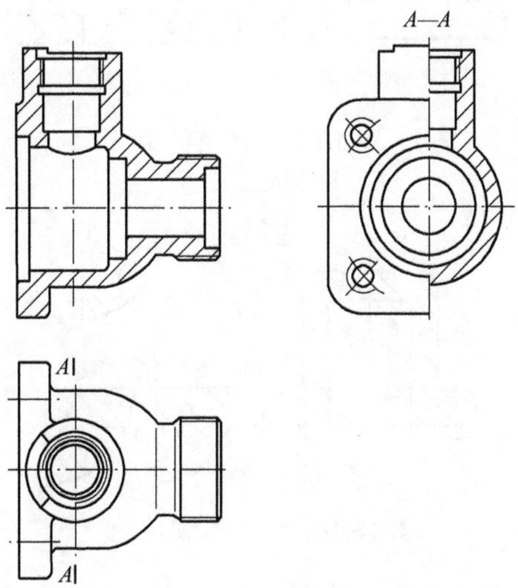

图 13.16 阀体的视图表达方案

13.3 零件结构的工艺性

绝大部分零件都要经过铸造、锻造和机械加工等过程才能制造出来，因此零件的结构形状不仅要满足设计要求，还要符合制造工艺、装配等方面的要求，以保证零件质量好、成本低、效益高。

13.3.1 铸造零件的工艺结构

1. 起模斜度和铸造圆角

用铸造方法制造的零件称为铸件。制造铸件毛坯时，为了便于在型砂中取出模型，一般沿模型起模方向做成约 1 ∶ 20 的斜度，叫做起模斜度，如图 13.17（a）所示。起模斜度在图上可以不标注，也不一定画出，如图 13.17（b）所示，必要时可以在技术要求中用文字说明。

铸件毛坯在表面的相交处，都有铸造圆角，如图 13.18 所示。这样既能方便起模，又能防止浇铸铁水时将砂型转角处冲坏，还可以避免铸件在冷却时产生裂缝或缩孔。铸造圆角的半径在 2 ～ 5mm 之间，在图上一般不标注，常集中注写在技术要求中，如“未注明铸造圆角 R2 ～ 3”。

如图 13.19 所示，铸件毛坯的底面为安装底面，它需要经过切削加工，这时，铸造圆角被削平。

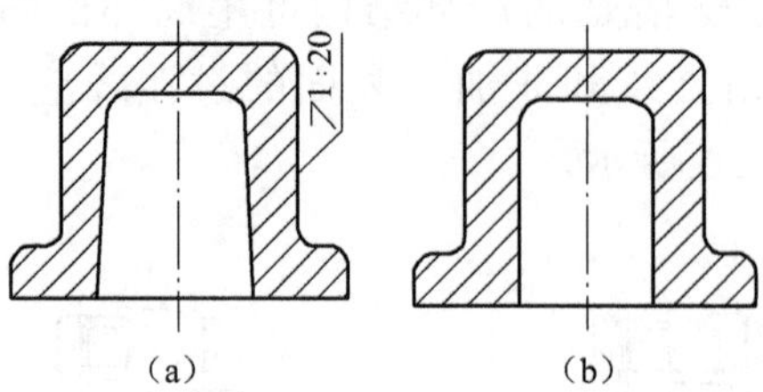

图 13.17　起模斜度

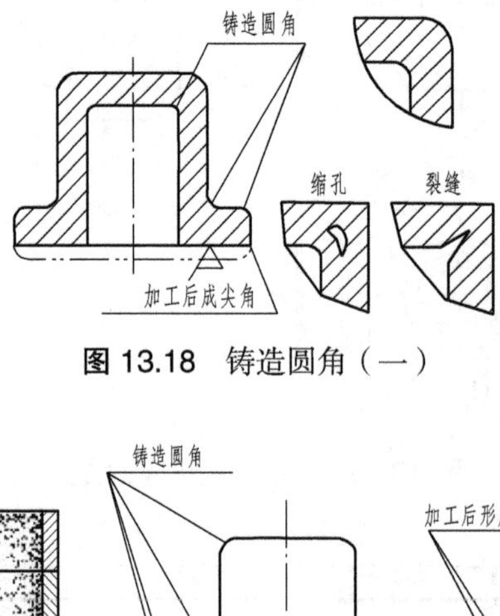

图 13.18　铸造圆角（一）

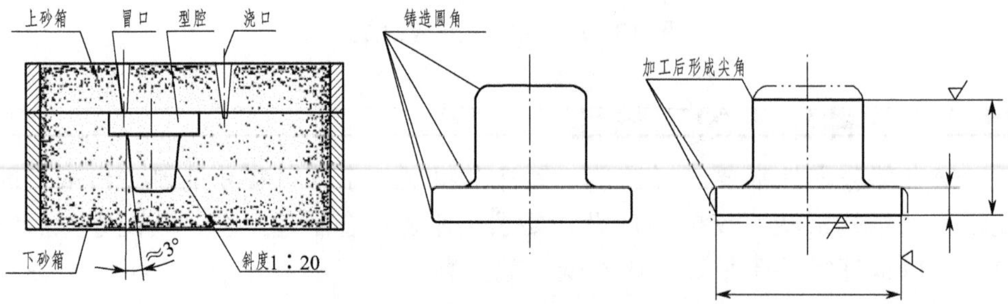

图 13.19　铸造圆角（二）

两相交的铸造表面，如果有一个表面经切削加工，则应画成尖角。

由于有铸造圆角，铸件各表面的交线理论上不存在，但在画图时，这些交线用细实线按无圆角时的情况画出，只是交线的起讫处与圆角的轮廓线断开（画至理论尖点处），这样的线称为过渡线，用细实线表示。以下是过渡线的规定画法：

（1）曲面相交的过渡线，不应与圆角轮廓线接触，要画到理论交点处为止，如图 13.20（a）所示；两曲面相切时，过渡线在切点处应断开，如图 13.20（b）所示。

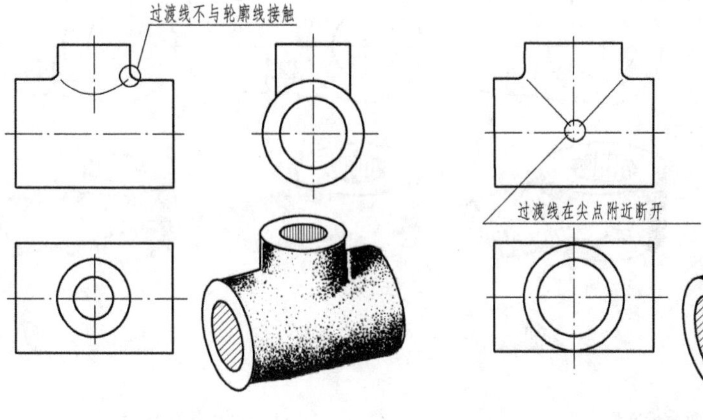

（a）　　（b）

图 13.20　过渡线的画法（一）

（2）平面与平面或平面与曲面相交的过渡线，应在转角处断开，并加画小圆弧，其弯向应与铸造圆角的弯向一致，如图 13.21 所示。

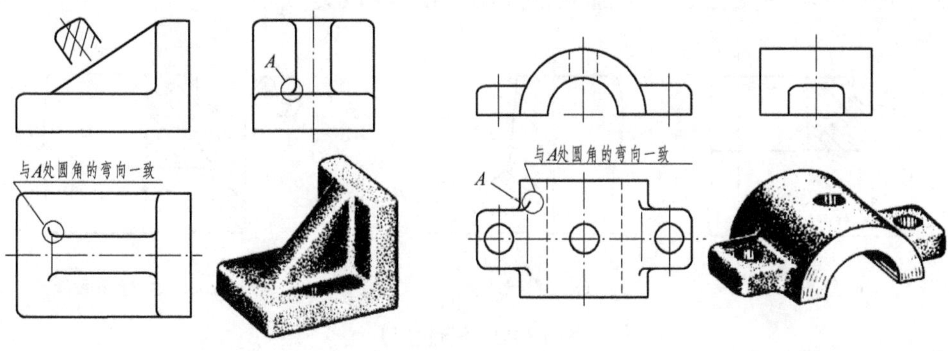

（a）　　（b）

图 13.21　过渡线的画法（二）

（3）肋板与圆柱面相交的过渡线，其形状取决于肋板的断面形状及相切或相交的关系，如图 13.22 所示。

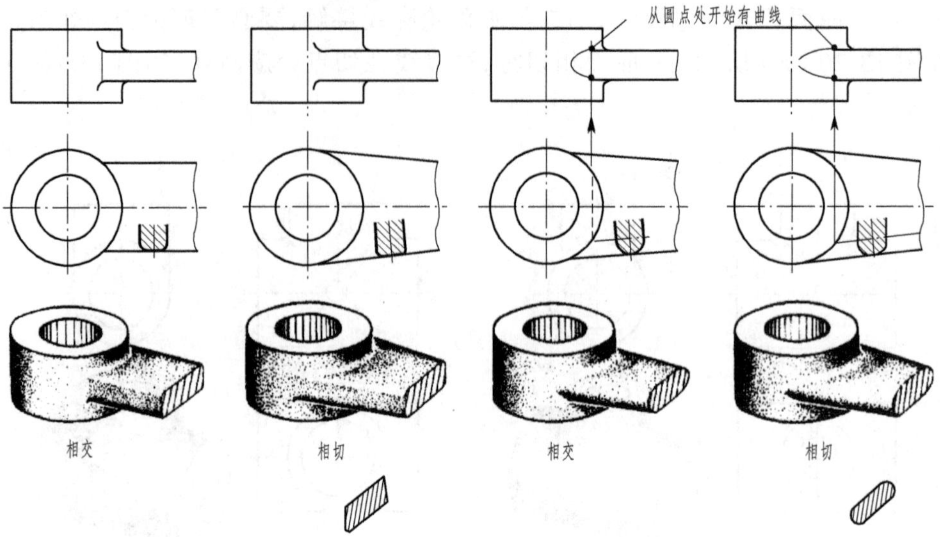

（a）断面为长方形　　（b）断面为长圆形

图 13.22　过渡线的画法（三）

2. 铸件壁厚

在浇铸零件时，为了避免各部分因冷却速度的不同而产生缩孔或裂缝，铸件壁厚应均匀变化、逐渐过渡，如图 13.23 所示。

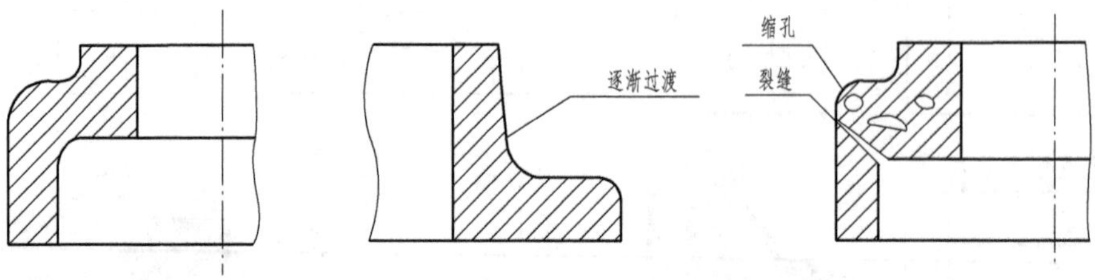

（a）壁厚均匀　　（b）逐渐过渡　　（c）产生缩孔和裂缝

图 13.23　铸件壁厚

13.3.2　零件加工面的工艺结构

1. 倒角和倒圆

在轴或孔的端面处，通常都要加工成倒角。因为在零件的加工工程中，由于加工速度、刀具的锋利程度等因素的影响，在零件的端面处极易产生毛刺和锐边，在端部加工成倒角能够有效去除零件的毛刺、锐边，如图 13.24 所示；除此之外，在端面处加工成倒角，在装配时还能够起到导向的作用，方便零件的装配，如图 13.25 所示。

为了避免由于结构的突然变化而产生应力集中，在轴肩处通常要加工成圆角的形式，如图 13.26 所示。

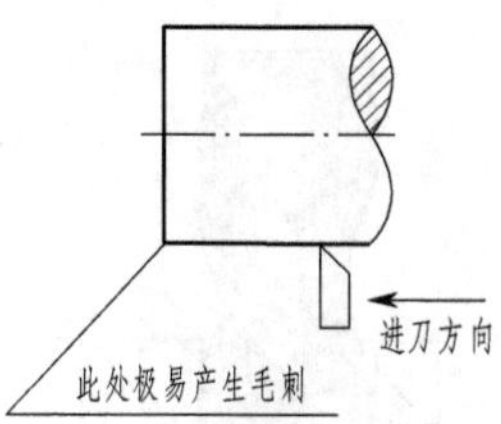

图 13.24 倒角去除毛刺

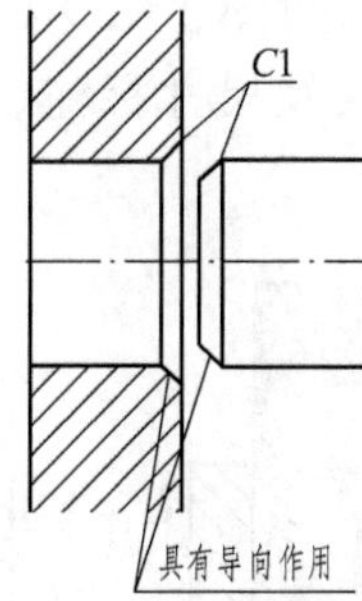

图 13.25 倒角便于装配

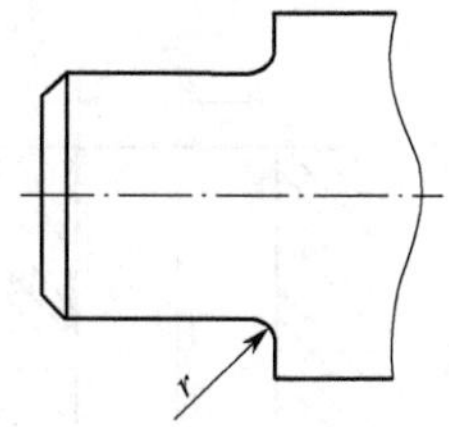

图 13.26 圆角

2. 螺纹退刀槽和砂轮越程槽

在切削加工中，特别是在车螺纹和磨削时，为了便于退出刀具或使砂轮可以稍稍越过加工面，通常在零件待加工面的末端，先车出螺纹退刀槽或砂轮越程槽，如图 13.27 和图 13.28 所示。

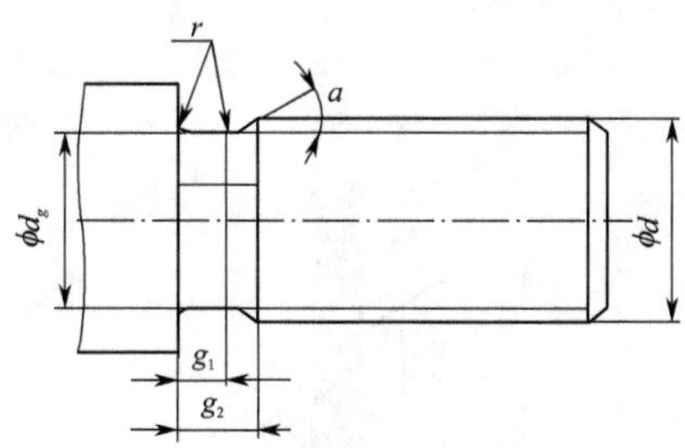

图 13.27 螺纹退刀槽

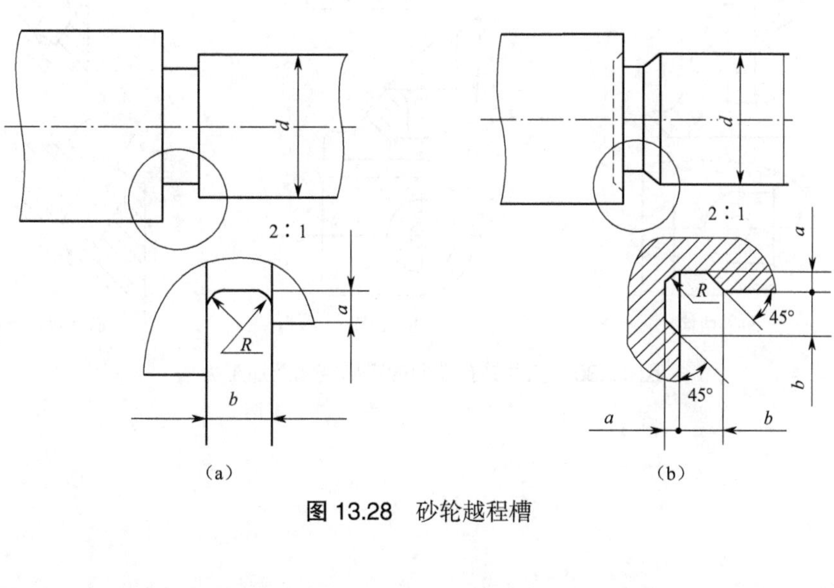

图 13.28 砂轮越程槽

3. 钻孔断面

用钻头钻出的盲孔，在底部有一个 120° 的锥角，钻孔深度指圆柱部分的深度，不包括锥坑，如图 13.29（a）所示。在阶梯钻孔的过渡处，有 120° 的锥角圆台，其画法及尺寸标注，如图 13.29（b）所示。

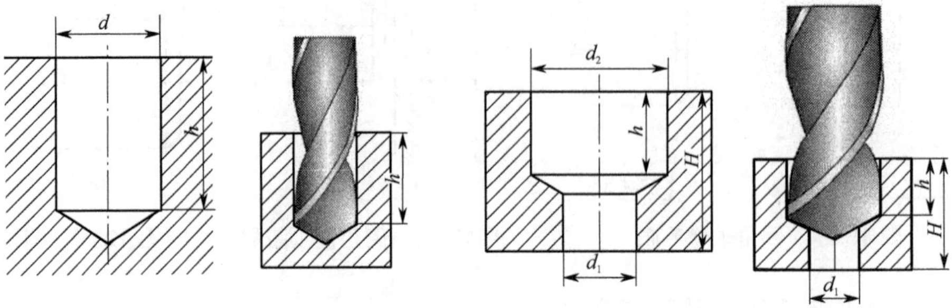

（a）盲孔　（b）通孔

图 13.29　钻孔结构

用钻头钻孔时，要求钻头轴线垂直于被钻孔的端面，以保证钻孔准确和避免钻头折断，如图 13.30 所示。

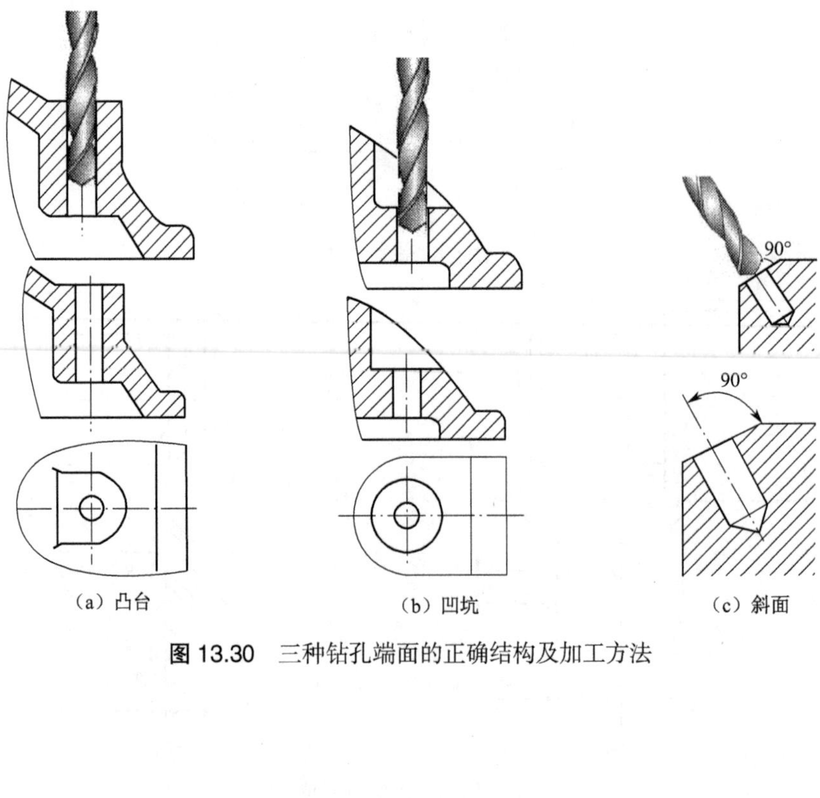

（a）凸台　（b）凹坑　（c）斜面

图 13.30　三种钻孔端面的正确结构及加工方法

4. 减少加工面

为了减少加工面积，并保证零件表面之间接触，通常在铸件上设计出凸台或加工成凹坑，如图 13.31 所示。

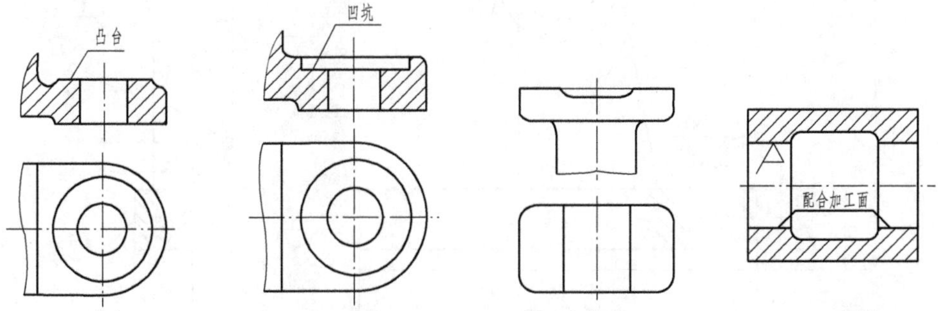

（a）凸台　（b）凹坑　（c）凹槽　（d）凹腔

图 13.31　减少加工面

13.4 零件图的尺寸合理标注

对于零件图的尺寸标注，应先确立好基准，然后按照相应的一些准则合理地将其标注出来。

13.4.1 尺寸基准及其选择

1. 基准类型

基准按用途可分为设计基准和工艺基准。设计基准是用来确定零件在机器或部件中准确位置的基准。工艺基准是为便于加工和检测而选定的基准。

基准一般都是零件上的一些点、线、面。如图 13.32 所示的轴承座，其工作时的位置由对称中心平面 I、面 II 及面 III 所确定，故这三个面是该轴承座的设计基准，为了在检测零件时更为方便，将端面 IV 作为面 V、VI 的尺寸基准，这一基准就是工艺基准。又如图 13.33 所示的阶梯轴，面 I 是设计基准，端面 II 为工艺基准。

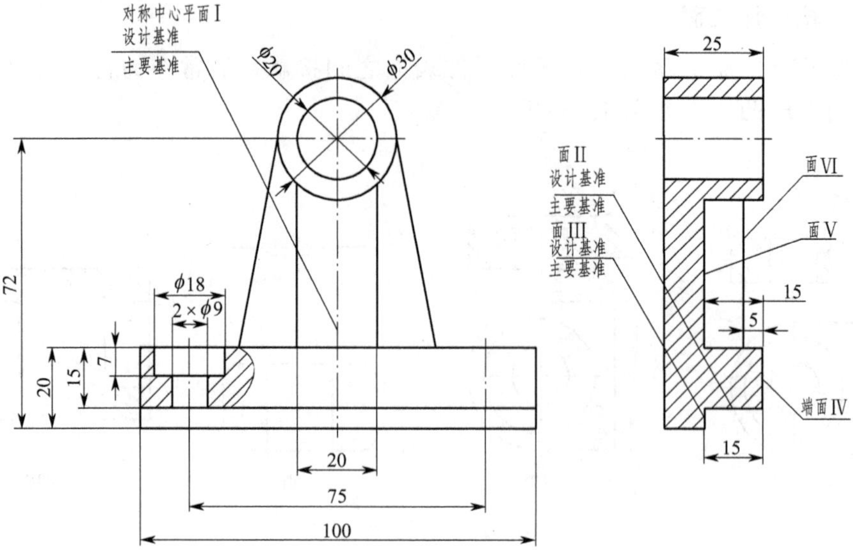

图 13.32　基准的选择（一）

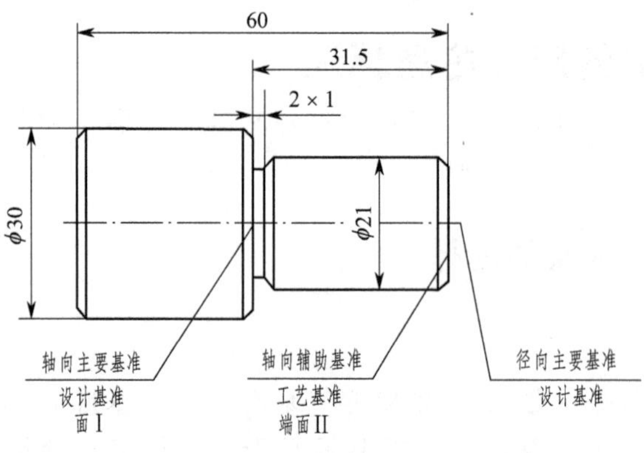

图 13.33　基准的选择（二）

基准还可分为主要基准和辅助基准。

任何一个零件都是包括长、宽、高三个方向的尺寸，因此，在每个方向上都可以划分出一个主要基准，而在这一方向上剩余的基准就为辅助基准，辅助基准和主要基准之间应当有联系尺寸。在图 13.32 所示的轴承座中，长度方向是以对称中心平面 I 为主要基准；宽度方向是以面 III 作为主要基准；与其有尺寸联系的端面 IV 是辅助基准；高度方向的主要基准是面 II。在图 13.33 所示的阶梯轴中，面 I 为轴向（长度）主要基准，端面 II 为轴向辅助基准（与主要基准通过尺寸 31.5 联系）。轴线为径向（高度和宽度）主要基准。

2. 基准的选择

基准的选择就是决定从设计基准出发还是从工艺基准出发开始标注尺寸。

从不同的基准开始标注有各自的特点。从设计基准出发，更能够反映出设计要求，同时还能够体现所设计的零件在部件中的功能；而从工艺基准出发，能够直接反映出所要加工、检验的尺寸，从而使得加工与检验更为方便。

图 13.32 所示的轴承座中，对称中心平面 I、面 II 及面 III 都是设计基准，如果尺寸以这三个面为作为标注基准，则选择的是从设计基准开始标注尺寸；端面 IV 是工艺基准，如果宽度方向上的尺寸以它而不以面 III 作为标注基准，则此时就是从工艺基准开始标注尺寸，这就便于测量宽度方向的尺寸。同样，对于图 13.33 所示的轴的尺寸标注中，从面 I 作为标注的出发点，则选择的是从设计基准开始标注，从端面 II 作为标注的出发点，则此时就是从工艺基准开始标注尺寸。

在选择基准时，最好把设计基准与工艺基准统一起来，因为不同的基准选择有不同的优点，只有当一个基准是设计基准与工艺基准的统一体的时候，才能够既反映出设计的要求和功能，同时又为加工、检测带来方便。当然，当设计基准与工艺基准无法统一的时候，应当首先满足设计要求。

13.4.2 零件尺寸标注的一般原则

零件的标注应符合设计要求和加工要求，主要包括以下几个原则：

1. 主要尺寸要直接标注

主要尺寸主要是指那些影响产品工作性能、精度以及与其他零件相互联系的尺寸，对于这些尺寸，在零件图中一定要直接标注出来。因为在生产过程中误差的产生是不可避免的，直接标注出主要的尺寸，就能够使得主要尺寸能够直接加工出来，而误差累计到不重要的部分，从而不会对零件的使用性能产生影响。如图 13.34 所示阶梯轴，其上键槽、圆柱销孔对其工作性能有重要影响，它们的尺寸就是阶梯轴的主要尺寸，所以应当把它们直接标注出来，如图 13.34（a）所示；而图 13.34（b）所示的标注方法就不正确，因为在实际生产过程中所产生的误差会积累到主要尺寸上面，从而会影响到产品的工作性能，如误差的积累过大，甚至会使得该轴无法使用。

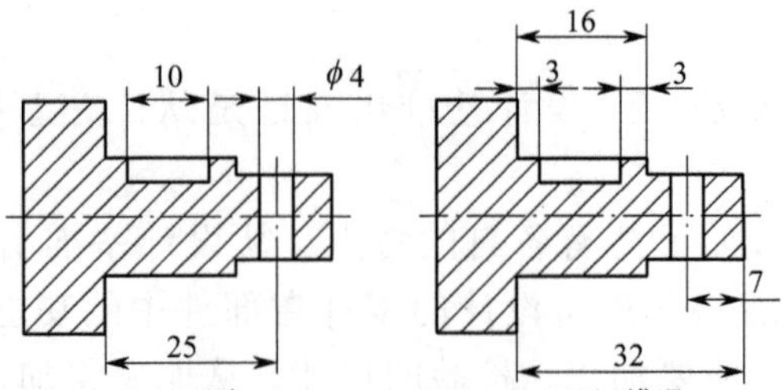

（a）正确　（b）错误

图 13.34　主要尺寸应直接标出

2. 避免出现封闭尺寸链

一组尺寸从一个始点开始，一个尺寸接一个尺寸，最后又回到原始点就构成了封闭尺寸链。图 13.35（a）所示的尺寸组 l_1、l_2、l_3、l_4、l_5 就形成了封闭尺寸链。一组尺寸如果构成了封闭尺寸链将很难保证设计的要求，例如图 13.35（a）所示的阶梯轴中，如果先保证尺寸 l_1、l_3、l_4、l_5，那么所有的加工误差就将累计到 l_2 段，从而就有可能使得该零件无法达到设计要求。为了避免这种情况的发生，在实际标注时，我们应当分清各段的主次关系，一般在尺寸链中选取一个对零件使用性能没有影响或影响不大的尺寸不做标注。如图 13.35（b）所示，尺寸 l_2 对该零件的设计要求没有影响，故对该段不做标注。

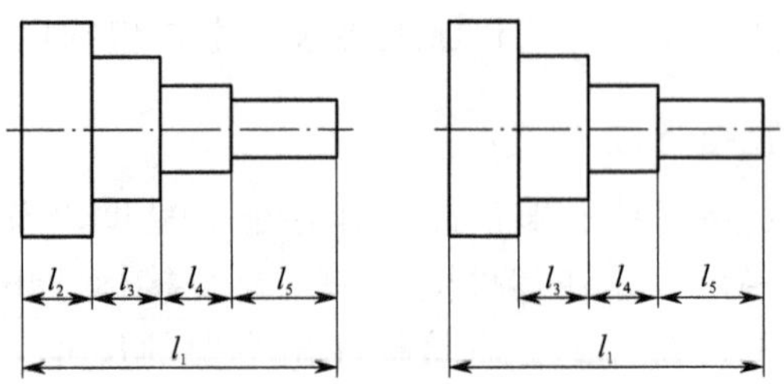

（a）封闭尺寸链　（b）正确标注

图 13.35　避免出现封闭尺寸链

3. 标注的尺寸要便于加工和测量

零件图是加工和检测零件的依据，对于那些不影响产品工作性能的非主要尺寸应着重考虑满足加工和检测的要求。

1）尺寸标注满足加工要求

尺寸标注满足加工要求，就是按照加工顺序对尺寸进行标注。这样做的好处是该零件加工时所需的尺寸得以直接标注，方便了加工。如图 13.36 所示的轴，除其主要尺寸外（图 13.34（a）），其余非主要尺寸就是按照加工要求进行标注的，如图 13.37 所示，首先标注出了轴的直径 $\phi 28$ 和轴的总长 40，然后又标注出 $\phi 14$ 段及其长度 32，随后是尺寸 $\phi 10$ 和该段加工长度 12，最后加工键槽和圆柱销孔，保证各主要尺寸。

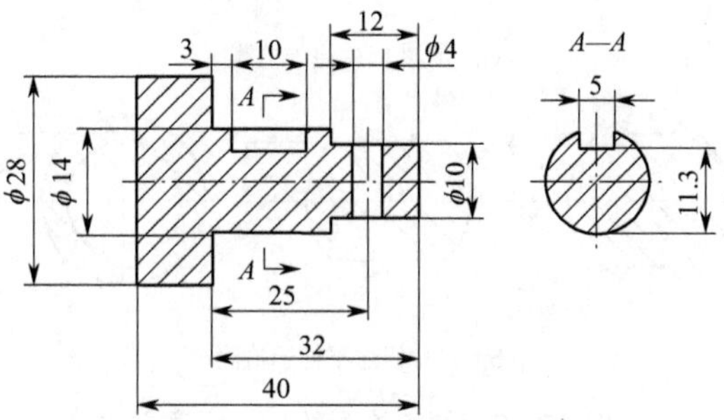

图 13.36 按加工要求标注尺寸

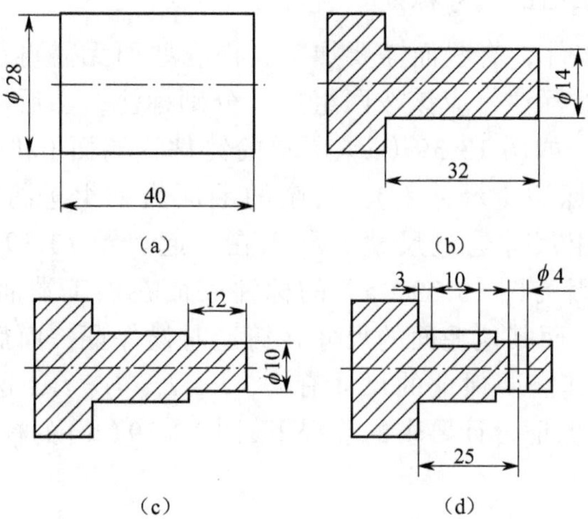

图 13.37 轴的加工过程

2）尺寸标注考虑检测的要求

尺寸标注除了要尽量提供加工过程中的尺寸外，还要尽可能直接标注出测量所需的尺寸以方便检测。在图 13.38（a）所示的标注中，直接给出了所要检测的尺寸，而图 13.38（b）所示的标注中，所需要检测的尺寸需经过相应的计算才能得出，故图 13.38（a）更符合检测的需要。

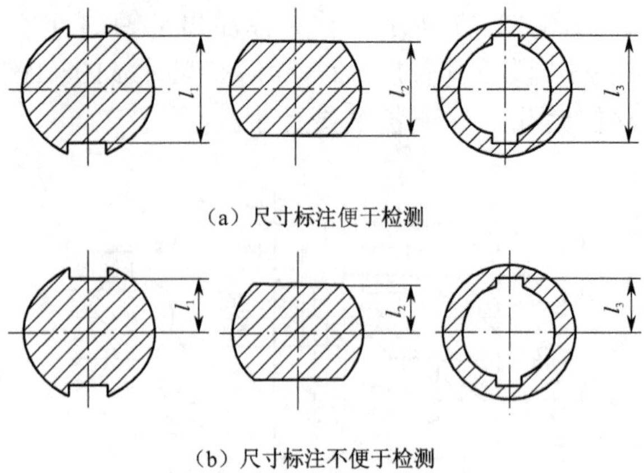

（a）尺寸标注便于检测

（b）尺寸标注不便于检测

图 13.38　便于检测的尺寸标注方法

4. 毛面与加工面的尺寸标注

对于铸造类零件，有些面需要加工，而有些面无需再加工，即加工面与毛面，对于它们的标注，应该按两组尺寸分别标注，然后用一个尺寸将这两组尺寸联系起来。如图 13.39（a）所示的铸件，端面 I 和端面 II 为加工面，它们为一组进行标注（尺寸 l_1），其余的毛面为一组进行标注（如尺寸 l_3、l_4、l_5 等），这两组尺寸通过尺寸 l_2 联系在一起。图 13.39（b）所示的标注方法就不合理，因为图 13.39（a）的标注表面在加工端面 II 的时候只需要保证尺寸 l_1 和 l_2，而其他毛面的尺寸在铸造时候保证，而后者的标注使得在加工端面 II 时，其需要保证的尺寸有 l_1、l_2、l_3、l_4、l_5，这使得该端面的加工非常困难，故在保证设计要求的前提下，图 13.39（a）的标注方法更加合理。

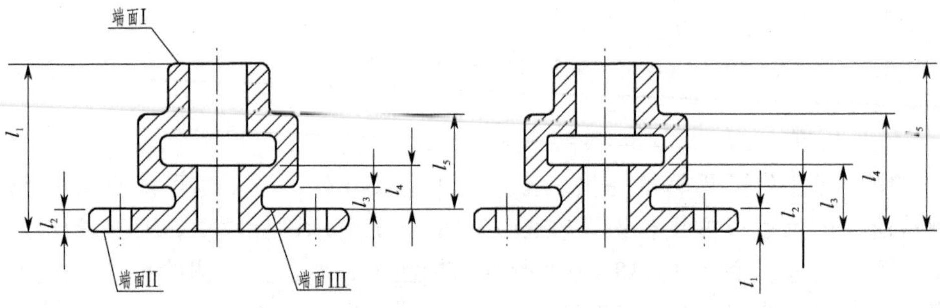

（a）合理标注　　（b）不合理标注

图 13.39　毛面与加工面的尺寸标注方法

13.4.3 零件上典型工艺结构的尺寸标注

零件上常见结构要素的尺寸注方法已经格式化，倒角、退刀槽、各种孔的尺寸标注如表 13.1 和表 13.2 所示。

表 13.1 倒角、退刀槽的尺寸标注

结构名称	尺寸标注方法		说明
	45° 倒角	非 45° 倒角	
倒角	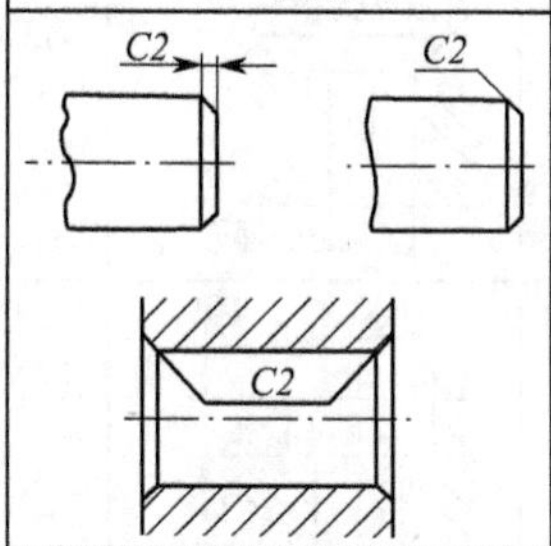	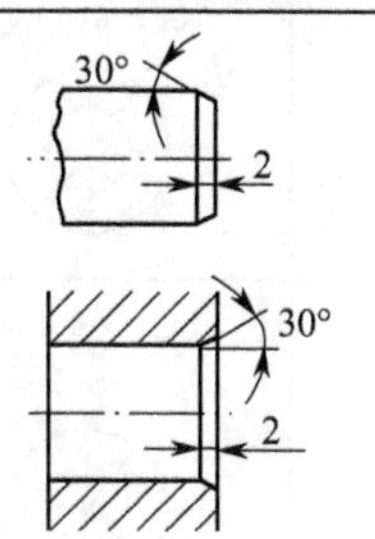	一般 45° 倒角按“*C* 和倒角宽度”注出，如 *C*2，其中符号 *C* 表示 45° 倒角，2 表示倒角宽度，非 45° 倒角，可分别注出倒角宽度和角度
退刀槽	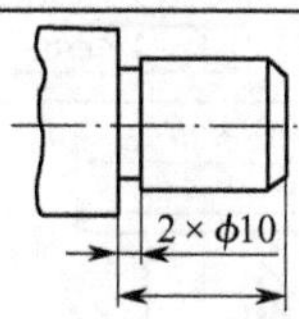	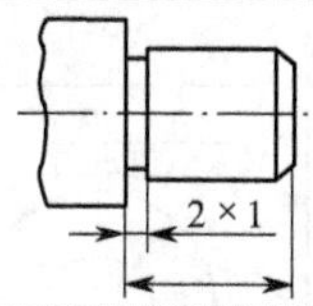	一般按“槽宽 × 槽深”或“槽宽 × 直径”注出

表 13.2 常见孔的尺寸标注

类型	旁注法		普通注法	说明
螺孔	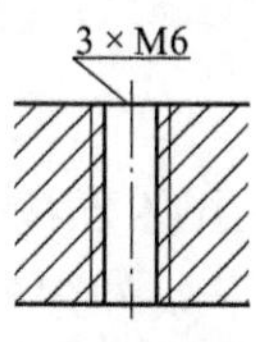	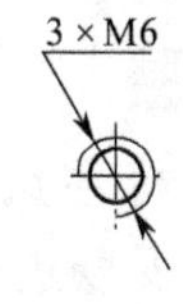	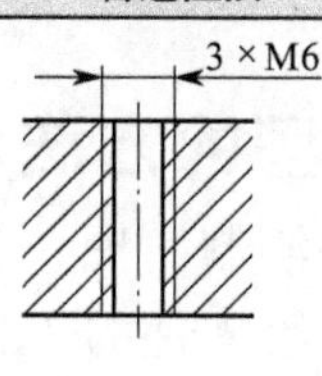	3×M6 表示公称直径为 6，均匀分布的 3 个螺孔
	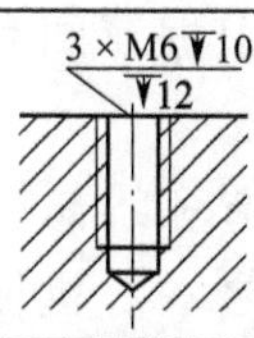		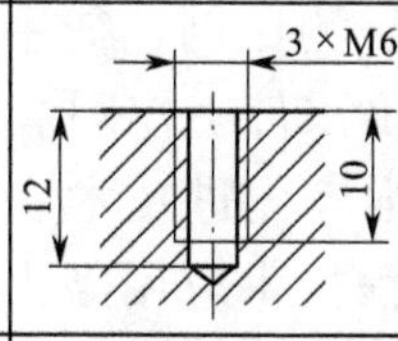	“↧”为深度符号。M6 ↧ 10：表示螺孔深 10 ↧ 12：表示钻孔深 12
	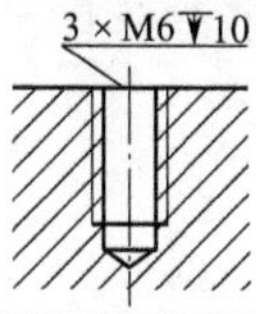		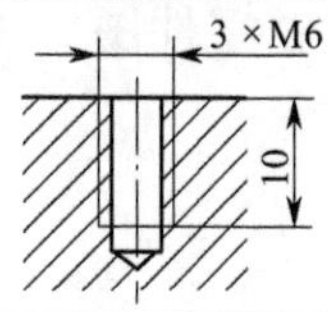	如对钻孔深度无一定要求，可不必标注，一般加工到比螺孔稍深即可

续表 13.2

类型	旁注法		普通注法	说明
光孔	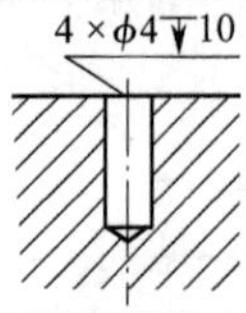	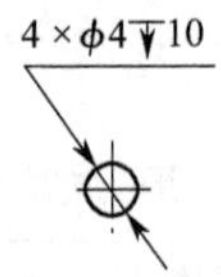	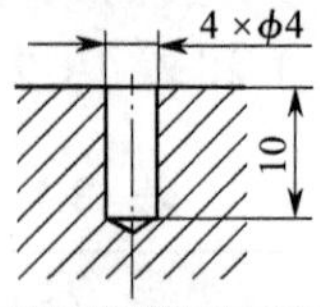	4×ϕ4 表示直径为 4，均匀分布的 4 个光孔
沉孔	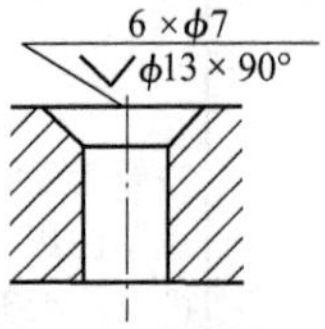	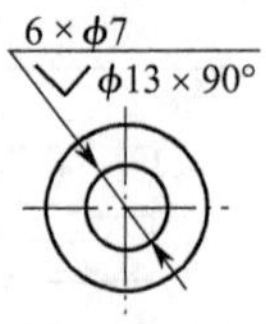	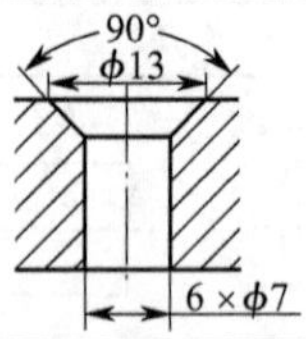	“⌵” 为埋头孔的符号，锥形孔的直径 ϕ13 及锥角 90° 均需注出
	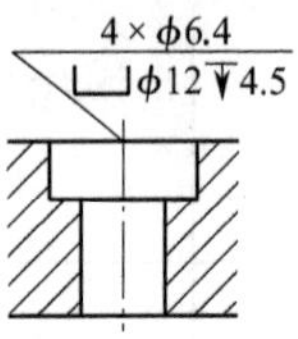	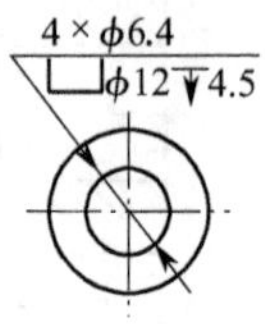	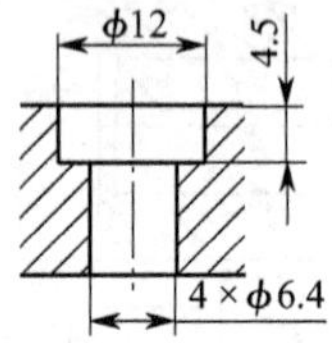	“⌴” 为沉孔及锪平的符号
	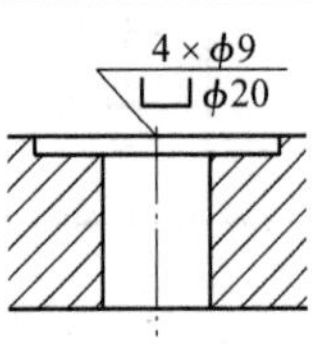	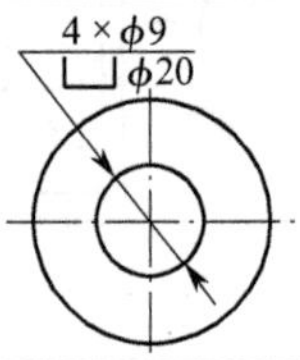	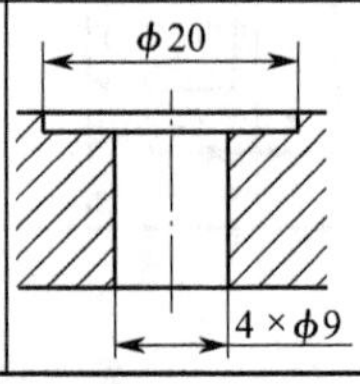	锪平 ϕ20 的深度不需标注，一般锪平到不出现毛坯面为止

13.5　画零件图的方法和步骤

根据实际零件绘制草图，测量并标注尺寸，给出必要技术的绘图过程，称为零件测绘。测绘零件的工作常在现场进行。由于条件限制，一般是先画零件草图，即以目测比例，徒手绘制零件图，然后根据草图和有关资料用仪器或计算机绘制出零件工作图。

零件测绘对推广先进技术、交流革新成果、改造和维修现有设备都有重要作用，它是工程技术应用型人才必备的制图技能之一。机械设计时，要根据设计的装配图拆画零件图。下面以端盖为例介绍画零件图的方法和步骤。

13.5.1 画图前的准备

（1）了解零件的用途、结构特点、材料及相应的加工方法。

（2）分析零件的结构形状，确定零件的视图表达方案。

13.5.2 画图方法和步骤

1. 定图幅

根据视图数量和大小，选择适当的绘图比例，确定图幅大小，画出图框和标题栏。

2. 布置视图

根据各视图的轮廓尺寸，画出确定各视图位置的基准线，基准线包括：对称线、轴线、某一基面的投影线等。各视图之间要留出标注尺寸的位置，如图 13.40 所示。

3. 画底稿

画图的基本方法是：先画主要形体，后画次要形体；先定位置，后定形状；先画主要轮廓，后画细节。按投影关系，逐个画出各个形体。如图 13.41 所示。

4. 完成零件图

检查无误后，加深并画剖面线。标注尺寸、表面结构、尺寸公差等，填写技术要求和标题栏，完成零件图。如图 13.42 所示。

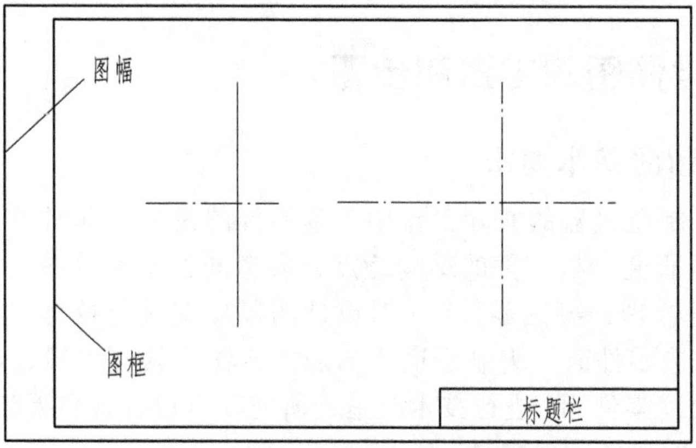

图 13.40 端盖零件图画图步骤一

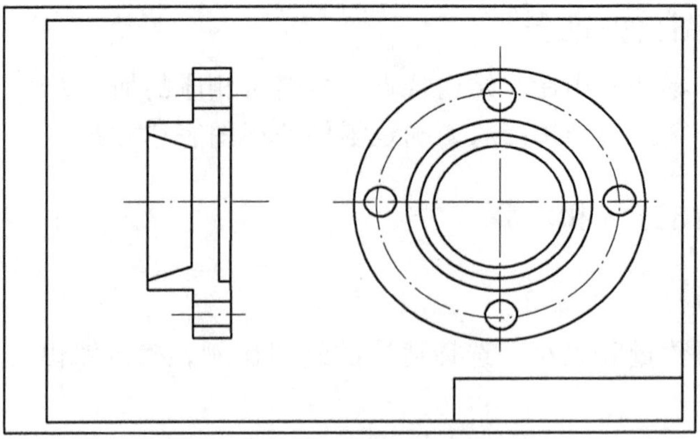

图 13.41 端盖零件图画图步骤二

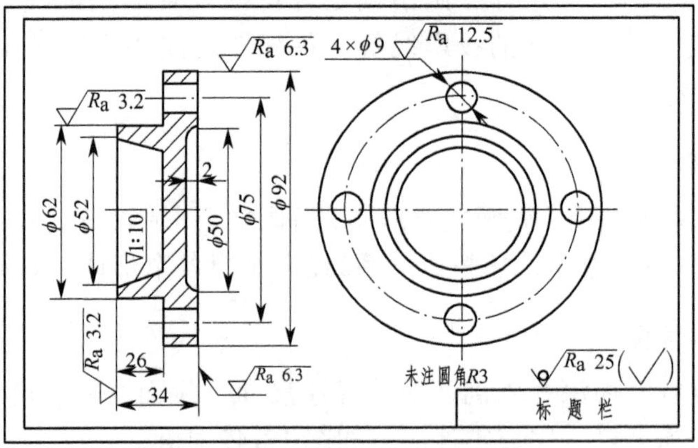

图 13.42 端盖零件图画图步骤三

13.6 读零件图的方法和步骤

13.6.1 读图的基本要求

在设计、制造机器的实际工作中，读零件图是一项非常重要的工作。例如设计零件要研究分析零件的结构特点，参考同类型零件图，使所设计的零件结构更先进合理，要读零件图；对设计的零件图进行校对、审核，要读零件图；生产制造零件时，为制定适当的加工方法和检测手段，以确保零件加工质量，更要读零件图；进行技术改造，研究改进设计，也要读零件图。

读零件图的目的和要求是：

（1）了解零件的名称、用途、材料等。

（2）了解组成零件各部分结构的形状、特点、功用以及它们之间的相对位置。

（3）了解零件的尺寸大小、制造方法和所提出的技术要求。

13.6.2 读零件图的方法和步骤

1. 概括了解

从标题栏了解零件的名称、材料、比例等内容。根据名称判断零件属于哪一类零件，根据材料可大致了解零件的加工方法，根据绘图比例可估计零件的大小。必要时，可对照机器、部件实物或装配图了解该零件的装配关系等，从而对零件有初步的了解。

2. 分析视图间的联系和零件的结构形状

分析各零件各视图的配置情况以及各零件相互之间的投影关系，运用形体分析法和线面分析法读懂零件各部分结构，想象出零件的形状。读懂零件的结构和形状是读零件图的重点，前面已讲过的组合体的读图方法和剖视图的读图方法同样适用于读零件图。读图的一般顺序是：先整体，后局部；先主体结构，后局部结构；先读懂简单部分，再分析复杂部分。读图时，应注意是否有规定画法和简化画法。

3. 分析尺寸和技术要求

分析尺寸时，首先要弄清长、宽、高三个方向的尺寸基准，从基准出发查找各部分的定型尺寸、定位尺寸。必要时，联系机器或部件与该零件有关的零件一起进行分析，深入理解尺寸之间的关系并分析尺寸的加工精度要求，以及尺寸公差、几何公差和表面结构等技术要求。

4. 综合归纳

零件图表达了零件的结构形式、尺寸及精度要求等内容，它们之间是相互关联的。初学者在读图时，首先要做到：正确地分析表达方案，运用形体分析法分析零件的结构、形状和尺寸，全面了解技术要求，正确理解设计意图，从而达到读懂零件图的目的。

13.6.3 读零件图举例

下面以图 13.43 拖板零件图为例，说明读零件图的方法和步骤。

1. 概括了解

从标题栏可知零件的名称为拖板，拖板是安装在导轨上移动部件的壳体，在其内部安装有其他的零件，因此该零件属于箱体类零件。箱体类零件的结构特点就是有空腔、轴孔、凸缘、底座等结构，材料大多为灰铸铁，通过铸造形成零件毛坯，然后再经过一定的切削加工成型。

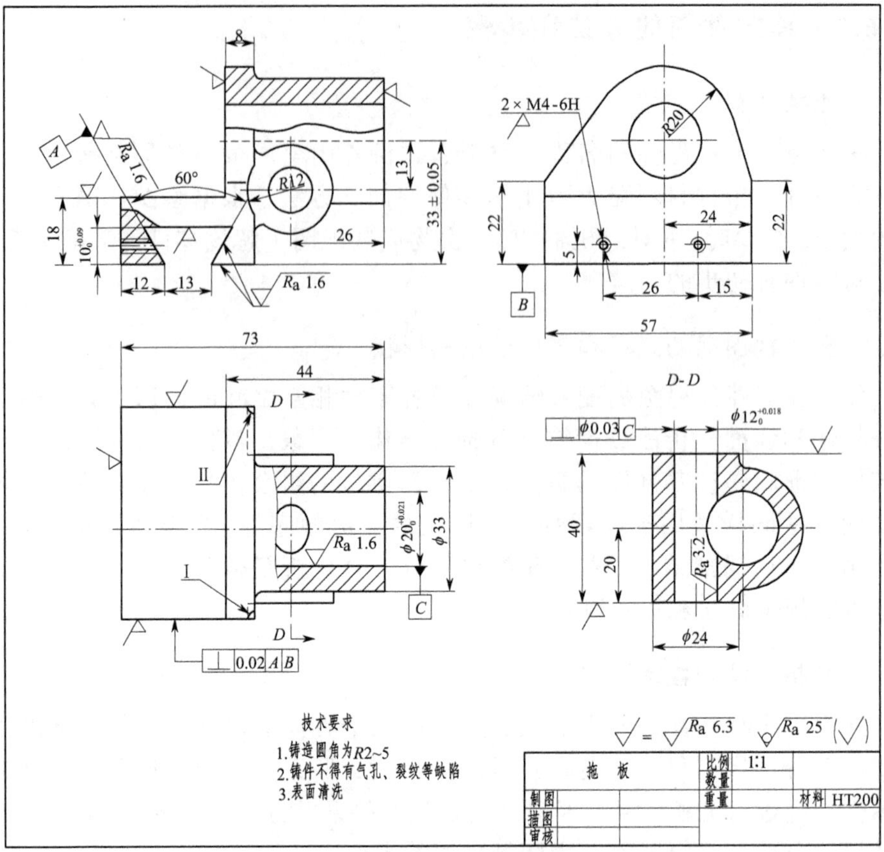

图 13.43　拖板零件图

2. 表达分析

拖板采用了三个基本视图和一个断面图。主视图采用局部剖视，主要表达贯通的主轴孔 $\phi20_{0}^{+0.021}$、螺纹孔 M4-6H 的结构、燕尾槽的形状和锁紧孔 $\phi12_{0}^{+0.018}$ 的位置等；俯视图也是局部剖视，主要表达燕尾槽的长度和主轴孔与锁紧孔相交的情况，图中椭圆形曲线就是主轴孔和锁紧孔的相贯线，Ⅰ、Ⅱ标记所指的两端小曲线是主视图中尺寸 *R*12 所指的圆柱面与主轴孔左端凸缘上两侧垂面相交后的截交线，图中虚线是主视图中尺寸 *R*12 所指的圆柱面的转向轮廓线；左视图主要表达主轴孔左端面凸缘的形状和螺纹孔 2×M4-6H 的分布情况；*D–D* 断面图主要表达主轴孔和锁紧孔的相交情况，锁紧孔的长度等。

从主、俯、左三视图可知，拖板有三个主要结构：燕尾槽、主轴孔和锁紧孔。燕尾槽在一块长方形板上，左侧有两个螺纹孔；主轴孔在一个圆柱内，左端有凸缘并和长方形板相连，在其下方有一个轴线与其垂直的锁紧孔，主轴孔和锁紧孔是连通的，这样才能起到锁紧作用。综上所述可以想象出图 13.44 所示的零件形状。

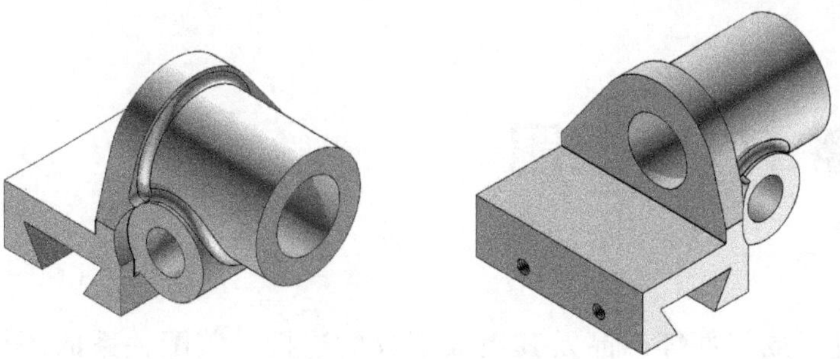

图 13.44 拖板立体图

3. 尺寸和技术要求分析

拖板主要靠燕尾槽沿导轨作往复运动，拖板的底面为尺寸的高度方向基准，标注出主轴孔轴线的高度为 33 ± 0.05，螺纹孔高度位置 5，主轴孔轴线为高度方向辅助基准，标注出锁紧孔轴线高度位置 13；左端面为长度方向基准，标注出燕尾槽的位置 12 和总长 73，右端面为长度方向的辅助基准，标注出主轴孔长度 44 和锁紧孔轴线位置 26；拖板的前端面为宽度方向基准，标注出主轴孔的前后位置 24，螺纹孔的位置 15；由于主轴孔和锁紧孔内均安装能活动的轴，因此均为配合尺寸 $\phi20^{+0.021}_{0}$ 和 $\phi20^{+0.018}_{0}$；拖板的总体尺寸：长为 73、宽为 57、高为 33 ± 0.05 和 $R20$ 之和。图中其他尺寸请读者自行分析。

由于拖板的底面、燕尾槽的两侧和主轴孔表面是拖板零件最重要的工作面，因此其表面结构要求最高为 $R_a1.6$，锁紧孔和燕尾槽的顶面相对次要一些为 $R_a3.2$，拖板的四周、主轴孔和锁紧孔的两端面为非配合面 $R_a6.3$，其余表面为保持毛坯的表面结构状态。

从图 13.43 中看出拖板的前端面与燕尾槽的侧面（基准 A）和拖板的底面（基准 B）的垂直度公差为 0.02；因为 D–D 断面图上的垂直度公差的箭头是和尺寸箭头对齐的，俯视图中的基准 C 和尺寸线也是对齐的，因此它们代表的含义是锁紧孔轴线相对于主轴孔的轴线的垂直度公差为 $\phi0.03$。

此外，在零件图中还有文字的技术要求，说明未注圆角为 $R2$ ~ 5，铸件不得有气孔和裂纹等缺陷，零件表面需清洗等。

4. 综合归纳

经过以上分析可以得出拖板零件是一个中等复杂的箱体类零件，加工要求比较高，它是由铸件毛坯经过镗、刨、钻、钳等多道工序加工而成。

第 14 章　装配图

表示机器或部件等产品及其组成部分的连接、装配关系的图样称为装配图。在设计过程中通常先按设计要求画出装配图以表达机器或部件的工作原理、传动路线和零件间的装配关系。并通过装配图表达各零件的作用、主要结构形状和它们之间的相对位置和连接方式，以便拆画出零件图。在装配过程中也要根据装配图把零件装配成部件或机器。此外在机器或部件的使用以及维修时也都需要使用装配图。因此装配图是生产中的重要技术文件之一。图 14.1 所示为一张装配图。

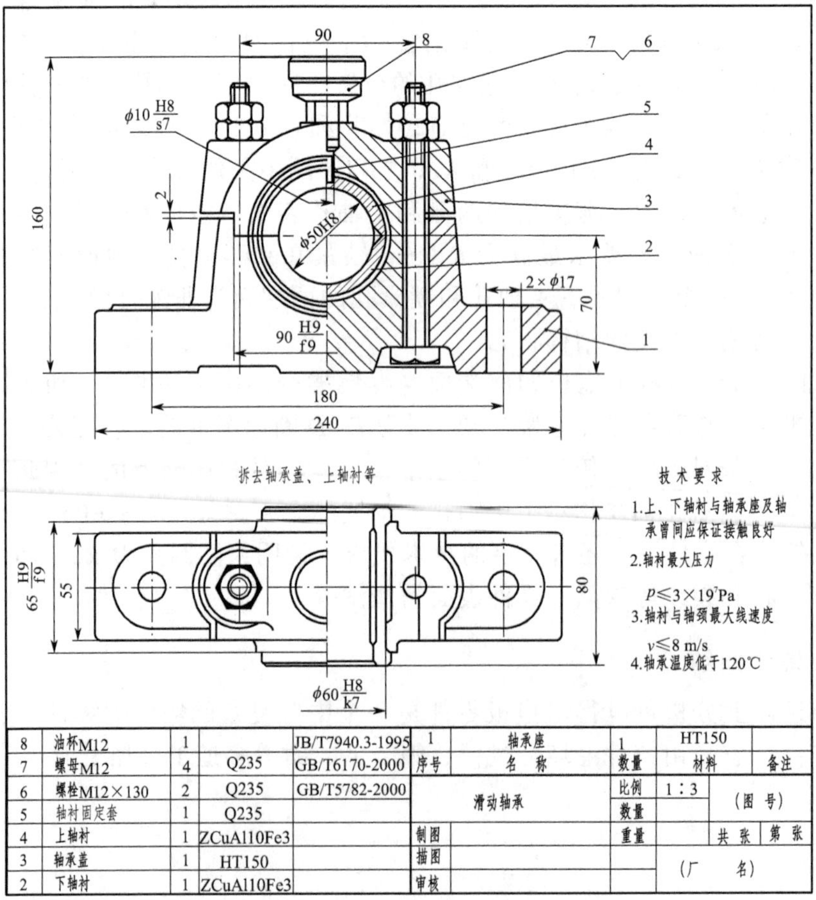

8	油杯M12	1		JB/T7940.3-1995	1	轴承座	1	HT150	
7	螺母M12	4	Q235	GB/T6170-2000	序号	名　称	数量	材料	备注
6	螺栓M12×130	2	Q235	GB/T5782-2000	滑动轴承		比例	1∶3	（图　号）
5	轴衬固定套	1	Q235				数量		
4	上轴衬	1	ZCuAl10Fe3		制图		重量	共　张	第　张
3	轴承盖	1	HT150		描图		（厂　　名）		
2	下轴衬	1	ZCuAl10Fe3		审核				

图 14.1　滑动轴承装配图

本章将讨论装配图的内容、机器或部件的表达方法、装配图的读图与画法和由装配图拆画零件图等内容。

14.1 装配图的作用、内容

产品或部件均由零件装配而成，也称装配体。其表达方式有示意图、轴测图和装配图。

14.1.1 装配图的作用

装配图是生产中重要的技术文件，它主要表达机器或部件的结构、形状、装配关系、工作原理和技术要求。同时，它还是安装、调试、操作、检修机器和部件的重要依据。

14.1.2 装配图的内容

一张完整的装配图，必须具有以下 4 个方面的内容。

（1）一组视图：用适当的表达方法，正确、完整、清晰和简便地表达机器（或部件）的工作原理、零件间的装配关系和零件的主要结构形状。

（2）必要的尺寸：根据装配、检验、安装、使用机器的需要，在装配图中必须标注反映机器（或部件）的性能、规格、安装要求及部件或零件之间的相对位置、配合要求等的尺寸。

（3）技术要求：用文字或符号写出机器（或部件）的质量、装配、检验、使用等方面的要求。

（4）零部件序号、明细栏和标题栏：为了便于进行生产准备工作，编制其他技术文件和管理图样，在装配图上必须按一定的格式对每一个零件标注序号及编制明细栏；明细栏说明每个零件的序号、名称、数量、材料及备注等；序号是将明细栏与图样联系起来，使读图时便于找到零件的位置。

14.2 装配图的规定画法和特殊表达方法

零件的各种表达方法，如视图、剖视图、断面图、局部放大图等，同样适用于装配图。但由于装配图和零件图的表达重点不同，因此装配图还有一些规定画法和特殊表达方法。

14.2.1　规定画法

（1）两相邻零件的接触面和配合面只画一条线，如图 14.2 中①处所示。相邻两零件不接触或不配合的表面，即使间隙很小，也必须画两条线，如图 14.2 中③处所示。

（2）相邻两零件的剖面线方向一般应相反，当三个零件相邻时，若有两个零件的剖面线方向一致，则间隔应不相等，剖面线尽量相互错开，如图 14.2 中所示局部放大图。装配图中同一零件在不同剖视图中的剖面线方向应一致、间隔相等。

（3）当剖切平面通过螺纹紧固件及实心轴、手柄、连杆、球、销、键等零件的轴线时，均按不剖绘制，如图 14.2 中④处所示。用局部剖视图表明这些零件上的局部构造，如凹槽、键槽、销孔等，如图 14.2 中②处所示。

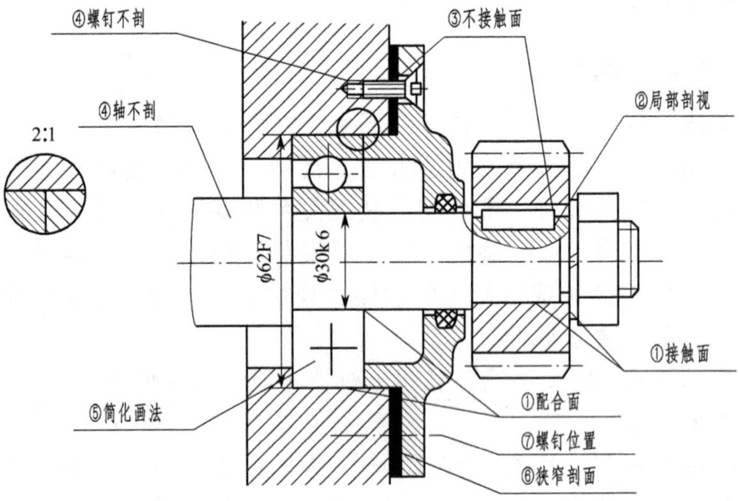

图 14.2　规定画法

14.2.2　特殊画法

除了前面所说的规定画法外，装配图还有一些特殊画法。

1. 沿结合面剖切或拆卸画法

在装配图中，当某些零件遮住了所需表达的部分时，可假想沿某些零件的结合面剖切或拆卸某些零件后绘制，并标注“拆去 ×× 零件”，如图 14.3 所示俯视图的右半部分沿轴承盖与轴承座的结合面剖开，并拆去上面部分以表示轴瓦和轴承座的装配情况。必须注意，横向剖切的实心零件，如轴、螺栓、销等，应画出剖面线，而结合处不画剖面线。

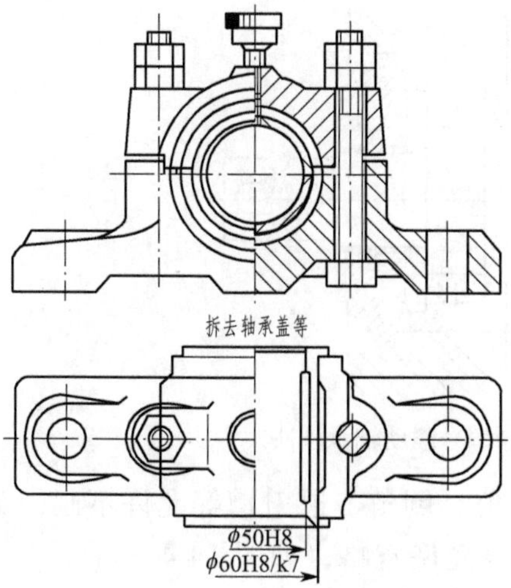

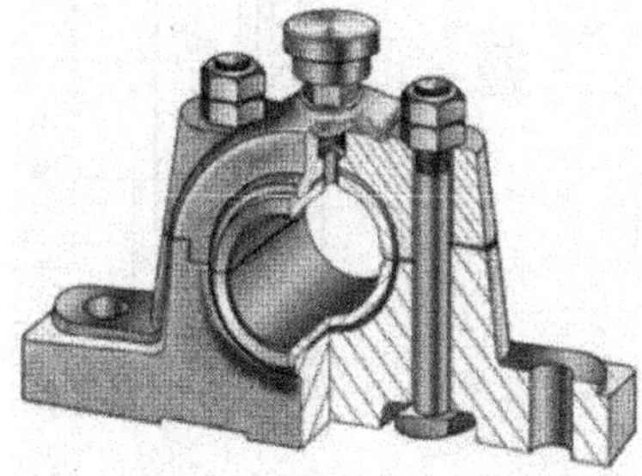

图 14.3 沿零件的结合面剖切及拆卸画法

2. 简化画法

（1）装配图中若干相同的零件组与螺栓连接等，可仅详细地画出一处，其余则以点画线表示中心位置即可，如图 14.4 所示。

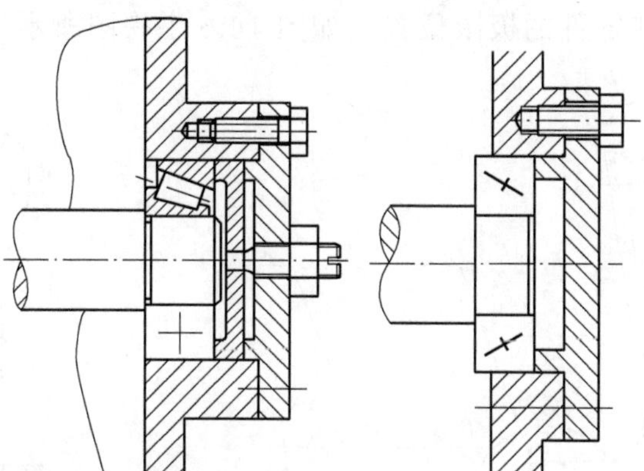

图 14.4 装配图中轴承画法

（2）装配图中的滚动轴承允许采用表 12.5 所示的规定画法和特征画法。在同一轴上相同型号的轴承，在不致引起误解时可只完整地画出一个，如图 14.5 所示。

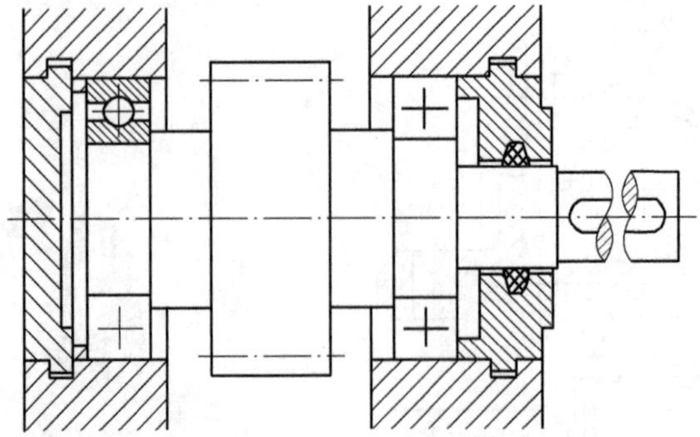

图 14.5 同一轴上相同型号滚动轴承画法

（3）装配图中零件的工艺结构如圆角、倒角、退刀槽等允许不画。如螺栓头部、螺母的倒角及因倒角产生的曲线允许省略，如图 14.4 所示。

（4）装配图中，当剖切平面通过的某些组合件为标准产品（如油杯、油标、管接头等）或该组合件已有其他图形表示清楚时，则可以只画出其外形，如图 14.1 中的油杯所示。

3. 假想画法

（1）在装配图中，当需要表示某些零件的运动范围和极限位置时，可用双点画线画出这些零件的极限位置。如图 14.6 主视图所示。

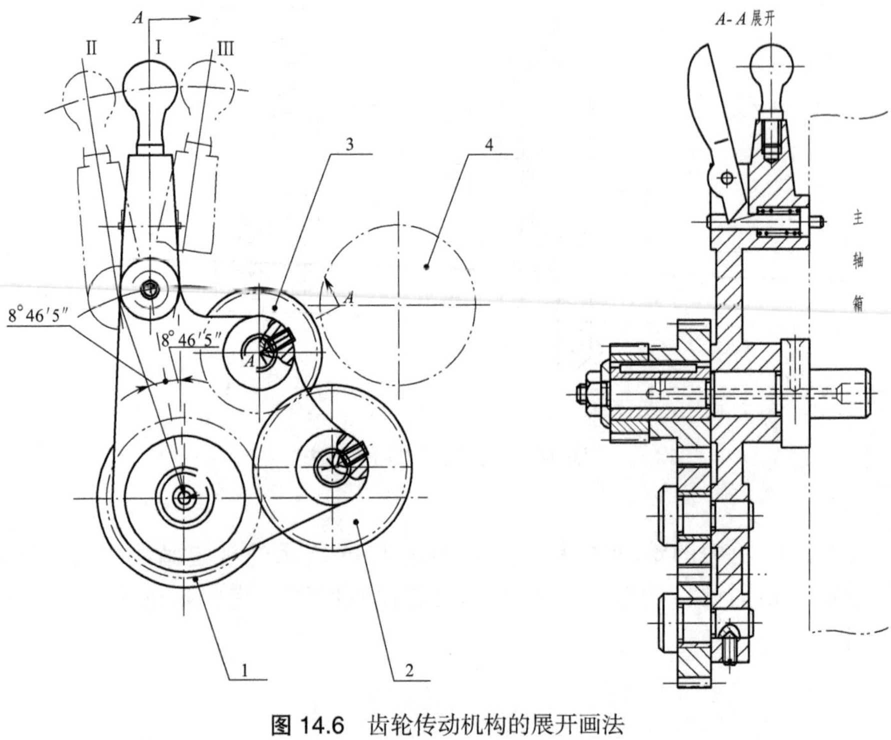

图 14.6 齿轮传动机构的展开画法

（2）在装配图中，当需要表达本部件与相邻零部件的装配关系时，可用双点画线画出相邻部分的轮廓线，如图 14.6 中主轴箱的画法。

4. 夸大画法

在装配图中，如绘制直径或厚度很小的孔或薄片、小间隙以及较小的斜度和锥度，允许该部分不按比例而夸大画出，如图 14.2 中垫片的画法。

5. 单独表示某个零件

在装配图中可以单独画出某零件的视图，但必须在所画视图的上方注出该零件的视图名称，在相应视图的附近用箭头指明投射方向，并注上同样的字母。

6. 展开画法

为了表示传动机构的传动路线和零件间的装配关系，可假想按传动顺序沿轴线剖切，然后依次展开，使剖切面摊平并与选定的投影面平行再画出它的剖视图，这种画法称展开画法，如图 14.6 所示。

14.3 装配图的视图选择

14.3.1 装配图的视图选择要求

按照装配图的作用，其视图选择应满足下列要求：

（1）表达装配体的工作原理，如传动顺序、油路等，一般应表示其工作位置，即装配体在实际使用时或工作时的位置。

（2）反映各零件间的装配关系和连接关系，如配合性质、连接方式和安装方式等。

（3）反映装配体的特征和概貌及各主要零件的基本结构形状。装配图视图表达的重点是清晰地反映机器或部件的工作原理、装配关系及各零件的主要结构形状，而不侧重表达每个零件的全部结构形状。因此，画装配图选择表达方案时，应在满足上述表达式重点的前提下，力求使绘图简便，作图方便。

14.3.2 装配图视图选择的步骤和原则

1. 分析表达对象，明确表达内容

一般从实物和有关资料了解机器或部件的功用、性能和工作原理入手，仔细分析各零件的结构特点以及装配关系，从而明确所要表达的具体内容。

2. 主视图的选择

1）投射方向

通常选择最能反映机器或部件的工作原理、传动系统、零件间主要的装配关系和主要结构特征的方向作为主视图的投射方向。但由于机器或部件的种类、结构特点不同，并不是都用主视图来表达上述要求。

通常沿主要装配干线或主要传动路线的轴线剖切，以剖视图来反映工作原理和装配线关系，并兼顾考虑是否适宜采用特殊画法或简化画法。

2）安放位置

画主视图，应将机器或部件按其工作位置（或安装位置）放置，即应符合“工作位置原则”。

3. 其他视图的选择

主视图确定后，还要选择适当的其他视图来补充表达机器或部件的工作原理、装配关系和零件的主要结构形状。为此，应考虑以下要求：

（1）视图数量要依机器或部件的复杂程度而定，在满足表达重点的前提下，力求视图数量少些，以使表达简练。还要适当考虑有利于合理布置图形和充分利用幅面。

（2）应优先选用基本视图，并取适当剖视补充表达有关内容。

（3）要充分利用机器或剖件的各种表达方法每个视图都要有明确目的和表达重点，避免对同一内容的重复表达。

14.4　装配图中的尺寸标注及技术要求

14.4.1　尺寸标注

装配图和零件图的作用不同，装配图上不需要注出零件的全部尺寸，仅需标注进一步说明机器的性能、工作原理、装配关系、外形大小和安装要求的尺寸。包括以下五种尺寸：

1. 性能尺寸（规格尺寸）

反映该部件或机器的规格和工作性能的尺寸。这种尺寸在设计时要首先确定，它是设计机器、了解和选用机器的依据。

2. 装配尺寸

表示零件间装配关系和工作精度的尺寸，一般有下列几种：

（1）配合尺寸。表示零件间有配合要求的一些重要尺寸。

（2）相对位置尺寸。表示装配时需要保证的零件间较重要的距离、间隙等相对位置尺寸。

3. 安装尺寸

将部件安装在机器上，或机器安装在基础上，需要确定的尺寸。

4. 外形尺寸

表示机器或部件总长、总宽、总高的尺寸。它是包装、运输、安装和厂房设计时所需的尺寸。

5. 其他重要尺寸

设计或装配时需要经过计算或根据需要而确定的重要尺寸。

必须指出，上述五种尺寸，并不是每张装配图上都全部具备，有时，同一个尺寸兼有几种意义。因此，应根据具体情况来考虑装配图上的尺寸标注。

14.4.2 技术要求

在装配图中，有些信息是无法用图形表达清楚的，需要用文字在技术要求中说明。如：

（1）装配体的功能、性能、安装、使用及维护的要求；比如“装配后须转动灵活，各密封处不得有漏油现象”等。

（2）装配体的制造、检验和使用的方法及要求。

（3）装配体对润滑和密封等的特殊要求。

装配图上的技术要求一般用文字注写在图纸下方空白处。

14.4.3 装配图的零件编号和明细栏、标题栏

为了便于图样管理、看图及组织生产，装配图上必须对每种零件或部件编写序号，并填写明细栏，用以说明各零件或部件的名称、数量、材料等有关内容。

1. 零部件序号及编排方法（GB/T4458.2—2003）

序号是装配图中对各零件或部件按一定顺序的编号。常用的编写序号的方法有两种：

（1）将所有标准件的数量、标记按规定标注在图上，标准件不占编号，而将非标准件按顺序编号。

（2）将装配图上所有零件包括标准件在内，按顺序编号，如图 14.1 所示。目前大多数采用这种编号方法。

装配图上编写序号时应遵守以下规定：

（1）装配图中所有的零、部件都须编写序号，并且每一种相同的零、部件只编一个序号。

（2）在图形轮廓的外面编写序号，并填写在指引线的横线上或小圆中，横线或小圆用细实线画出。指引线从所指零件的可见轮廓线内引出，并在末端画一小圆点。序号的字号要比尺寸数字大一号或两号，也可不画水平线或圆，在指引线另一端附近注写序号，序号比尺寸数字大两号，如图 14.7（a）所示。

若所指部分（很薄的零件或涂黑的剖面）内不便画圆点时，可在指引线起始端画出箭头，并指向该部分的轮廓，如图 14.7（b）所示。

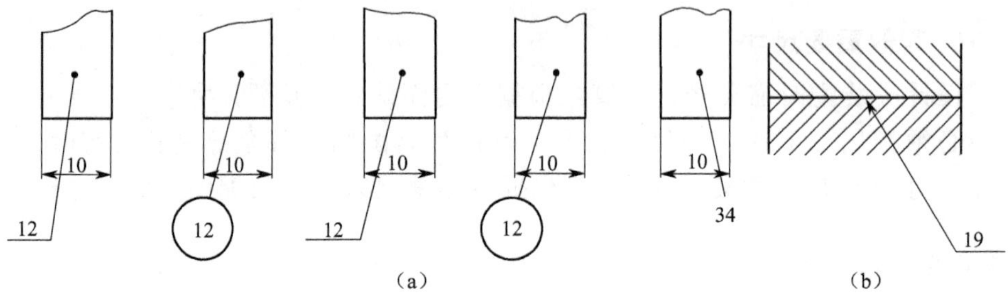

图 14.7 标注序号的方法

（3）指引线互相不能相交，当它通过有剖面线的区域时，不应与剖面线平行，必要时可将指引线弯折一次，如图 14.8 所示。

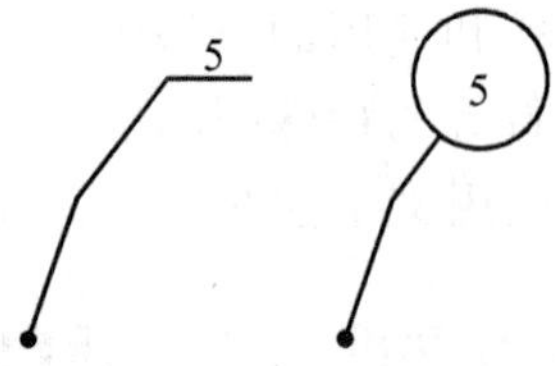

图 14.8 指引线可曲折一次

（4）一组紧固件及装配关系清楚的零件组，可以采用公共指引线，如图 14.9 所示。

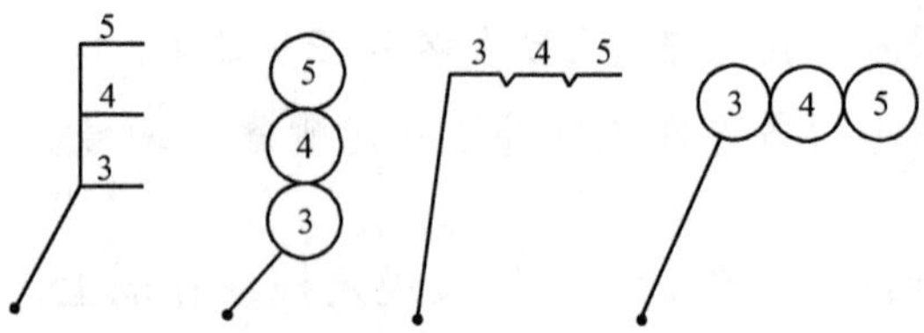

图 14.9 公共指引线

（5）零、部件序号应沿水平或垂直方向按顺时针（或逆时针）方向顺序排列整齐。

（6）标准件（如电动机、滚动轴承、油杯等）在装配图上只编写一个序号。

零、部件序号示例如图 14.10 所示。

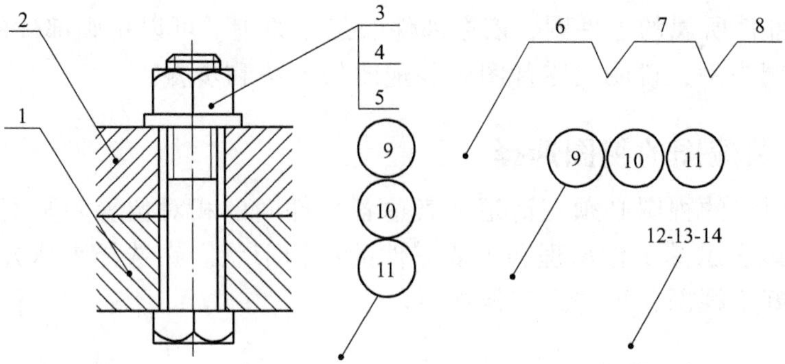

图 14.10 零、部件序号示例

2. 明细栏

明细栏是机器或部件中全部零件、部件的详细目录。其内容一般有序号、代号、名称、数量、材料以及备注项目。应注意明细栏中序号必须与图中所注序号一致。明细栏一般配置在装配图中紧接在标题栏上方，空间限制时可紧靠在标题栏左方接着画明细栏。零件序号按自下而上填写。对于标准件，应将其规定标记填写在备注栏内，也可将标准件的数量和规定标记直接用指引线标明在视图的适当位置上，明细栏的外框为粗实线，内格为细实线。

在实际生产中，明细栏也可以不画在装配图内，按 A4 幅面作为装配图的续页单独绘出，编写顺序是从上到下，并可以连续加页，但在明细栏下方应配置与装配图完全一致的标题栏。

学习时推荐使用的简化标题栏及明细栏格式如图 14.11，本书中装配图例采用的就是简化的标题栏和明细栏格式。

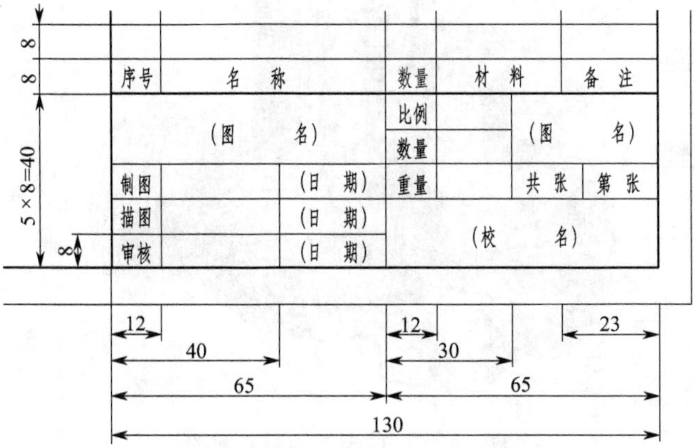

图 14.11 装配图上标题栏及明细栏

14.5　画装配图的方法和步骤

根据部件所属的零件图，依据部件的工作原理，可以拼画部件的装配图。下面以球阀为例，说明由零件图画装配图的方法和步骤。

14.5.1　装配图的视图选择

装配图中的视图必须在清楚地表达各零件间的相对位置和装配关系的基础上清楚地表示其工作原理和主要零件的结构形状。在选择表达方案时，首先要选择好主视图，再选择其他视图。

14.5.2　选择主视图

（1）将能够充分表达机器形状特征的方向作为主视图的投射方向，并作适当的剖切或拆卸，将其内部零件间的关系全部表达出来，以便清楚地表达机器主要零件的相对位置、装配关系和工作原理。

（2）按机器的工作位置放置，并使主要装配零件、主要安装面处于水平或铅垂位置。

14.5.3　画球阀装配图

球阀是安装在管路中，用于启闭和调节流体流量的部件。阀的形式很多，球阀是阀的一种，它的阀芯是球形的，球阀的轴测装配图如图 14.12 所示。

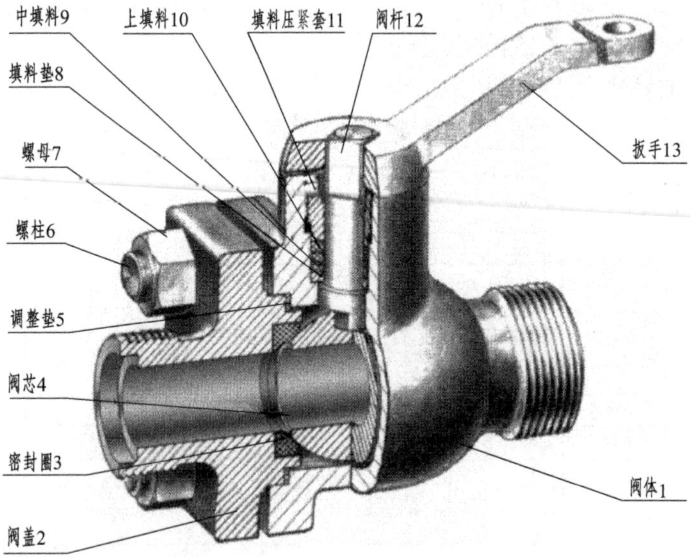

图 14.12　球阀的轴测装配图

1. 分析

(1)结构分析。阀体 1 和阀盖 2 均带有方形的凸缘，它们用四个双头螺柱 6 和螺母 7 连接，用调整垫片 5 调节阀芯 4 与密封圈 3 之间的松紧程度。在阀体上有阀杆 12，阀杆下部有凸块榫接在阀芯 4 上的凹槽中。为了密封，在阀体与阀杆之间加进填料垫 8、填料 9 和 10，旋入填料压紧套 11 压紧。

(2)球阀的工作原理。扳手 13 的方孔套进阀杆 12 上部的四棱柱。当扳手处于图 14.12 所示的位置时，阀门全部开启，管道畅通；当扳手按顺时针方向旋转 90° 时，阀门全部关闭，管道断流。图 14.13 ~ 图 14.15 是球阀的几个零件图，图 14.16 是阀盖零件图，图 14.17 是阀杆零件图，图 14.18 是阀体零件图。

(3)球阀的视图选择。作为球阀，一般将其通径 $\phi 20$ 的轴线水平放置，主视图投射方向选择垂直于阀体两孔轴线所在平面的方向，采用全剖视图来表达球阀阀体内两条主要装配干线，各个主要零件及其相互关系为：水平方向装配的是阀芯 4、阀盖 2 等零件；垂直方向是阀杆 12、填料压紧套 11、扳手 13 等零件。左视图采用半剖视图，是为了进一步将阀杆 12 与阀芯 4 的关系表达清楚，同时又把阀体 1 的螺纹连接件的数量及分布位置表达出来。球阀的俯视图以反映外形为主，同时采取了 *B-B* 局部剖视图，反映扳手 13 与阀体 1 限定位凸块的关系，该凸块用以限制扳手 13 的旋转位置，如图 14.12 所示。

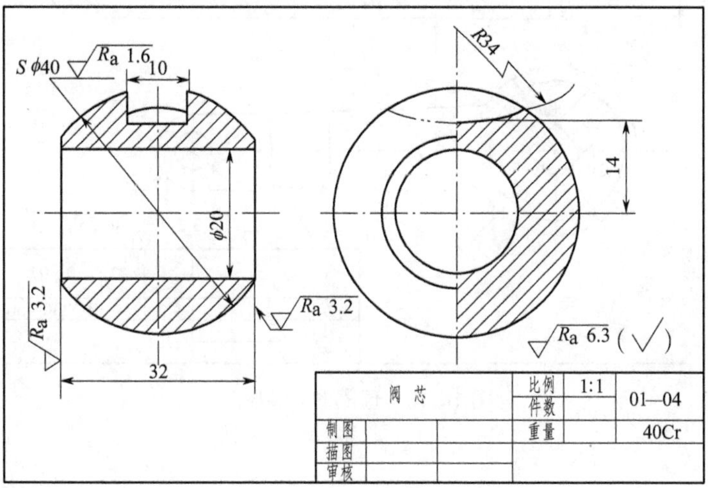

图 14.13 球阀的零件图一

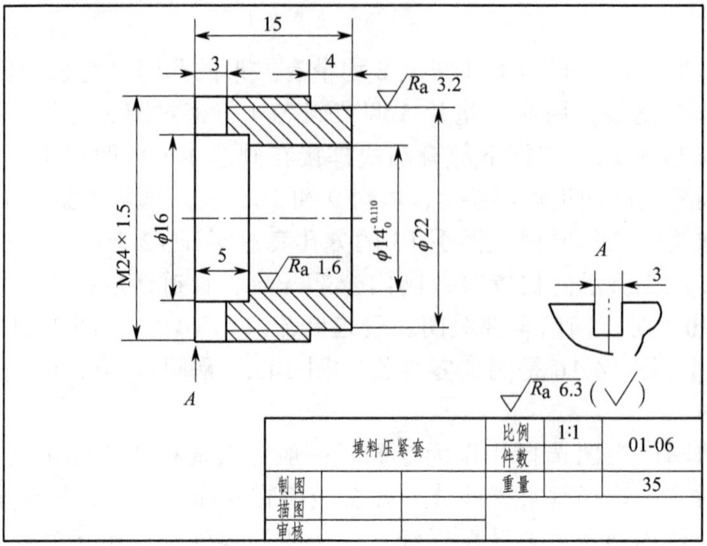

图 14.14 球阀的零件图二

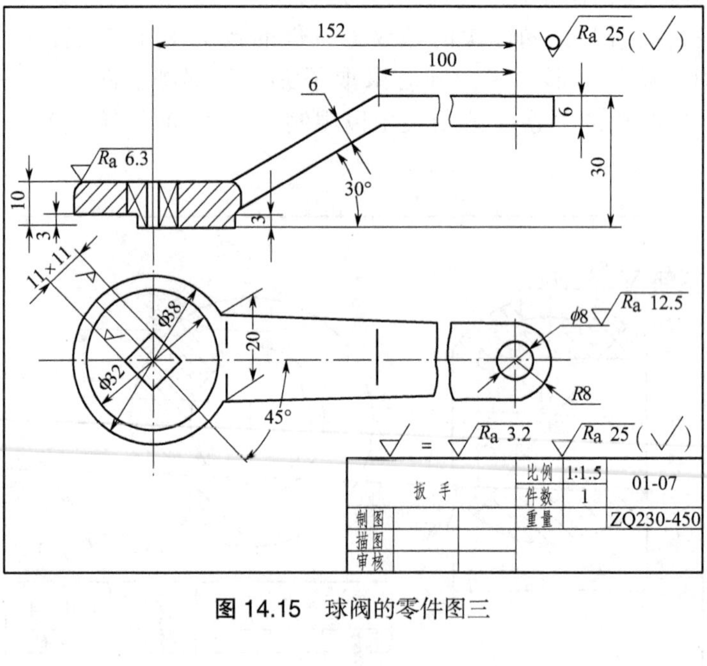

图 14.15 球阀的零件图三

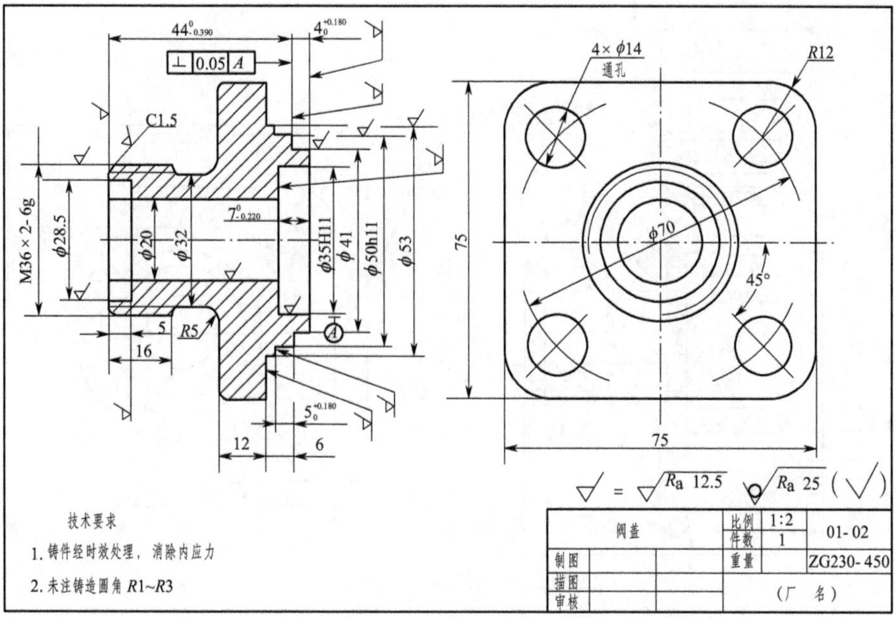

图 14.16 阀盖零件图

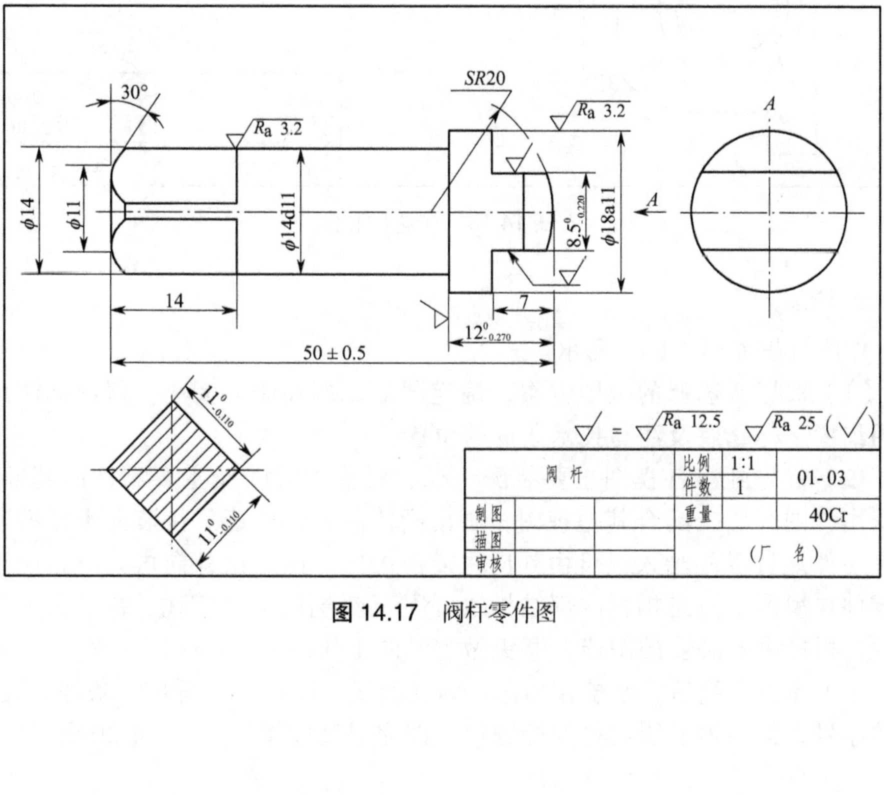

图 14.17 阀杆零件图

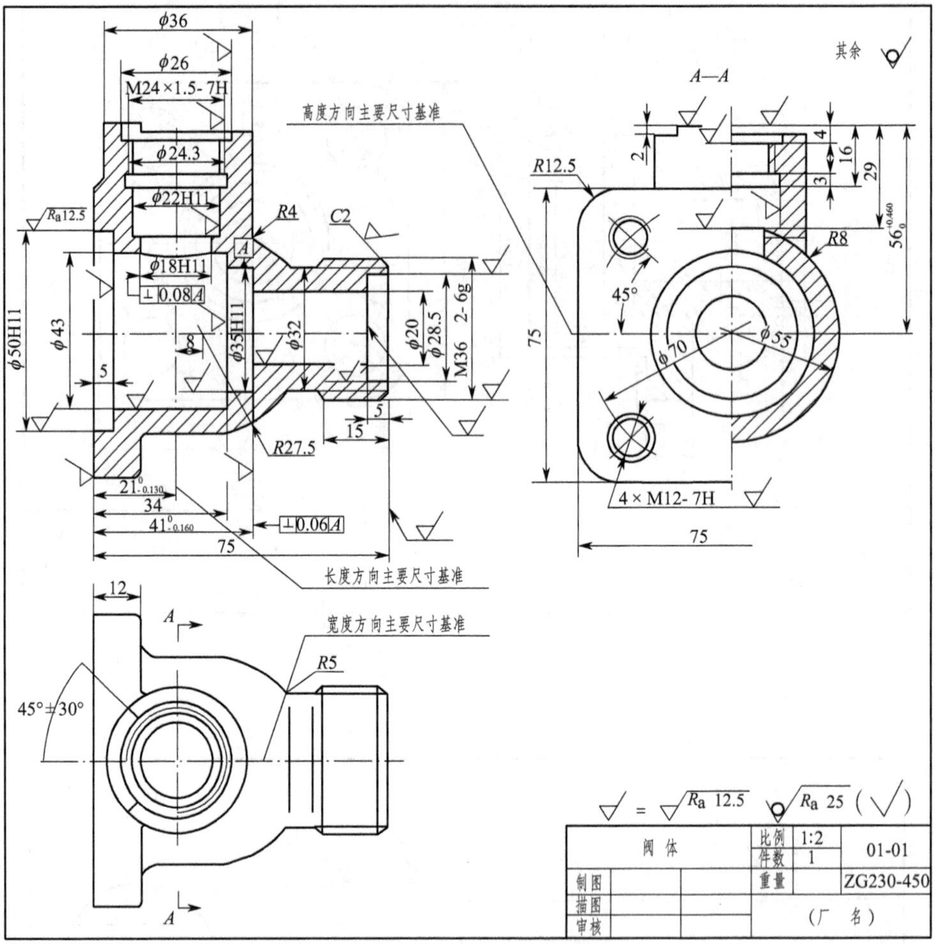

图 14.18 阀体零件图

2. 作图

作图过程如图 14.19 所示。

（1）根据所选择的视图方案，确定图形比例和图幅大小。留出标注尺寸及明细栏、标题栏及注写技术条件的位置。

（2）首先画出各视图主要装配干线、对称中心线及主要零件的基准线。先从主视图开始，配合其他视图，画出阀体的外部轮廓。按装配干线的顺序一件一件地将零件画入，可由外向内或由内向外画。由外向内画时，由于内部零件在视图中被遮挡，内部结构线可用 H 铅笔画成底稿线，待装入内部零件后，再擦去不必要的图线，避免做重复的工作。

（3）完成底稿后，经校核加深，画剖面线，注尺寸，写技术条件，编零、部件序号，最后填写明细栏及标题栏，即完成装配图，如图 14.20 所示。

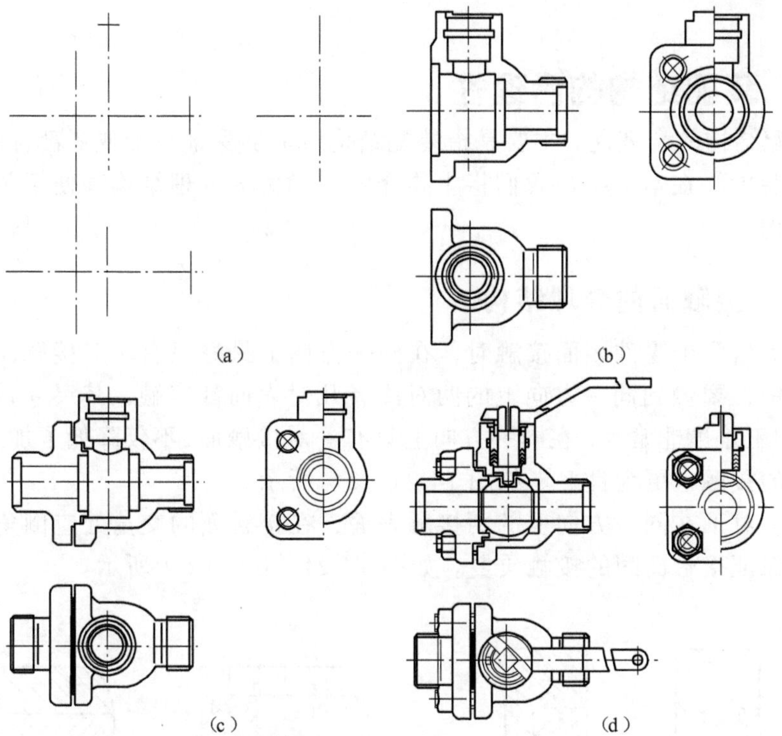

图 14.19 画装配图的步骤

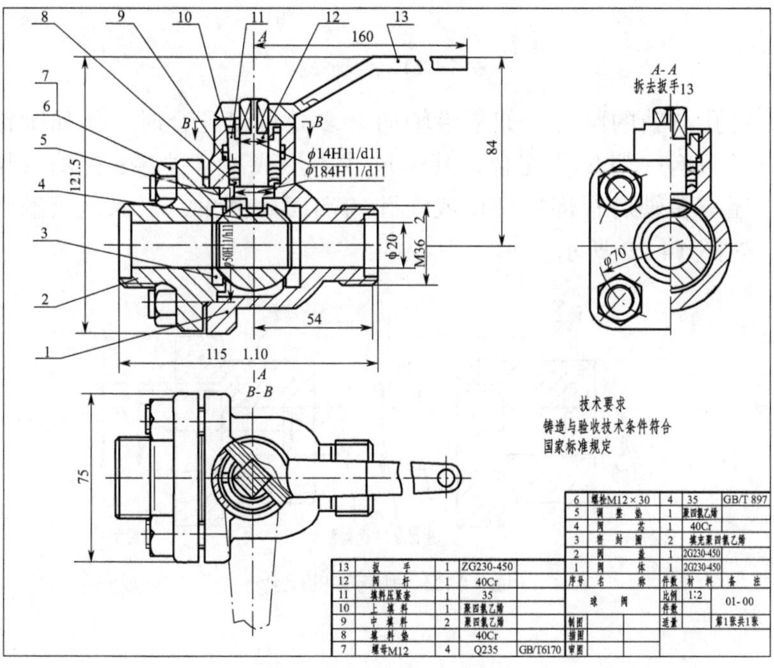

图 14.20 球阀装配图

14.6 装配结构的合理性

装配结构的合理性，主要是指装配结构应能够保证机器或者部件的性能，并便于装拆。在本节中，我们将主要介绍接触面的合理结构和便于装拆的合理性结构。

14.6.1 接触面的合理结构

（1）当两个零件表面接触时，在同一方向上最好只有一对接触面。在实际生产中，要做到同一方向上的两对或者几对表面都接触，其尺寸精度要求很高，加工难度非常大。在同一方向上只有一对接触面，不仅降低了加工要求，配合面的接触也更为良好。如图 14.21（a）所示。

（2）对不在同一方向上的两接触表面，在接触面的交角处应倒角或者切槽，以保证接触面间的接触质量。如图 14.21（b），（c）所示。

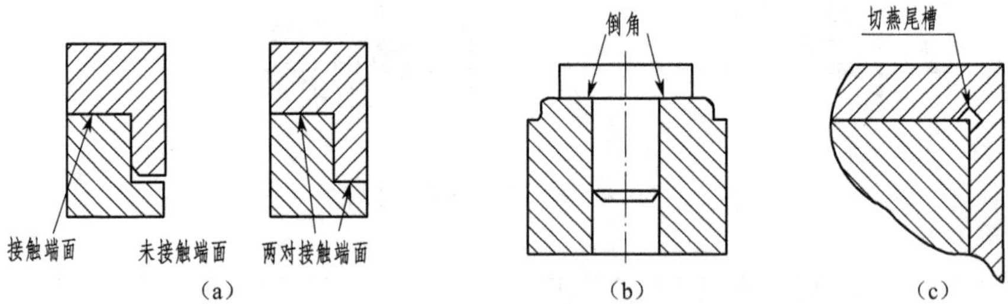

图 14.21 合理结构

（3）对孔与轴的配合，如果沿轴向有多处可以配合时，例如阶梯孔与阶梯轴，最好只有一对尺寸配合，其他尺寸不形成配合关系；在轴肩与孔端面配合处，还应在轴肩根部处切槽或在孔的端面处倒角，以保证接触面间的配合良好。如图 14.22 所示。

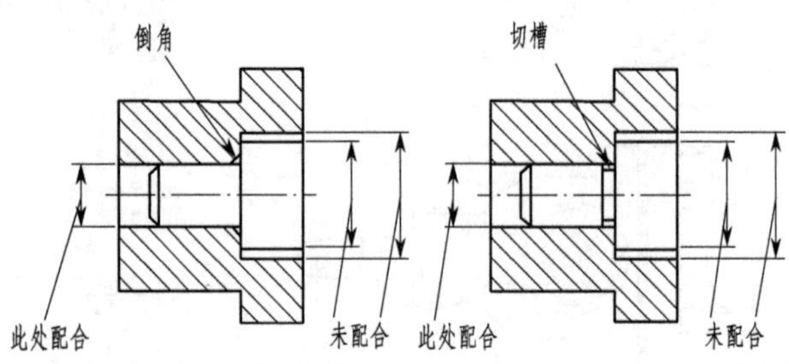

图 14.22 孔与轴的配合

14.6.2 装拆方便的合理结构

（1）足够的装拆空间。在装配图中，应当留出装拆时所需的空间，以便于装拆的顺利进行。图 14.23 所示的螺纹连接结构就需留出扳手和螺栓装拆时所需空间。

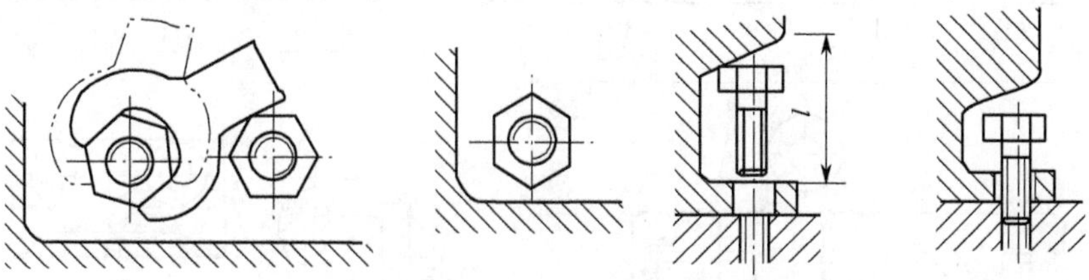

（a）留出扳手空间　　（b）留出螺钉、螺栓装拆空间

图 14.23 留出装拆空间

（2）对于用销等连接的零件，在保证设计要求的前提下，应考虑装拆的方便，如图 12.24 所示。

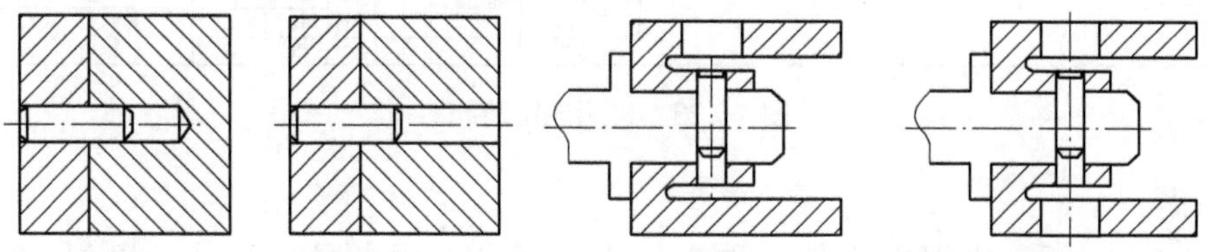

不合理　合理　不合理　合理

（a）销孔做成通孔　　（b）留出拆卸时的位置

图 14.24 便于销装拆的结构

14.7 由装配图拆画零件图

拆画零件图的过程中，要注意以下几个问题。

（1）在装配图中没有表达清楚的结构，要根据零件功用、零件结构和装配结构，加以补充完善。

（2）装配图上省略的细小结构、圆角、倒角、退刀槽等，在拆画零件图时均应补上。

（3）装配图主要是表达装配关系。因此考虑零件视图方案时，不应该简单照抄，要根据零件的结构形状重新选择适当的表达方案。

（4）零件图的各部分尺寸大小可以在装配图上按比例直接量取，并补全装配图上没有的尺寸、表面结构、极限配合、技术要求等。

【例 14.1】如图 14.25 所示，从机用虎钳装配图中拆画出固定钳座的零件图。

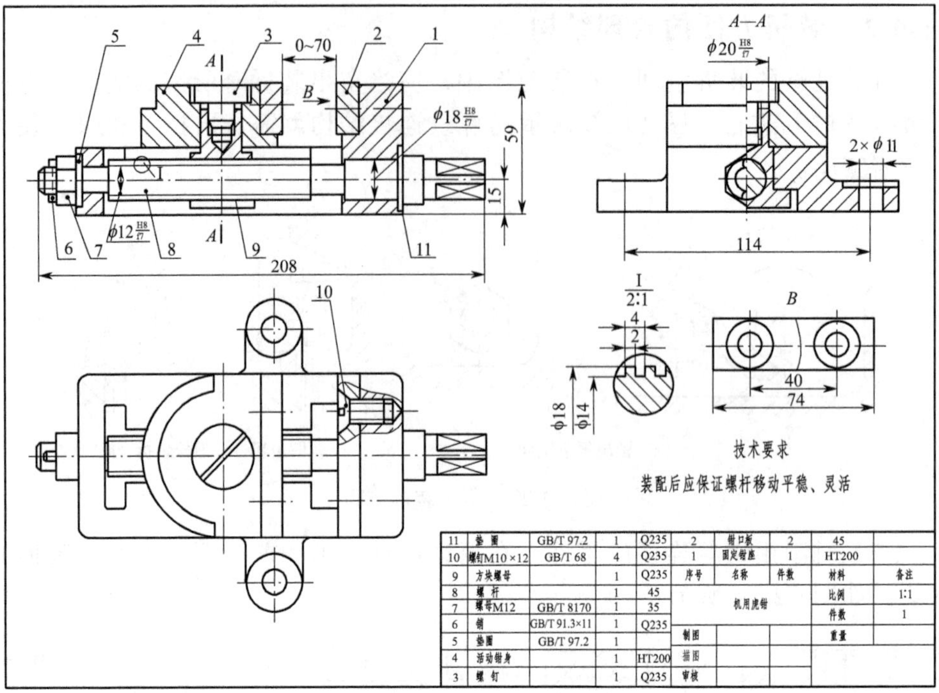

图 14.25 机用虎钳装配图

解：

（1）分析：机用虎钳是一种在机床工作台上用来夹持工件，以便于对工件进行加工的夹具。从机用虎钳装配图中可知：主视图沿前、后对称中心面剖开，采用全剖视图，表达机用虎钳的工作原理；左视图为 *A-A* 半剖视图，表达主要零件的装配关系；俯剖视为局部剖图，表达机用虎钳的外形及钳口板 2 与固定钳座的装配关系。

由图中分析可以得到：机用虎钳由固定钳座 1、钳口板 2、活动钳身 4、螺杆 8 和方块螺母 9 等零件组成。当用扳手转动螺杆 8 时，由于螺杆 8 的左边用开口销卡住，使它只能在固定钳座 1 的两圆柱孔中转动，而不能沿轴向移动，这时螺杆 8 就带动方块螺母 9，使活动钳身 4 沿固定钳座 1 的内腔做直线运动。方块螺母 9 与活动钳身 4 用螺钉 3 连成整体，这样使钳口闭合或开放，便于夹紧和卸下零件。从主视图可以看到机用虎钳的活动范围为 0 ~ 70mm。两块钳口板 2 分别用沉头螺钉 10 紧固在固定钳座 1 和活动钳身 4 上，以便磨损后更换，如俯视图所示。

固定钳座 1 在装配件中起支承钳口板 2、活动钳身 4、螺杆 8 和方块螺母 9 等零件的作用，螺杆 8 与固定钳座 1 的左、右端分别以 ϕ12H8/f7 和 ϕ18H8/f7 间隙配合。活动钳身 4 与方块螺母 9 以 ϕ20H8/f7 间隙配合。

固定钳座 1 的左、右两端是由 ϕ12H8 和 ϕ18H8 水平的两圆柱孔组成，它支承螺杆 8 在两圆柱孔中转动，其中间是空腔，使方块螺母 9 带动活动钳身 4 沿固定钳座 1 做直线运动。为了使机用虎钳固定在机床工作台上来夹持工件，固定钳座 1 的前、后有两个凸台。凸台中的两圆孔 $2\times\phi 11$ 的中心距为 114。由 B 向视图表达了钳口板 2 的结构形状，钳口板 2 宽为 74，两孔中心距为 40。为了便于拆画螺杆零件图，在装配图中用局部放大图表达了螺杆 8 的螺纹尺寸。

分析图 12.24 所示的装配图，可以得到机用虎钳的立体图，如图 14.26 所示。

图 14.26 机用虎钳立体图

（2）作图：从装配图中分离出固定钳座 1 的轮廓，如图 14.27 所示。根据零件图的视图表达方案，主视图按装配图中主视图的投射方向沿前、后对称中心线全剖视画出；左视图采用 C–C 半剖视图。俯视图主要表达固定钳座 1 的外形，并采用局部剖视图表达螺孔的结构。其立体图如图 14.28 所示。

补全视图中的漏线，最后画出固定钳座零件图，如图 14.29 所示。

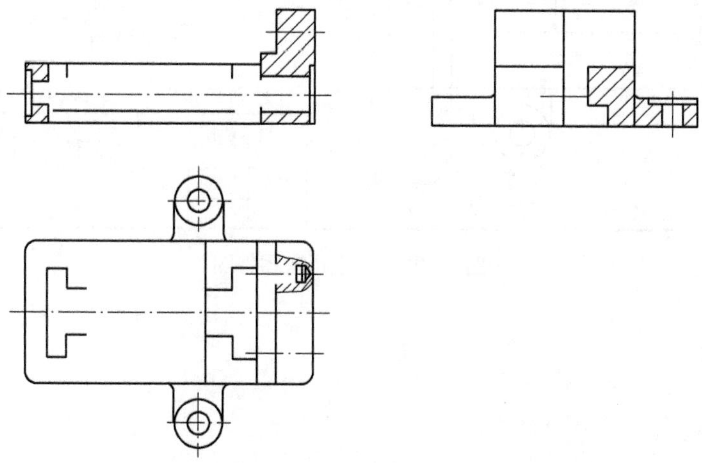

图 14.27 从装配图中分离出固定钳座的投影

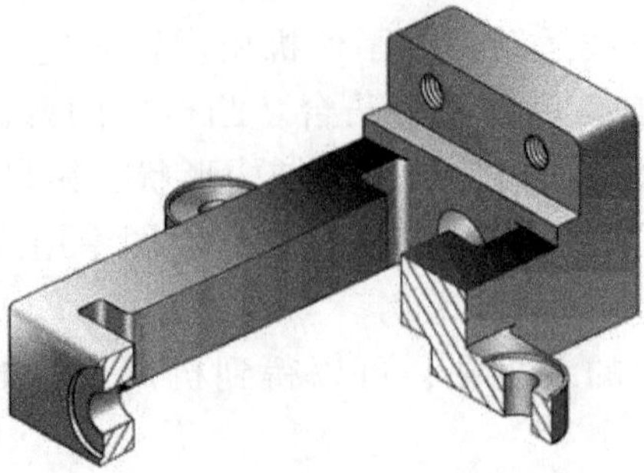

图 14.28 机用虎钳底座剖视图

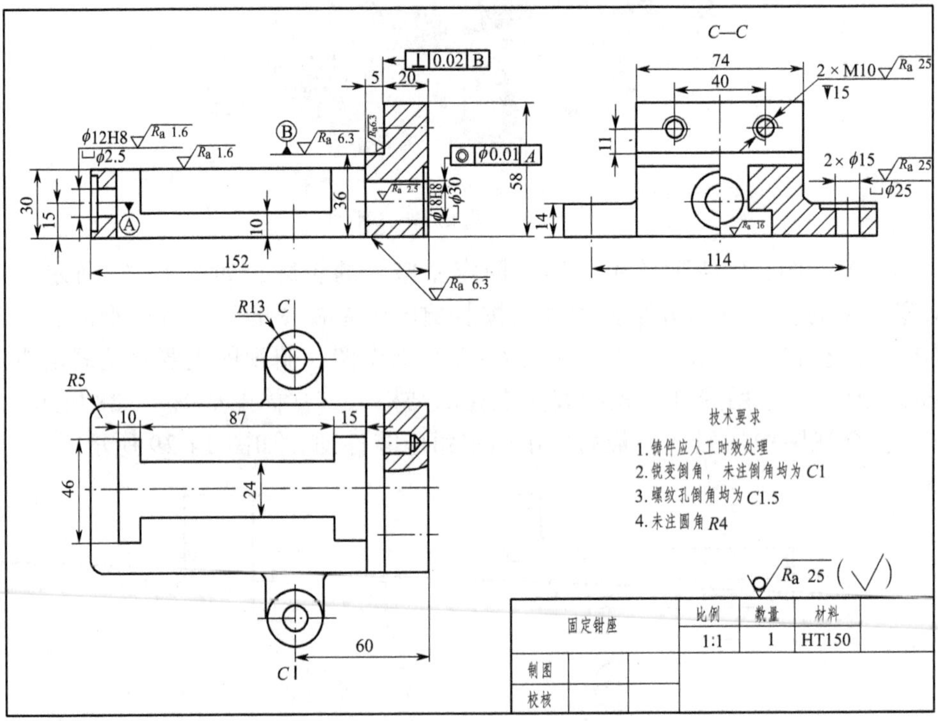

图 14.29 固定钳座零件图

第四篇　其他篇

第15章 AutoCAD 简介

目前计算机绘图广泛应用于各个领域，并在设计单位、工厂等代替手工绘图成为主要的绘图手段。本章以 AutoCAD2008 为基础，重点介绍 AutoCAD 的基本功能及用法、样板图的制作等内容。

15.1 AutoCAD 软件基础

15.1.1 AutoCAD 主要功能

AutoCAD 具有图形绘制、图形编辑与修改、图形标注、图形显示、图形输出与打印、数据交换和二次开发等功能。

图形绘制是 AutoCAD 的核心，其二维绘图功能尤其强大，提供了一系列的二维图形绘制命令，可以绘制直线、多段线、样条曲线、圆和圆弧等。

图形编辑与修改是对图形进行删除、移动、复制、镜像、旋转、修剪和阵列等。

图形标注包括文字标注、尺寸标注、表格标注等内容。

图形显示包括画面缩放、画面平移、三维视图控制和多维视图控制等。

图形输出与打印是指不仅可以将所绘图形的部分或全部以任意比例或不同样式通过绘图仪或打印机输出，还可以将不同类型的文件导入，将图形中的信息转化为 AutoCAD 图形对象，或者转化为一个块对象。

数据交换是指通过 DXF 或 IGES 规范的图形数据转换接口与其他应用软件进行数据交换。

二次开发是指能够根据客户的特殊用途进行软件的客户化定制，大大提高企业的生产效率和技术水平。

15.1.2 AutoCAD2008 的启动与退出

当用户的电脑上成功安装 AutoCAD2008 软件后，即可开始启动并运行该软件。启动方法主要有：

（1）双击桌面上的快捷图标。

（2）执行“开始→程序→ Autodesk AutoCAD2008.SimplifieDChinese”

命令。

（3）右击桌面上的快捷图标，从弹出的快捷菜单中选择“打开”命令。

退出的方法主要有：

（1）在菜单栏中执行“文件→关闭”命令。

（2）在命令行中输入“QUIT（或 EXIT）”。

（3）双击标题栏上的控制图标按钮。

（4）单击工作界面右上角的关闭按钮。

15.1.3　AutoCAD2008 的操作界面

AutoCAD2008 的操作界面如图 15.1 所示，其上主要有：标题、绘图区、命令行、坐标显示区、辅助工具区、标准工具栏、绘图工具栏和修改工具栏等。在该操作界面上可以方便地使用绘图、修改、标注和图层等工具栏进行二维图形的绘制、编辑和修改。

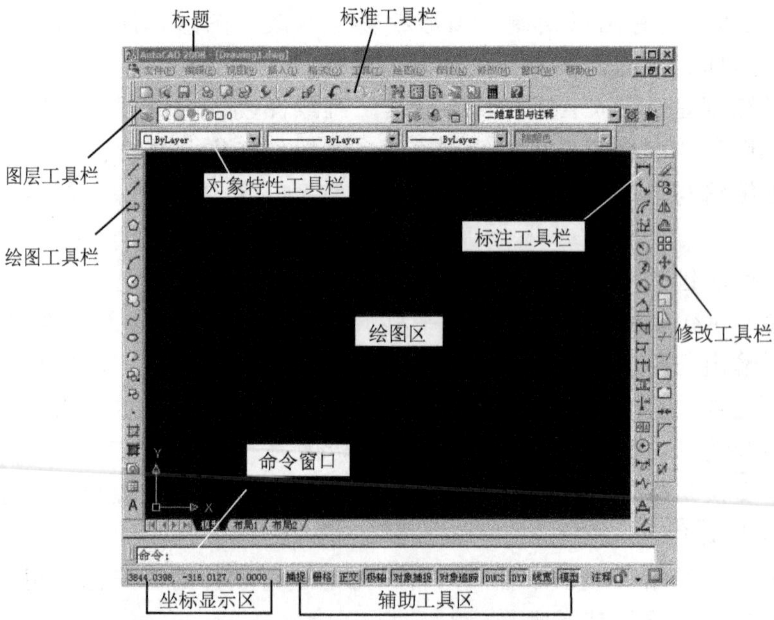

图 15.1　AutoCAD2008 操作界面

15.2　常用的基本绘图命令

绘图命令是用于生成图形元素的命令，常用的绘图命令放在图 15.2 所示的“绘图”工具栏中，工具栏的图标形象地显示了该命令的功能。在这里仅介绍几个最常用的命令：直线、圆、图案填充和多行文字，如表 15.1 所示。

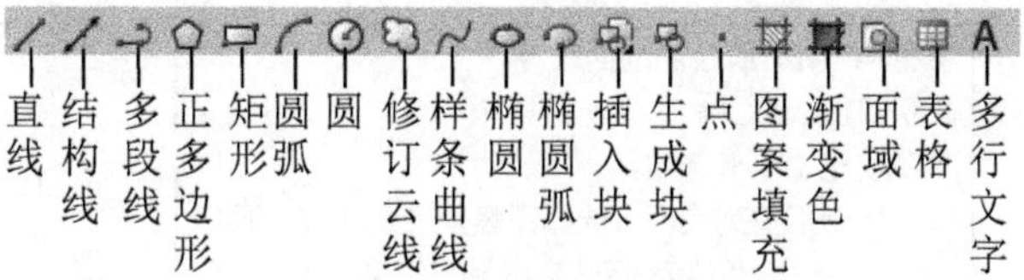

图 15.2 “绘图”工具栏

表 15.1 几个最常用的绘图命令的功能及用法

命令选择方式	说明	示例
直线命令 工具栏：绘图→ 下拉菜单：绘图→直线 命令行：Line 或 L	功能：画直线 命令：L ↵ 指定第一点：指定点（1）或按 Enter 键从上一条线或圆弧继续绘制 指定下一点或［放弃（U）］：指定点（2） 指定下一点或［闭合（C）/ 放弃（U）］：指定点（3） 指定下一点或［闭合（C）/ 放弃（U）］：C ↵ 选项： 闭合：以第一条线段的起始点作为最后一条线段的端点，形成一个闭合的线段环。只有在绘制了两条以上线段之后，才能使用“闭合”选项 放弃：删除直线序列中最后绘制的线段	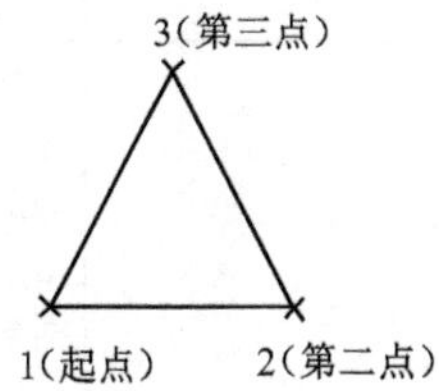
圆命令 工具栏：绘图→ 下拉菜单：绘图→圆 命令行：Circle 或 C	功能：画圆 命令：C ↵ 指定圆的圆心或［三点（3P）/ 两点（2P）/ 相切、相切、半径（T）］：指定圆心 选项： 缺省项是指定圆心位置 三点：基于圆周上的三点画圆 两点：基于圆直径上的两个端点画圆 相切、相切、半径：基于指定半径和两个相切对象画圆 注：通过下拉菜单用相切、相切、相切（Tan，Tan，Tan）方式可以画出与指定三实体（直线、圆或者圆弧）相切的圆	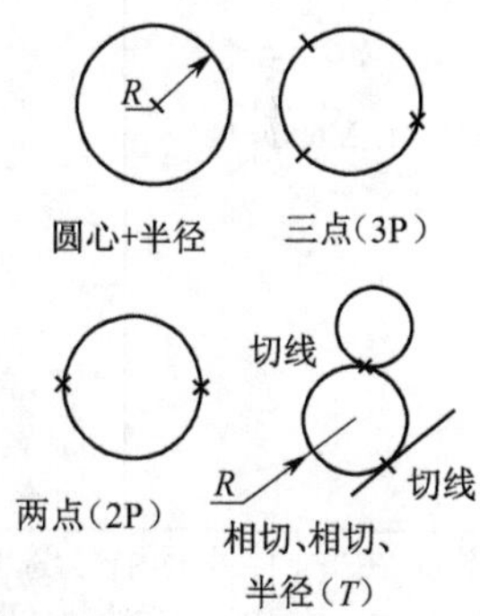

续表 15.1

命令选择方式	说明	示例
图案填充命令 工具栏：绘图→ 下拉菜单：绘图→图案填充 命令行：Bhatch	功能：封闭图形绘制剖面线等 命令：Bhatch ↵ 图案填充选项卡选项： 类型下拉列表框：选择图案填充的类型：预定义（默认）、用户定义和自定义 图案下拉列表框：选择要填充的图案 样例栏：显示选择的填充图案的缩略图 角度下拉列表框：指定填充图案倾斜角度 比例下拉列表框：指定填充图案放大比例 添加：拾取点按钮：单击该按钮可以返回绘图区，通过拾取点的方式选择要填充的区域 添加：选择对象按钮：单击该按钮可以返回绘图区选择要填充的对象	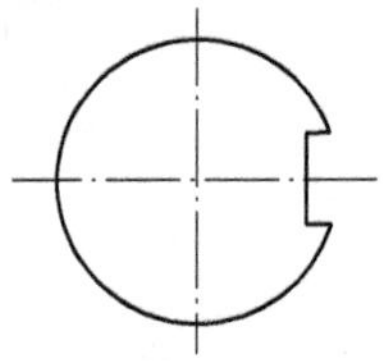 图案填充前 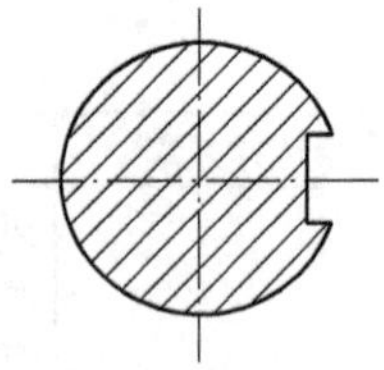 图案填充后
多行文字命令 工具栏：绘图→A 下拉菜单：绘图→文字→多行文字 命令行：Mtext	功能；在指定的边框范围内添加多行文本 命令：Mtext ↵ 当前文字样式：当前样式文字高度（当前值） 指定第一个角点：指定一点 指定对角点或[高度（H）/对正（J）/行距（L）/旋转（R）/样式（S）/宽度（W）]： 缺省选项为指定文本边框的另一对角点。在指定第二个对角点后，即出现多行文字编辑器，在编辑器中可进行文本输入、设置字符格式、设置文字对象的特性、查找和替换文字、从文件导入文字等操作 高度（H）：指定多行文字使用的字符高度 对正（J）：指定文字的对齐方式，缺省是左上角对齐 行距（L）：指定多行文字对象的行间距 旋转（R）：指定文本框的旋转角度 样式（S）：指定多行文字所用的字型 宽度（W）：指定多行文字对象的宽度 输入单行文本可用 TEXT 或 DTEXT 命令	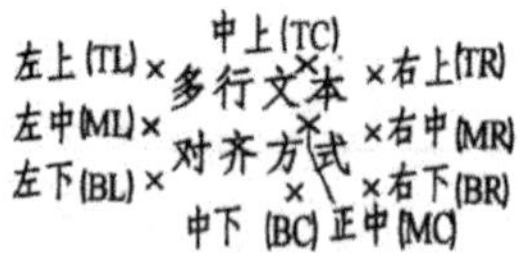 多行文本对齐方式

注：1. 在“[　]”中的内容为选项，当一个命令有多个选项时各选项用“/”隔开。
2. 在“<　>”中的选项为缺省项（或缺省值）。
3. 在选择所需的选项时，只需输入对应选项的大写字母。如选择宽度（W）时，只需输入 W。

15.3　常用的辅助绘图命令

为了快速准确地作图，AutoCAD 在状态栏中提供了图 15.3 所示的辅助绘图工具供用户选择，在此介绍几种常用的辅助绘图工具。可以通过单击相应按钮方便地开启或关闭这些辅助绘图工具。

图 15.3 辅助绘图工具

15.3.1 正交

单击状态栏上正交按钮或按下 F8 键可控制正交模式的开启或关闭，正交模式打开时，使用定标设备只能画水平线或垂直线。

15.3.2 极轴

单击状态栏上极轴按钮或按下 F10 键可控制极轴模式的开启或关闭，极轴模式打开时，当十字光标靠近用户指定的极轴角度时，十字光标的一侧会显示当前点距离前一点的长度、角度和极轴追踪的轨迹。

系统默认的极轴追踪角度为 90°，可以通过鼠标右击状态栏上极轴按钮，在弹出的快捷菜单中选择“设置”选项，打开“草图设置”对话框的“极轴追踪”选项卡，如图 15.4 所示，对极轴角度进行设置。

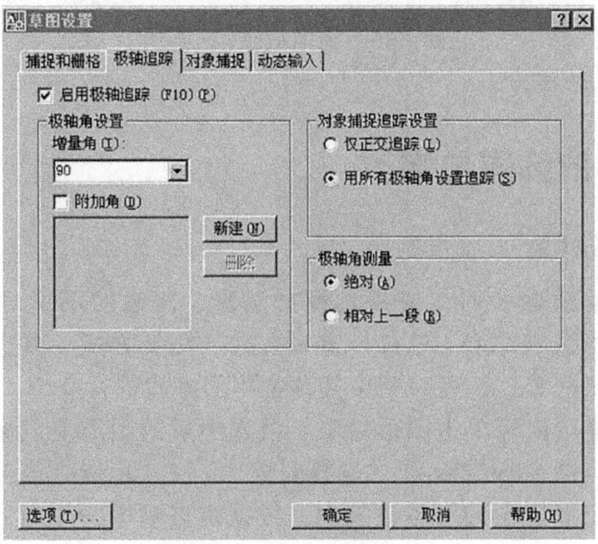

图 15.4 “极轴追踪”选项卡

15.3.3 对象捕捉

单击状态栏上对象捕捉按钮或按下 F3 键可控制对象捕捉模式的开启或关闭，对象捕捉模式打开时，可以快速确定特殊点，如端点、交点、中心点和切点等，

可以通过鼠标右击状态栏上对象捕捉按钮，在弹出的快捷菜单中选择“设

置”选项，打开“草图设置”对话框的“对象捕捉”选项卡，如图15.5所示，对特殊点进行设置。

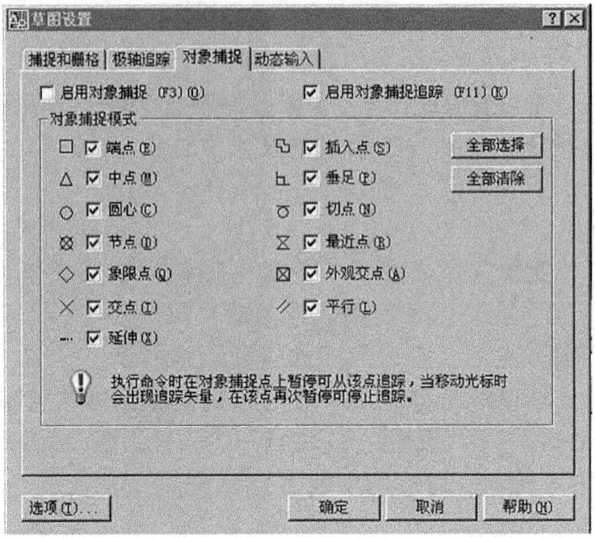

图15.5　“对象捕捉”选项卡

15.4　图形的编辑与修改

15.4.1　选择对象

执行编辑修改命令时，应先选择被编辑、修改的图形对象。AutoCAD中选择对象的方式有多种：单选、窗口方式、交叉方式、多边形窗口、交叉多边形窗口和栅栏等，这里对其中几种常用的方式进行介绍。

单选是直接用鼠标单击图形对象，被选中后的图形变成虚线，可连续选中多个对象。当命令行提示为：“选择对象：”时，用鼠标拖拽矩形框的两个对角点，则在矩形框中的对象被选中。根据定点顺序的不同，形成不同的选择方式。先定矩形框左角点，拖出的矩形框为实线，称为窗口方式；先定右边角点，拖出的矩形框为虚线，称为交叉方式。两种方式的区别是：窗口方式时只有当图形对象完全处在矩形框内才被选中；而交叉方式时只要图形对象有一部分在矩形框内即被选中，如图15.6所示。

删除选择已选择的对象方式：按住shift键同时单选已选择的对象。

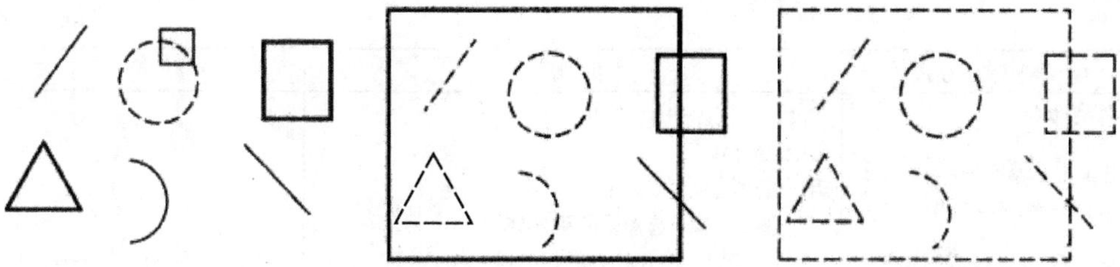

图 15.6 对象的选择方式

15.4.2 常用的图形修改命令

修改命令是用于图形编辑和修改的命令，常用的修改命令放在图 15.7 所示的“修改”工具栏中，工具栏的图标形象地显示了该命令的功能。在这里仅介绍常用的命令，如表 15.2 所示。

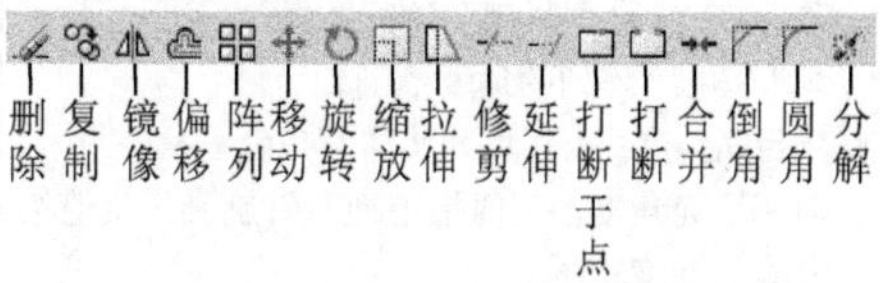

图 15.7 “修改”工具栏

表 15.2 常用修改命令的功能及用法

命令选择方式	说明	示例
删除命令 工具栏：修改→ 下拉菜单：修改→删除（E） 命令行：Erase 或 E	功能：删除指定的图形实体 命令：Erase ↵ 选择对象：选择要删除实体↵ 选择并删除选中的对象	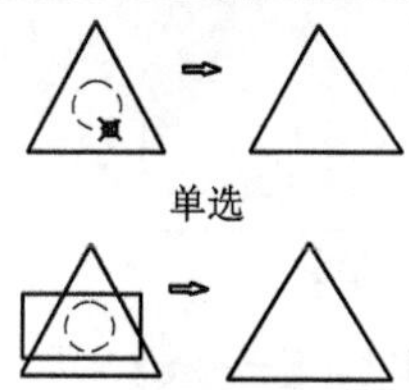
复制命令 工具栏：修改→ 下拉菜单：修改→复制（Y） 命令行：Copy 或 CO	功能：复制图形实体。 命令：Copy ↵ 选择对象：选择要复制的实体↵ 指定基点或 [位移（D）/ 模式（O）]：<位移>指定基点 指定第二个点或<使用第一个点作为位移>：指定点（2） 指定第二个点或 [退出（E）/ 放弃（U）]：指定点（3） 指定第二个点或 [退出（E）/ 放弃（U）]：指定点（4） 指定第二个点或 [退出（E）/ 放弃（U）]：E ↵	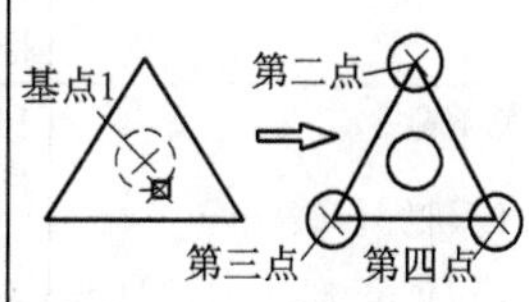

续表 15.2

命令选择方式	说明	示例
阵列命令 工具栏：修改→ 下拉菜单：修改→阵列（A） 命令行：Array 或 AR	功能：阵列复制图形实体 命令：Array ↵ 矩形阵列选项卡选项： 选择对象：选择要阵列实体 行（列）：输入阵列的行（列）数 行（列）偏移：输入行（列）间距 阵列角度：输入阵列时行列偏转的角度 注：默认情况下，如果行（列）偏移为负值，则行（列）添加在下面（左边）。 圆周阵列选项卡选项： 选择对象：选择要阵列实体 中心点：选择阵列圆周的中心点坐标 方法：选择圆周阵列的方法：项目总数和填充角度、项目总数和项目间角度、填充角度和项目间角度 项目总数：阵列复制实体的数目 填充角度：阵列的角度范围 项目间角度：相邻阵列实体间角度 注：对于填充角度，正值指定逆时针旋转，负值指定顺时针旋转	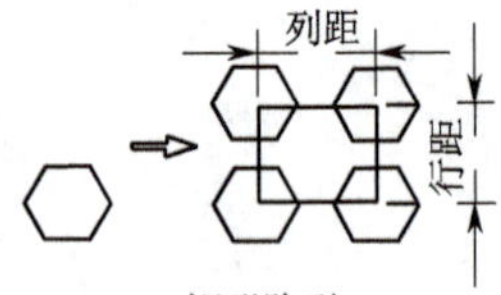 矩形阵列 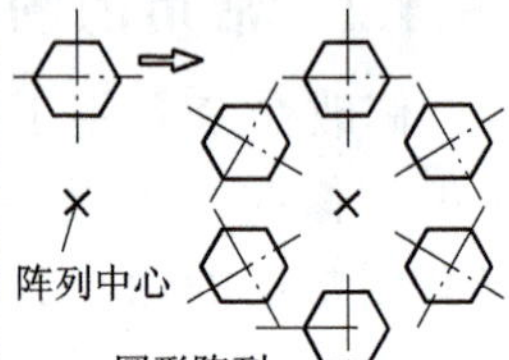 圆形阵列
镜像命令 工具栏：修改→ 下拉菜单：修改→镜像（I） 命令行：Mirror 或 MI	功能：将图形实体镜像复制 命令：Mirror ↵ 选择对象：选择要镜像的实体↵ 指定镜像线的第一点：指定点（1） 指定镜像线的第二点：指定点（2） 要删除源对象吗？[是（Y）}否（N）] <N>：输入Y或N，或者↵	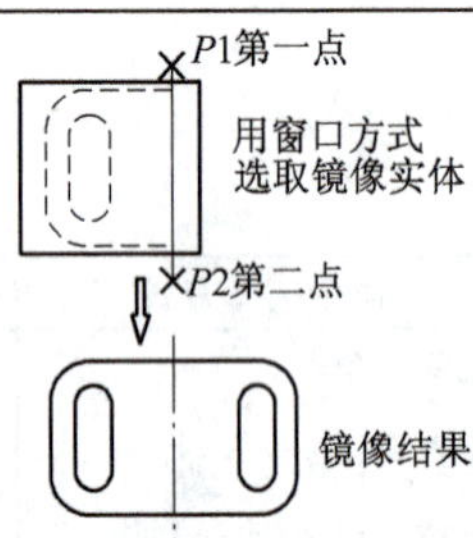
移动命令 工具栏：修改→ 下拉菜单：修改→移动（V） 命令行：Move 或 M	功能：将图形实体从一个位置移动到另一个位置 命令：Move ↵ 选择对象：选择要移动的实体↵ 指定基点或[位移（*D*）]：<位移>指定基点 指定第二个点或<使用第一个点作为位移>：指定点 如果前一提示输入的是位移量，则本提示按 Enter 键即可	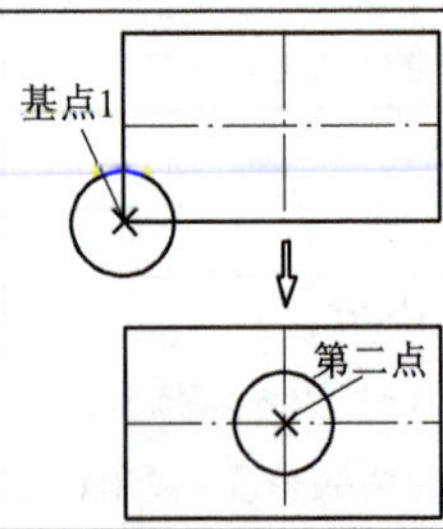
修剪命令 工具栏：修改→ 下拉菜单：修改→修剪（T） 命令行：Trim	功能：以选定的一个或多个实体作为裁剪边，剪切过长的直线或圆弧等，使被切实体在与剪切边交点处被切断并删除。 命令：Trim ↵ 选择剪切边… 选择对象：指定裁剪边或按 Enter 键默认所有实体为裁剪边 选择要修剪的对象↵	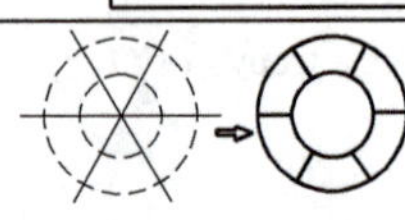 以圆为剪切边修剪直线 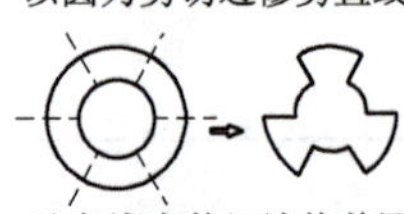 以直线为剪切边修剪圆

续表 15.2

命令选择方式	说明	示例
倒角命令 工具栏：修改→ 下拉菜单：修改→倒角（C） 命令行：Chamfer	功能：在两条不平行的直线间生成斜角。 命令：Chamfer ↵ 选择第一条直线或［距离（*D*）］:*D* ↵ 指定第一个倒角的距离:*D*1 ↵ 指定第二个倒角的距离：<*D*1>*D*2 ↵ 选择第一条直线或［距离（*D*）］：用鼠标选择需倒角的第一条直线 选择第二条直线或［距离（*D*）］：用鼠标选择需倒角的第二条直线	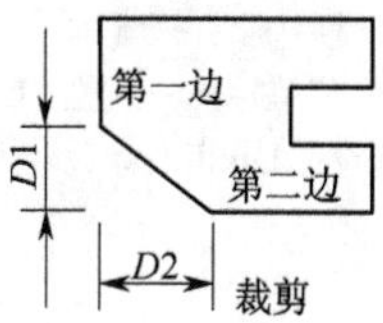
圆角命令 工具栏：修改→ 下拉菜单：修改→圆角（F） 命令行：Fillet 或 F	功能：用圆弧平滑连接两个实体。 命令：Fillet ↵ 选择第一个对象或［半径（*R*）］:*R* ↵ 指定圆角半径:*r*1 选择第一个对象或［半径（*R*）］：用鼠标选择需圆角的第一个对象 选择第二个对象或［半径（*R*）］：用鼠标选择需圆角的第二个对象	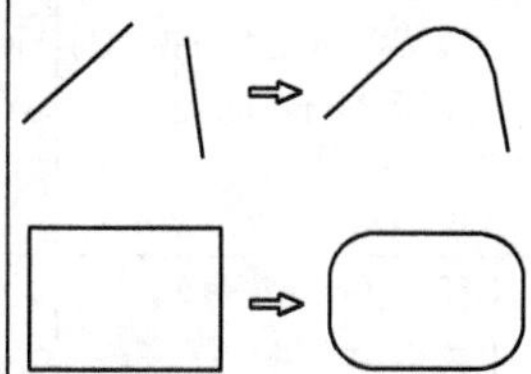
分解命令 工具栏：修改→ 下拉菜单:修改→分解（X） 命令行：Explode 或 E	功能：将复杂的图形实体块分解为基本的实体 命令：Explode ↵ 选择对象：选择要分解的实体↵	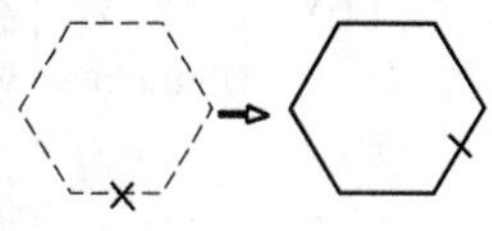

15.5 图形的尺寸标注

15.5.1 常用的尺寸标注命令

AutoCAD 具有一种半自动化的尺寸标注功能。在标注过程中，它能自动测量被标注对象长度或角度并以用户希望的格式生成尺寸标注文本。被标注的对象不同，所采用的命令也不同。尺寸标注命令如图 15.8 所示，在这里仅介绍常用的命令，如表 15.3 所示。

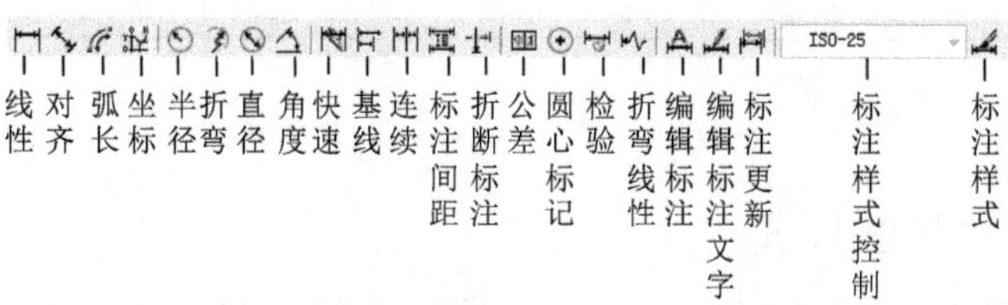

图 15.8 “标注”工具栏

表 15.3　常用尺寸标注命令的功能及用法

命令选择方式	说明	示例
线性标注命令 工具栏：标注→ 下拉菜单标注→线性（L） 命令行：Dimlinear	功能：水平或垂直方向线性尺寸的标注。其尺寸界线为垂直线或水平线且垂直于尺寸线 命令：Dimlinear ↵ 指定第一条尺寸界线原点或 <选择对象>：如图中 A 点或↵选择要标注对象 指定第二条尺寸界线原点：如图中 B 点 如果上一提示时↵，则本提示为选择标注对象：如图中选 C 线	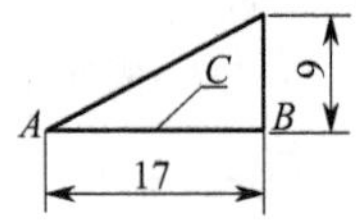
对齐标注命令 工具栏：标注→ 下拉菜单标注→对齐（G） 命令行：Dimordinate	对齐标注也是一种线性标注，其尺寸线的倾斜角与通过尺寸界线两个端点所绘制的直线的倾角相同。其命令的输入与线性标注基本相同	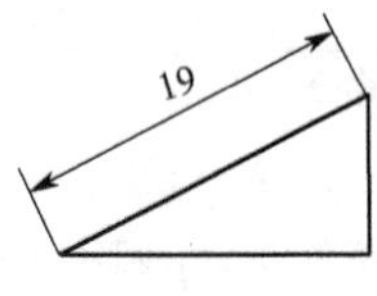 对齐标注
半径 / 直径标注命令 工具栏：标注→ / 下拉菜单标注→半径（R）/ 直径（D） 命令行：Dimradius/ Dimmeter	功能：半径标注用于标注一个圆或一段弧的半径尺寸；直径标注用于标注一个圆或一段弧的直径尺寸 命令：Dimradius/Dimmeter ↵ 选择圆弧或圆：用鼠标选择需要标注尺寸的圆或圆弧 指定尺寸线位置或 [多行文字（M）/ 文字（T）/ 角度（A）]：指定点或输入选项，拖动鼠标拾取一合适位置确定尺寸线位置，AutoCAD 会自动在数值前加半径符号 *R* 或直径符号 ϕ	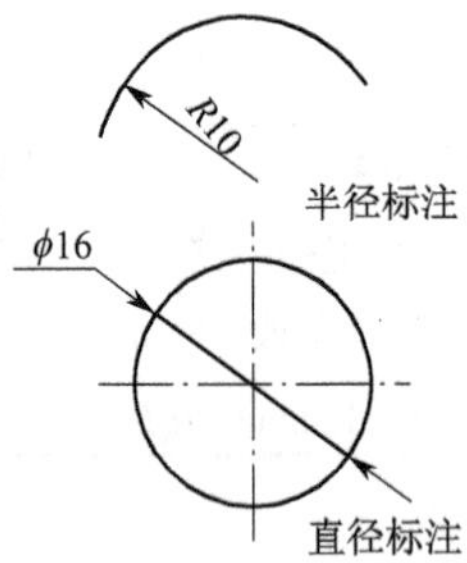
角度标注命令 工具栏：标注→ 下拉菜单标注→角度（A） 命令行：Dimangular	功能：标注角度的尺寸。其尺寸线在被标注的角度内成弧线 选择被测对象是圆弧时 AutoCAD 会自动确定用作尺寸界线的端点；如果选择对象是直线则被认为是角度的一条边，再选第二条边	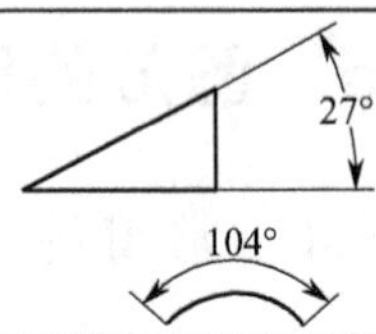
基线 / 连续标注命令 工具栏：标注→ / 下拉菜单标注→基线（B）/ 连续（C） 命令行：Dimbaseline/ Dimcontinue	基线标注是指根据一条基线绘制的一系列尺寸，其每个尺寸均比前一个尺寸增大一个数值，系列尺寸中第一个应是长度型或角度型；连续标注是从某个尺寸标注的第二条尺寸界线连续绘制的尺寸标注	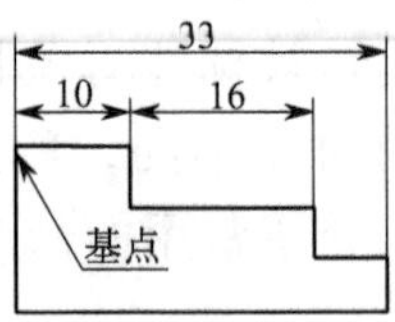

15.5.2　尺寸标注样式

AutoCAD 中，尺寸标注是由一组参数来控制的，这组参数称为尺寸变量。尺寸变量决定了图样上尺寸的最终样式。尺寸变量的一组值称为一个尺寸标注样式，改变其中任何一个值将产生一个新的尺寸标注样式。用户可以建立自己的尺寸标注样式并为之命名。尺寸样式的设定可通过图 15.9 所示“标注样式管理器”对话框进行。

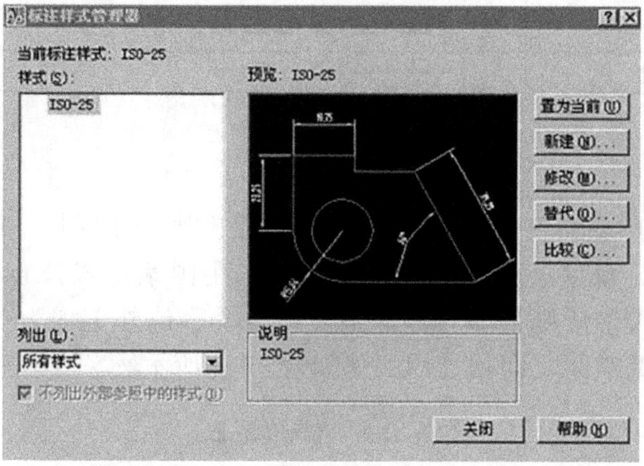

图 15.9 “标注样式管理器”对话框

15.6 样板图的制作

15.6.1 AutoCAD 制图的国家标准

1. 图线

绘制 CAD 图时，图线宽度可按表 15.4 分为 5 组。一般优先采用第 4 组。屏幕上显示的图线颜色，一般应按表 15.5 提供的显示，并要求相同类型的图线应采用同样的颜色。

表 15.4 图线宽度的组别

组别	1	2	3	4	5	一般用途
线宽	2.0	1.4	1.0	0.7	0.5	粗实线、粗点画线、粗虚线
mm	1.0	0.7	0.5	0.35	0.25	细实线、波浪线、双折线、细虚线、细点画线、细双点画线

表 15.5 图线颜色

图线类型		屏幕上的颜色
粗实线		白色
细实线		绿色
波浪线		
双折线		
虚线		黄色

续表 15.5

图线类型		屏幕上的颜色
细点画线		红色
粗点画线		棕色
双点画线		粉红色

2. 字体

CAD 工程图中所使用的字体，应满足国标规定的要求，数字和字母一般应以斜体输出，汉字一般用正体输出，并采用国家正式公布推行的简化字。小数点和标点符号（除省略号和破折号为两个字位外）均为一个符号一个字位。字体与图纸幅面之间的选用关系如表 15.6 所示。

表 15.6 字号的选择

字号 \ 图幅 / 字体	A0	A1	A2	A3	A4
字母数字	3.5				
汉字	5				

3. 图样中各种线型在 CAD 中的分层

图样中各种线型在 CAD 中的分层可参照表 15.7。

表 15.7 CAD 工程制图图层管理规定摘录（GB/T 18229—2000）

层号	描述	图例
01	粗实线	
02	细实线	
	细波浪线	
	细折断线	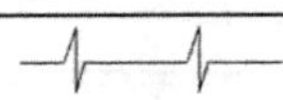
03	粗虚线	
04	细虚线	
05	细点画线	
06	粗点画线	
07	细双点画线	
08	尺寸线，投影连线，尺寸终端与符号细实线	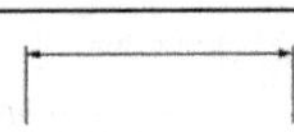
09	参考圆，包括引出线和终端（如箭头）	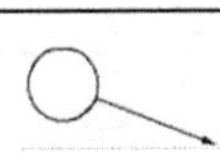
10	剖面符号	
11	文本，细实线	ABCD

续表 15.7

层号	描述	图例
12	尺寸值和公差	432±1
13	文本，粗实线	KLMN
14，15，16	用户选用	

15.6.2 图层

在 AutoCAD 图形文件中，每种实体都有属性，属性包括图层、线型，颜色等。在 AutoCAD 中线型等图形组织是通过属性的控制实现的。

1. 图层的基本概念与特点

图层可以理解为没有厚度的透明薄片。应将具有相同属性(颜色、线型等)的实体放在一个图层上，一幅图可以分解为若干个不同的图层。将所有图层叠在一起，就可以显示出整个图形。其的特点主要有：

(1)用户可以以命名的方法设定图层。系统提供初始设定的图层为 0 层。

(2)当前作图所在的图层称为当前层，当前层只有一个，可以切换。

(3)每设定一个图层，即设定了该图层的颜色(例如黄色)、线型(例如虚线)和线宽(例如 0.35mm)，但与图层相关联的颜色、线型和线宽可以修改。一般来说，在一个图层上绘制图形，应具有该图层的颜色、线型和线宽。

(4)各图层具有相同的坐标系，可精确地互相对齐。

(5)图层可以进行管理，包括：打开 / 关闭，关闭图层上的实体不可见；冻结 / 解冻，冻结的图层上的实体不可见，并且在重新生成图形时不参加计算，不能设置为当前层；锁定 / 解锁，锁定图层上的实体可见，但不能编辑。

2. 图层属性的设置

单击“对象特性”工具栏中图标，弹出“图层特性管理器”对话框，如图 15.10 所示。

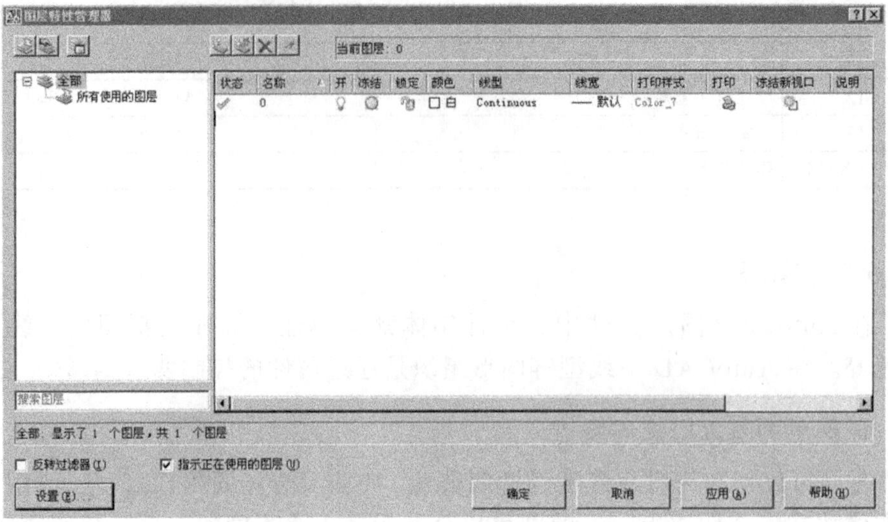

图 15.10 “图层特性管理器”对话框

1）加载线型

（1）单击“线型”下对应的“Continuous”，弹出“选择线型”对话框，如图 15.11 所示。

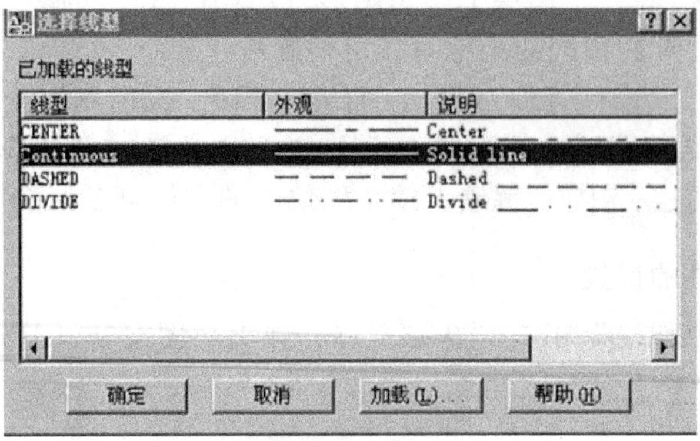

图 15.11 “选择线型”对话框

（2）在“选择线型”对话框中单击加载(L)...按钮，弹出“加载或重载线型”对话框，如图 15.12 所示，该对话框列出了存放在 acadiso.lin 或 Acad.lin 文件中的线型。

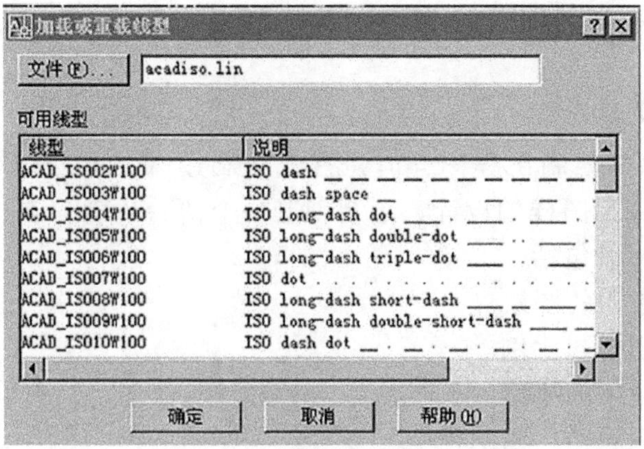

图 15.12 “加载或重载线型”对话框

（3）选择线型：用“Ctrl+ 鼠标左键”选择所有需要线型进行加载。我国标准是等同采用 ISO 制定的，因此应该选用线型库文件中的 ISO 线型。如：细虚线：选 ACAD_IS002W100 线型；细点画线，选 ACAD_IS004 W 100 线型。被选中的线型会出现蓝色阴影。

（4）单击 确定 按钮，返回“选择线型”对话框。

（5）在“选择线型”对话框中单击 确定 按钮，返回“图层特性管理器”对话框。

2）设置图层

（1）在“图层特性管理器”对话框中单击按钮或按 ALT+N 组合键，系统将建立一个名为“图层 1”的图层。

（2）输入用户所需图层名。

（3）设置颜色，单击要设置图层颜色小方框，弹出“选择颜色”对话框，选择所需颜色，单击 确定 按钮，返回“图层特性管理器”对话框。

（4）设置线型，选择要设置线型的图层，单击“线型”列下的“Continuous”，弹出“选择线型”对话框，选择所需线型，单击 确定 按钮，返回“图层特性管理器”对话框。

（5）设置线宽，选择要设置线宽的图层，单击“线宽”列下的“——默认”，弹出“线宽”对话框，选择所需线宽，单击 确定 按钮，返回“图层特性管理器”对话框。

3）当前层间切换

切换当前层只需要在“对象特性”工具栏上的图层控制下拉列表框中选取要切换的层，即在列表中显示当前层。

15.6.3　制作样板图

1. 样板图的作用

用 AutoCAD 绘制工程图样时，首先应利用 AutoCAD 软件的功能和提供的资源，为工程图样的设计、绘制创造一个初始环境，该过程称为工程图纸的初始化。一般包括：

（1）设置常用的图层。

（2）选定图幅与比例。

（3）设置使用的线型。

（4）设置标题栏、明细栏。

（5）设置工程标注用的字体、字样及字号。

（6）设置常用的图形符号。

（7）设置其他有关参数。

上述工作通常采用样板图图形符号库及设置系统变量等方式来完成。制作样板图可以避免许多重复的工作，且便于标准及文件的调用。

2. 样板图的制作

以图幅为 A4 的样板图为例，介绍样板图的制作方法：

1）选择系统样图

单击□按钮，在“AutoCAD2008 今日”对话框中，在如何开始下拉列表中选择“样板”，选择“G（14）”下“GB_a3.NamedPlot Stles.dwt”标准图样作为新图的初始图样。

2）设置图层

单击工具栏“对象特性”工具栏中图标，在“图层特性管理器”对话框中，根据 CAD 制图标准，建立表 15.8 所列的图层。

表 15.8　样板图的图层

图层名	线型	颜色	说明
01	Continuous	白	粗实线
02	Continuous	绿	细实线
04	Acad_iso02w100	黄	细虚线
05	Acad_iso04w100	红	细点画线
07	Acad_iso05w100	粉红	细双点画线
08	Continuous	绿	尺寸标注
10	Continuous	绿	剖面符号
11	Continuous	绿	文本（细实线）
14	Continuous	白	图框、标题栏

3）设置字体和字高

在选用了国标系列的样板图后，文字样式的缺省设置是“工程字”，“工程字”的字体为长仿宋体，是矢量汉字，符合国标中汉字书写要求。为了满足尺寸标注时使用斜体字，再建立一种新的样式“尺寸标注”，方法如下：

在“格式”菜单选取“文字样式（S）...”选项，弹出“文字样式”对话框，如图 15.13 所示。

单击 新建(N)... 按钮，在弹出的“新建文字样式”对话框样式名栏输入“尺寸标注”作为样式名，单击 确定 按钮返回文字样式对话框，在效果区将倾斜角度改为 15，单击 应用(A) 按钮，单击 关闭(C) 按钮退出对话框完成设置。

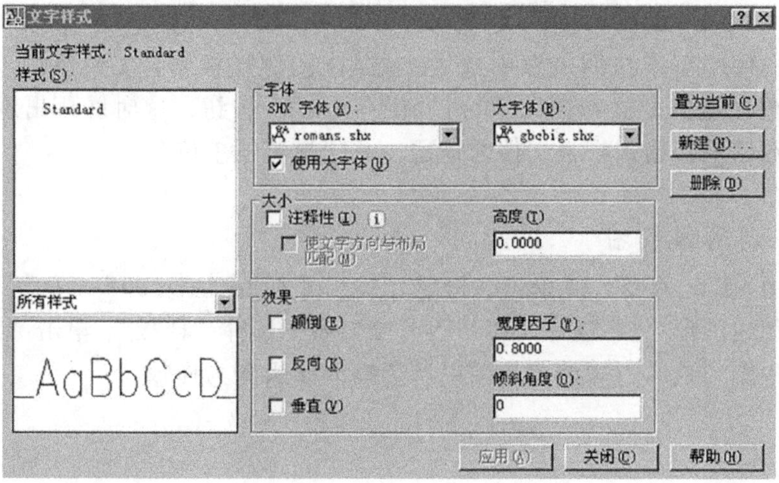

图 15.13 “文字样式”对话框

4）设置尺寸标注格式

在国标系列样板图中预先设置了两种尺寸标注样式，一种是 GB35，它的字高和箭头大小均为 3.5，主要用于 A4~A2 图幅的尺寸标注，另一种是 GB5，它的字高和箭头大小均为 5，主要用于 A1~A0 图幅的尺寸标注。为使尺寸标注的形式满足我国制图标准，需做如下修改：单击尺寸标注工具栏的按钮，弹出标注样式对话框，选择要修改的样式，单击修改按钮，弹出修改标注样式对话框，单击文字标签，将字体改为“尺寸”，将文字对齐改为“ISO 标准”。

5）保存样板图

单击按钮，弹出如图 15.14 所示的“图形另存为”对话框。

图 15.14 “图形另存为”对话框

在文件类型下拉列表框中选 AutoCAD 图形样板文件（*.dwt），在文件名文本框中键入“样板图”，单击“保存（S）”按钮，这时屏幕出现“样板说明”对话框，输入样板文件的描述，并选择测量单位。

6）调用样板图

使用 NEW 命令，或单击按钮，弹出“AutoCAD2008 今日”对话框，选择“创建图形”，在选择如何开始下拉列表中选择“样板”，单击“浏览…”选择样板图。这时所画的图形便以所选择的样板图为样板。

15.7 绘图举例

绘制如图 15.15 所示的平面图形。

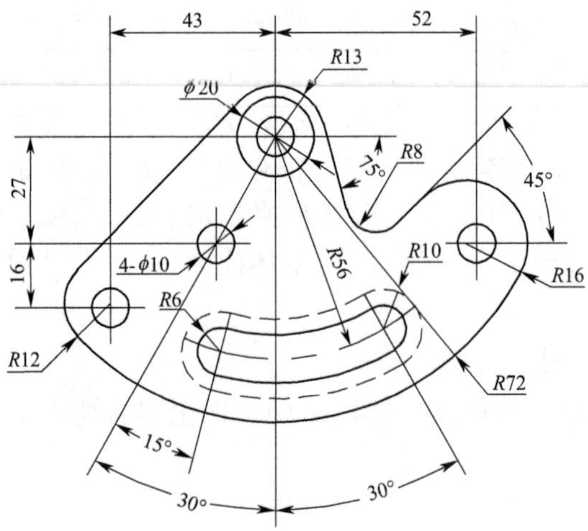

图 15.15 绘图举例

15.7.1 调用样板图

根据该图形的大小，选用 A4 图幅，按上述方法调用 A4.dwt 样板图。

15.7.2 绘 图

1. 画已知线段

（1）如图 15.16（a）所示，用直线命令画定位线，画斜线时设定极轴追踪角度为 15°。

（2）用圆命令画圆。利用对象捕捉模式确定圆心，以保证 ϕ10、ϕ20、R13 和 R72 为同心圆。

（3）用复制命令复制 ϕ10 圆，以圆心为基点，交点为目标点。

（4）用圆命令画 R6 圆，并用修剪命令修剪至图示样。

2. 画中间线段

（1）如图 15.16（b）所示，用圆命令，以 ϕ20 圆的圆心为圆心，R60、R56 为半径，作两辅助圆分别与 ϕ10 中心线相交，从而得到 R12，R16 两圆弧圆心。

（2）用圆命令分别画 R12，R16 圆。

（3）用直线命令画 75° 切线，起点用对象捕捉 R13 圆切点，终点输入 @33<–75°。

（4）用直线命令画 45° 切线，起点用对象捕捉 R16 圆切点，终点输入 @33<–135°。

3. 画连接线段

（1）如图 15.16（c）所示，用删除命令擦除辅助圆。

（2）用直线命令画 R13 与 R12 圆的公切线，起点及终点均用对象捕捉切点。

（3）用圆弧命令画两半圆之间圆弧，用起点（S）、圆心（C）、终点（E）方式作图，应按逆时针方向选取起点、终点。

（4）用偏移命令，设置偏移量为 4，分别选取 4 段圆弧向外复制。

（5）用圆角命令，设半径 R=8，连接两直线。

4. 整理和尺寸标注

（1）如图 15.16（d）所示，将中心线置换到相应层上，选取所有的中心线，在图层下拉列表中选 05 层，此时中心线将显示到 05 层，再按两下 Esc 键。用同样的方法将细虚线置换到 04 层。

（2）标注尺寸，用相应的尺寸标注命令分别标注尺寸。

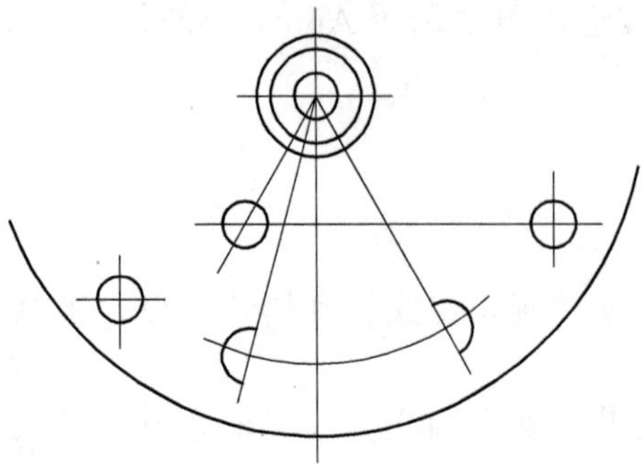

(a) 画已知线段

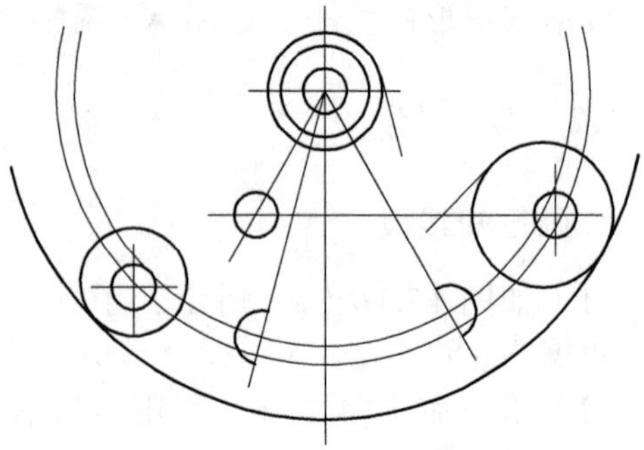

(b) 画中间线段

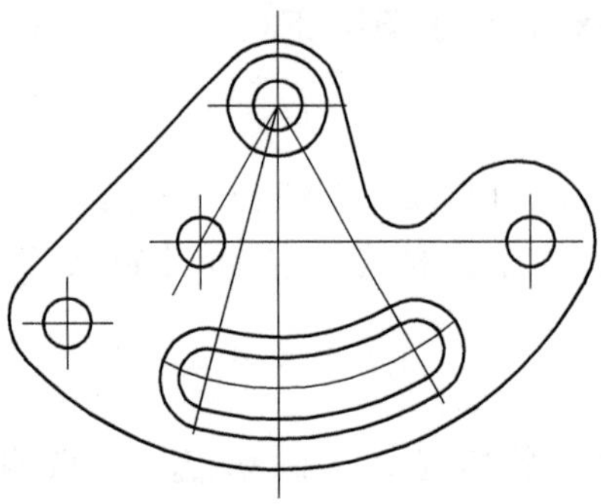

(c) 画连接线段

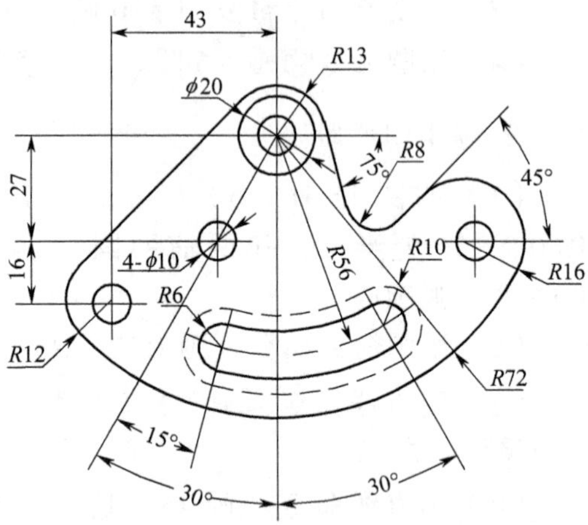

(d) 整理并标注尺寸

图 15.16　绘图步骤

第16章 美国标准简介

前面章节介绍的标准只适用于我国，世界上其他国家也有相应的国家标准，在阅读国外的图纸时应注意标准的不同，例如中国、英国、德国和俄罗斯等国家采用第一角投影，美国、日本、新加坡等国家采用第三角投影。本章所介绍的美国标准，着重介绍与我国的不同。

16.1 美国制图基本知识

16.1.1 图纸幅面及格式（ANSI Y14.1—2005）

图纸幅面及边框尺寸如表16.1所示。

表16.1 美国图纸幅面及边框尺寸 （英寸）

平放图纸尺寸				卷放图纸尺寸				
幅面代号	宽	长	边框	幅面代号	宽	长(最小)	长(最大)	边框
A(水平)	8.5	11.0	水平和竖直方向均为0.5	G	11.0	22.5	90.0	水平和竖直方向均为0.5
A(竖直)	11.0	8.5		H	28.0	44.0	143.0	
B	11.0	17.0		J	34.0	55.0	176.0	
C	17.0	22.0		K	40.0	55.0	143.0	
D	22.0	34.0						
E	34.0	44.0						
F	28.0	40.0						

标题栏有两种尺寸规格供不同规格图幅用，其包括的内容则是一致的，如图16.1和图16.2所示，图中字母的含义：

A：填写公司的名称及地址、设计者身份的代号。

B：图纸名称。

C：图号。

D：表修订栏，可省略。

E：有关准备图纸的一些资料和绘图员姓名、日期、校对者、批准者、发布日期及合同号。

F：主设计者签字，当有承包商及转承包商时由主设计者签字，无时则与

E 项合并。

G：由一个不包括在 E，F 栏内的人签名。

H：图纸比例。

I：使用图纸的某公司及设计者的代号。

J：图纸代号。

K：填零部件的实际重量或估计重量，通常只在一张图上填写。

L：图纸的张数。

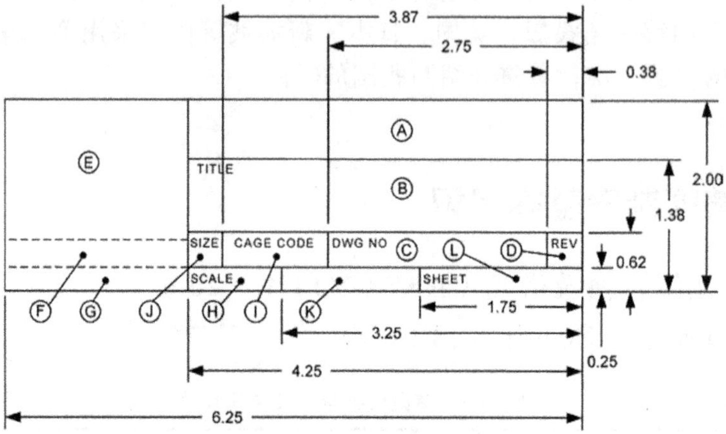

图 16.1　A、B、C 和 G 号图纸用标题栏

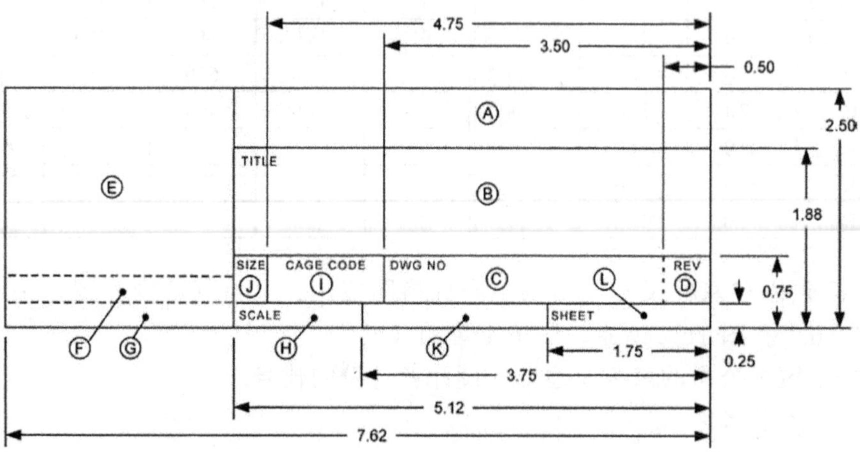

图 16.2　D、E、F、H、J 和 K 号图纸用标题栏

16.1.2　比例

美国主要用英尺、英寸作为度量单位，并采用英寸分数制及英寸十进制

两种，如表 16.2 及表 16.3 所列，而米制则仅在个别州及部门使用，尚未成为国家标准。

表 16.2 常用英寸分数制比例尺种类

比 例		应 用
足尺	1″=1″	机械工程用。1/2″=1″表示图上的 1/2″ 代表实物为 1″，余类推
缩尺	1/2″=1″，1/4″=1″，1/8″=1″	
足尺	12″=1′.0	建筑及机械工程用
缩尺	6″=1′.0，3″=1′.0，1½″=1′.0，1″=1′.0， 3/4″=1′.0，1/2″=1′.0，3/8″=1′.0，1/4″=1′.0， 3/16″=1′.0，1/8″=1′.0，3/32=1′.0	

表 16.3 常用英寸十进制比例尺种类

比 例		应 用
足尺	1.00″=1.00″	机械工程用
缩尺	0.50″=1.00″，0.375″=1.00″ 0.25″=1.00″	

16.1.3 图线（ANSI Y14.2—2008）

美国制图中，粗线线宽为 0.032″，粗线线宽为 0.016″。美国图纸中常用的图线型式和宽度如表 16.4 所示，图线应用如图 16.3 所示。

表 16.4 美国图纸中常用的图线形式和宽度

图线名称类型	图线形式和宽度	图线名称	图线形式和宽度
Visible line 轮廓线	Thick	Cutting-plane line 剖切线 Viewing-plane line 视平面线	Thick Thick Thick
Hidden line 隐藏线	Thin		
Section line 剖面线	Thin		
Projection line 投影线			
Center line 中心线	Thin	Break line 打断线	Thick
Symmetry line 对称线	Thin Thick		Thin
Dimension line 尺寸线 Extension line 尺寸界限 Leader line 引线	Leader Extension line Dimension line 76	Reference line 参考线	Thin
		Stitch line 缝合线	Thin Thin
		Chain line 粗点化线	Thick

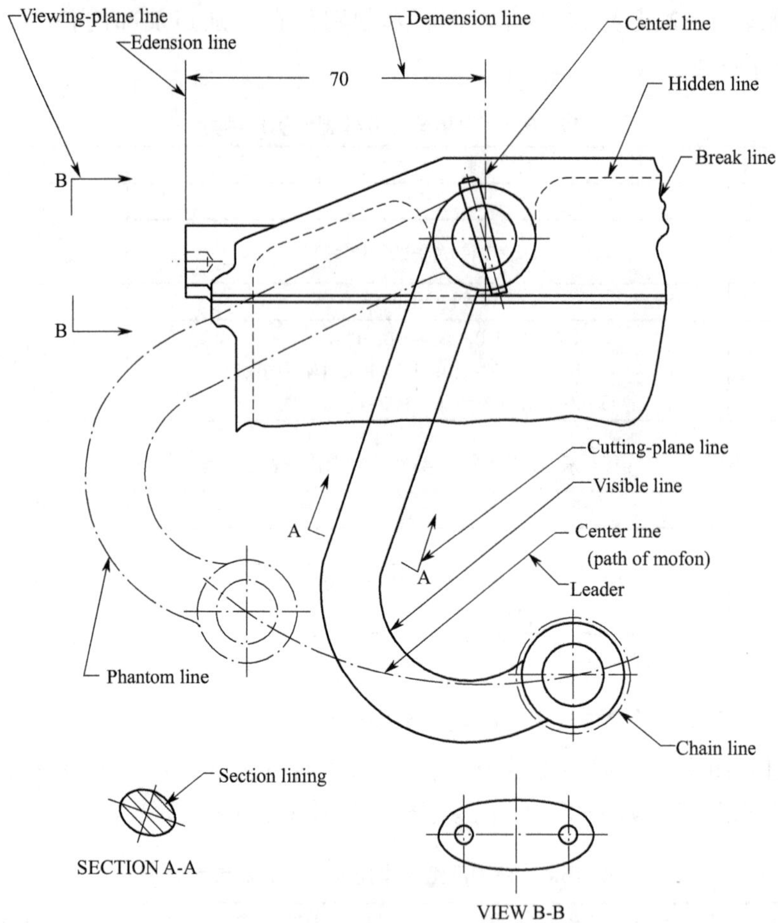

图 16.3 美国图纸中常用图线的应用

16.2 美国工程图样的画法（ANSI Y14.3—2003）

16.2.1 投影法与视图配置方式

在美国标准中明确规定用第三角投影法绘图，所以在阅读美国图纸时，要按第三角投影法的投影规律去识图。

美国视图配置方式有如图 16.4 两种形式。其中图 16.4（a）与 ISO 的形式相同。图 16.4（b）是将顶视图所在的投影面固定不动，其他视图所在的投影面都展平到顶视图所在的投影面上。美国图纸中各视图间的相对位置没有严格的固定位置配置。第三角投影法中，每一视图所表示的零件结构形状都是从相邻视图的邻近侧进行观察所得的结果。遵循这一法则就不难读懂机器或零件的结构形状。

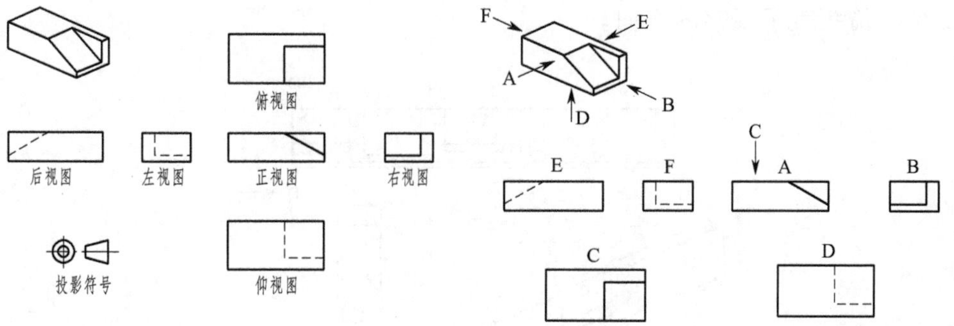

（a） （b）

图 16.4 美国视图配置方式

16.2.2 辅助视图（AUXILIARY VIEWS）

零件中不与投影面平行结构的表达，通常采用辅助视图，辅助视图分为主要辅助视图和次要辅助视图。简单来说，主要辅助视图是在基本视图基础上的向视图，次要辅助视图是在主要辅助视图基础上的向视图。绘图时采用延长轴线（点画线）或投影线（细实线）或两种线同时并用的方式，使视图间的联系更加明显，如图 16.5 所示。读图时利用这一图示特征容易找到视图间的投影联系。

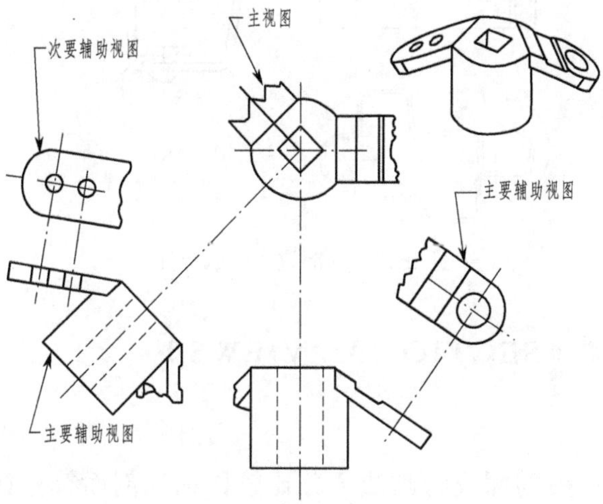

图 16.5 辅助视图

16.2.3 移出视图（REMOVEDVIEWS）

相当于我国的不按规定位置配置的基本视图或局部视图，只不过命名和标注方法不同，如图 16.6 所示。移出视图的标注是用视平面线表示观察的部位，箭头表示观察的方向。

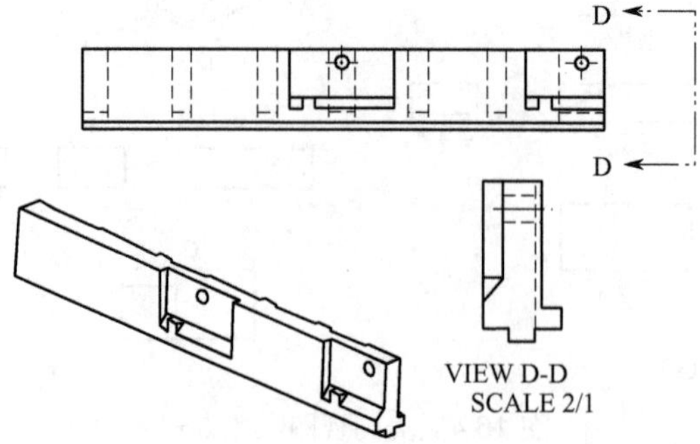

图 16.6　移出视图的标注

16.2.4　局部放大图（ENLARGED PARTIAL VIEWS）

局部放大图的画法与我国的基本相同，但标注方法不同。对被放大的部位用两端带箭头的双点画线不完整圆表示，在相应的放大图下方还要注上视图名称（如视图 A）及放大比例，如图 16.7 所示。

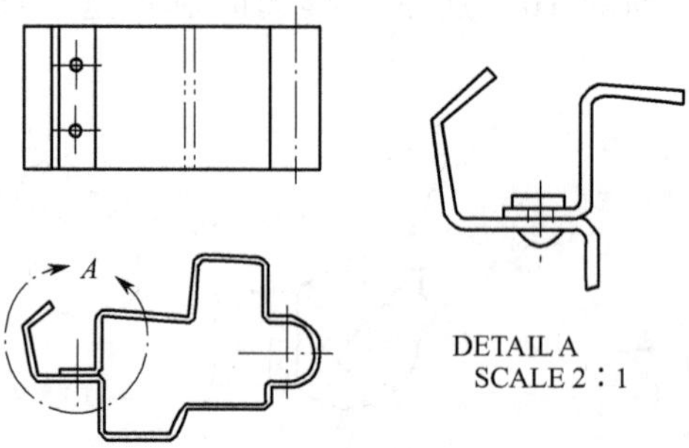

图 16.7　局部放大图的标注

16.2.5　剖视图（SECTIONAL VIEWS）

1. 剖面线

美国标准中有关剖面线的画法区分比较详细，剖面符号如表 16.5 所示。

表 16.5 美国常见材料剖面符号

材料	剖面符号	材料	剖面符号	材料	剖面符号
铸铁、一般作所有材料的剖面代号	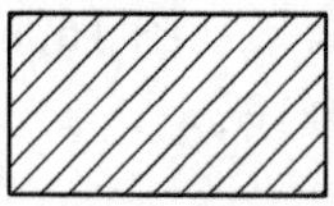	石棉、毡、织物皮革	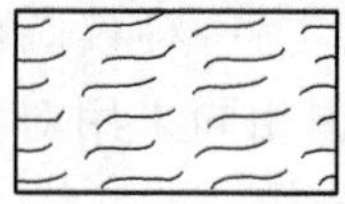	大理石、玻璃、瓷	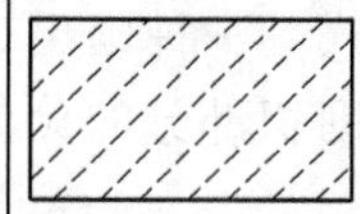
钢	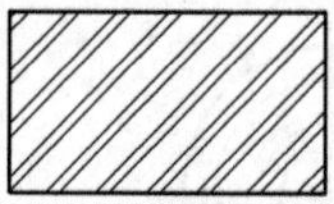	隔音材料	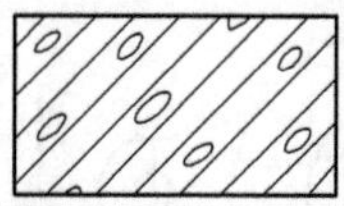	土地	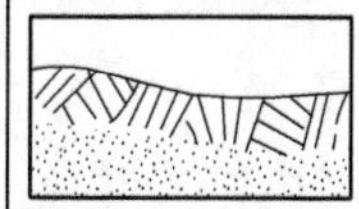
铜、青铜、黄铜	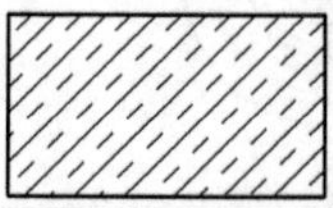	绝热材料	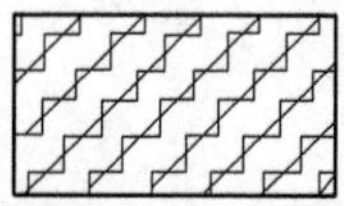	岩石	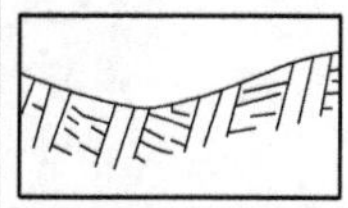
巴氏合金、铅锡及合金	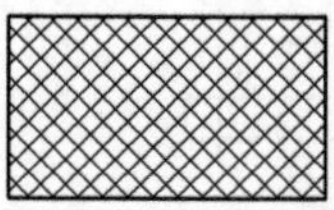	钛及耐火材料	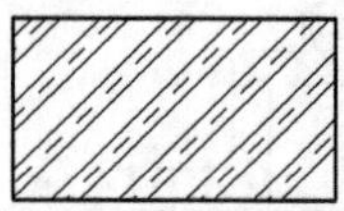	砂	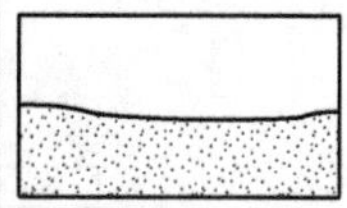
镁铝及铝合金	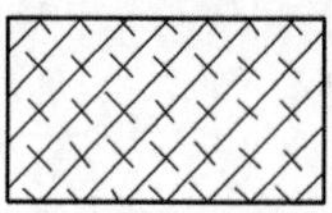	线圈绕组	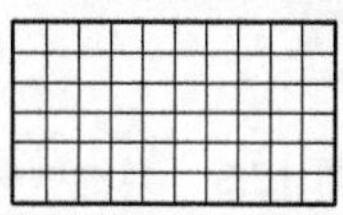	水及液体	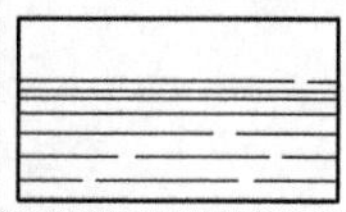
橡皮、塑料、绝缘材料	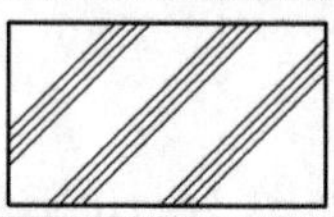	混凝土	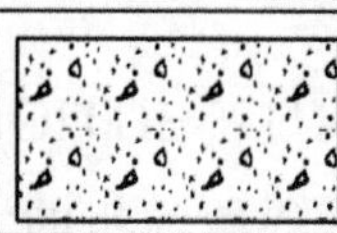	木材	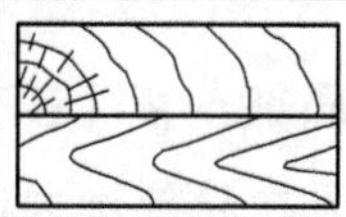

2. 全剖视（FULL SECTION）

当剖切平面的位置明显时，表示剖切平面位置的剖切线可省略不画。但如需画出剖切线时，则有两种表达形式，如图 16.8 所示。图 16.8（a）是美国制图标准采用的形式，用双点画线表示。图 16.8（b）是美国汽车制造工业标准采用的形式，用虚线表示。

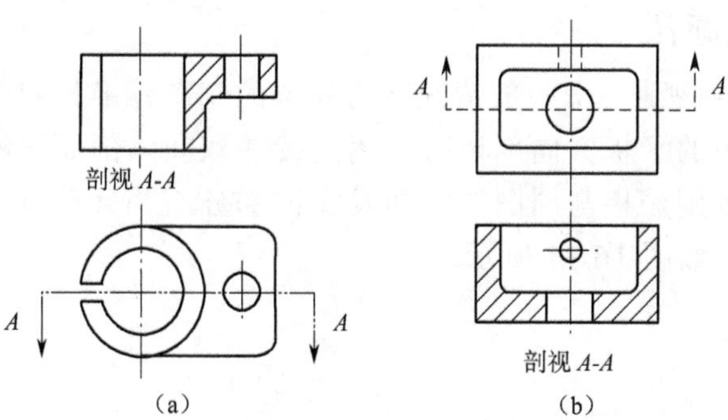

图 16.8 全剖视标注

3. 半剖视（HALF SECTION）

半剖视剖切线的画法与全剖视不同，它直接标注出剖切范围，且有二种标注形式，一种画出二个箭头，另一种仅画出一个箭头，如图 16.9 所示。剖切与不剖切部分的分界线与我国相同采用对称线（点画线）。

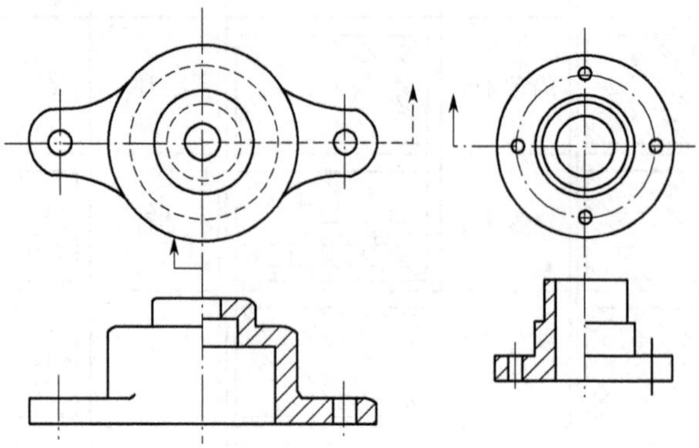

(a) (b)

图 16.9 半剖视标注

4. 局部剖视（BROKEN-OUT SECTION）

视图与局部剖视图之间的分界线为粗的波浪线，如图 16.10 所示。

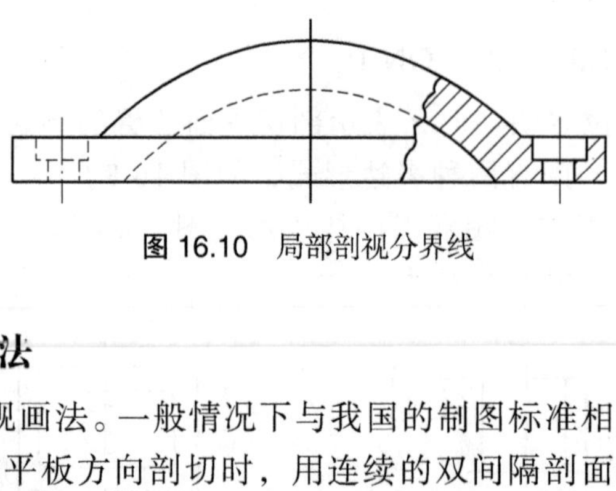

图 16.10 局部剖视分界线

16.2.6 简化画法

（1）筋板的剖视画法。一般情况下与我国的制图标准相同，但在某种场合，能看到沿着筋板的平板方向剖切时，用连续的双间隔剖面线绘制筋板的剖面图，这是为了区别筋板与周围的空间及实体部分，并且筋板与相邻的主要形体用虚线隔开，如图 16.11 所示。

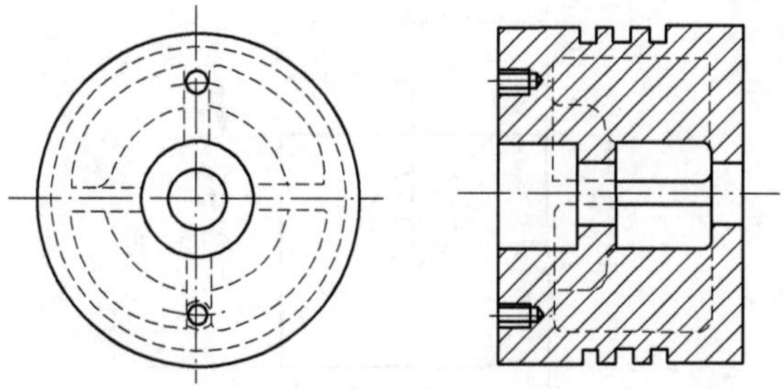

图 16.11 沿平板方向剖切筋板时剖面线的特殊画法

（2）平面结构。轴上如有平面结构，用相交的粗实线表示，如图 16.12 所示。

（3）折断零件。当零件采取折断画法时，其折断处用粗实线表示，如图 16.13 所示。

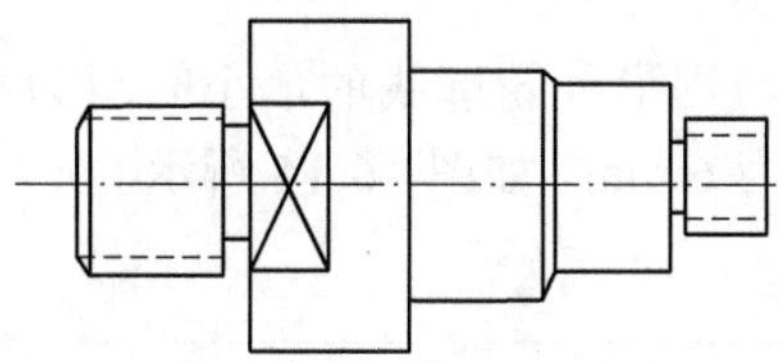

图 16.12 平面结构的表示法

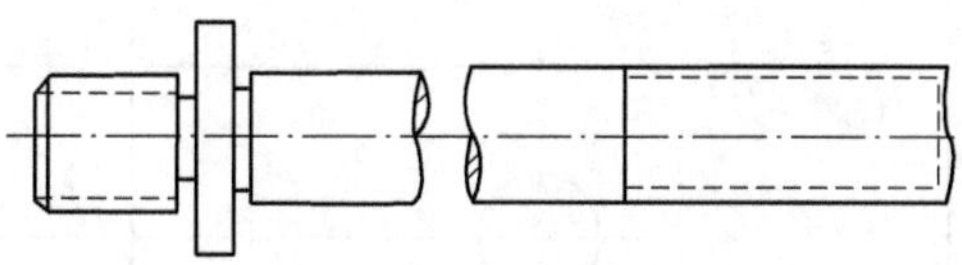

图 16.13 折断零件的画法

16.3 美国的尺寸标注（ANSI Y14.5—2009）

16.3.1 尺寸单位、尺寸数字、尺寸线和尺寸界线

（1）美国图纸的尺寸单位多为英寸，现在也有些图纸采用毫米作为尺寸单位，一般不注英寸或毫米符号。

（2）尺寸数字推荐采用水平填写的形式，也可以按尺寸线的方向填写。尺寸数字一般写在尺寸线之间，如图 16.14 所示。

（3）当尺寸数值小于 1 时，在小数点前不写出零，如图 16.14 所示。

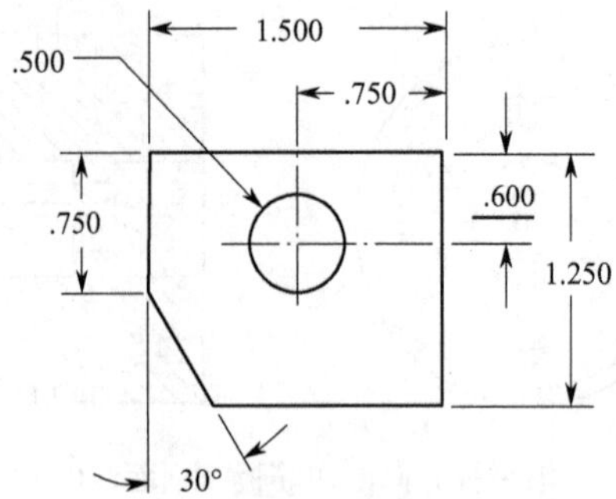

注：.600表示此尺寸未按绘图比例绘出

图 16.14 尺寸数字的书写

（4）当尺寸界线是轮廓线的延长线时，尺寸界线应稍微离开轮廓线，如图 16.15 所示。

（5）第一条尺寸线与图形外轮廓线的最小间距为 10mm，相互平行的尺寸线间的距离最小间距为 6mm，如图 16.15 所示。

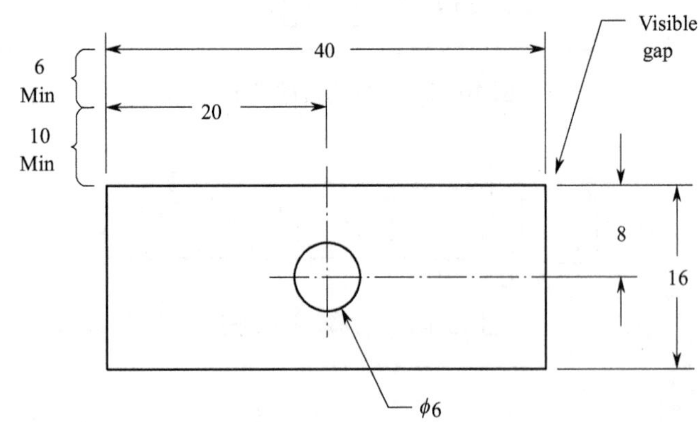

图 16.15 尺寸标注

（6）标注公差尺寸时，其上下极限偏差要注出与公称尺寸相同的小数位数，如 $.500^{+.500}_{-.000}$ 不能标注为 $.500^{+.005}_{0}$。公差尺寸标注也可直接标注其极限尺寸，如 $^{.505}_{.500}$。

16.3.2 指引线和注解

（1）两个邻近的指引线，它们的方向要彼此平行，如图 16.16 所示。

（2）指引线的横线要画在注解字的中间高度处，如图 16.16，注解一律水平注写。

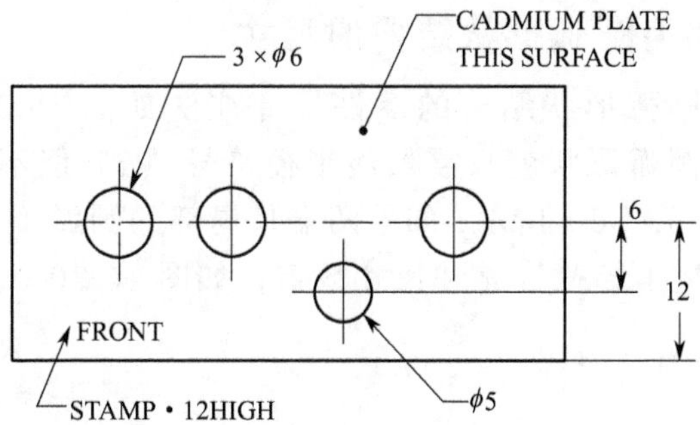

注：1. CADMIUM PLATE THIS SURFACE此面镀镉
2. FORNT前面
3 STAMP • 12HIGH 0.12″高的钢印

图 16.16 指引线和注解

16.3.3 直径、半径和球形的代号

直径、半径代号的标注基本与我国相同，但当半径尺寸注在不反映半径和圆弧实形的视图中时，要在半径尺寸数字前加注 TRUE R 代号，如图 16.17 所示。球形表面用半径标注时，球形代号要求在尺寸数字之前加注 SR，如图 16.18 所示。

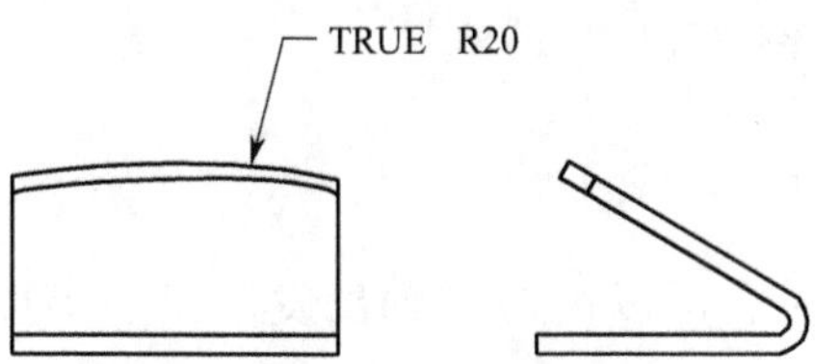

图 16.17 半径代号的标注

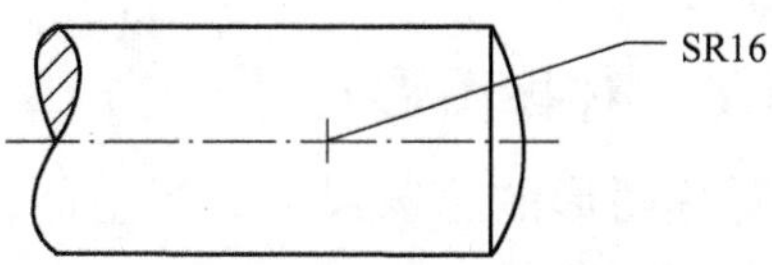

图 16.18 球形代号的标注

16.3.4 弦长、弧长和角度尺寸

为了区别弦长、弧长和角度尺寸，可在尺寸数字附近加上注解，如图 16.19 所示。

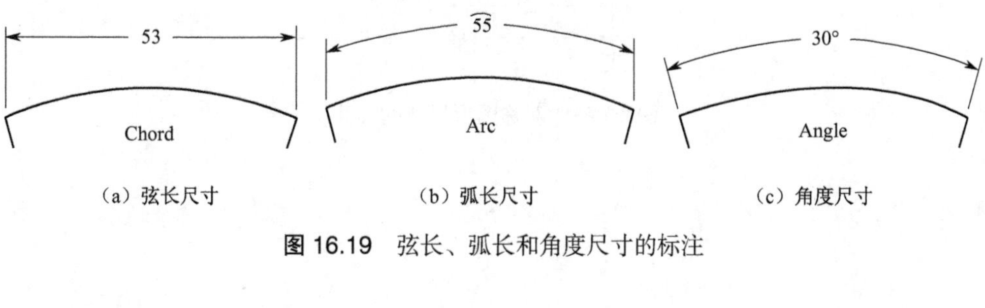

(a) 弦长尺寸　(b) 弧长尺寸　(c) 角度尺寸

图 16.19 弦长、弧长和角度尺寸的标注

16.3.5 端部为圆弧形状结构的尺寸

端部具有圆弧形状结构的零件尺寸注法如图 16.20 所示。如果两端是完整的半圆，圆弧形状就只需加注半径符号“*R*”但不注写尺寸数字，如图 16.20（a），（b），（c）所示；如果两端是局部的圆弧（不是半圆），圆弧形状就必须同时加注半径符号 *R* 和尺寸数字，如图 16.20（d）所示。

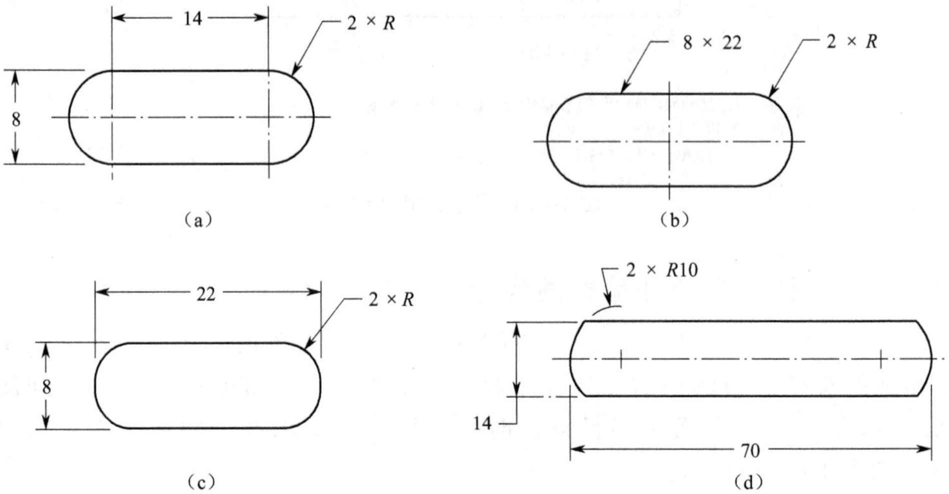

图 16.20 端部为圆弧形状结构尺寸的标注

16.3.6 对称图形尺寸

对称图形的轮廓尺寸，当空间不足时，可以由对称轴出发注出一半尺寸，如图 16.21 所示。

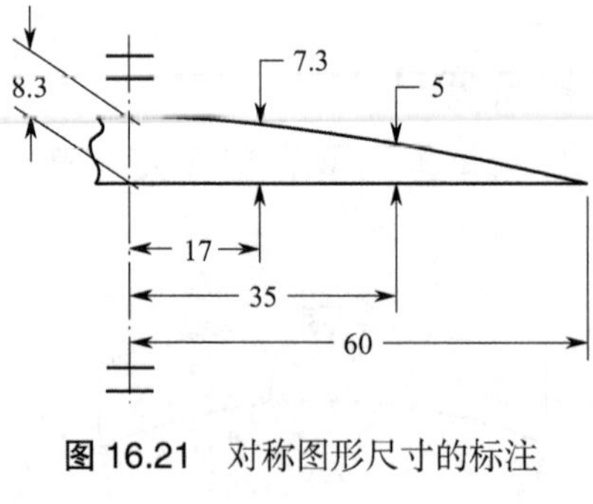

图 16.21 对称图形尺寸的标注

16.3.7 无尺寸线的坐标尺寸

坐标尺寸注法如图 16.22 所示。标注这种尺寸不必画尺寸线和箭头。由基准（Datum）开始标注坐标尺寸的方法很多，如图 16.22 是无尺寸线坐标尺寸注法的一种形式，以基准为零，坐标尺寸由此算起，尺寸数字注在尺寸界线或中心线的延长线上。如图 16.23 所示是通过尺寸表格的形式标注尺寸。

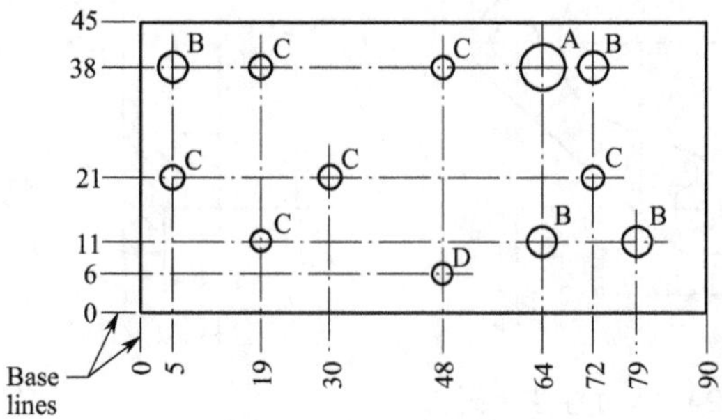

SIZE SYMBOL	A	B	C	D
HOLE ϕ	7	4.8	3.6	3.1

图 16.22 无尺寸线的坐标尺寸标注（一）

HOLE	DESCRIPTION	QTY
A	ϕ7	1
B	ϕ4.8	4
C	ϕ3.6	6
D	ϕ3.1	1

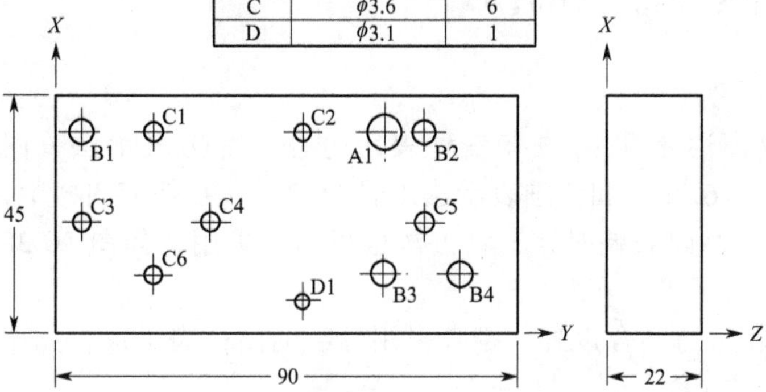

HOLE	FROM	X	Y	Z
A1	X,Y,Z	38	64	18
B1	X,Y,Z	38	5	THRU
B2	X,Y,Z	38	72	THRU
B3	X,Y,Z	11	64	THRU
B4	X,Y,Z	11	79	THRU
C1	X,Y,Z	38	19	THRU
C2	X,Y,Z	38	48	THRU
C3	X,Y,Z	21	5	THRU
C4	X,Y,Z	21	30	THRU
C5	X,Y,Z	21	72	THRU
C6	X,Y,Z	11	19	THRU
D1	X,Y,Z	6	48	12

图 16.23 无尺寸线的坐标尺寸标注（二）

16.3.8 沉孔、倒角和键槽等尺寸的标注

沉孔、倒角和键槽等尺寸的标注基本与我国国标相同，这里不再叙述，详见 ASME Y14.5—2009。

16.3.9 尺寸标注示例

图 16.24 是一个机件端盖的尺寸注法示例。

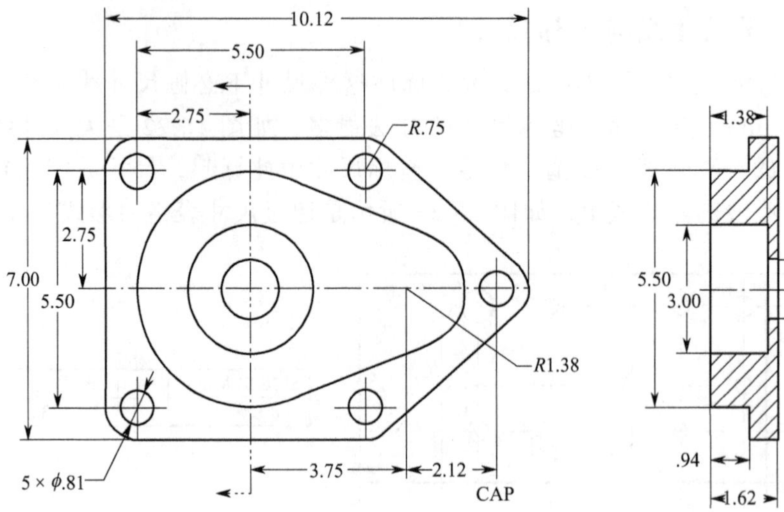

图 16.24　尺寸注法示例

16.4　标准结构与常用件

16.4.1　螺纹（ANSI Y14.6—2001）

1. 螺纹的表示法

在图样上表示螺纹，通常采用的有三种表示方法：简化表示法（图 16.25），示意表示法（图 16.26）和详细表示法（图 16.27）。在任何图样中，一般只采用一种表示方法，如需要时，三种方法也可同时采用，如图 16.28 所示。

（1）除了需要详细表达的场合以外，推荐采用螺纹的简化表示法，如图 16.25 所示。

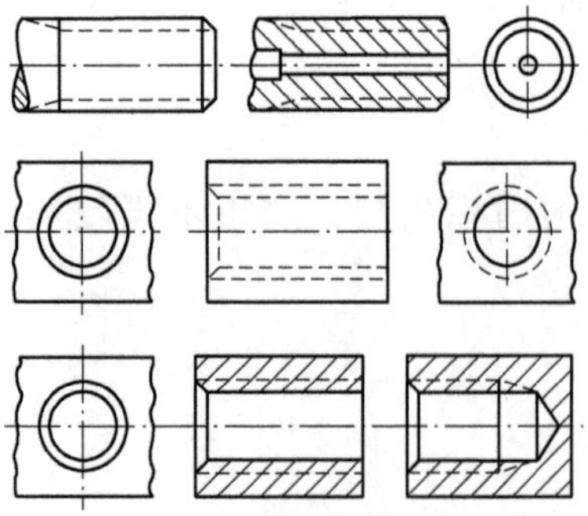

图 16.25　简化画法

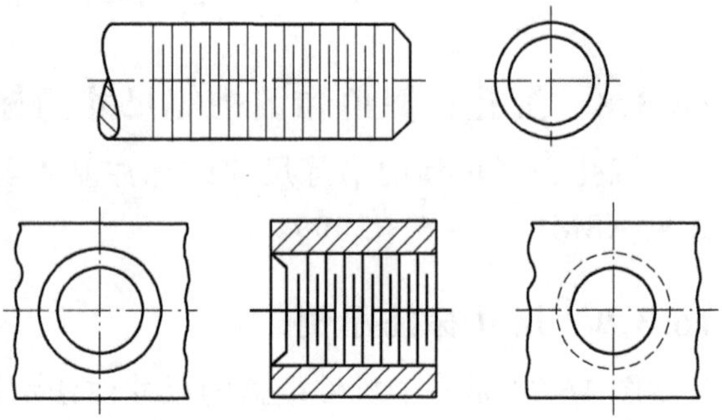

图 16.26　示意画法

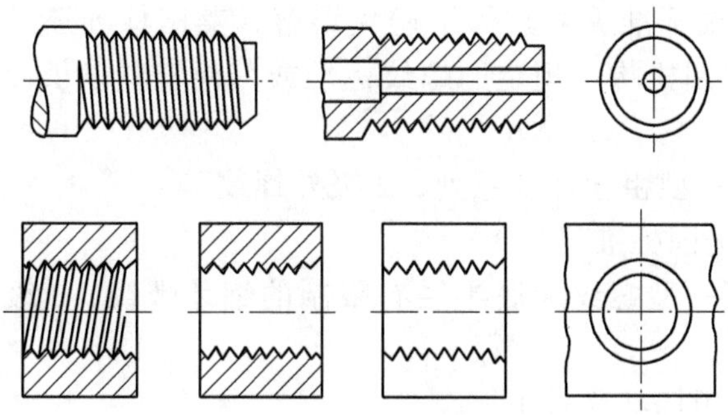

图 16.27 详细画法

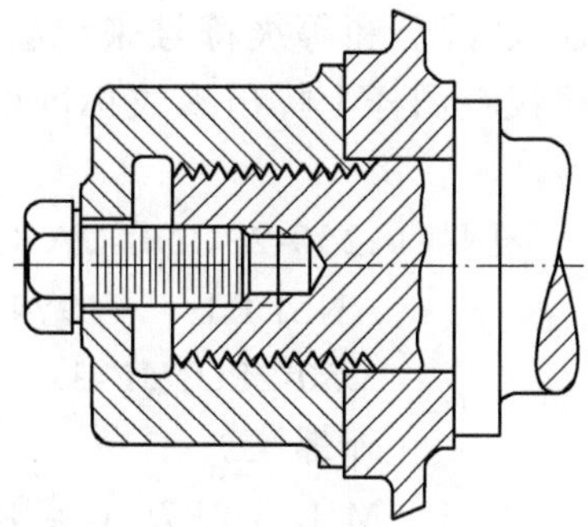

图 16.28 三种画法的综合应用示例

（2）示意表示法与详细表示法效果上差不多，但比较容易画。短粗和细长相间隔的线象征着螺纹的牙底和牙顶，它们可垂直于螺纹的轴线或与轴线约倾斜成螺旋升角。这种画法不适用于不可见的内螺纹或取剖视的外螺纹，如图 16.26 所示。

（3）详细表示法近似于螺纹实际外貌的剖视图。这种画法是将正常的螺旋线简化成倾斜的直线以及将截切后的牙顶和牙底简化成很多“V”字形的尖廓。虽然详细表示法使画图变得比较困难和费时，但当用缺乏实感的螺纹表示法可能造成辨别不清时则可采用，如图 16.27 所示。详细表示法常用来表示新型的或修改过的螺纹要素，特别是在放大图、初步设计图和装配图中用来注入尺寸。

（4）螺纹要素的表示法。在有倒角的外螺纹件的端视图中，倒角圆和螺纹内径（小径）接近于相同，为了清晰起见，只画倒角圆而螺纹内径省略不画，如图 16.25 所示。在有锥口（倒角）的螺纹孔的端视图中，锥口的直径与螺纹的外径（大径）近于一样，为了清晰起见，螺纹外径省略不画，如图 16.25 ~ 图 16.27 所示。为了清晰起见，可在放大图、初步设计图和装配图中更详细地表达螺纹，如图 16.28 所示。

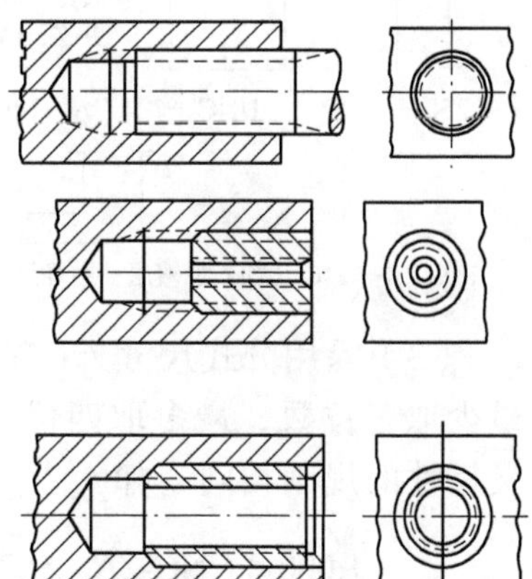

图 16.29 螺纹装配画法

（5）螺纹装配的表示法推荐以简化表示法来表达螺纹装配成的构造，如图 16.29 所示。当需要更清晰地表示时，可在同一图上采用三种习惯表示法，如图 16.28 所示。

2. 一般螺纹的规格说明

在美国的图样中常省略螺纹标准的名称和编号，而用螺纹的系列符号（如

UNC 等）和等级符号来代替螺纹标准编号。为了避免误解，美国标准还是建议在图样上标出螺纹标准的编制机构、规定的螺纹标准或其他资料以供参考。

例如：.250-20UNC-2A（统一型粗牙螺纹系列，2 级外螺纹）

ANSI B1.1—1974（美国标准代号）

.250-28UNJF-3A（统一型螺纹牙底半径有限制的细牙螺纹，3 级外螺纹）

MIL-S-8879（美国军用标准代号）

一般标记。在有螺纹的图样上，对于标准系列的螺纹应注明螺纹的标记，对螺纹的中径及其极限尺寸可注可不注。

（1）螺纹的标记依次包括公称直径、每英寸的螺纹牙数（或螺距和导程）、螺纹系列的字母符号、螺纹等级数和字母及有关更改的内容等。公称直径以英寸为单位。螺纹长度、孔的大小及倒角或锥口孔的大小可用引线注解注出或在零件图中注出其尺寸。

（2）按通常的惯例，一般标记和中径的极限尺寸以注释形式用指引线与螺纹有关的图形相联系。下面举例说明螺纹标记中各个部分的含义。

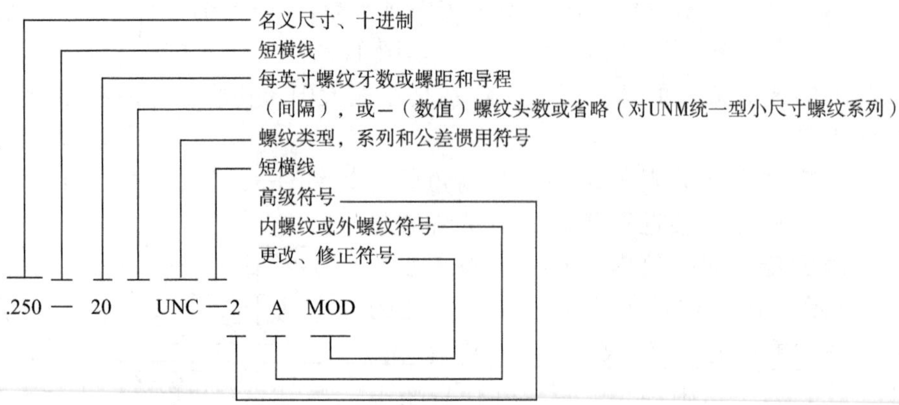

PD.2127—.2164（如不加镀层，中径尺寸可注可不注）

（3）除用分式尺寸外，螺纹的尺寸还可采用十进制。对于十进制的尺寸，最少取三位数，最多取四位数，如第四位是零，则省略不注，这点与标注名义尺寸的规则相同，如

$$1.000\text{-}8\ \text{UNC-2A}、.5625\text{-}20\ \text{UNS-2A}\ 1\frac{1}{4}\text{-}8\ \text{UN-2A}$$

由于编制尺寸的习惯，螺纹的尺寸也可以用尺寸的编号来表示，与它等值的十进位数置于括号内，如：No.10（.190）-32UNF-2A（统一型细牙 2 级外螺纹）。

（4）螺纹的系列符号和等级符号用来说明螺纹的编制标准代号和确定图纸上未具体指明的有关螺纹设计、尺寸、公差的详细内容。更详细的内容请参阅 ASME Y14.6—2001。

（5）左旋螺纹的标记。与我国相同，默认时，螺纹的旋向是右旋的，左旋螺纹应标记 LH。如：.250-20UNC-2A-LH。

3. 螺纹的尺寸注法

除了用图示法和标记表达螺纹外，还应该遵循 ANSI Y14.6—2001 有关螺纹尺寸注法的规定。

（1）在螺纹采用局部放大图表示的情况下，精确地表示螺纹的几何要素是合理、可取的，如图 16.30~ 图 16.36 所示。

（2）在图中标注的螺纹长度是指测量长度或完整螺纹长度，不包括不完整螺纹长度，如图 16.30 所示。

（3）当有理由控制或限制不完整螺纹的长度时，在图上除了注出完整螺纹的长度外，还要注出全部螺纹（包括不完整螺纹）的长度，如图 16.31 所示。

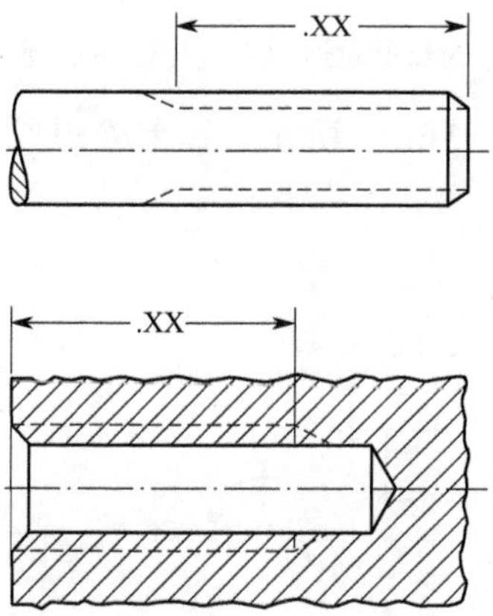

图 16.30　螺纹长度尺寸注法示例

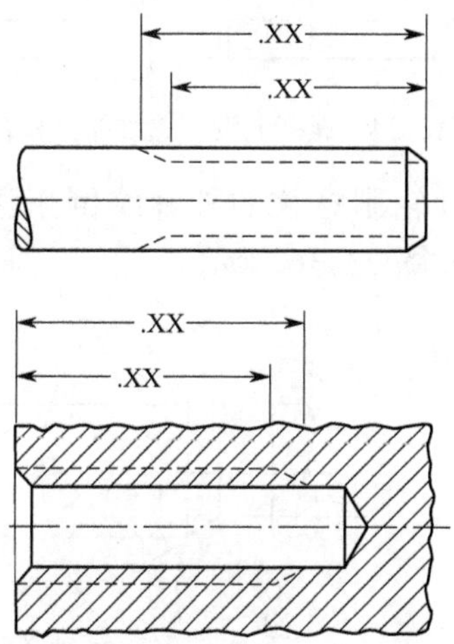

图 16.31　不完整螺纹长度尺寸注法示例

（4）当短螺栓、螺钉或螺纹件的头部（或轴肩）与螺杆部分用内圆角过渡，且要求螺杆上的螺纹尽可能靠近螺钉，螺栓的头部或轴肩时，从螺钉、螺栓头部或轴肩到最近的完整螺纹的最大允许距离（不完整螺纹的长度）在图上可代替完整螺纹的长度，如图 16.32 所示。

（5）如图 16.33 所示，当短螺栓、螺钉的头部或轴肩与螺杆部分用内圆角和凹槽过渡，且过渡凹槽的直径相当于螺纹中径或螺纹件光杆直径等于中径时，不完整螺纹长度可用尺寸来控制。

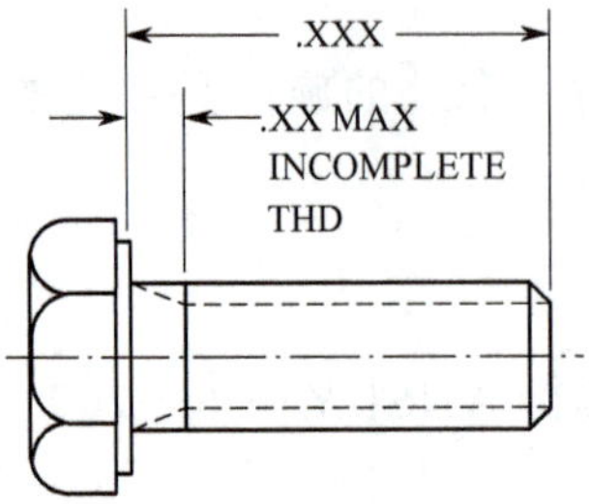

图 16.32　螺杆和不完整螺纹长度示例

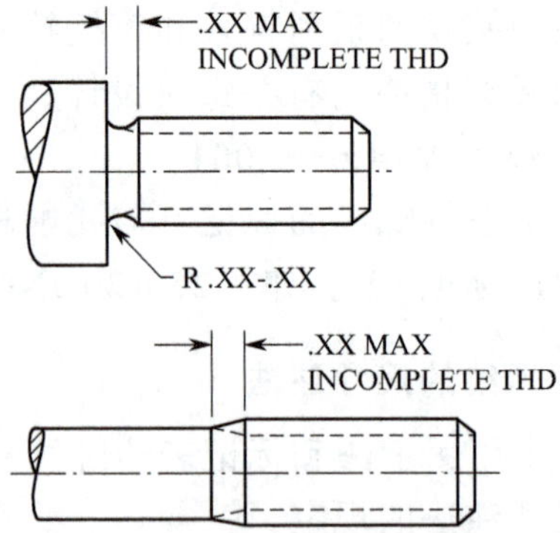

图 16.33　不完整螺纹长度和轴肩圆角半径示例

（6）如没有螺纹的部分从结构上需要有一定的长度，且与有螺纹部分的长度相比，其重要性相当或更为重要时，除注出螺纹长度外，还要注出没有螺纹的杆部长度的尺寸，其注法如图 16.34 所示。

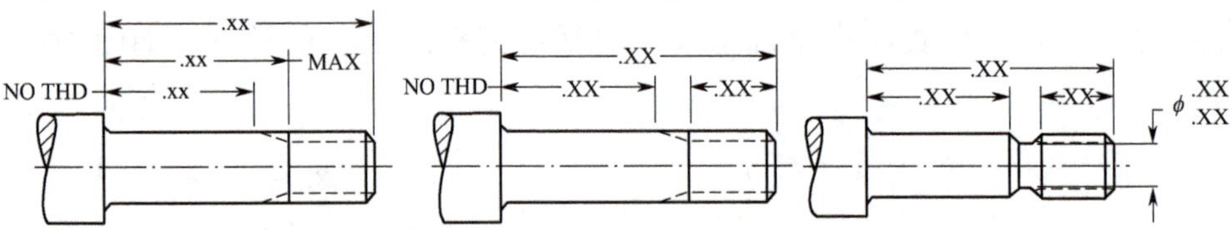

图 16.34　螺杆上没有螺纹部分和有螺纹部分的长度及退刀槽直径标注示例

（7）对轧制螺纹的外螺纹倒角注法如图 16.35 所示；其余外螺纹的倒角尺寸注法如图 16.36 所示。

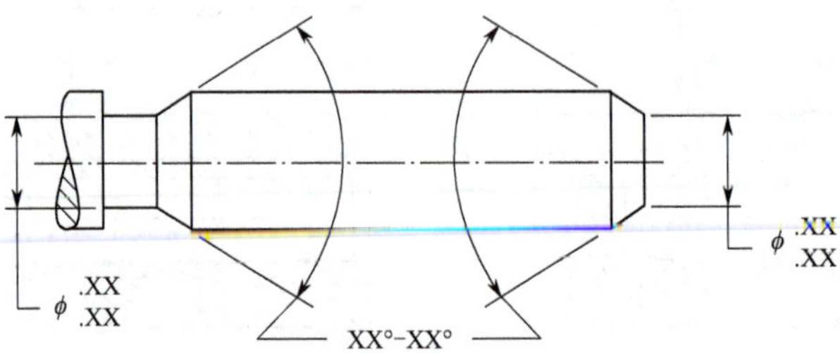

图 16.35　轧制外螺纹杆部倒角尺寸示例

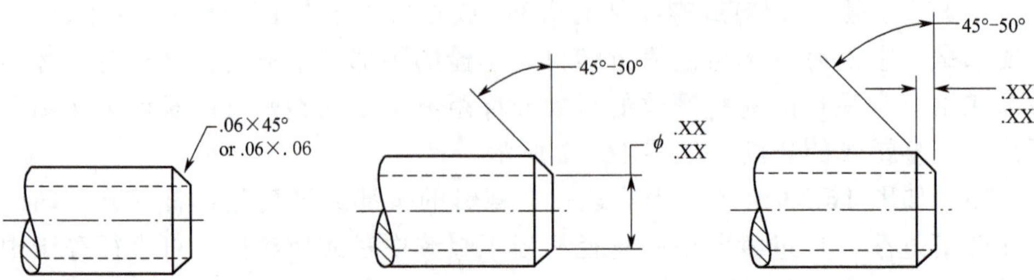

图 16.36　外螺纹的倒角、直径标注示例

（8）对不通螺孔，其钻孔的全部深度按图 16.37 标注。如对钻孔尖角处的壁厚有要求，则钻尖深度或壁厚可注入尺寸或用注解说明。在某些场合，其深度可用最短钻孔深度和注解“DO NOT BREAK THRU”（不要钻透）来确定。在图中应注明孔的极限尺寸如图 16.37 所示。

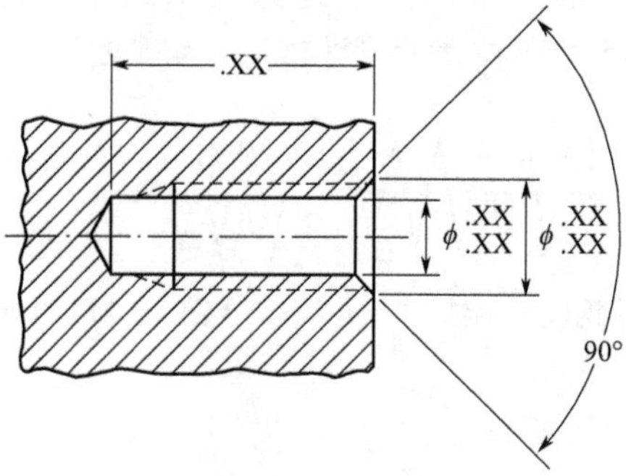

图 16.37 内螺纹孔深、大小及倒角尺寸注法示例

16.4.2 齿 轮

（1）齿轮的轮齿部分的画法大部分与我国相同，不同之处：当无需指明轮齿部分的详细内容或它对其他部分的相对位置关系时，在反映圆的视图中齿顶圆和齿根圆用假想线（双点画线）绘制，节圆仍采用点画线绘制。齿轮的外形视图，如图 16.38（a）所示；需说明齿轮的内部特征时剖视图的画法，在投影为圆的视图中，除了用双点画线表示齿顶圆和齿根圆外，对齿轮的实心部分还画有剖面线，如图 16.38（b）所示。

（2）在剖视图中齿轮啮合区的画法与我国相同，但在某些行业可见到采用更简化的画法，只画二条粗实线，如图 16.39 所示。

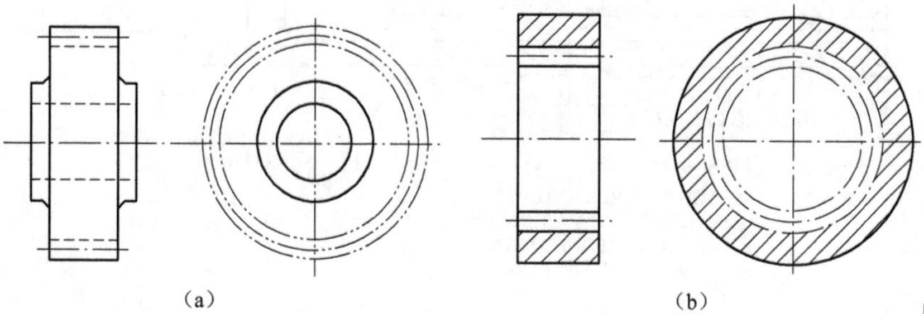

(a) (b)

图 16.38 齿轮的画法

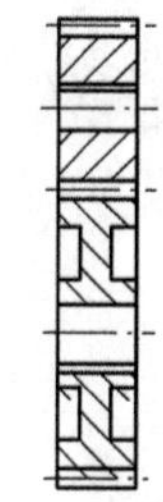

图 16.39 齿轮啮合的画法

16.4.3 弹 簧

目前，美国尚无统一的国家标准，各个部门有其各自的画法，总的看来，弹簧均采用简化画法，如螺旋线的轮廓在非圆视图中采用直线绘制，弹

簧钢丝的轮廓有的用双线绘制，当采取示意表示法时，则用单线绘制，如图16.40所示。当弹簧圈数较多时，中间的圈数省略不画，省略部分有的用一条双点画线，有的用二条双点画线，还有的用一条点画线表示，弹簧钢丝有的取断裂画法，有的则自然断开，如图16.41所示。对于弹簧两端的画法，有的并紧，有的张开，形式多样。不管弹簧采用哪一种表达方法，阅读弹簧图纸时，读懂弹簧的尺寸和技术性能指标最为重要。

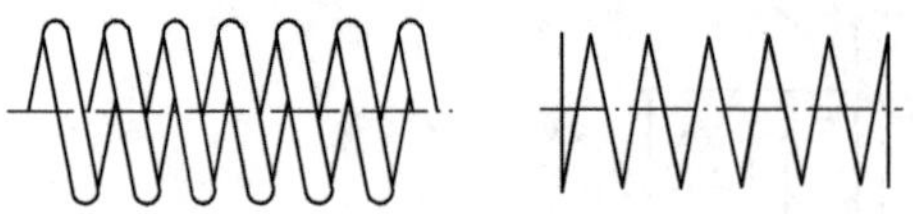

图 16.40 弹簧钢丝表示法

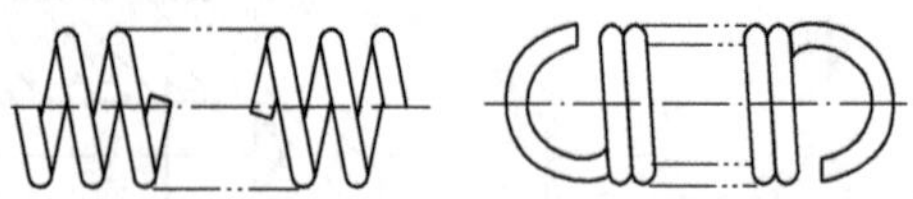

图 16.41 中间圈数省略时的表示法

16.4.4 销与键

销（包括圆柱销、圆锥销和开口销）和键（包括正方形和长方形键、普通斜键、钩头键和半圆键等）的结构及尺寸与我国不同，如有需要请参阅其他资料。

16.5 航空图示例

图16.42为民航飞机中常用的松紧螺套，件号为MS21251M，用来调整操纵钢索的张力。

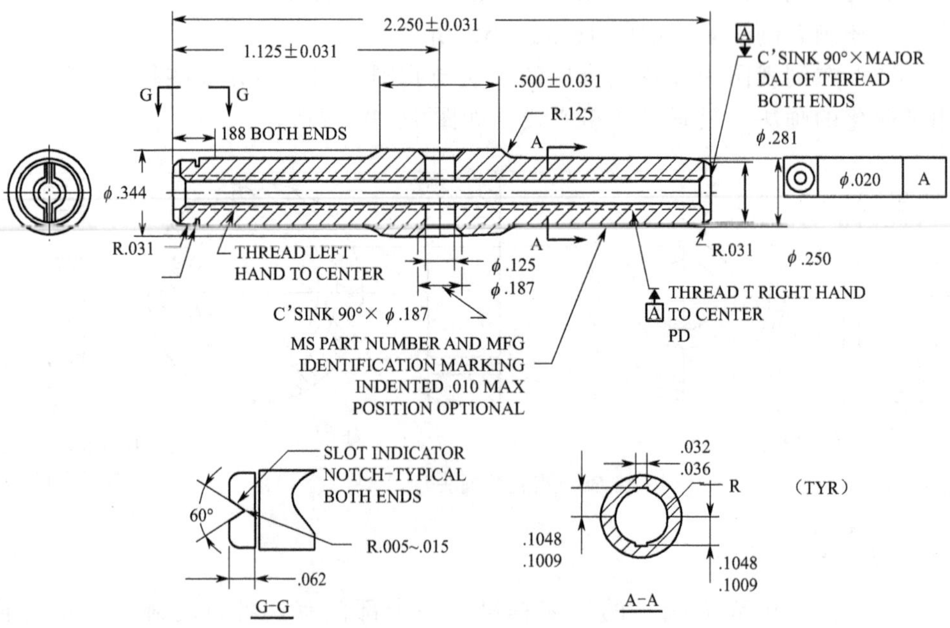

图 16.42 航空用松紧螺套

第 17 章 飞机图纸的类型

飞机机械员在进行飞机维修工作中将会接触到许多种图纸，每一种图纸都包含一些具体要说明的信息，因此必须熟悉最常用的图纸类型。当设计一架飞机时，每个独立的零件都绘成零件图，而这些具体零件必须装配在一起，因此要用装配图提供给飞机制造厂生产工人所有必需的装配资料和数据。

最常用使用的图纸是工作图，包括零件图、装配图和安装图；其他类型的图包括部件分解图、框图、逻辑流程图、形象示意图和原理图等。

17.1 零件图

当设计零件时，必须绘出制造这个零件的工作图——零件图。零件图是表示零件结构、大小及技术要求的图纸，如图 17.1 所示，一张零件图提供

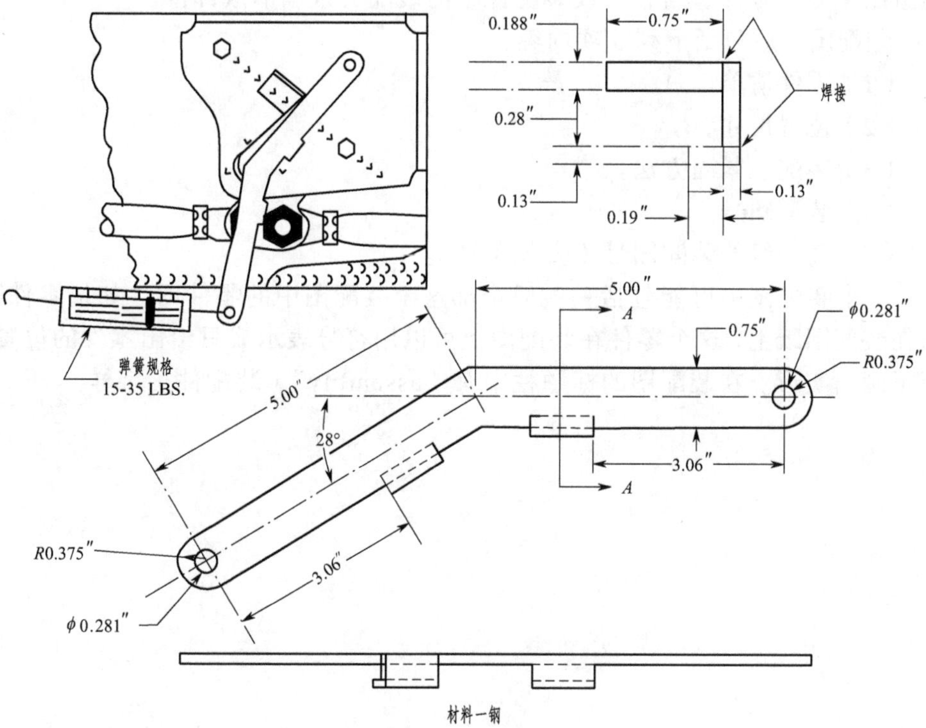

图 17.1 典型的零件图

了这个零件的全部信息数据和资料，包括：

（1）表达零件内外结构形状的一组图形。

（2）制造零件所需的全部尺寸。

（3）热处理和表面处理。

（4）表面结构、尺寸公差、几何公差和其他技术要求。

（5）说明零件的名称、材料、数量、制图比例、图号以及装配号等内容的标题栏。

当绘制一张零件图时，要有一个严格的制图比例和尺寸，但是由于绘图时的误差，图纸上的零件尺寸并不与实物的尺寸一样，因此绝对不能丈量图纸上的尺寸，而总是要以所标注的尺寸为准。一个零件图可以用多个视图表示，但只能画在一张图纸上，一张图纸可以画多个零件图。在零件图的标题栏中有“detail”字样。

17.2 装配图

当所有的零件制成后，根据装配图装配成各种部件。装配图是表示部件中零件间的相对位置、连接方式、装配关系的图纸。如图 17.2 所示，装配图给出了多个零件、组合件或装配件中的装配关系以形成部件。

装配图中应包括下列 5 项内容：

（1）零件清单。

（2）位置尺寸。

（3）装配、紧固方法。

（4）装配图号。

（5）高一级的装配图号（安装图号）。

一个装配图中可能包括一些或全部这个装配图中的零件图。如果零件图画在装配图纸上，这个零件在装配图上可以用符号表示或只给出零件的位置，而不画出实形。在装配图的标题栏中有“assembly”（装配件）字样。

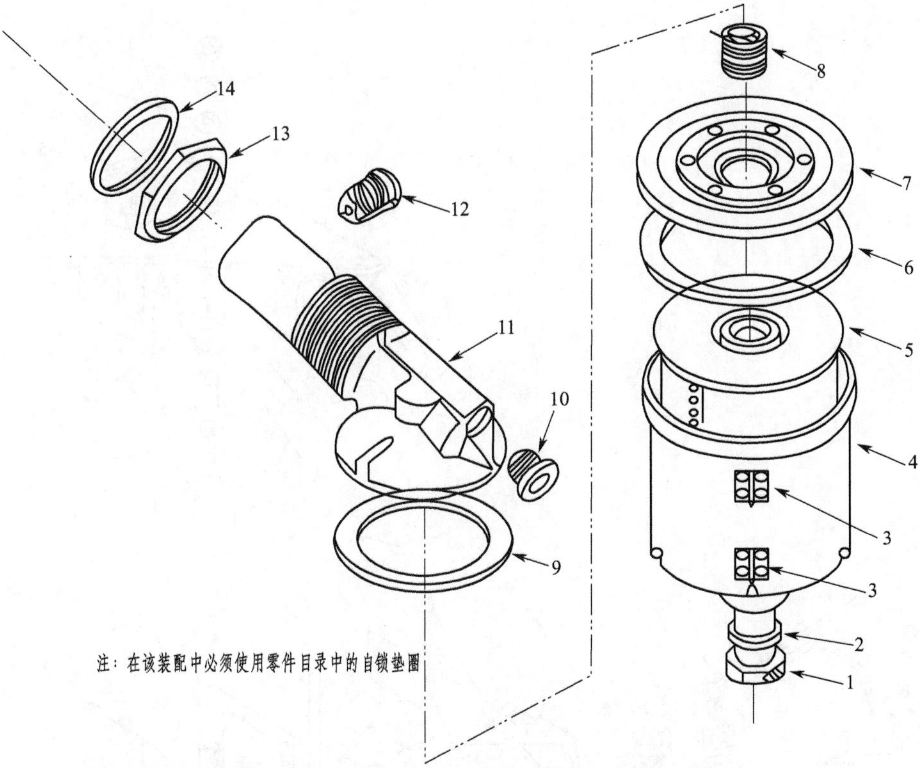

1.空心螺栓；2.金属垫圈；3.安全线卡；4.外筒；5.滤芯；6.垫圈；7.盖子；8.插入螺纹；9.上垫圈；10.螺栓；11.连接器；12.旁通活门；13.螺母；14.O型环

图 17.2 典型的装配图

17.3 安装图

安装图用于描述部件安装在飞机上或飞机某一区段上的确切位置和方式，如图 17.3 所示。一个安装图包括下列内容：

（1）部件清单。

（2）位置尺寸。

（3）装配、紧固方法。

（4）图号。

很多时候安装图、装配图和零件图是画在一起的，这样一个安装图实际上是零件－装配－安装图。在安装图的标题栏中有“installation”字样。通常与实际安装不相关的飞机部分亦在图中以参考线显示出来，以便于正确定位所安装的零件。

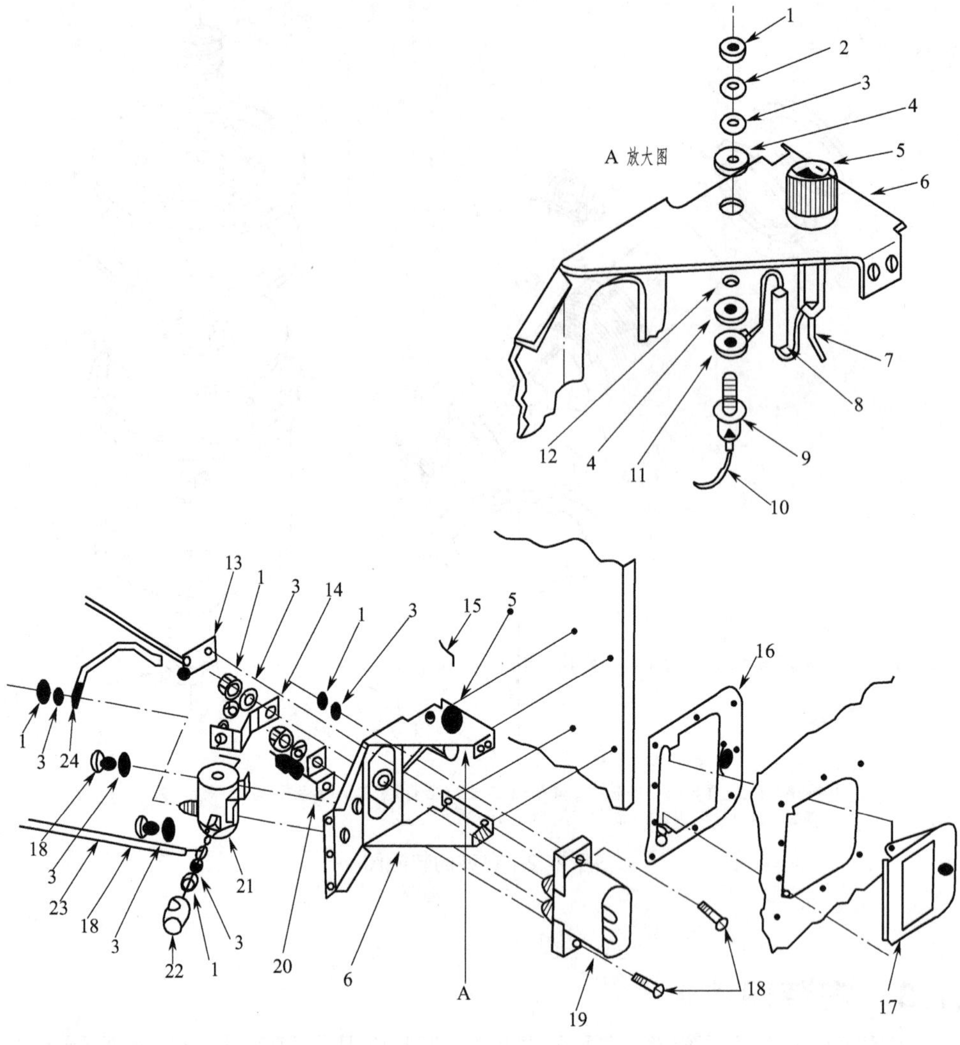

1.螺帽；2.锁紧垫圈；3.垫圈；4.绝缘垫圈；5.保险丝；6.支架（参考）；7.到电瓶接触点的导线；
8.电阻 0.75Ω；9.二极管；10.连接外部、电源、接收器的导线；11.焊片；12.间隔片；
13.二极管插件板；14.汇流条；15.防火墙（参考）；16.加强板；17.口盖；18.螺钉；19.插座；
20.接地搭接片；21.外部、电源接触点；22.罩盖；23.电源电缆线；24.接触点的控制导线

图 17.3 典型的安装图

17.4 分解图

带有图示的零件清单上经常利用分解图显示出一个装配图中的每个零件，并在延长线外给出了所有零件的相关位置，以便于根据每个零件的外形和名称或零件清单上的参考号来辨认每个零件，如图 17.4 所示。

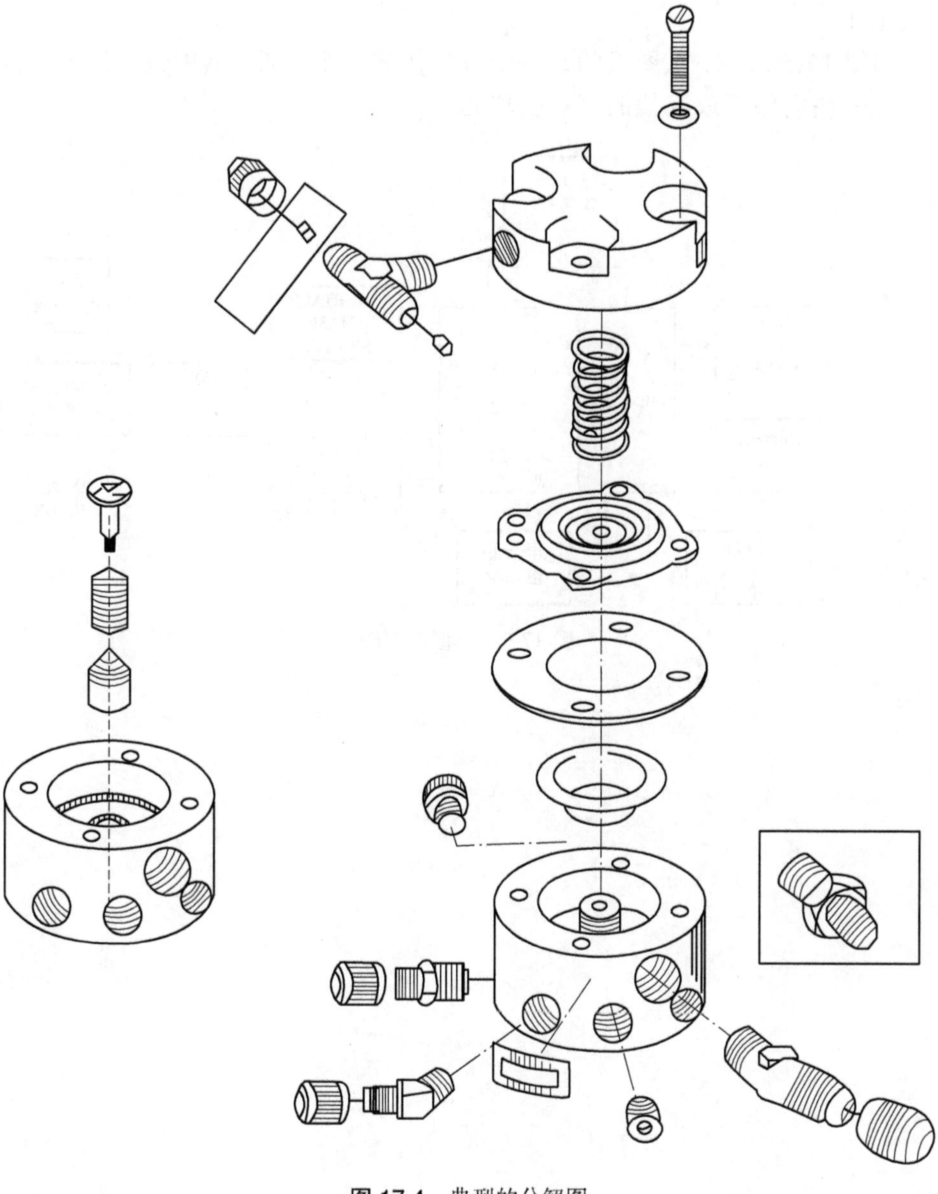

图 17.4 典型的分解图

17.5 框 图

随着电器和电子系统及元件的日趋复杂，用来帮助机械员确定故障的各种手段方法也得到了发展，这些系统的大部分维修是由识别和替换失效部件这两个步骤组成的，通过框图来分析和解决问题是比较实用的。当用框图检查系统故障时，机械员能确定故障位置及正确的更换模块，方便快捷地完成排放工作。

如图 17.5 所示，该图里的每一个方块代表一个组件，其中包含许多元件，通常是一块电路板或其他的可更换单元。

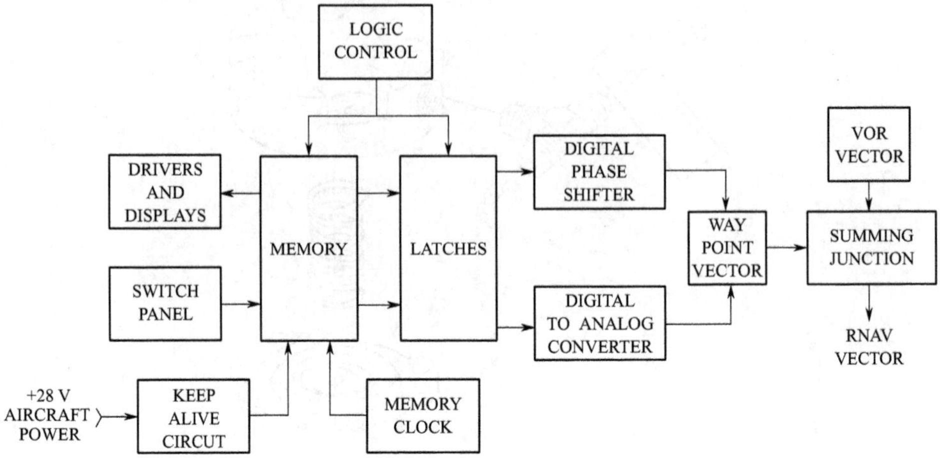

图 17.5 典型的框图

参考文献

［1］ 杨惠英，王玉坤 .2008. 机械制图（第二版）[M]. 北京：清华大学出版社 .

［2］ 刘力，王冰 .2000. 机械制图（第二版）[M]. 北京：高等教育出版社 .

［3］ 清华大学工程图学及计算机辅助设计教研室 .2006. 机械制图（第五版）[M]. 北京：高等教育出版社 .

［4］ 国家质量监督检验检疫总局 . 中华人民共和国国家标准技术制图与机械制图等 [S]. 北京：中国标准出版社 .

［5］ 韩进宏 .2011. 互换性与技术测量 . 北京：机械工业出版社 .

［6］ 廖念钊 .2002. 互换性与测量技术基础（第三版）[M]. 北京：中国计量出版社 .

［7］ 张远平，李胜凯 .2012. 互换性与测量技术 [M]. 陕西：西安电子科技大学出版社 .

［8］ 石岚等 .2011. 互换性与测量技术 [M]. 上海：复旦大学出版社 .

［9］ 李军 .2010. 互换性与测量技术基础（第二版）[M]. 武汉：华中科技大学出版社 .

［10］ 丘成仿 . 国外机械工程图识读手册 [M]. 天津：天津科学技术出版社 .